CARL BARKS

ONKEL DAGOBERT

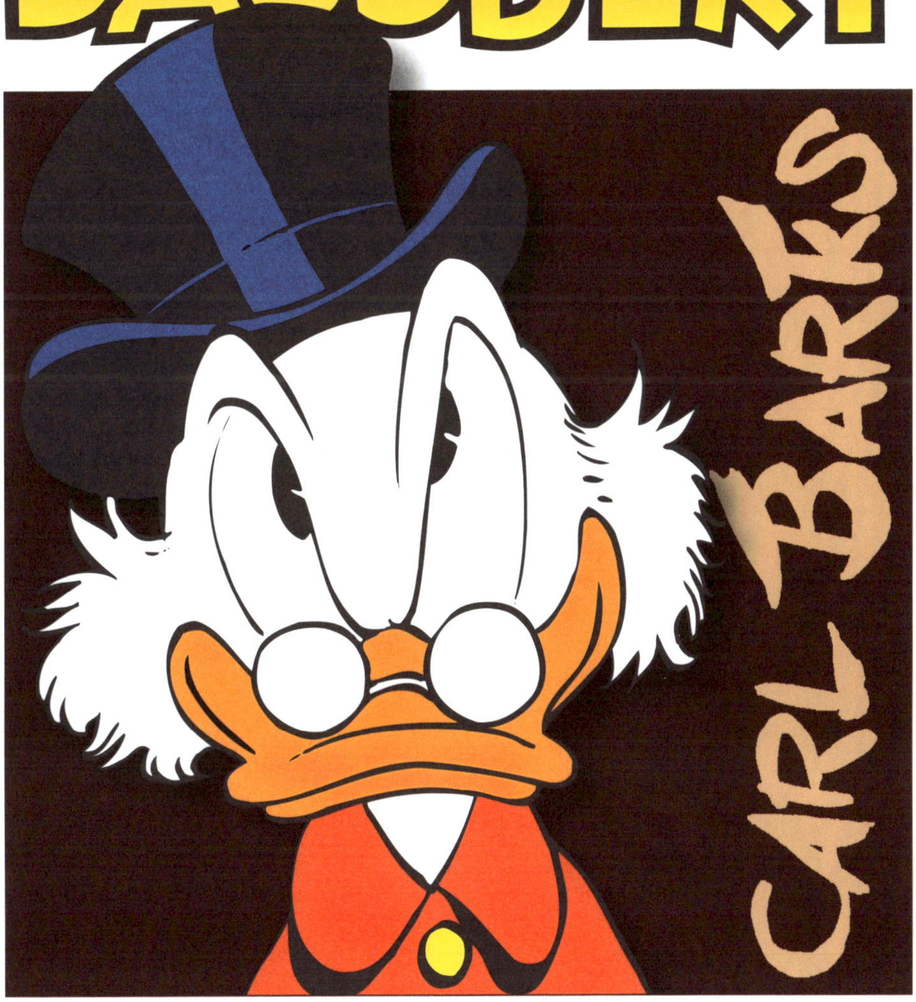

ehapa COMIC COLLECTION EGMONT

„Barks Onkel Dagobert Band 6"

Übersetzung der Geschichten aus dem Amerikanischen: Dr. Erika Fuchs

Deutschsprachige Ausgabe erschienen in der
Ehapa Comic Collection
verlegt durch EGMONT Verlagsgesellschaften mbH,
Gertrudenstraße 30-36, 50667 Köln

1. Auflage
Verantwortlicher Redakteur: Wolf Stegmaier
Zusammenstellung der Geschichten: Johnny A. Grote
Lettering: Eleonore Caspart
Gestaltung: Wolfgang Berger
Koordination: Nadin Kreisel
Buchherstellung: Elisabeth Hardenbicker
Druck und Verarbeitung: Firmengruppe APPL, aprinta Druck, Wemding
ISBN 978-3-7704-3357-5

I n h a l t

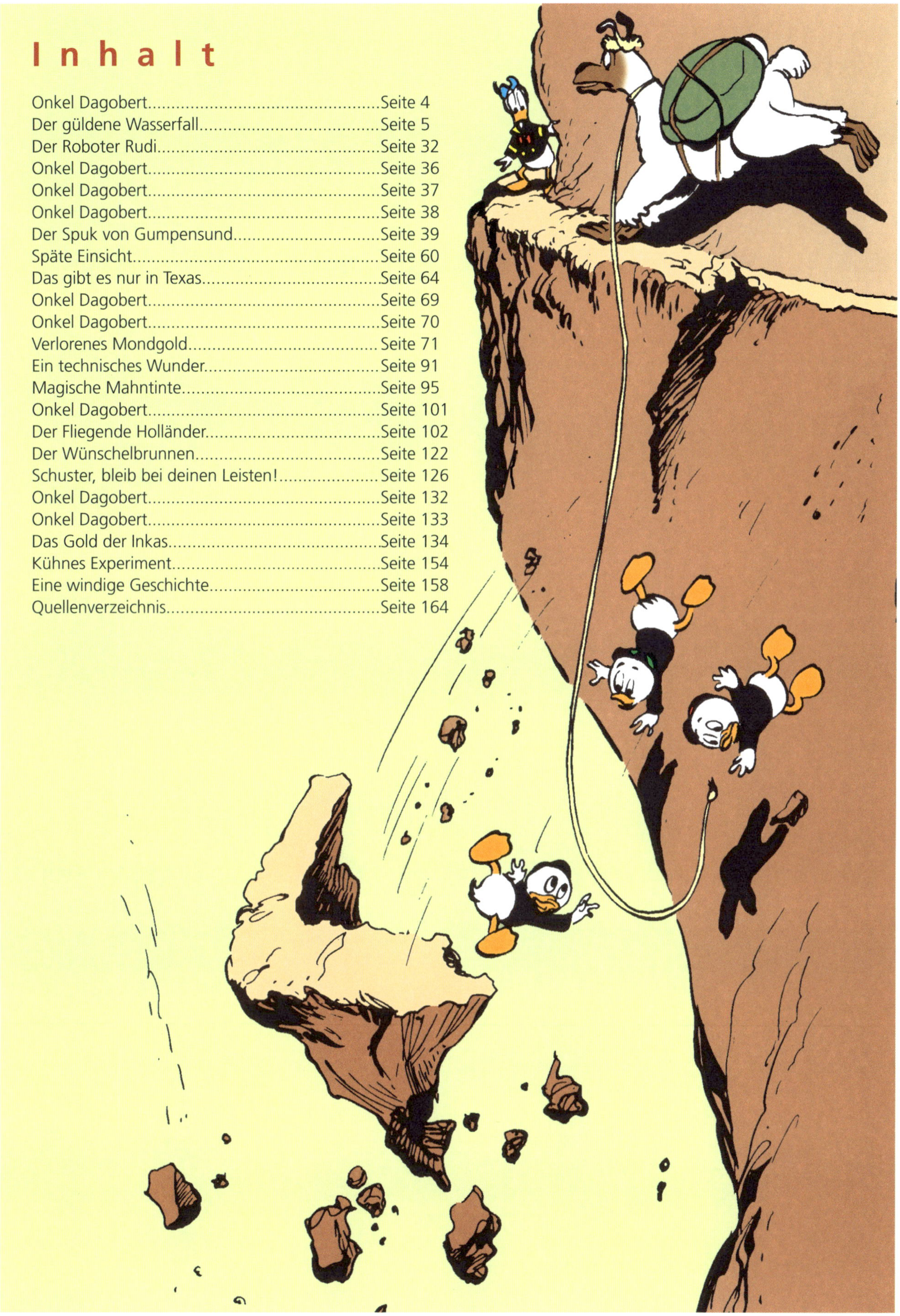

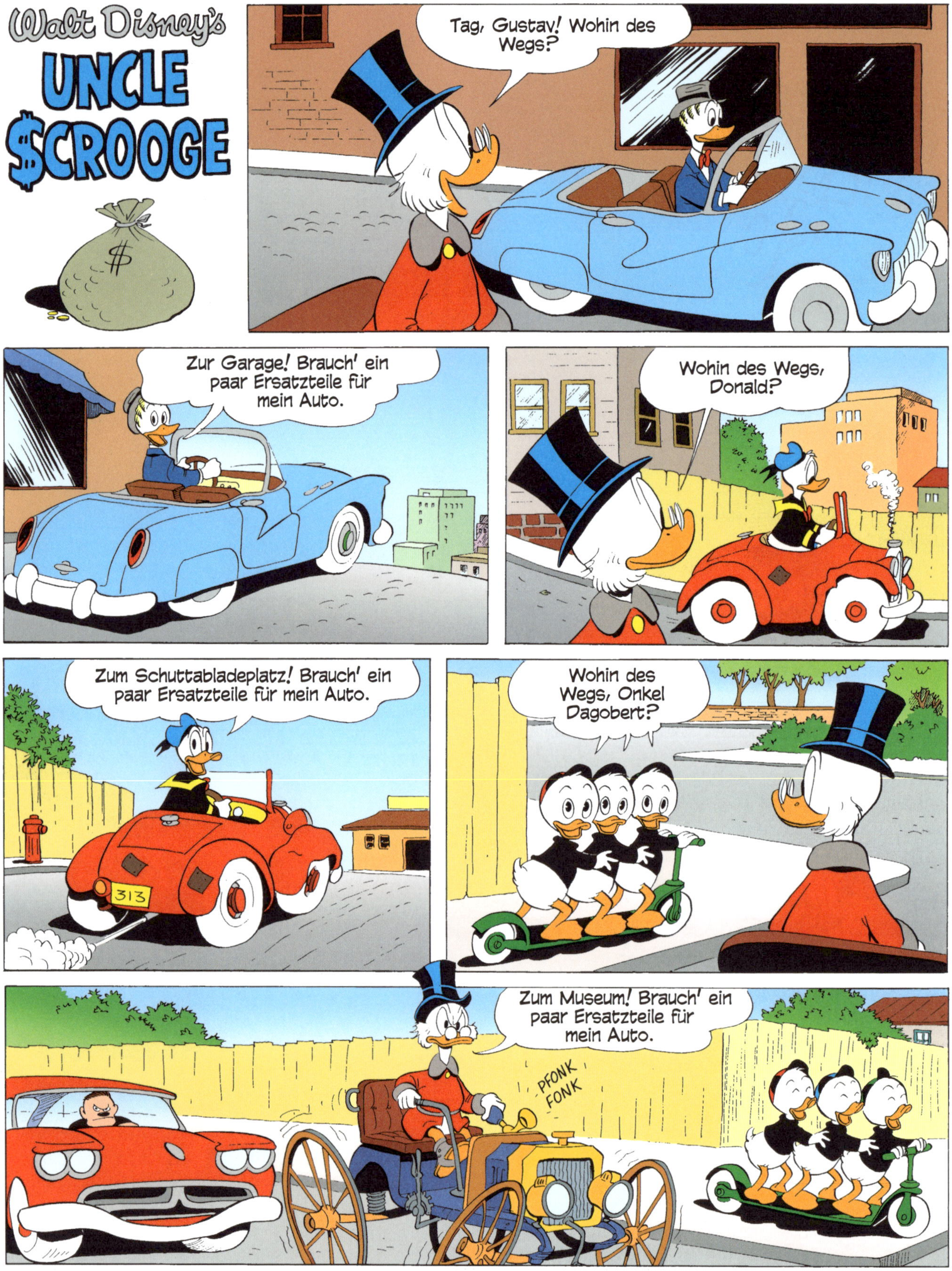
Walt Disney's
UNCLE $CROOGE
Tag, Gustav! Wohin des Wegs?
Zur Garage! Brauch' ein paar Ersatzteile für mein Auto.
Wohin des Wegs, Donald?
Zum Schuttabladeplatz! Brauch' ein paar Ersatzteile für mein Auto.
313
Wohin des Wegs, Onkel Dagobert?
Zum Museum! Brauch' ein paar Ersatzteile für mein Auto.
PFONK FONK

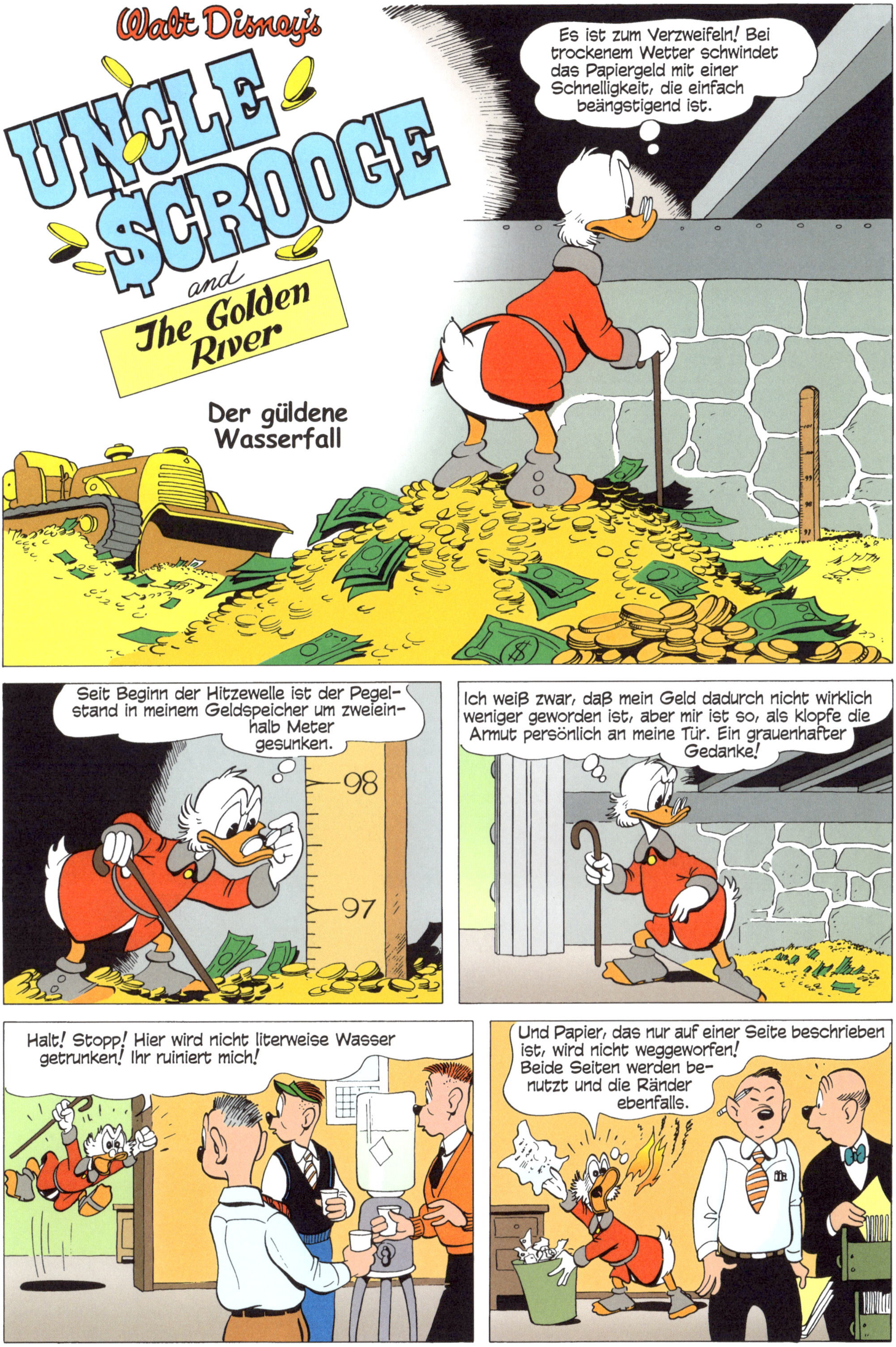

Walt Disney's
UNCLE $CROOGE
and
The Golden River
Der güldene Wasserfall
Es ist zum Verzweifeln! Bei trockenem Wetter schwindet das Papiergeld mit einer Schnelligkeit, die einfach beängstigend ist.
Seit Beginn der Hitzewelle ist der Pegelstand in meinem Geldspeicher um zweieinhalb Meter gesunken.
98
97
Ich weiß zwar, daß mein Geld dadurch nicht wirklich weniger geworden ist, aber mir ist so, als klopfe die Armut persönlich an meine Tür. Ein grauenhafter Gedanke!
Halt! Stopp! Hier wird nicht literweise Wasser getrunken! Ihr ruiniert mich!
Und Papier, das nur auf einer Seite beschrieben ist, wird nicht weggeworfen! Beide Seiten werden benutzt und die Ränder ebenfalls.

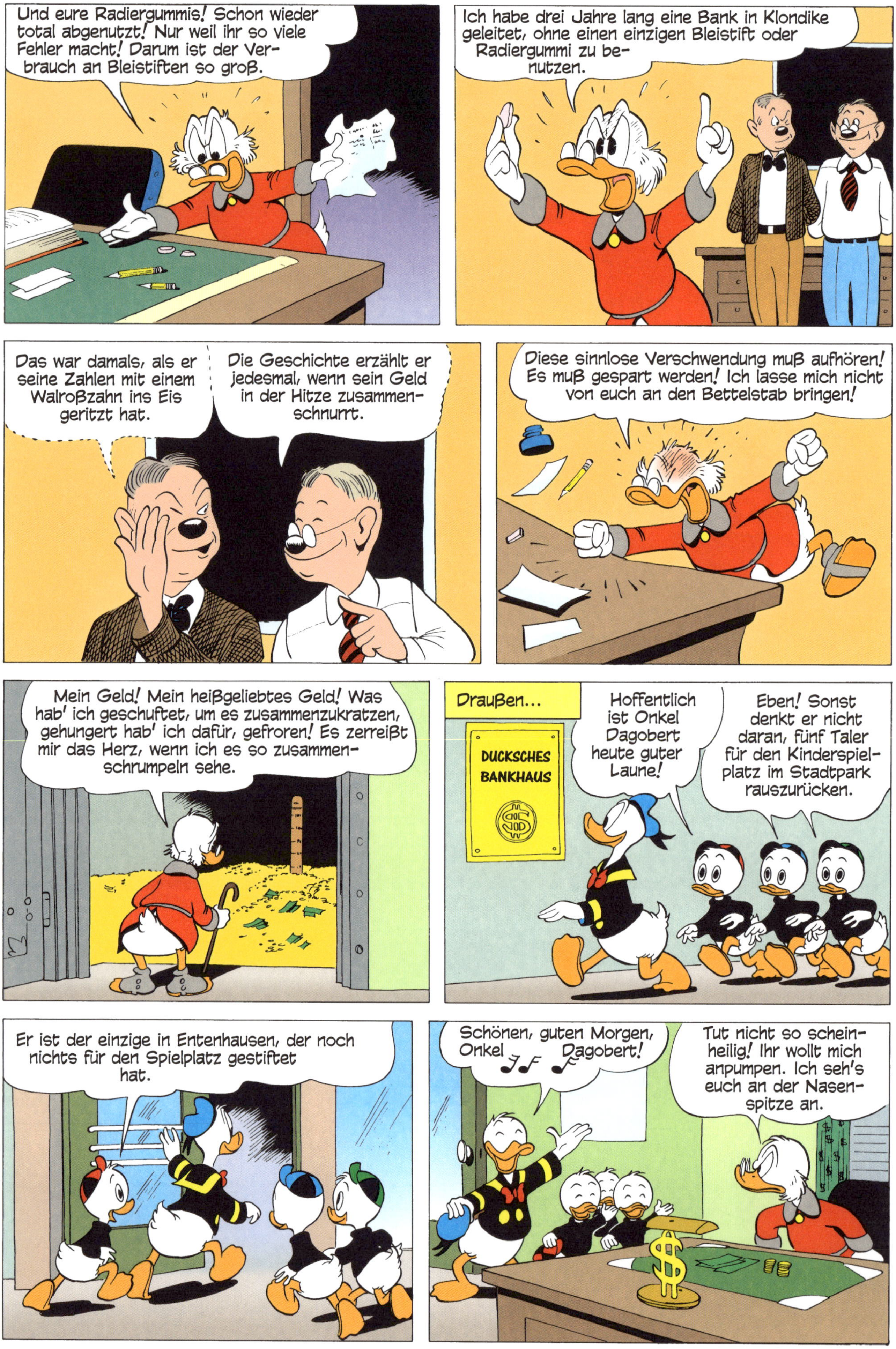
Und eure Radiergummis! Schon wieder total abgenutzt! Nur weil ihr so viele Fehler macht! Darum ist der Verbrauch an Bleistiften so groß.
Ich habe drei Jahre lang eine Bank in Klondike geleitet, ohne einen einzigen Bleistift oder Radiergummi zu benutzen.
Das war damals, als er seine Zahlen mit einem Walroßzahn ins Eis geritzt hat.
Die Geschichte erzählt er jedesmal, wenn sein Geld in der Hitze zusammenschnurrt.
Diese sinnlose Verschwendung muß aufhören! Es muß gespart werden! Ich lasse mich nicht von euch an den Bettelstab bringen!
Mein Geld! Mein heißgeliebtes Geld! Was hab' ich geschuftet, um es zusammenzukratzen, gehungert hab' ich dafür, gefroren! Es zerreißt mir das Herz, wenn ich es so zusammenschrumpeln sehe.
Draußen…
DUCKSCHES BANKHAUS
Hoffentlich ist Onkel Dagobert heute guter Laune!
Eben! Sonst denkt er nicht daran, fünf Taler für den Kinderspielplatz im Stadtpark rauszurücken.
Er ist der einzige in Entenhausen, der noch nichts für den Spielplatz gestiftet hat.
Schönen, guten Morgen, Onkel Dagobert!
Tut nicht so scheinheilig! Ihr wollt mich anpumpen. Ich seh's euch an der Nasenspitze an.

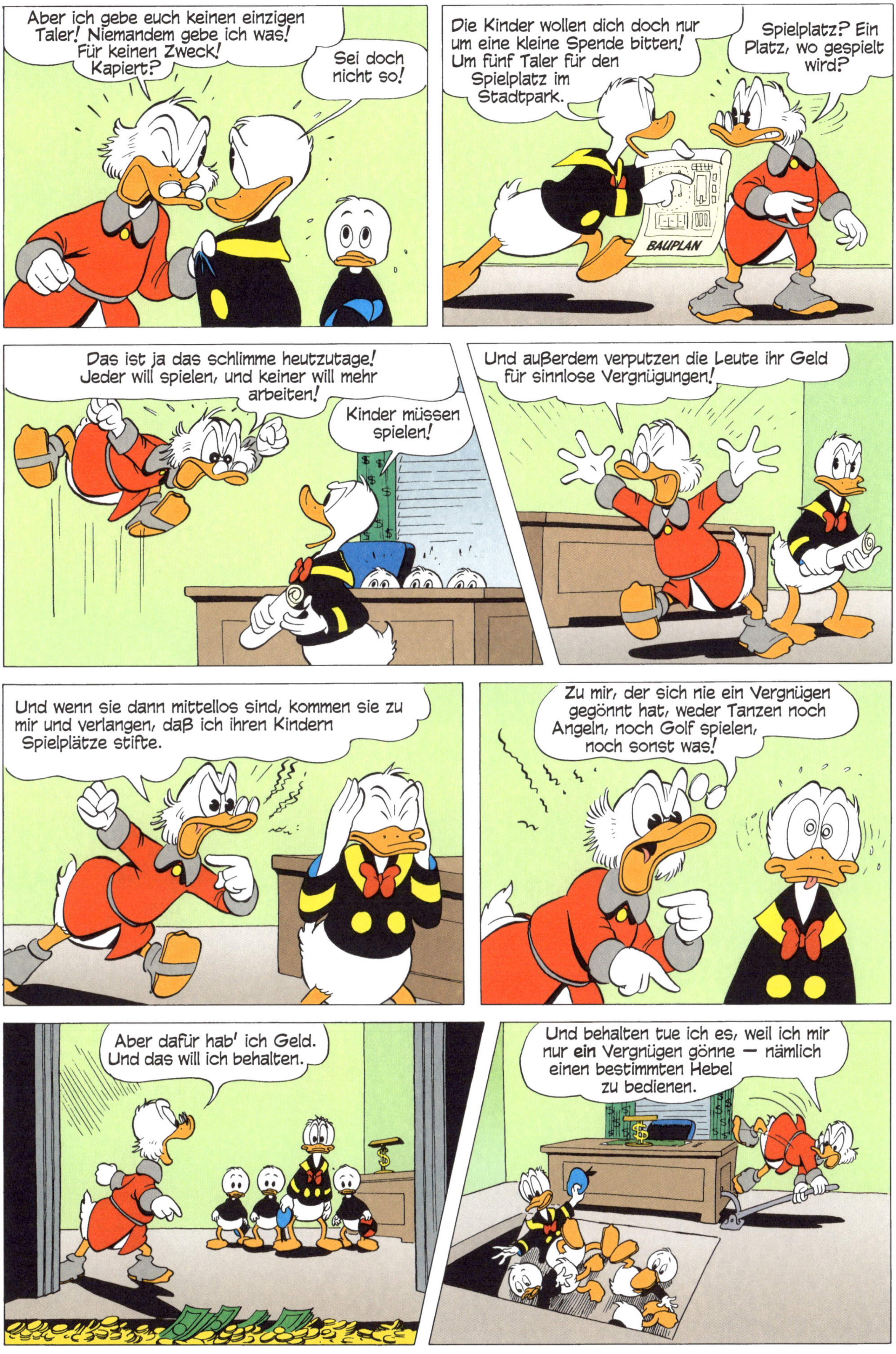

Aber ich gebe euch keinen einzigen Taler! Niemandem gebe ich was! Für keinen Zweck! Kapiert?
Sei doch nicht so!
Die Kinder wollen dich doch nur um eine kleine Spende bitten! Um fünf Taler für den Spielplatz im Stadtpark.
BAUPLAN
Spielplatz? Ein Platz, wo gespielt wird?
Das ist ja das schlimme heutzutage! Jeder will spielen, und keiner will mehr arbeiten!
Kinder müssen spielen!
Und außerdem verputzen die Leute ihr Geld für sinnlose Vergnügungen!
Und wenn sie dann mittellos sind, kommen sie zu mir und verlangen, daß ich ihren Kindern Spielplätze stifte.
Zu mir, der sich nie ein Vergnügen gegönnt hat, weder Tanzen noch Angeln, noch Golf spielen, noch sonst was!
Aber dafür hab' ich Geld. Und das will ich behalten.
Und behalten tue ich es, weil ich mir nur **ein** Vergnügen gönne — nämlich einen bestimmten Hebel zu bedienen.

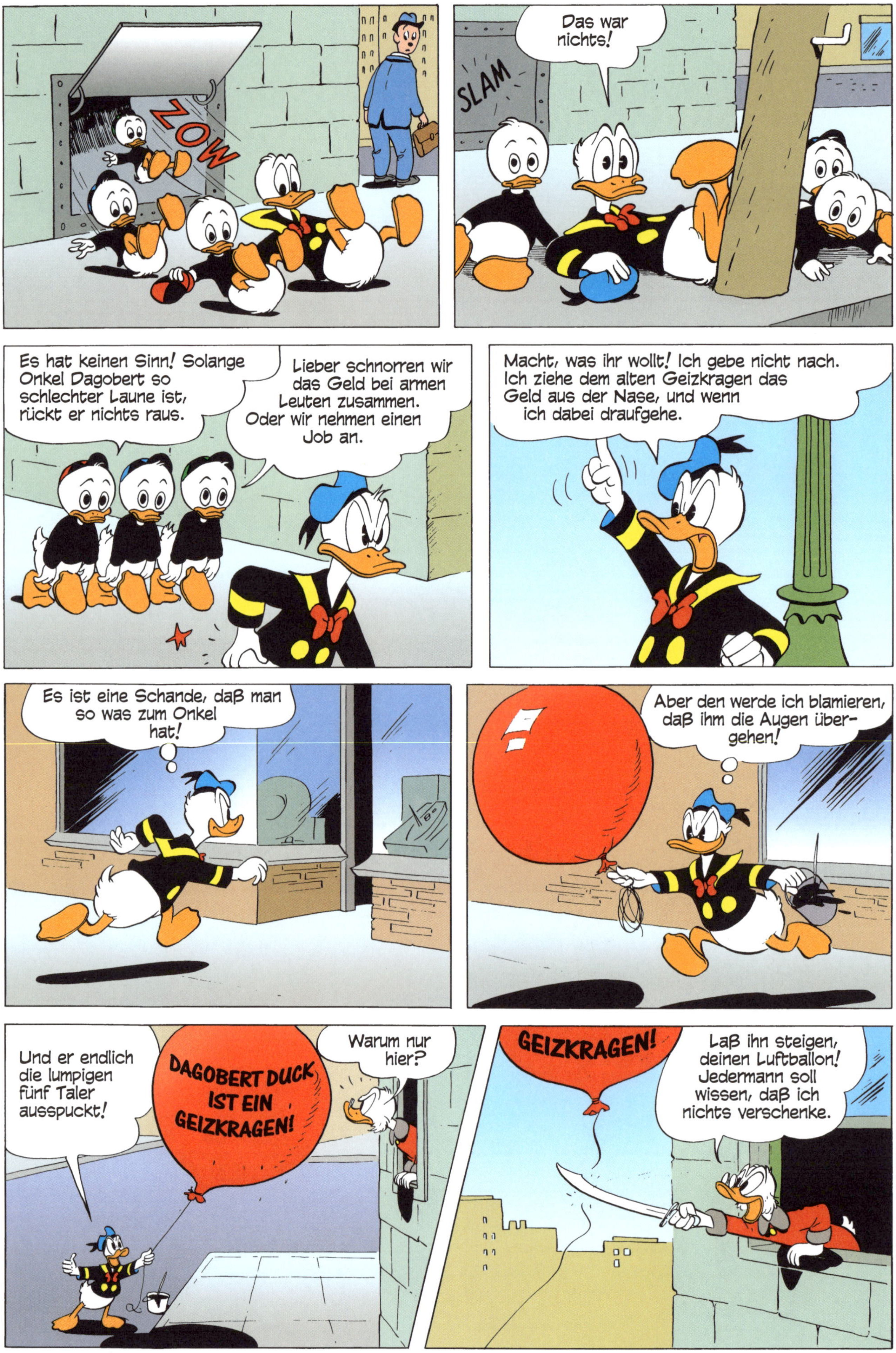
ZOW
SLAM
Das war nichts!
Es hat keinen Sinn! Solange Onkel Dagobert so schlechter Laune ist, rückt er nichts raus.
Lieber schnorren wir das Geld bei armen Leuten zusammen. Oder wir nehmen einen Job an.
Macht, was ihr wollt! Ich gebe nicht nach. Ich ziehe dem alten Geizkragen das Geld aus der Nase, und wenn ich dabei draufgehe.
Es ist eine Schande, daß man so was zum Onkel hat!
Aber den werde ich blamieren, daß ihm die Augen übergehen!
Und er endlich die lumpigen fünf Taler ausspuckt!
DAGOBERT DUCK IST EIN GEIZKRAGEN!
Warum nur hier?
GEIZKRAGEN!
Laß ihn steigen, deinen Luftballon! Jedermann soll wissen, daß ich nichts verschenke.

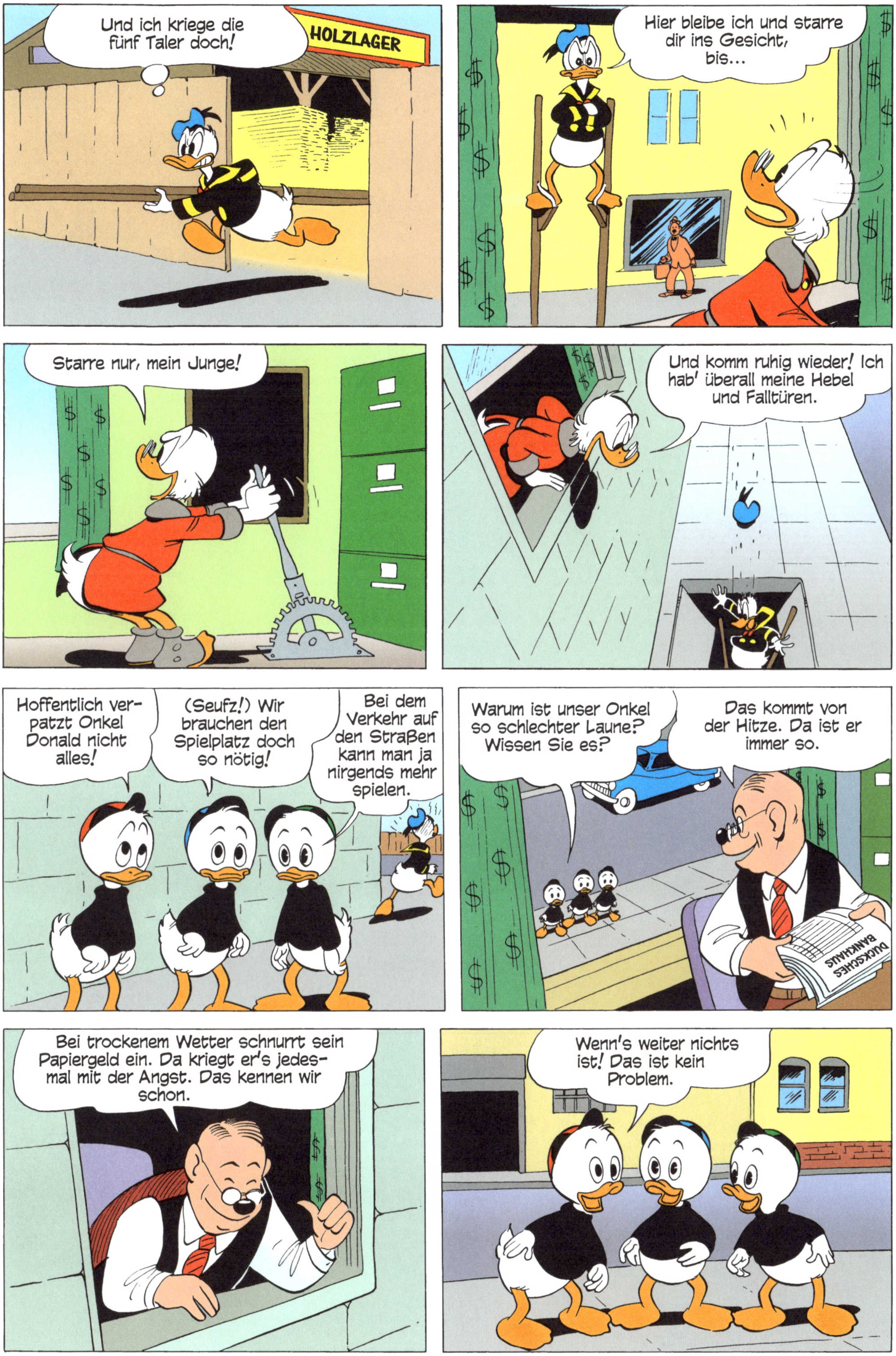
Und ich kriege die fünf Taler doch!
HOLZLAGER
Hier bleibe ich und starre dir ins Gesicht, bis...
Starre nur, mein Junge!
Und komm ruhig wieder! Ich hab' überall meine Hebel und Falltüren.
Hoffentlich verpatzt Onkel Donald nicht alles!
(Seufz!) Wir brauchen den Spielplatz doch so nötig!
Bei dem Verkehr auf den Straßen kann man ja nirgends mehr spielen.
Warum ist unser Onkel so schlechter Laune? Wissen Sie es?
Das kommt von der Hitze. Da ist er immer so.
DUCKSCHES BANKHAUS
Bei trockenem Wetter schnurrt sein Papiergeld ein. Da kriegt er's jedesmal mit der Angst. Das kennen wir schon.
Wenn's weiter nichts ist! Das ist kein Problem.

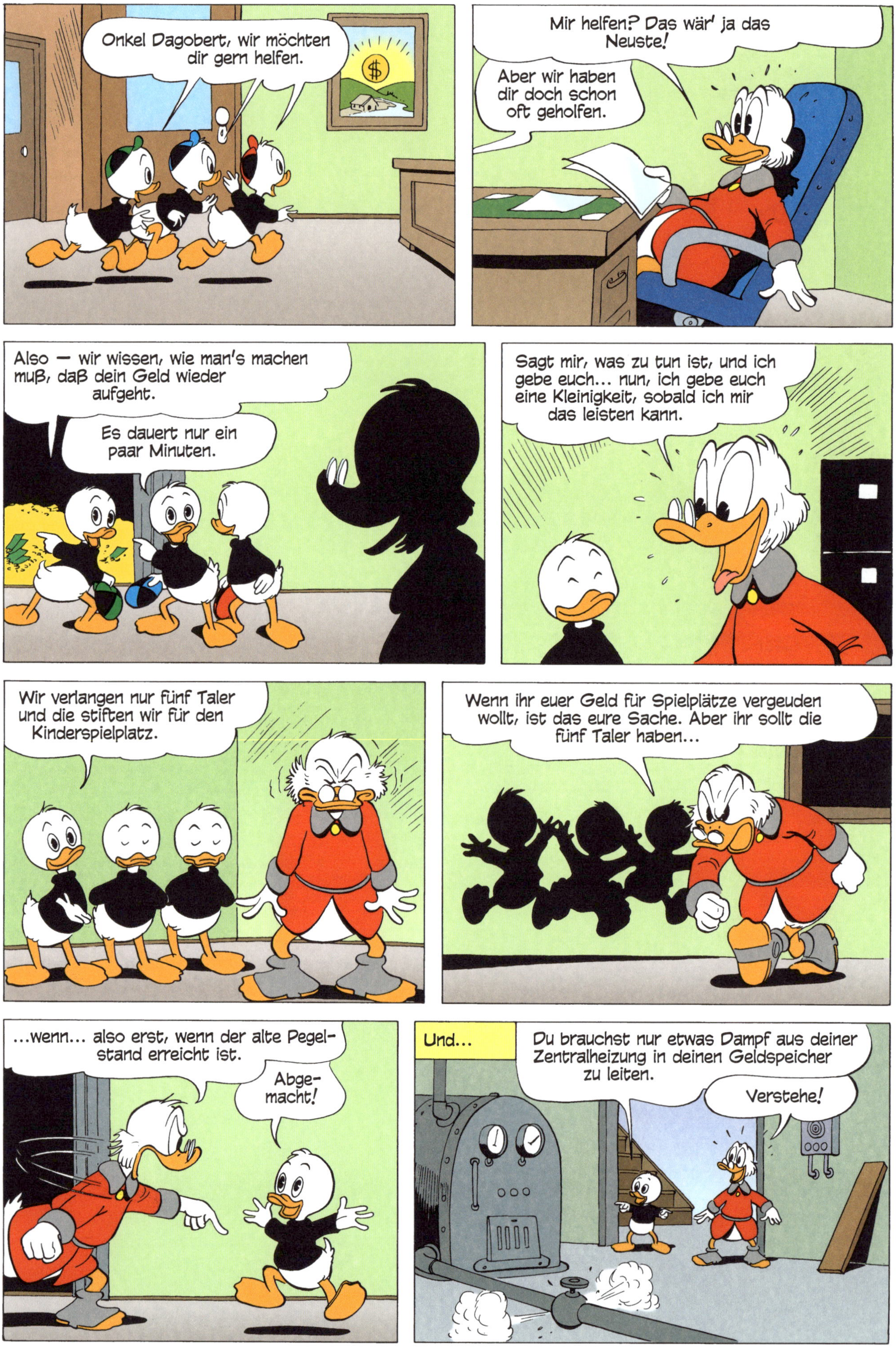
Onkel Dagobert, wir möchten dir gern helfen.
Mir helfen? Das wär' ja das Neuste!
Aber wir haben dir doch schon oft geholfen.
Also — wir wissen, wie man's machen muß, daß dein Geld wieder aufgeht.
Es dauert nur ein paar Minuten.
Sagt mir, was zu tun ist, und ich gebe euch... nun, ich gebe euch eine Kleinigkeit, sobald ich mir das leisten kann.
Wir verlangen nur fünf Taler und die stiften wir für den Kinderspielplatz.
Wenn ihr euer Geld für Spielplätze vergeuden wollt, ist das eure Sache. Aber ihr sollt die fünf Taler haben...
...wenn... also erst, wenn der alte Pegelstand erreicht ist.
Abgemacht!
Und...
Du brauchst nur etwas Dampf aus deiner Zentralheizung in deinen Geldspeicher zu leiten.
Verstehe!

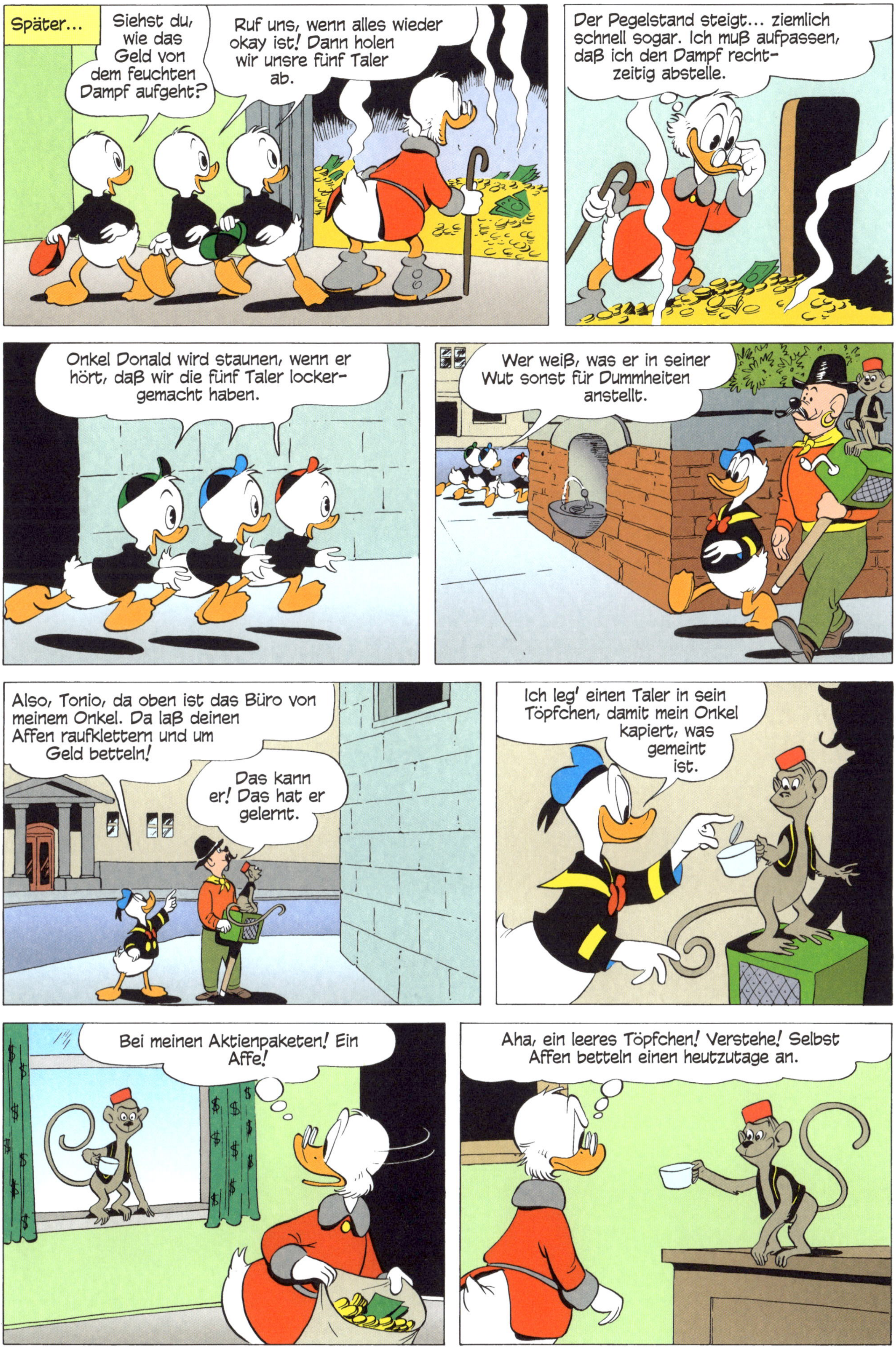
Später...
Siehst du, wie das Geld von dem feuchten Dampf aufgeht?
Ruf uns, wenn alles wieder okay ist! Dann holen wir unsre fünf Taler ab.
Der Pegelstand steigt... ziemlich schnell sogar. Ich muß aufpassen, daß ich den Dampf rechtzeitig abstelle.
Onkel Donald wird staunen, wenn er hört, daß wir die fünf Taler lockergemacht haben.
Wer weiß, was er in seiner Wut sonst für Dummheiten anstellt.
Also, Tonio, da oben ist das Büro von meinem Onkel. Da laß deinen Affen raufklettern und um Geld betteln!
Das kann er! Das hat er gelernt.
Ich leg' einen Taler in sein Töpfchen, damit mein Onkel kapiert, was gemeint ist.
Bei meinen Aktienpaketen! Ein Affe!
Aha, ein leeres Töpfchen! Verstehe! Selbst Affen betteln einen heutzutage an.

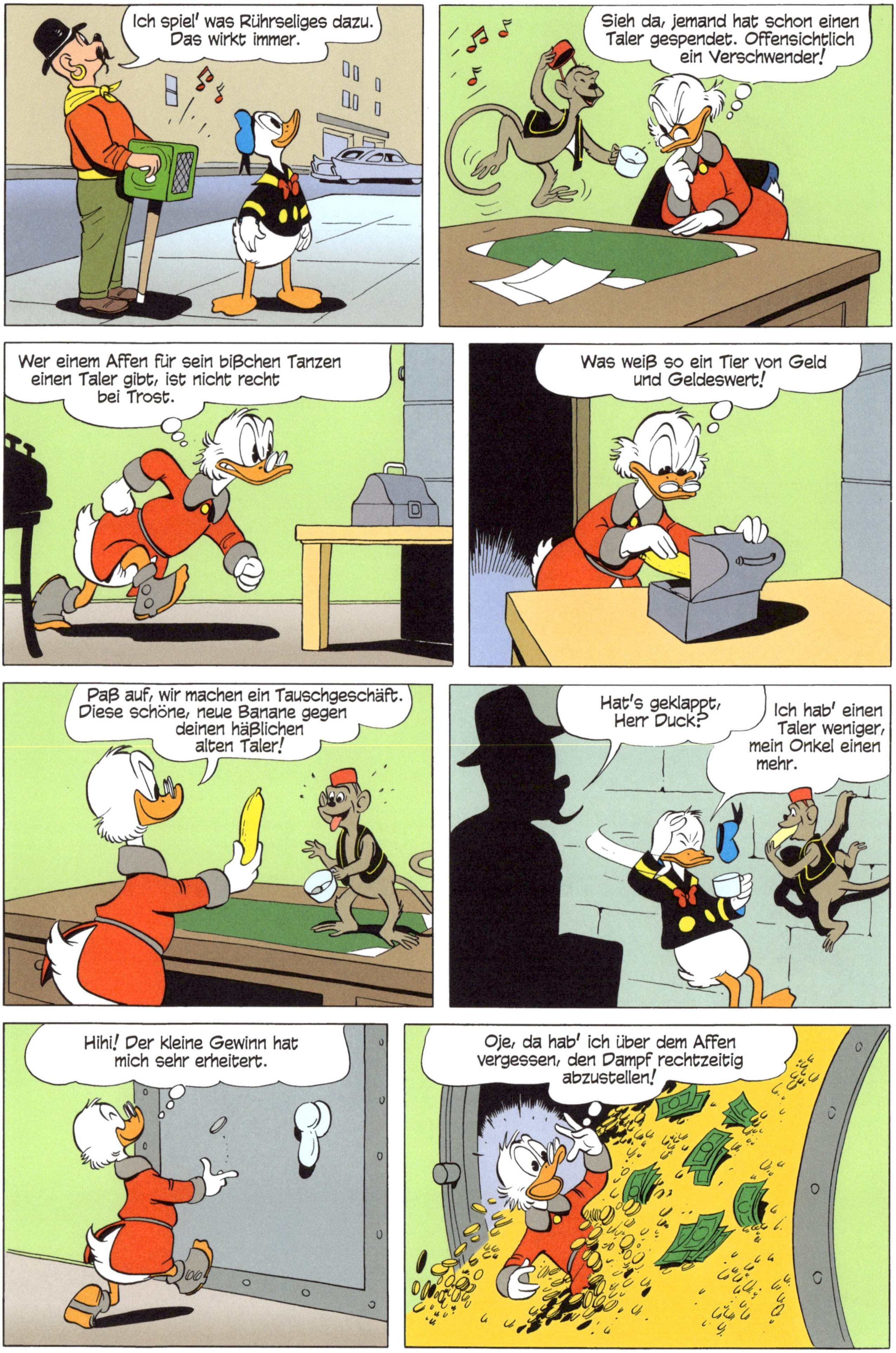
Ich spiel' was Rührseliges dazu. Das wirkt immer.
Sieh da, jemand hat schon einen Taler gespendet. Offensichtlich ein Verschwender!
Wer einem Affen für sein bißchen Tanzen einen Taler gibt, ist nicht recht bei Trost.
Was weiß so ein Tier von Geld und Geldeswert!
Paß auf, wir machen ein Tauschgeschäft. Diese schöne, neue Banane gegen deinen häßlichen alten Taler!
Hat's geklappt, Herr Duck?
Ich hab' einen Taler weniger, mein Onkel einen mehr.
Hihi! Der kleine Gewinn hat mich sehr erheitert.
Oje, da hab' ich über dem Affen vergessen, den Dampf rechtzeitig abzustellen!

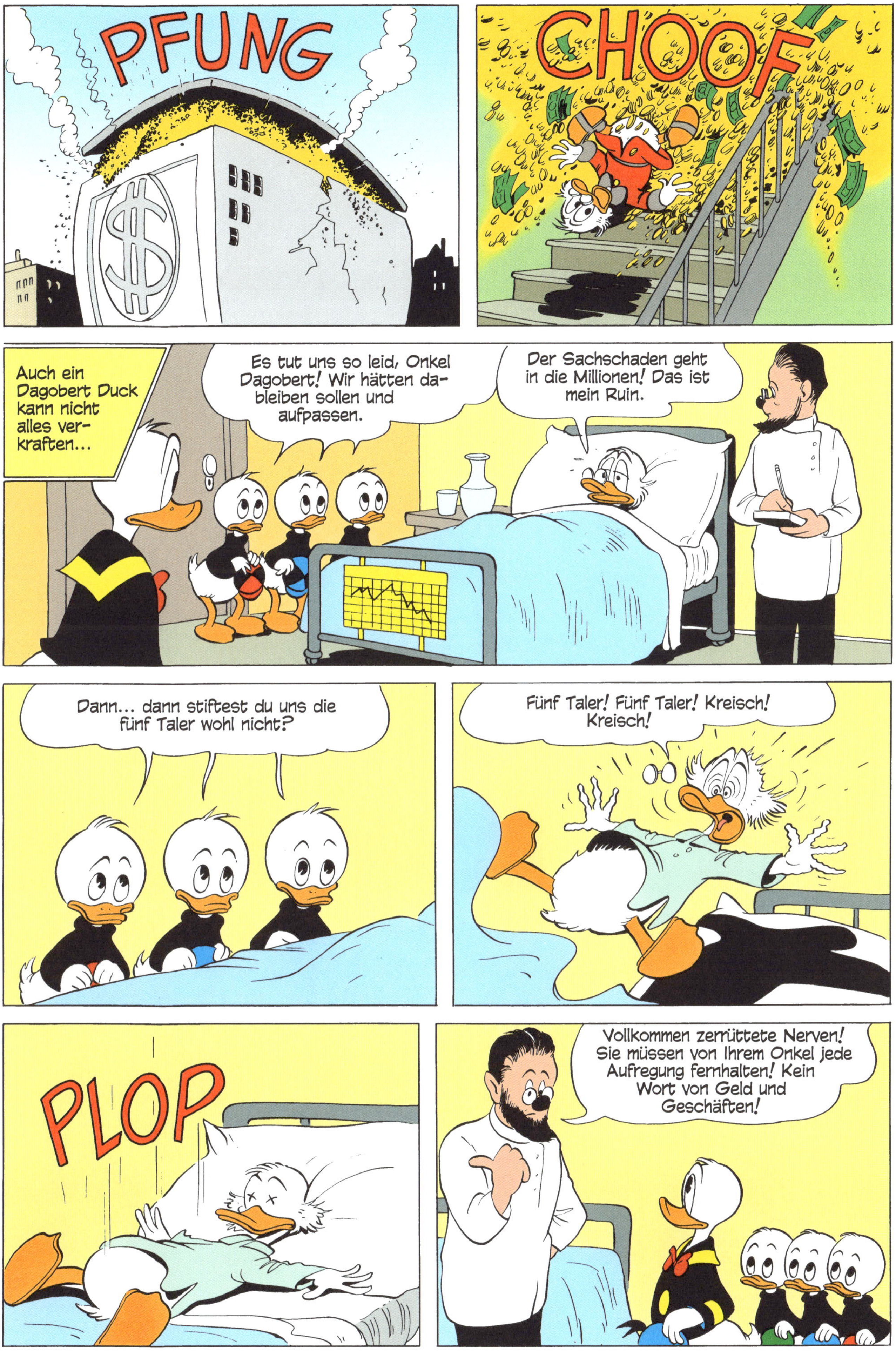
PFUNG
CHOOF
Auch ein Dagobert Duck kann nicht alles verkraften...
Es tut uns so leid, Onkel Dagobert! Wir hätten dableiben sollen und aufpassen.
Der Sachschaden geht in die Millionen! Das ist mein Ruin.
Dann... dann stiftest du uns die fünf Taler wohl nicht?
Fünf Taler! Fünf Taler! Kreisch! Kreisch!
PLOP
Vollkommen zerrüttete Nerven! Sie müssen von Ihrem Onkel jede Aufregung fernhalten! Kein Wort von Geld und Geschäften!

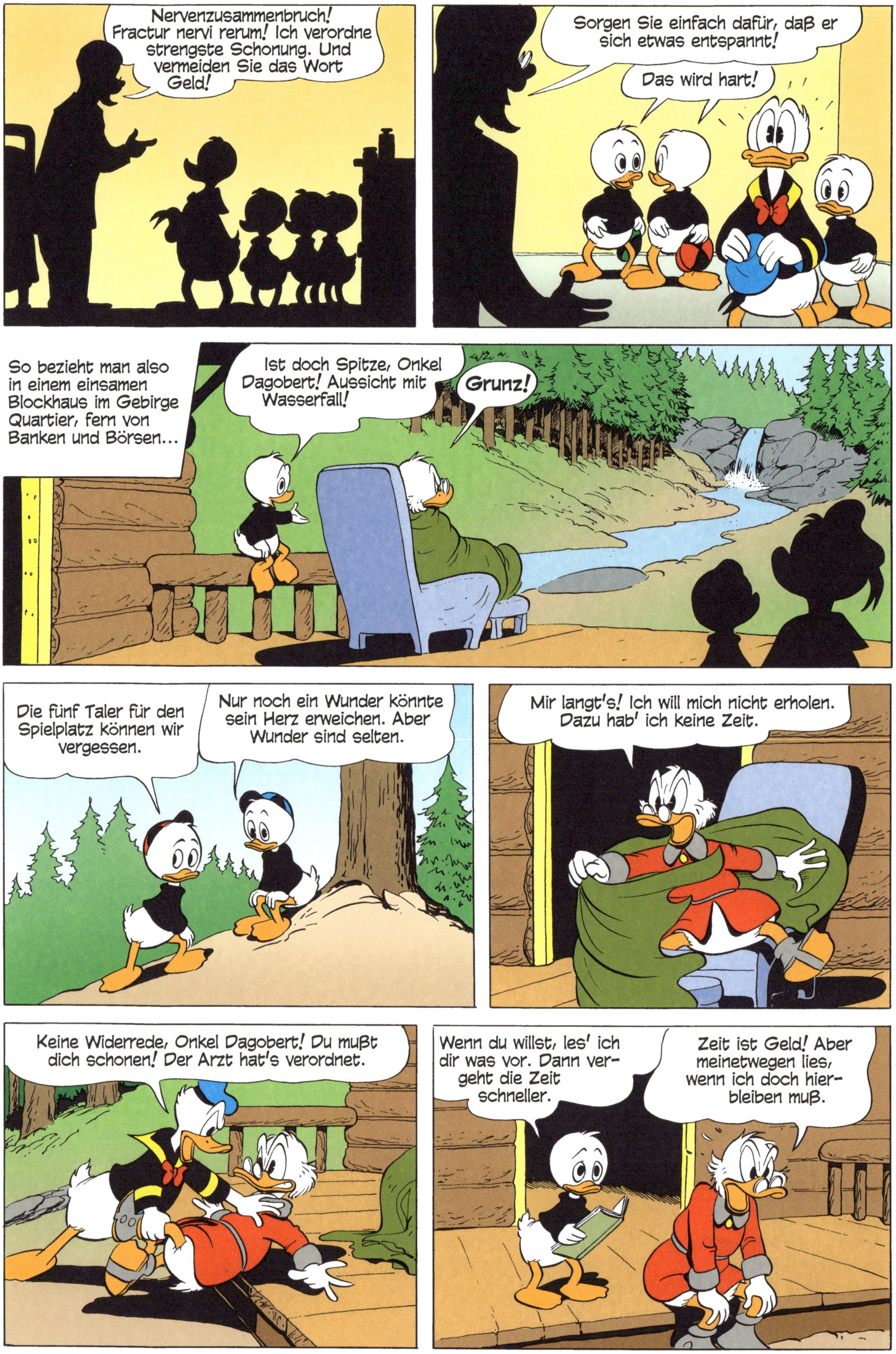

Nervenzusammenbruch! Fractur nervi rerum! Ich verordne strengste Schonung. Und vermeiden Sie das Wort Geld!
Sorgen Sie einfach dafür, daß er sich etwas entspannt!
Das wird hart!
So bezieht man also in einem einsamen Blockhaus im Gebirge Quartier, fern von Banken und Börsen...
Ist doch Spitze, Onkel Dagobert! Aussicht mit Wasserfall!
Grunz!
Die fünf Taler für den Spielplatz können wir vergessen.
Nur noch ein Wunder könnte sein Herz erweichen. Aber Wunder sind selten.
Mir langt's! Ich will mich nicht erholen. Dazu hab' ich keine Zeit.
Keine Widerrede, Onkel Dagobert! Du mußt dich schonen! Der Arzt hat's verordnet.
Wenn du willst, les' ich dir was vor. Dann vergeht die Zeit schneller.
Zeit ist Geld! Aber meinetwegen lies, wenn ich doch hierbleiben muß.

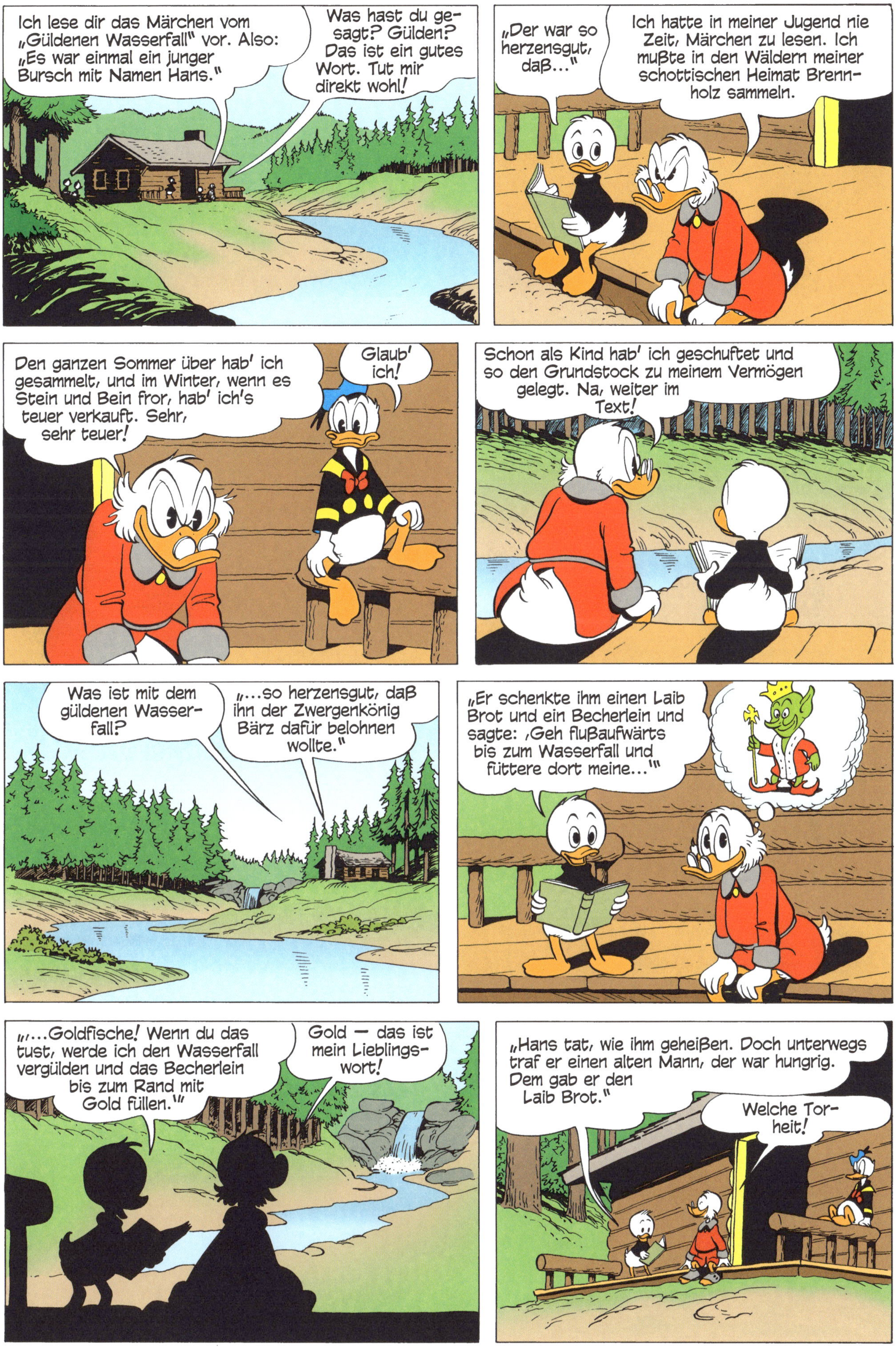
Ich lese dir das Märchen vom „Güldenen Wasserfall" vor. Also: „Es war einmal ein junger Bursch mit Namen Hans."
Was hast du gesagt? Gülden? Das ist ein gutes Wort. Tut mir direkt wohl!
„Der war so herzensgut, daß..."
Ich hatte in meiner Jugend nie Zeit, Märchen zu lesen. Ich mußte in den Wäldern meiner schottischen Heimat Brennholz sammeln.
Den ganzen Sommer über hab' ich gesammelt, und im Winter, wenn es Stein und Bein fror, hab' ich's teuer verkauft. Sehr, sehr teuer!
Glaub' ich!
Schon als Kind hab' ich geschuftet und so den Grundstock zu meinem Vermögen gelegt. Na, weiter im Text!
Was ist mit dem güldenen Wasserfall?
„...so herzensgut, daß ihn der Zwergenkönig Bärz dafür belohnen wollte."
„Er schenkte ihm einen Laib Brot und ein Becherlein und sagte: ‚Geh flußaufwärts bis zum Wasserfall und füttere dort meine...'"
„...Goldfische! Wenn du das tust, werde ich den Wasserfall vergülden und das Becherlein bis zum Rand mit Gold füllen.'"
Gold — das ist mein Lieblingswort!
„Hans tat, wie ihm geheißen. Doch unterwegs traf er einen alten Mann, der war hungrig. Dem gab er den Laib Brot."
Welche Torheit!

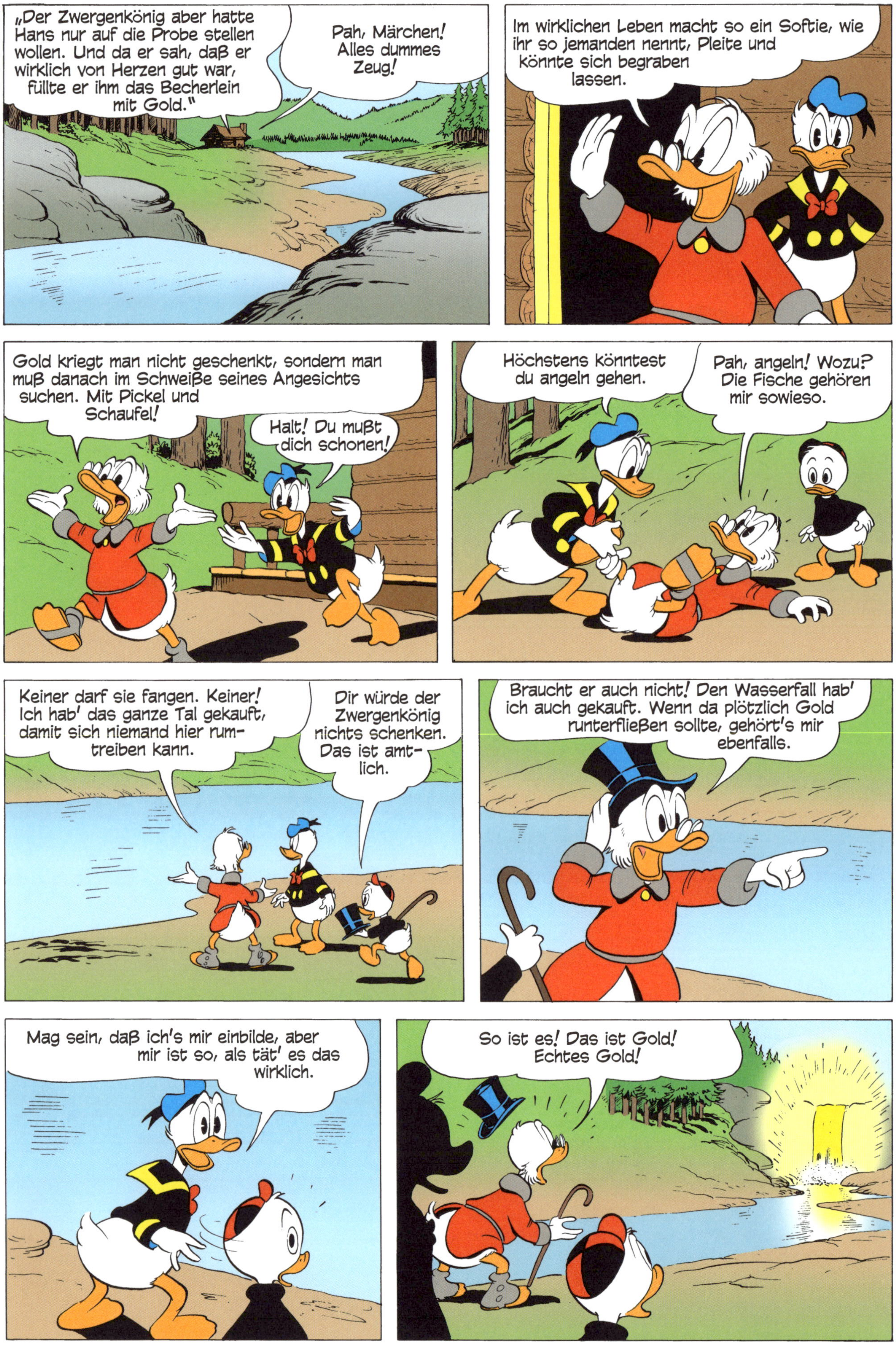
„Der Zwergenkönig aber hatte Hans nur auf die Probe stellen wollen. Und da er sah, daß er wirklich von Herzen gut war, füllte er ihm das Becherlein mit Gold."
Pah, Märchen! Alles dummes Zeug!
Im wirklichen Leben macht so ein Softie, wie ihr so jemanden nennt, Pleite und könnte sich begraben lassen.
Gold kriegt man nicht geschenkt, sondern man muß danach im Schweiße seines Angesichts suchen. Mit Pickel und Schaufel!
Halt! Du mußt dich schonen!
Höchstens könntest du angeln gehen.
Pah, angeln! Wozu? Die Fische gehören mir sowieso.
Keiner darf sie fangen. Keiner! Ich hab' das ganze Tal gekauft, damit sich niemand hier rumtreiben kann.
Dir würde der Zwergenkönig nichts schenken. Das ist amtlich.
Braucht er auch nicht! Den Wasserfall hab' ich auch gekauft. Wenn da plötzlich Gold runterfließen sollte, gehört's mir ebenfalls.
Mag sein, daß ich's mir einbilde, aber mir ist so, als tät' es das wirklich.
So ist es! Das ist Gold! Echtes Gold!

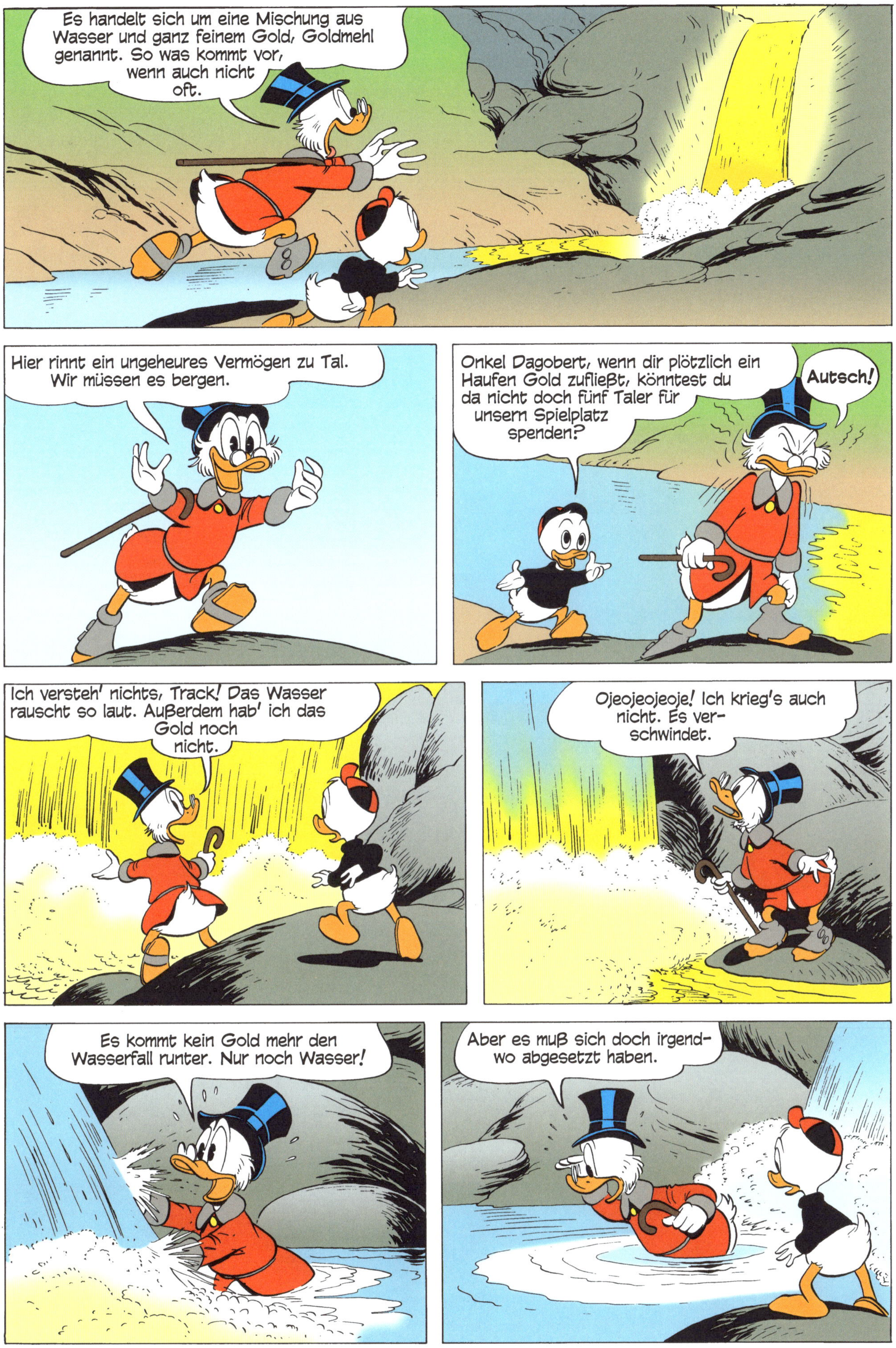
Es handelt sich um eine Mischung aus Wasser und ganz feinem Gold, Goldmehl genannt. So was kommt vor, wenn auch nicht oft.
Hier rinnt ein ungeheures Vermögen zu Tal. Wir müssen es bergen.
Onkel Dagobert, wenn dir plötzlich ein Haufen Gold zufließt, könntest du da nicht doch fünf Taler für unsern Spielplatz spenden?
Autsch!
Ich versteh' nichts, Track! Das Wasser rauscht so laut. Außerdem hab' ich das Gold noch nicht.
Ojeojeojeoje! Ich krieg's auch nicht. Es verschwindet.
Es kommt kein Gold mehr den Wasserfall runter. Nur noch Wasser!
Aber es muß sich doch irgendwo abgesetzt haben.

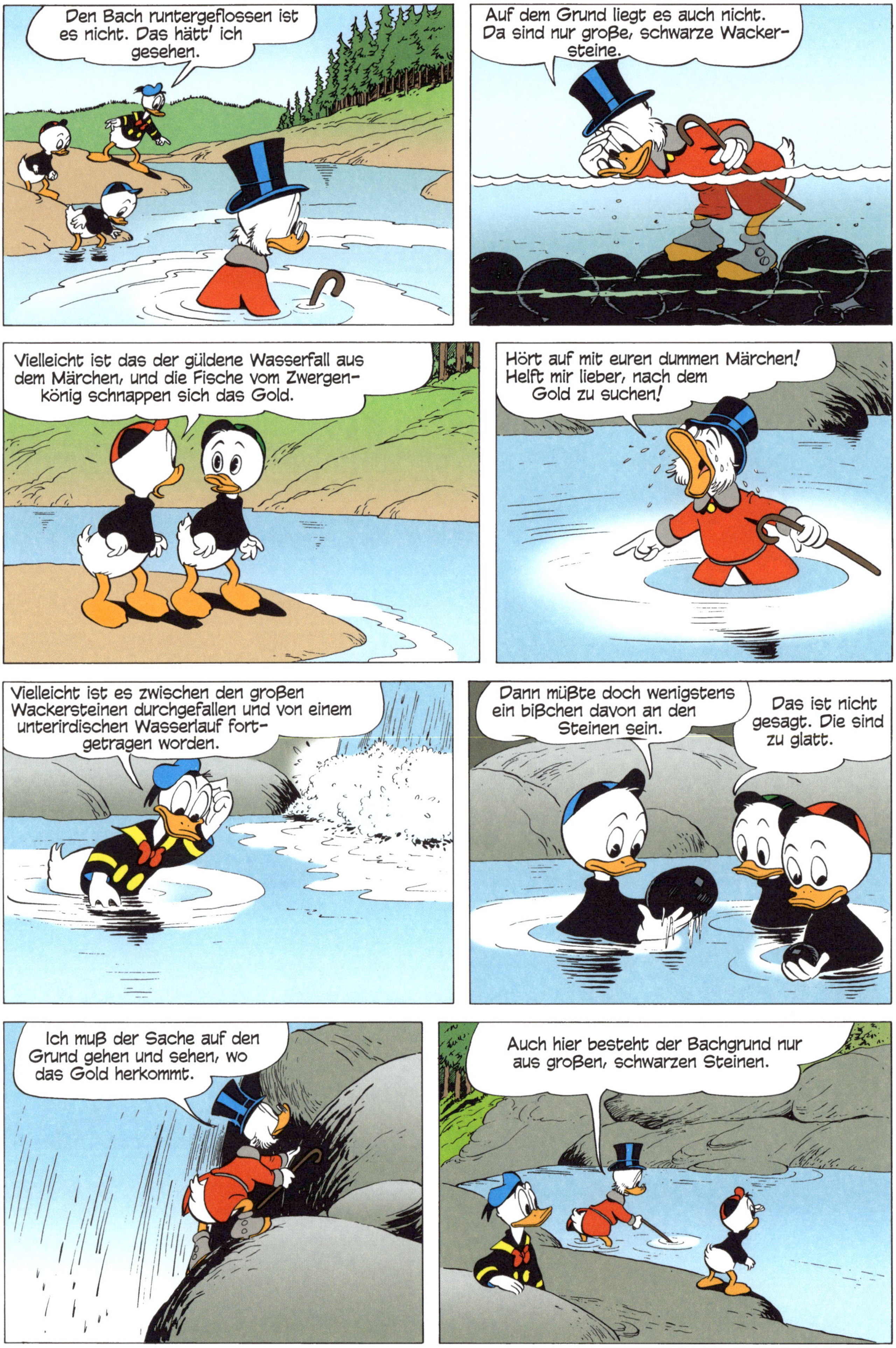
Den Bach runtergeflossen ist es nicht. Das hätt' ich gesehen.
Auf dem Grund liegt es auch nicht. Da sind nur große, schwarze Wackersteine.
Vielleicht ist das der güldene Wasserfall aus dem Märchen, und die Fische vom Zwergenkönig schnappen sich das Gold.
Hört auf mit euren dummen Märchen! Helft mir lieber, nach dem Gold zu suchen!
Vielleicht ist es zwischen den großen Wackersteinen durchgefallen und von einem unterirdischen Wasserlauf fortgetragen worden.
Dann müßte doch wenigstens ein bißchen davon an den Steinen sein.
Das ist nicht gesagt. Die sind zu glatt.
Ich muß der Sache auf den Grund gehen und sehen, wo das Gold herkommt.
Auch hier besteht der Bachgrund nur aus großen, schwarzen Steinen.

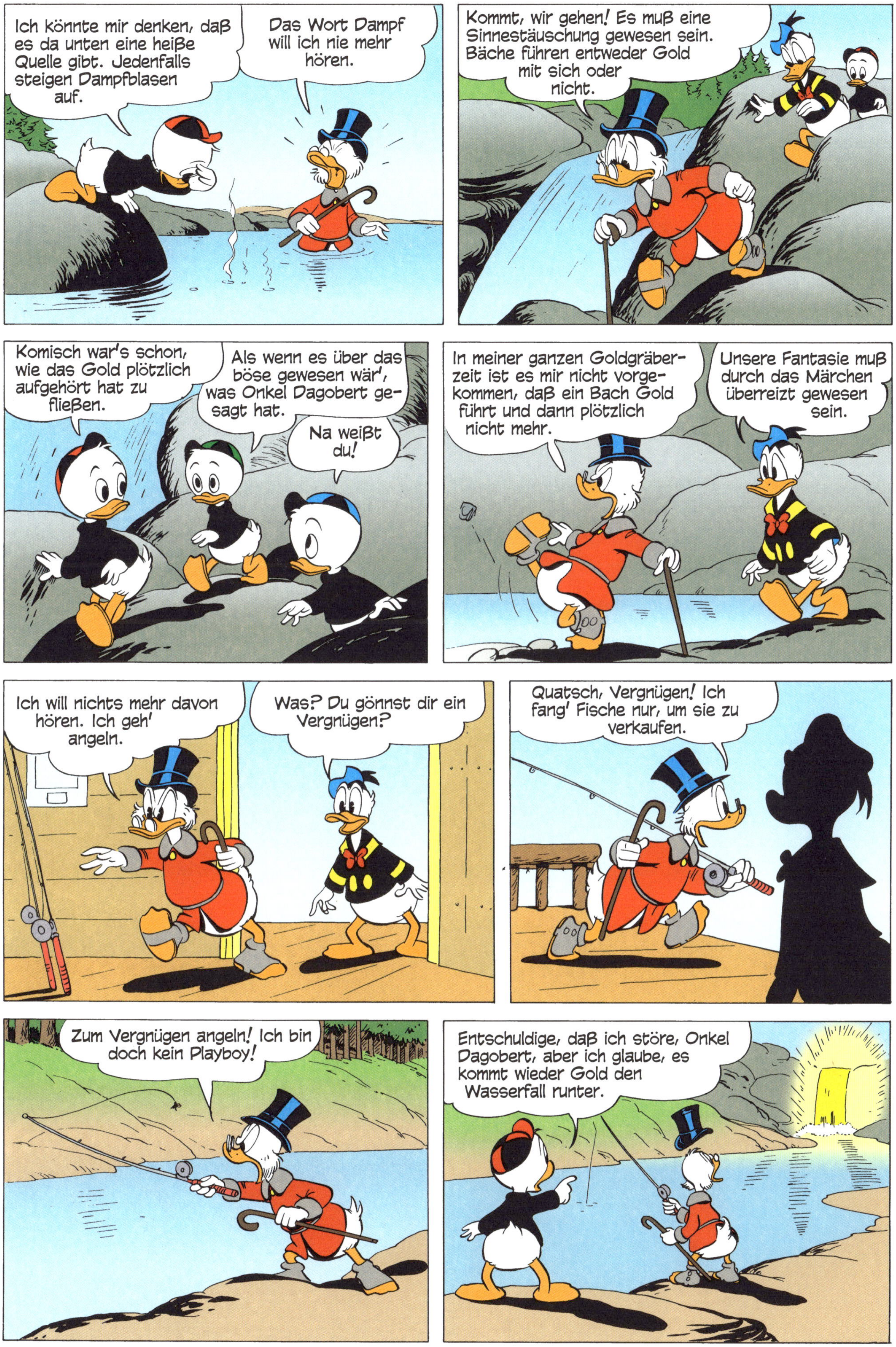
Ich könnte mir denken, daß es da unten eine heiße Quelle gibt. Jedenfalls steigen Dampfblasen auf.
Das Wort Dampf will ich nie mehr hören.
Kommt, wir gehen! Es muß eine Sinnestäuschung gewesen sein. Bäche führen entweder Gold mit sich oder nicht.
Komisch war's schon, wie das Gold plötzlich aufgehört hat zu fließen.
Als wenn es über das böse gewesen wär', was Onkel Dagobert gesagt hat.
Na weißt du!
In meiner ganzen Goldgräberzeit ist es mir nicht vorgekommen, daß ein Bach Gold führt und dann plötzlich nicht mehr.
Unsere Fantasie muß durch das Märchen überreizt gewesen sein.
Ich will nichts mehr davon hören. Ich geh' angeln.
Was? Du gönnst dir ein Vergnügen?
Quatsch, Vergnügen! Ich fang' Fische nur, um sie zu verkaufen.
Zum Vergnügen angeln! Ich bin doch kein Playboy!
Entschuldige, daß ich störe, Onkel Dagobert, aber ich glaube, es kommt wieder Gold den Wasserfall runter.

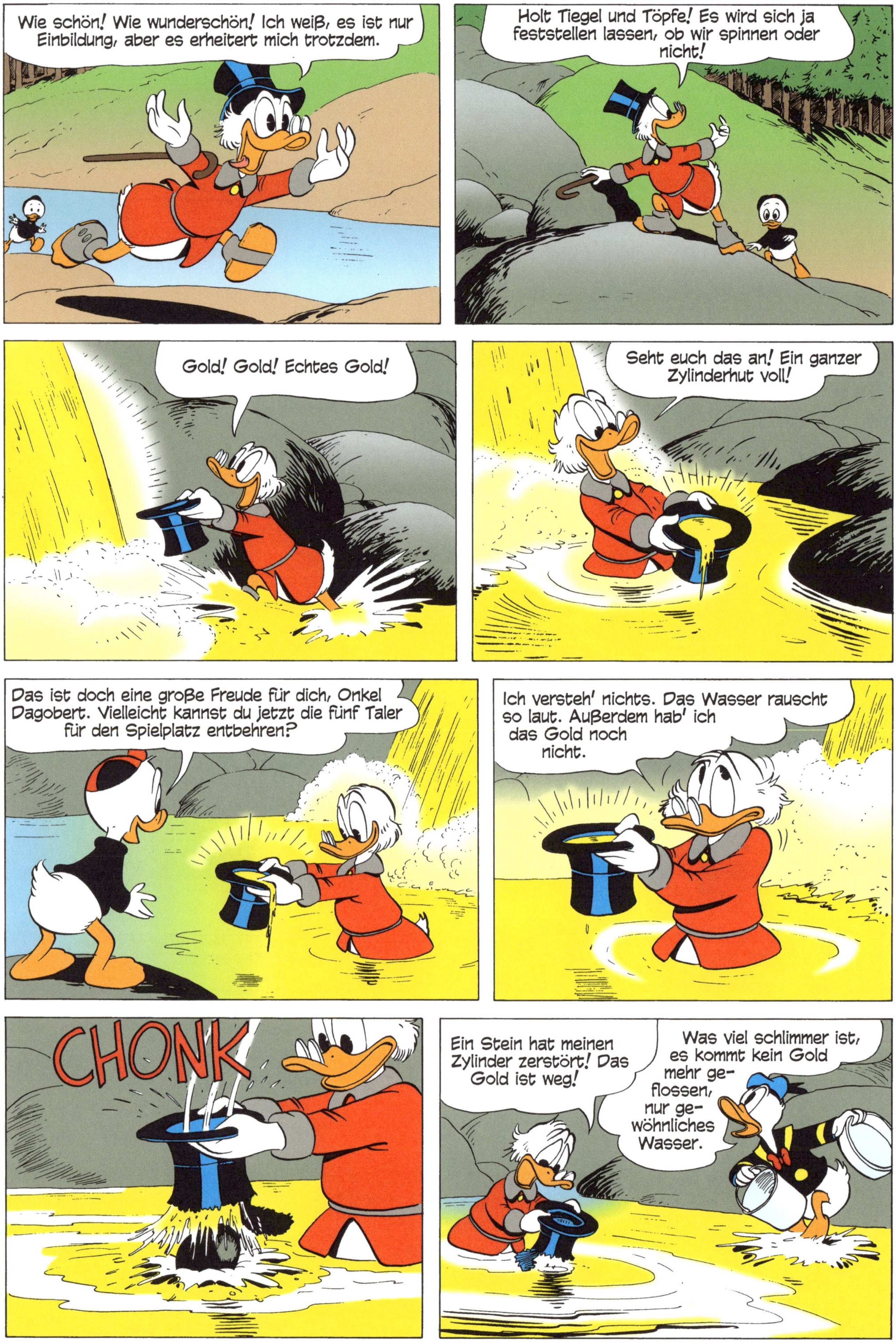
Wie schön! Wie wunderschön! Ich weiß, es ist nur Einbildung, aber es erheitert mich trotzdem.
Holt Tiegel und Töpfe! Es wird sich ja feststellen lassen, ob wir spinnen oder nicht!
Gold! Gold! Echtes Gold!
Seht euch das an! Ein ganzer Zylinderhut voll!
Das ist doch eine große Freude für dich, Onkel Dagobert. Vielleicht kannst du jetzt die fünf Taler für den Spielplatz entbehren?
Ich versteh' nichts. Das Wasser rauscht so laut. Außerdem hab' ich das Gold noch nicht.
CHONK
Ein Stein hat meinen Zylinder zerstört! Das Gold ist weg!
Was viel schlimmer ist, es kommt kein Gold mehr geflossen, nur gewöhnliches Wasser.

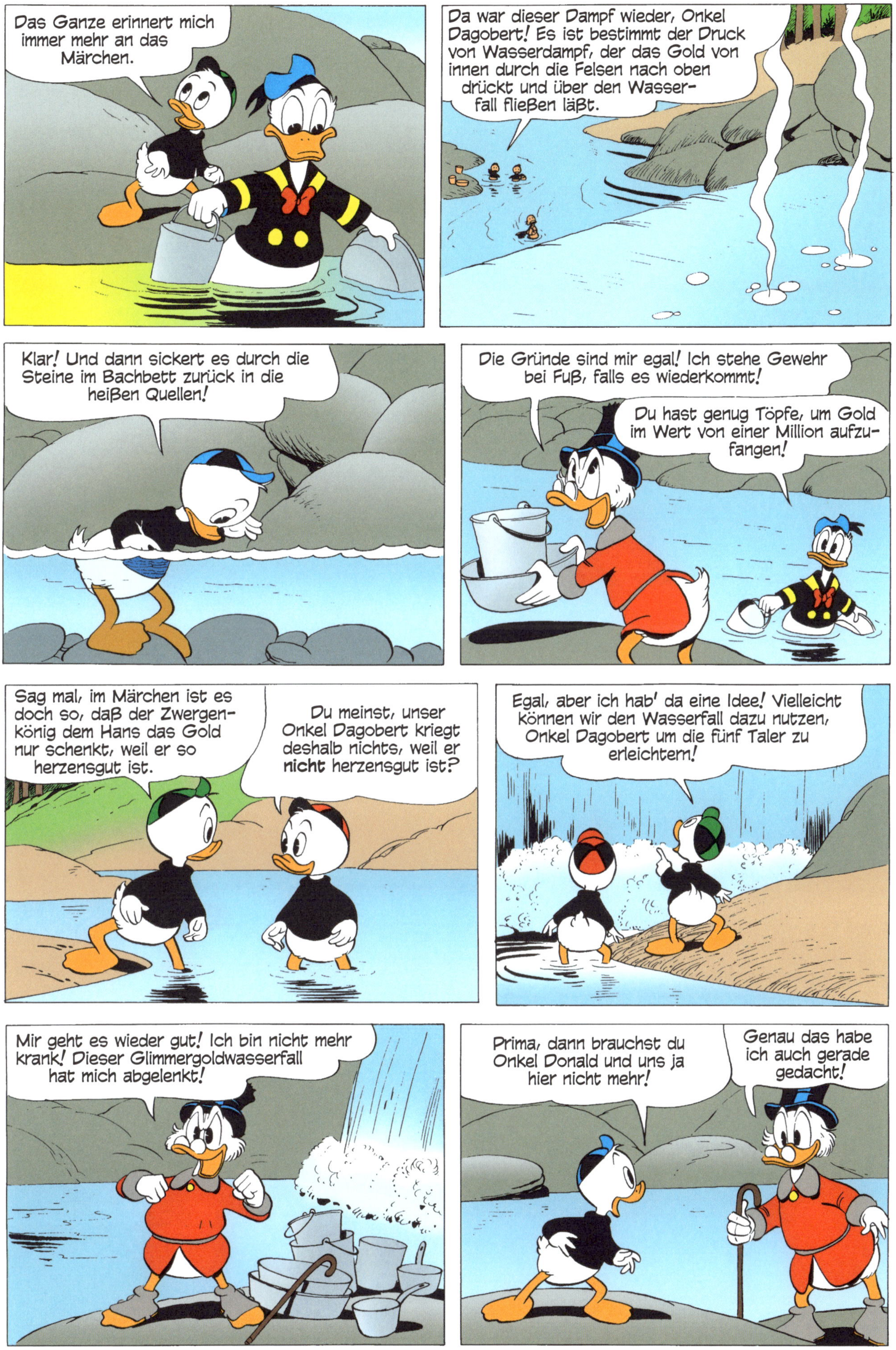
Das Ganze erinnert mich immer mehr an das Märchen.
Da war dieser Dampf wieder, Onkel Dagobert! Es ist bestimmt der Druck von Wasserdampf, der das Gold von innen durch die Felsen nach oben drückt und über den Wasserfall fließen läßt.
Klar! Und dann sickert es durch die Steine im Bachbett zurück in die heißen Quellen!
Die Gründe sind mir egal! Ich stehe Gewehr bei Fuß, falls es wiederkommt!
Du hast genug Töpfe, um Gold im Wert von einer Million aufzufangen!
Sag mal, im Märchen ist es doch so, daß der Zwergenkönig dem Hans das Gold nur schenkt, weil er so herzensgut ist.
Du meinst, unser Onkel Dagobert kriegt deshalb nichts, weil er **nicht** herzensgut ist?
Egal, aber ich hab' da eine Idee! Vielleicht können wir den Wasserfall dazu nutzen, Onkel Dagobert um die fünf Taler zu erleichtern!
Mir geht es wieder gut! Ich bin nicht mehr krank! Dieser Glimmergoldwasserfall hat mich abgelenkt!
Prima, dann brauchst du Onkel Donald und uns ja hier nicht mehr!
Genau das habe ich auch gerade gedacht!

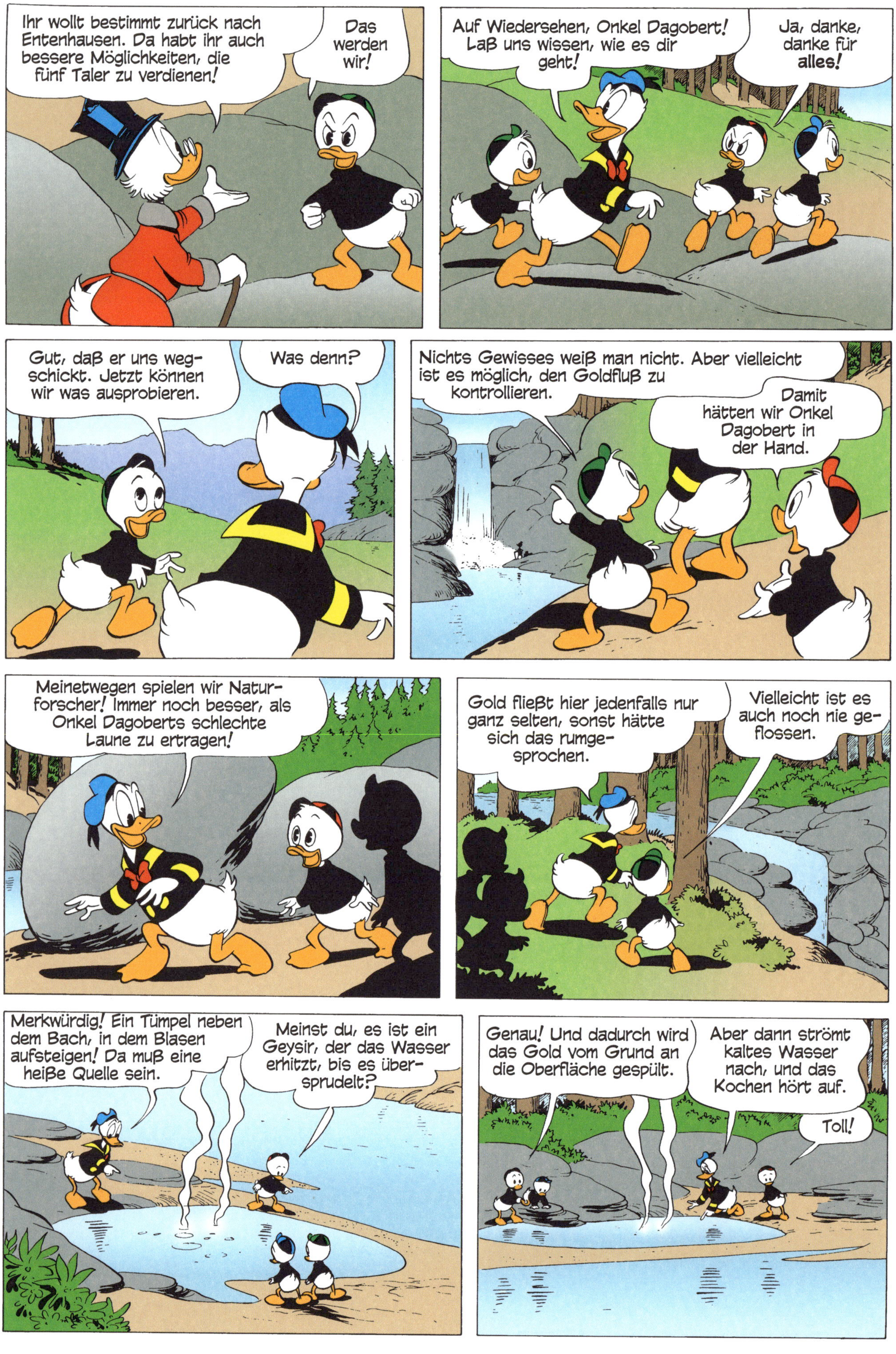
Ihr wollt bestimmt zurück nach Entenhausen. Da habt ihr auch bessere Möglichkeiten, die fünf Taler zu verdienen!
Das werden wir!
Auf Wiedersehen, Onkel Dagobert! Laß uns wissen, wie es dir geht!
Ja, danke, danke für **alles!**
Gut, daß er uns wegschickt. Jetzt können wir was ausprobieren.
Was denn?
Nichts Gewisses weiß man nicht. Aber vielleicht ist es möglich, den Goldfluß zu kontrollieren.
Damit hätten wir Onkel Dagobert in der Hand.
Meinetwegen spielen wir Naturforscher! Immer noch besser, als Onkel Dagoberts schlechte Laune zu ertragen!
Gold fließt hier jedenfalls nur ganz selten, sonst hätte sich das rumgesprochen.
Vielleicht ist es auch noch nie geflossen.
Merkwürdig! Ein Tümpel neben dem Bach, in dem Blasen aufsteigen! Da muß eine heiße Quelle sein.
Meinst du, es ist ein Geysir, der das Wasser erhitzt, bis es übersprudelt?
Genau! Und dadurch wird das Gold vom Grund an die Oberfläche gespült.
Aber dann strömt kaltes Wasser nach, und das Kochen hört auf.
Toll!

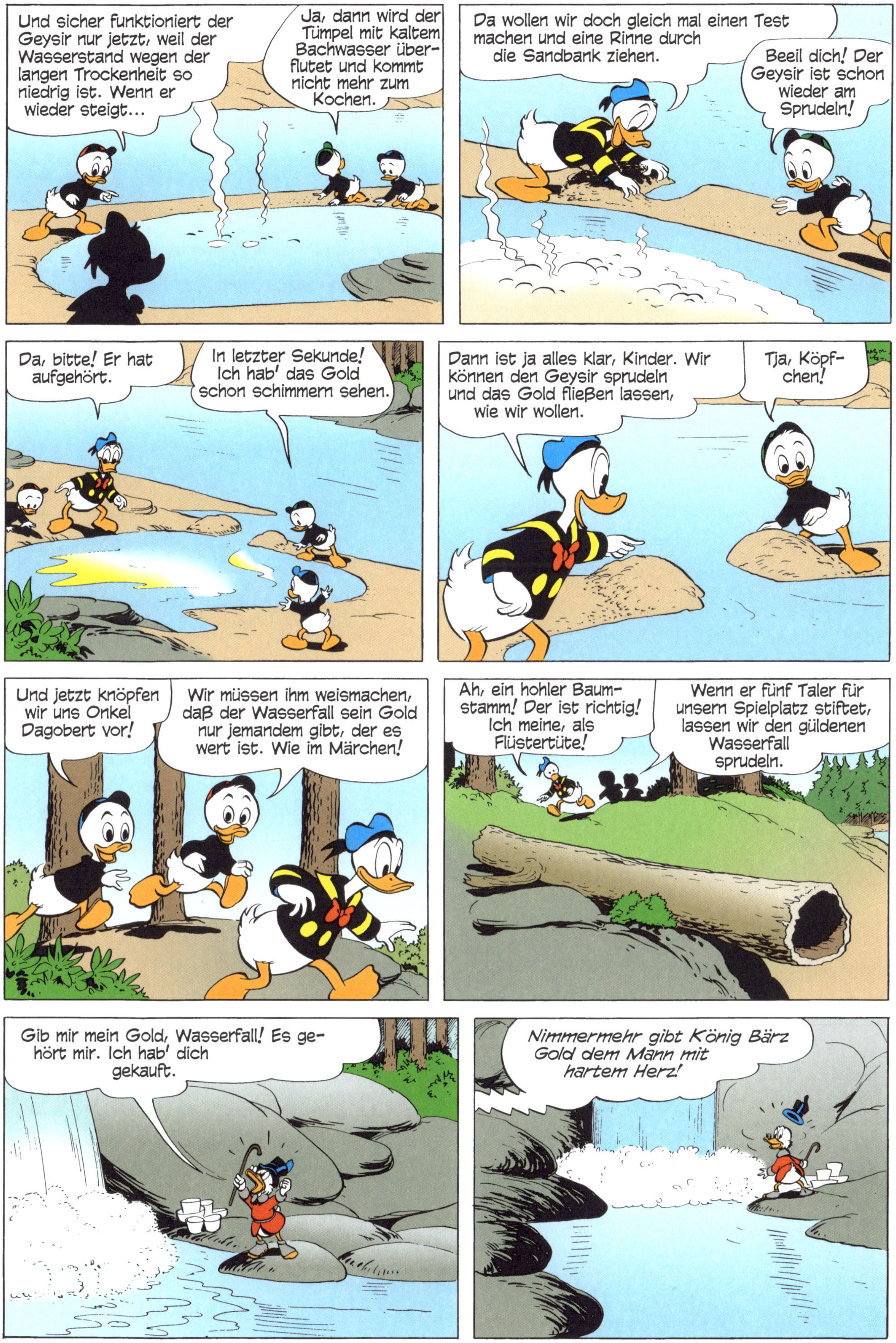
Und sicher funktioniert der Geysir nur jetzt, weil der Wasserstand wegen der langen Trockenheit so niedrig ist. Wenn er wieder steigt...
Ja, dann wird der Tümpel mit kaltem Bachwasser überflutet und kommt nicht mehr zum Kochen.
Da wollen wir doch gleich mal einen Test machen und eine Rinne durch die Sandbank ziehen.
Beeil dich! Der Geysir ist schon wieder am Sprudeln!
Da, bitte! Er hat aufgehört.
In letzter Sekunde! Ich hab' das Gold schon schimmern sehen.
Dann ist ja alles klar, Kinder. Wir können den Geysir sprudeln und das Gold fließen lassen, wie wir wollen.
Tja, Köpfchen!
Und jetzt knöpfen wir uns Onkel Dagobert vor!
Wir müssen ihm weismachen, daß der Wasserfall sein Gold nur jemandem gibt, der es wert ist. Wie im Märchen!
Ah, ein hohler Baumstamm! Der ist richtig! Ich meine, als Flüstertüte!
Wenn er fünf Taler für unsern Spielplatz stiftet, lassen wir den güldenen Wasserfall sprudeln.
Gib mir mein Gold, Wasserfall! Es gehört mir. Ich hab' dich gekauft.
Nimmermehr gibt König Bärz Gold dem Mann mit hartem Herz!

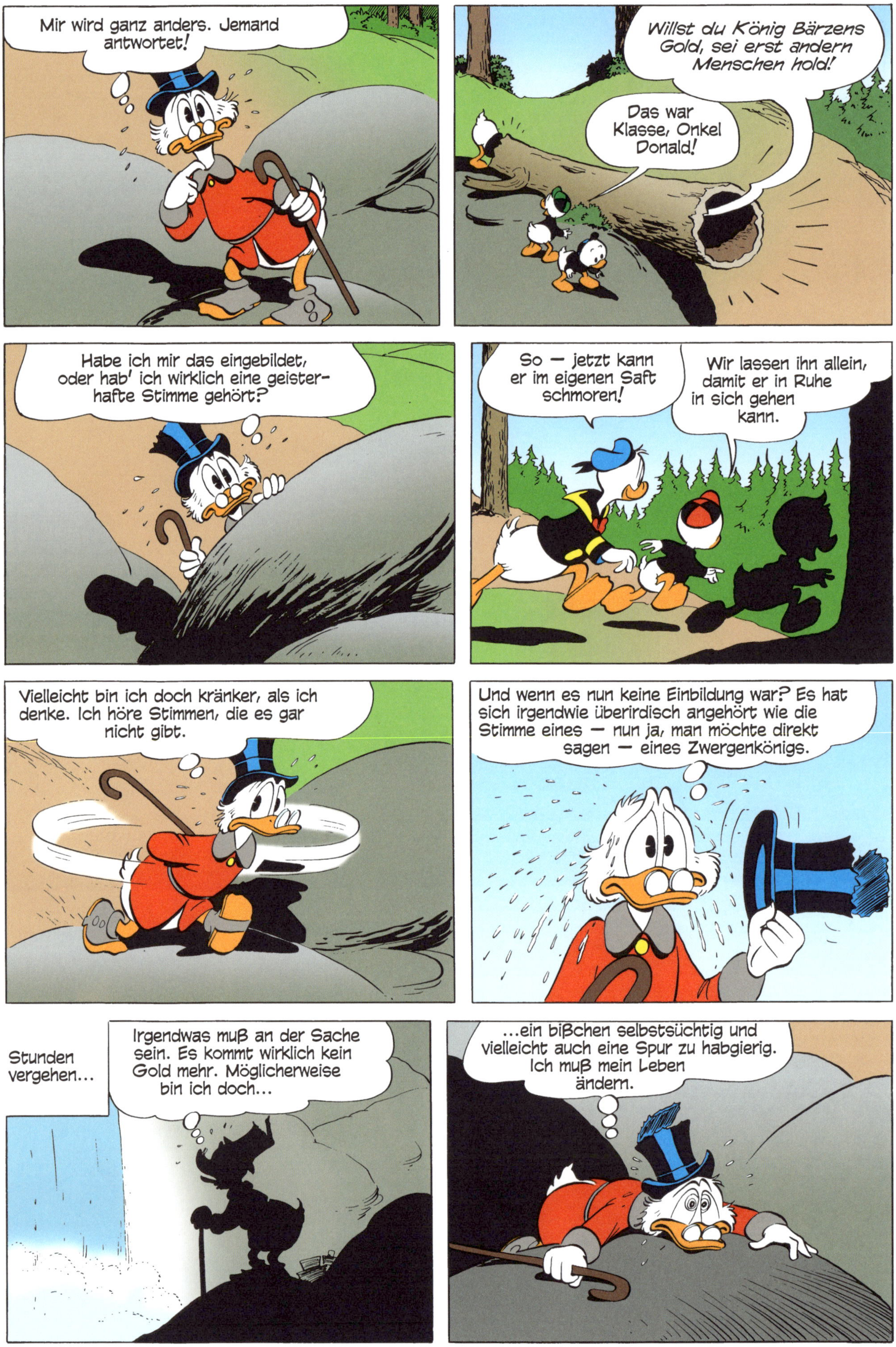
Mir wird ganz anders. Jemand antwortet!
Willst du König Bärzens Gold, sei erst andern Menschen hold!
Das war Klasse, Onkel Donald!
Habe ich mir das eingebildet, oder hab' ich wirklich eine geisterhafte Stimme gehört?
So — jetzt kann er im eigenen Saft schmoren!
Wir lassen ihn allein, damit er in Ruhe in sich gehen kann.
Vielleicht bin ich doch kränker, als ich denke. Ich höre Stimmen, die es gar nicht gibt.
Und wenn es nun keine Einbildung war? Es hat sich irgendwie überirdisch angehört wie die Stimme eines — nun ja, man möchte direkt sagen — eines Zwergenkönigs.
Stunden vergehen...
Irgendwas muß an der Sache sein. Es kommt wirklich kein Gold mehr. Möglicherweise bin ich doch...
...ein bißchen selbstsüchtig und vielleicht auch eine Spur zu habgierig. Ich muß mein Leben ändern.

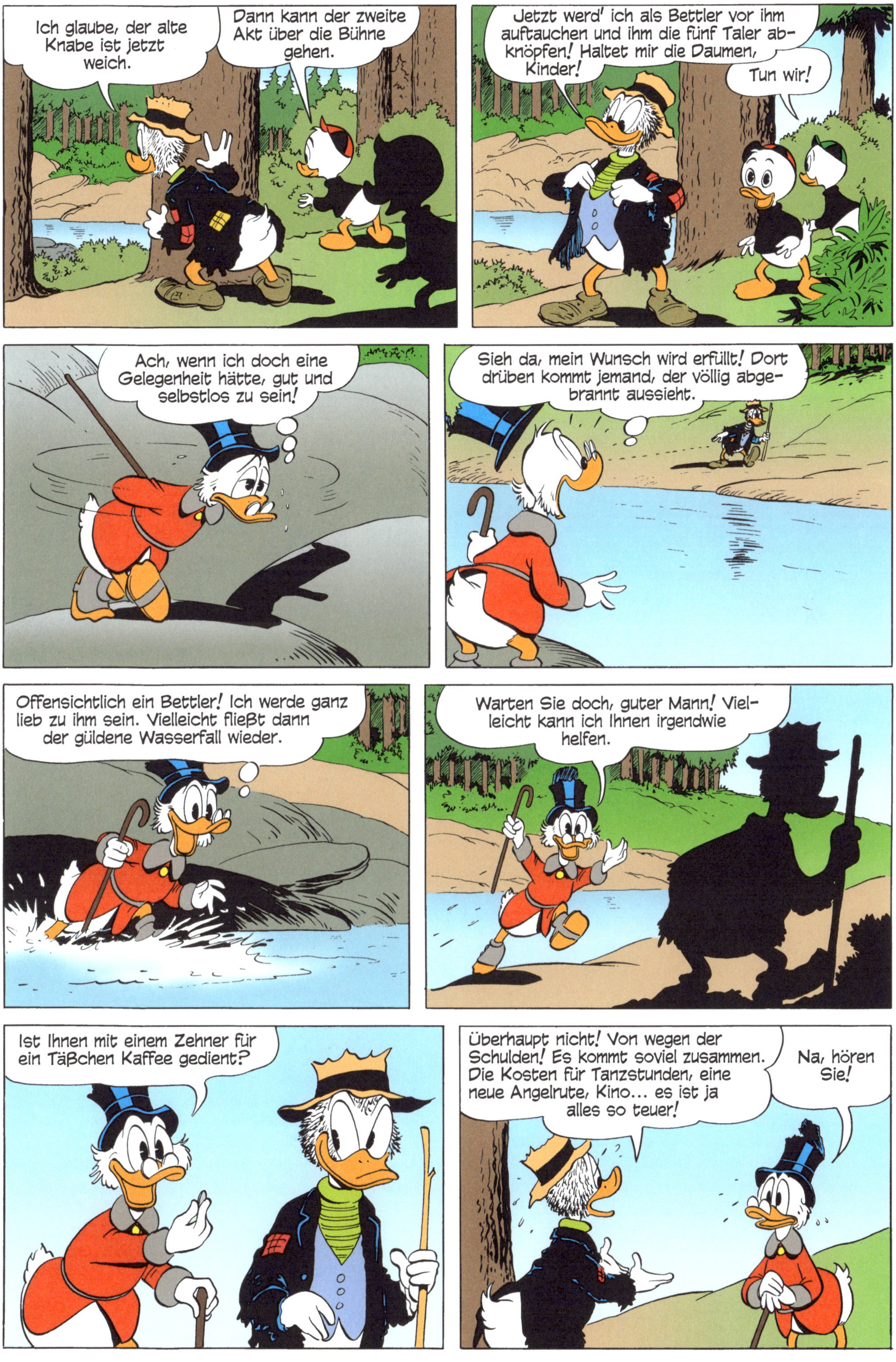

Ich glaube, der alte Knabe ist jetzt weich.
Dann kann der zweite Akt über die Bühne gehen.
Jetzt werd' ich als Bettler vor ihm auftauchen und ihm die fünf Taler abknöpfen! Haltet mir die Daumen, Kinder!
Tun wir!
Ach, wenn ich doch eine Gelegenheit hätte, gut und selbstlos zu sein!
Sieh da, mein Wunsch wird erfüllt! Dort drüben kommt jemand, der völlig abgebrannt aussieht.
Offensichtlich ein Bettler! Ich werde ganz lieb zu ihm sein. Vielleicht fließt dann der güldene Wasserfall wieder.
Warten Sie doch, guter Mann! Vielleicht kann ich Ihnen irgendwie helfen.
Ist Ihnen mit einem Zehner für ein Täßchen Kaffee gedient?
Überhaupt nicht! Von wegen der Schulden! Es kommt soviel zusammen. Die Kosten für Tanzstunden, eine neue Angelrute, Kino... es ist ja alles so teuer!
Na, hören Sie!

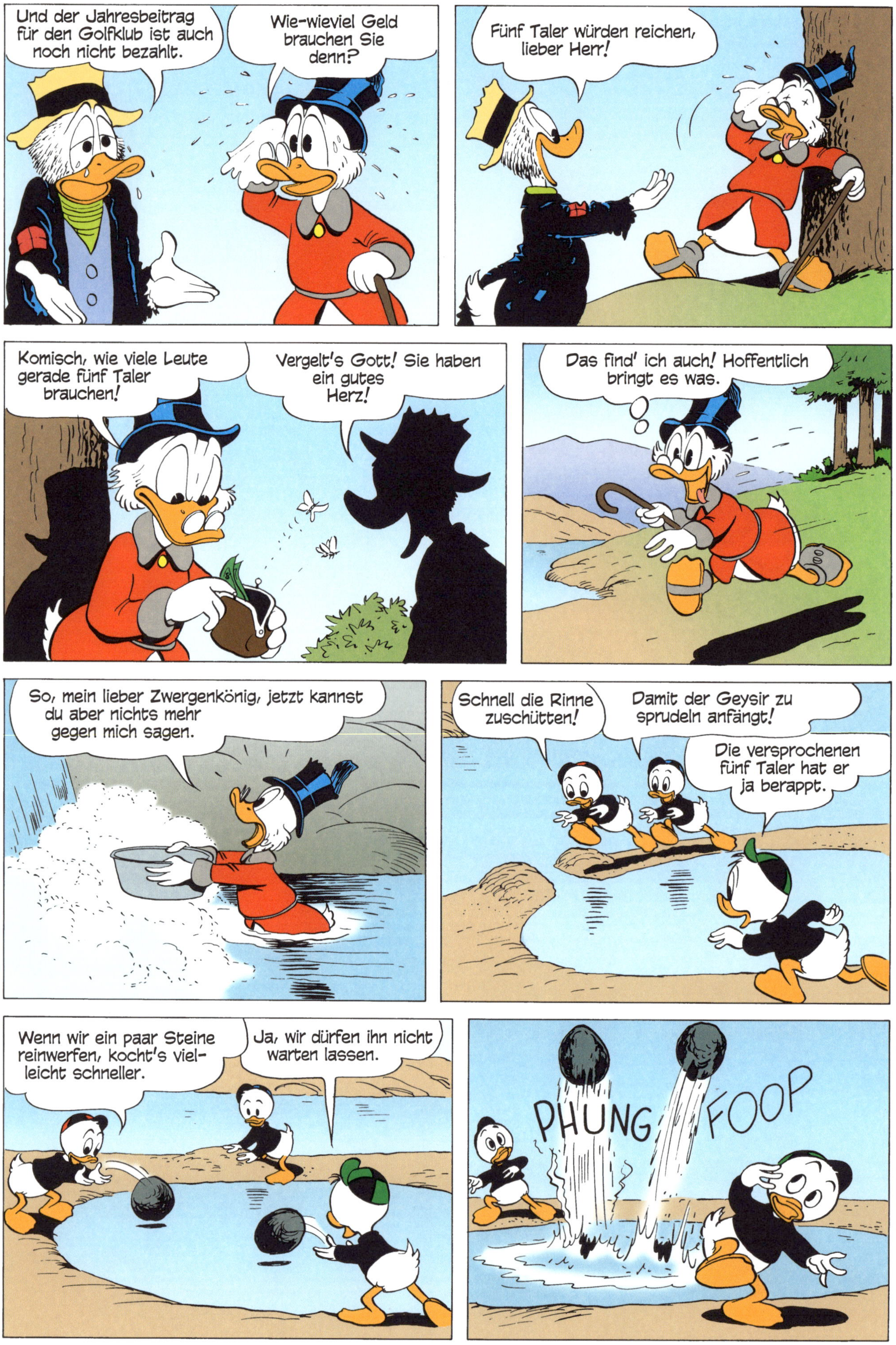
Und der Jahresbeitrag für den Golfklub ist auch noch nicht bezahlt.
Wie-wieviel Geld brauchen Sie denn?
Fünf Taler würden reichen, lieber Herr!
Komisch, wie viele Leute gerade fünf Taler brauchen!
Vergelt's Gott! Sie haben ein gutes Herz!
Das find' ich auch! Hoffentlich bringt es was.
So, mein lieber Zwergenkönig, jetzt kannst du aber nichts mehr gegen mich sagen.
Schnell die Rinne zuschütten!
Damit der Geysir zu sprudeln anfängt!
Die versprochenen fünf Taler hat er ja berappt.
Wenn wir ein paar Steine reinwerfen, kocht's vielleicht schneller.
Ja, wir dürfen ihn nicht warten lassen.
PHUNG
FOOP

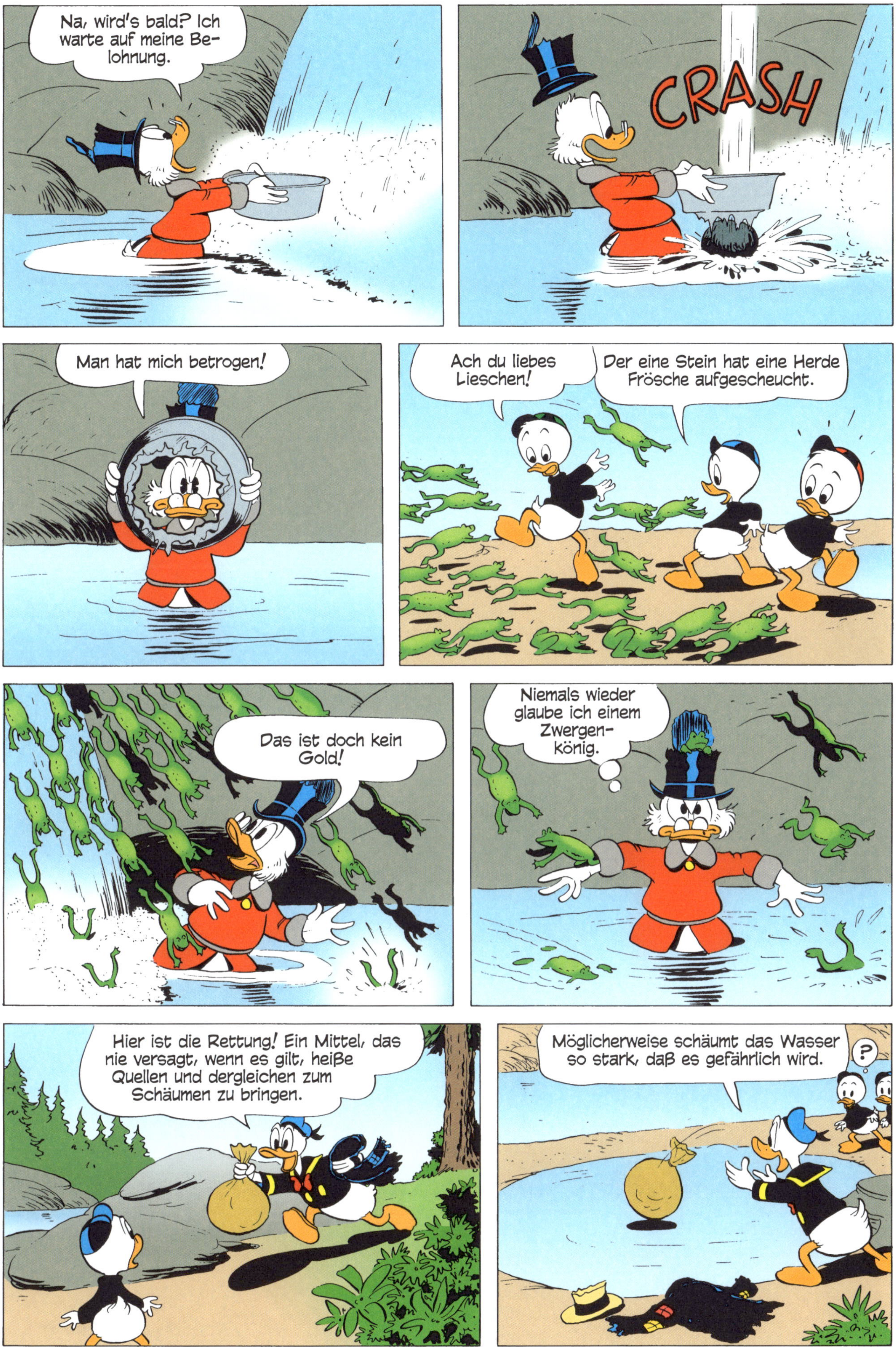
Na, wird's bald? Ich warte auf meine Belohnung.
CRASH
Man hat mich betrogen!
Ach du liebes Lieschen!
Der eine Stein hat eine Herde Frösche aufgescheucht.
Das ist doch kein Gold!
Niemals wieder glaube ich einem Zwergenkönig.
Hier ist die Rettung! Ein Mittel, das nie versagt, wenn es gilt, heiße Quellen und dergleichen zum Schäumen zu bringen.
Möglicherweise schäumt das Wasser so stark, daß es gefährlich wird.
?

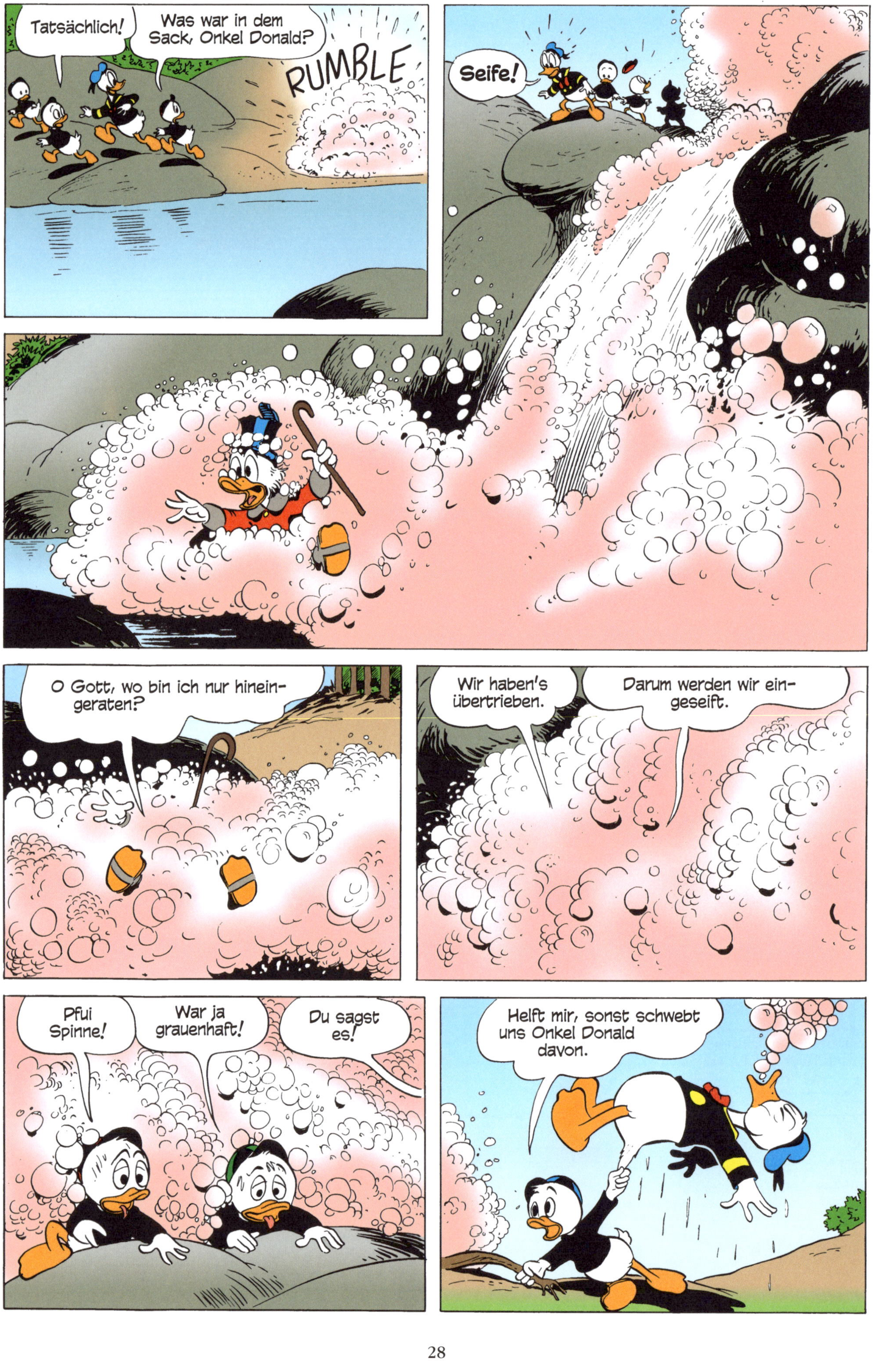

Tatsächlich!
Was war in dem Sack, Onkel Donald?
RUMBLE
Seife!
O Gott, wo bin ich nur hineingeraten?
Wir haben's übertrieben.
Darum werden wir eingeseift.
Pfui Spinne!
War ja grauenhaft!
Du sagst es!
Helft mir, sonst schwebt uns Onkel Donald davon.

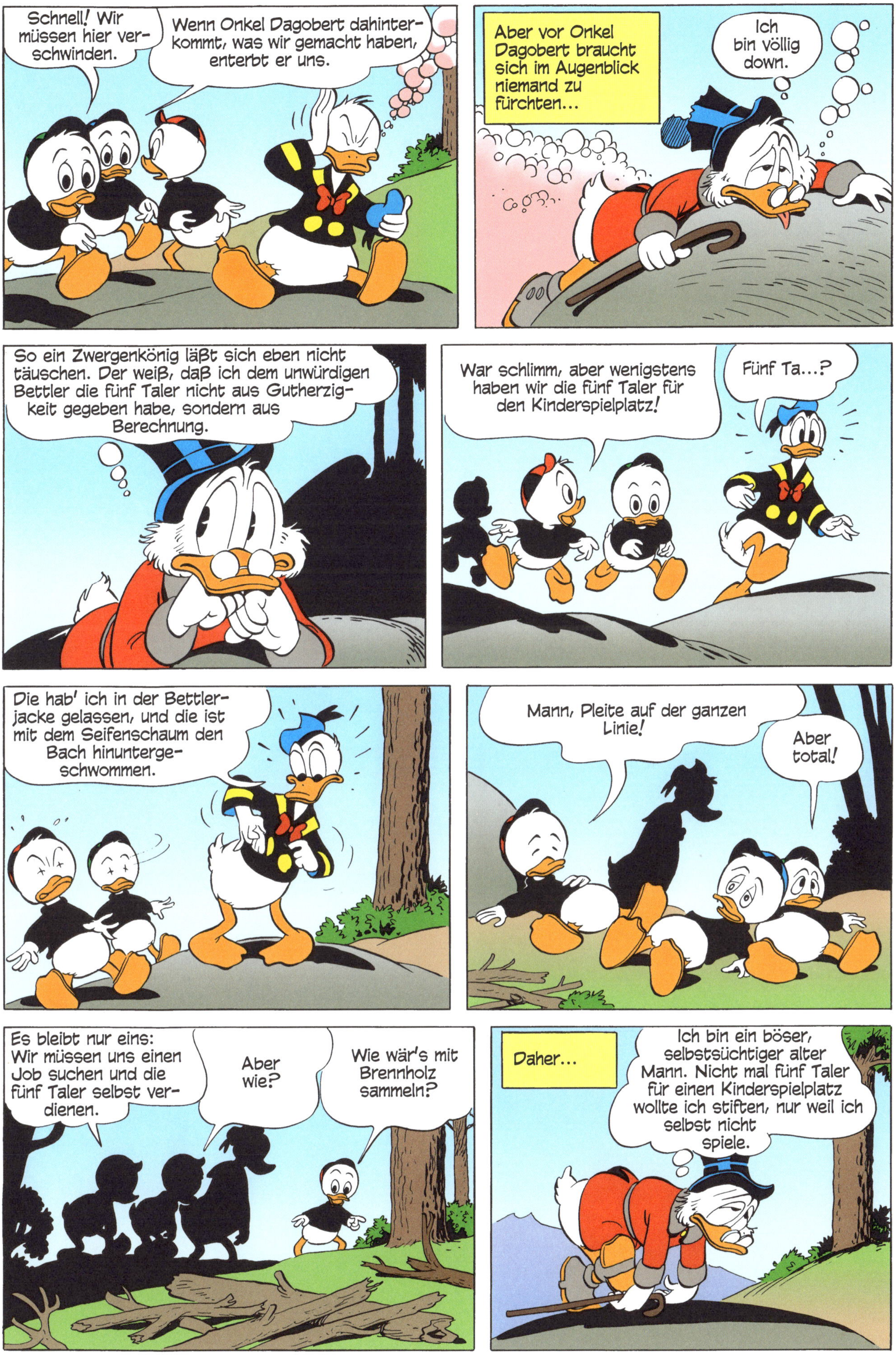
Schnell! Wir müssen hier verschwinden.
Wenn Onkel Dagobert dahinterkommt, was wir gemacht haben, enterbt er uns.
Aber vor Onkel Dagobert braucht sich im Augenblick niemand zu fürchten...
Ich bin völlig down.
So ein Zwergenkönig läßt sich eben nicht täuschen. Der weiß, daß ich dem unwürdigen Bettler die fünf Taler nicht aus Gutherzigkeit gegeben habe, sondern aus Berechnung.
War schlimm, aber wenigstens haben wir die fünf Taler für den Kinderspielplatz!
Fünf Ta...?
Die hab' ich in der Bettlerjacke gelassen, und die ist mit dem Seifenschaum den Bach hinuntergeschwommen.
Mann, Pleite auf der ganzen Linie!
Aber total!
Es bleibt nur eins: Wir müssen uns einen Job suchen und die fünf Taler selbst verdienen.
Aber wie?
Wie wär's mit Brennholz sammeln?
Daher...
Ich bin ein böser, selbstsüchtiger alter Mann. Nicht mal fünf Taler für einen Kinderspielplatz wollte ich stiften, nur weil ich selbst nicht spiele.

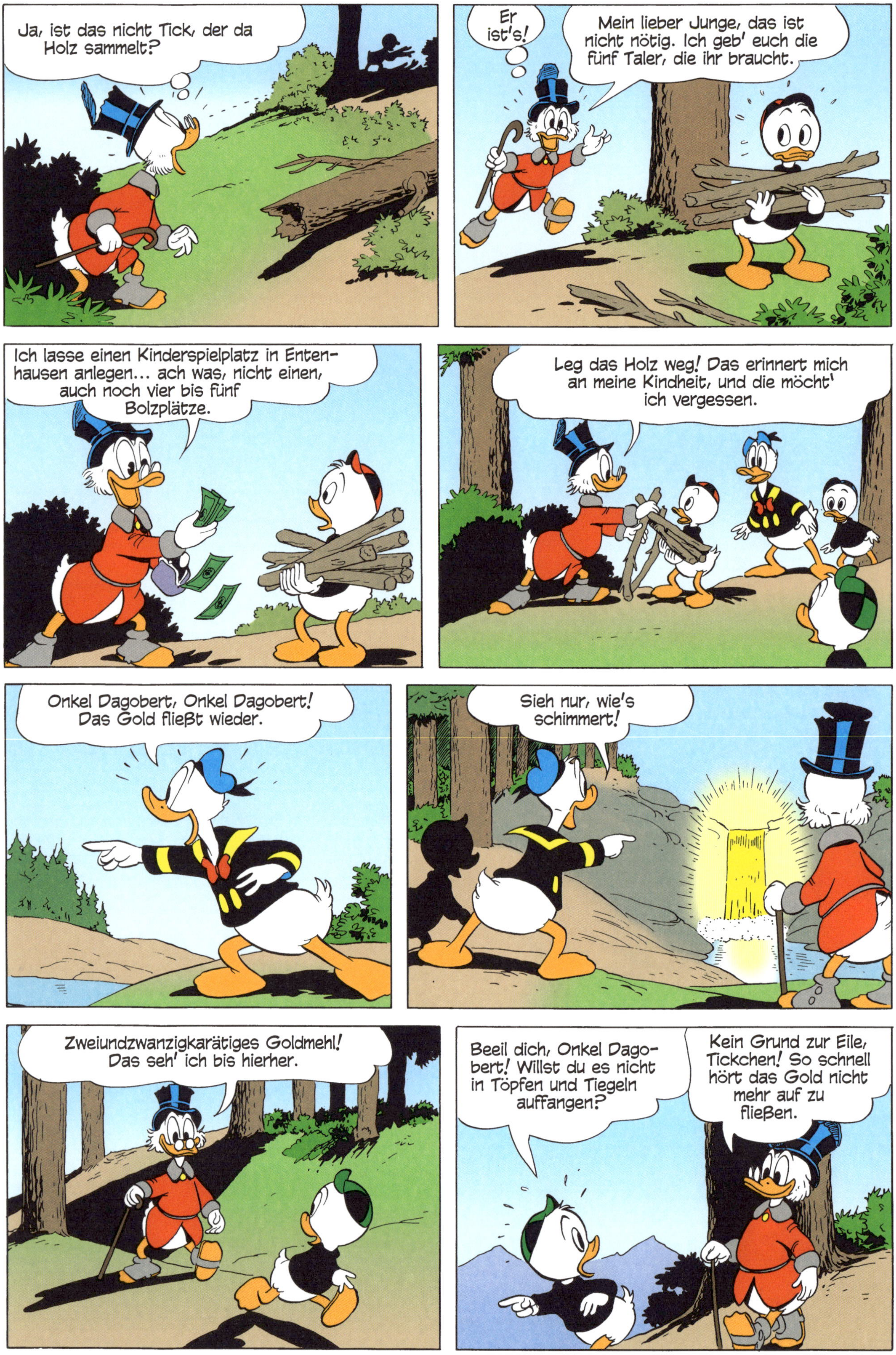
Ja, ist das nicht Tick, der da Holz sammelt?
Er ist's!
Mein lieber Junge, das ist nicht nötig. Ich geb' euch die fünf Taler, die ihr braucht.
Ich lasse einen Kinderspielplatz in Entenhausen anlegen… ach was, nicht einen, auch noch vier bis fünf Bolzplätze.
Leg das Holz weg! Das erinnert mich an meine Kindheit, und die möcht' ich vergessen.
Onkel Dagobert, Onkel Dagobert! Das Gold fließt wieder.
Sieh nur, wie's schimmert!
Zweiundzwanzigkarätiges Goldmehl! Das seh' ich bis hierher.
Beeil dich, Onkel Dagobert! Willst du es nicht in Töpfen und Tiegeln auffangen?
Kein Grund zur Eile, Tickchen! So schnell hört das Gold nicht mehr auf zu fließen.

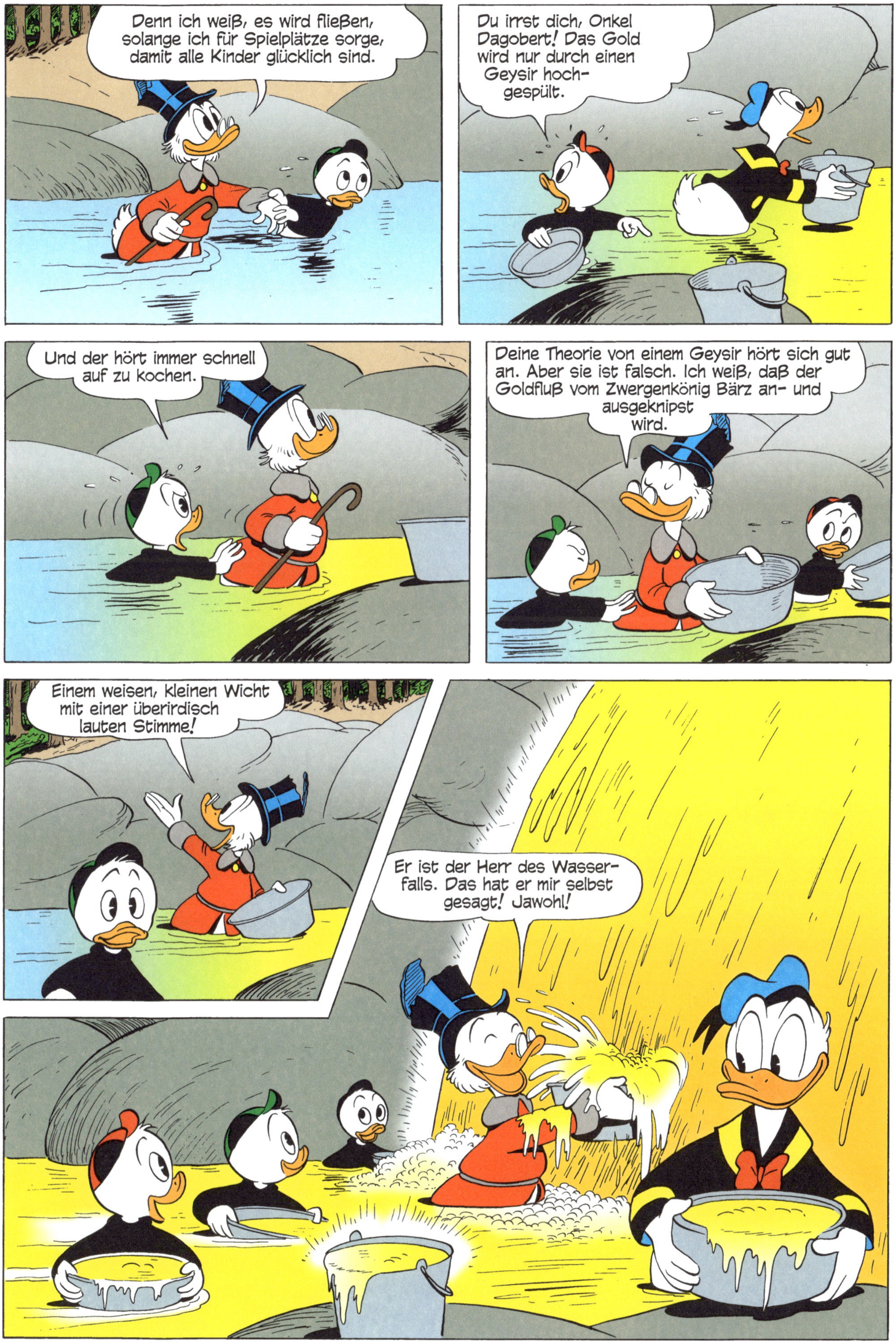
Denn ich weiß, es wird fließen, solange ich für Spielplätze sorge, damit alle Kinder glücklich sind.
Du irrst dich, Onkel Dagobert! Das Gold wird nur durch einen Geysir hochgespült.
Und der hört immer schnell auf zu kochen.
Deine Theorie von einem Geysir hört sich gut an. Aber sie ist falsch. Ich weiß, daß der Goldfluß vom Zwergenkönig Bärz an- und ausgeknipst wird.
Einem weisen, kleinen Wicht mit einer überirdisch lauten Stimme!
Er ist der Herr des Wasserfalls. Das hat er mir selbst gesagt! Jawohl!

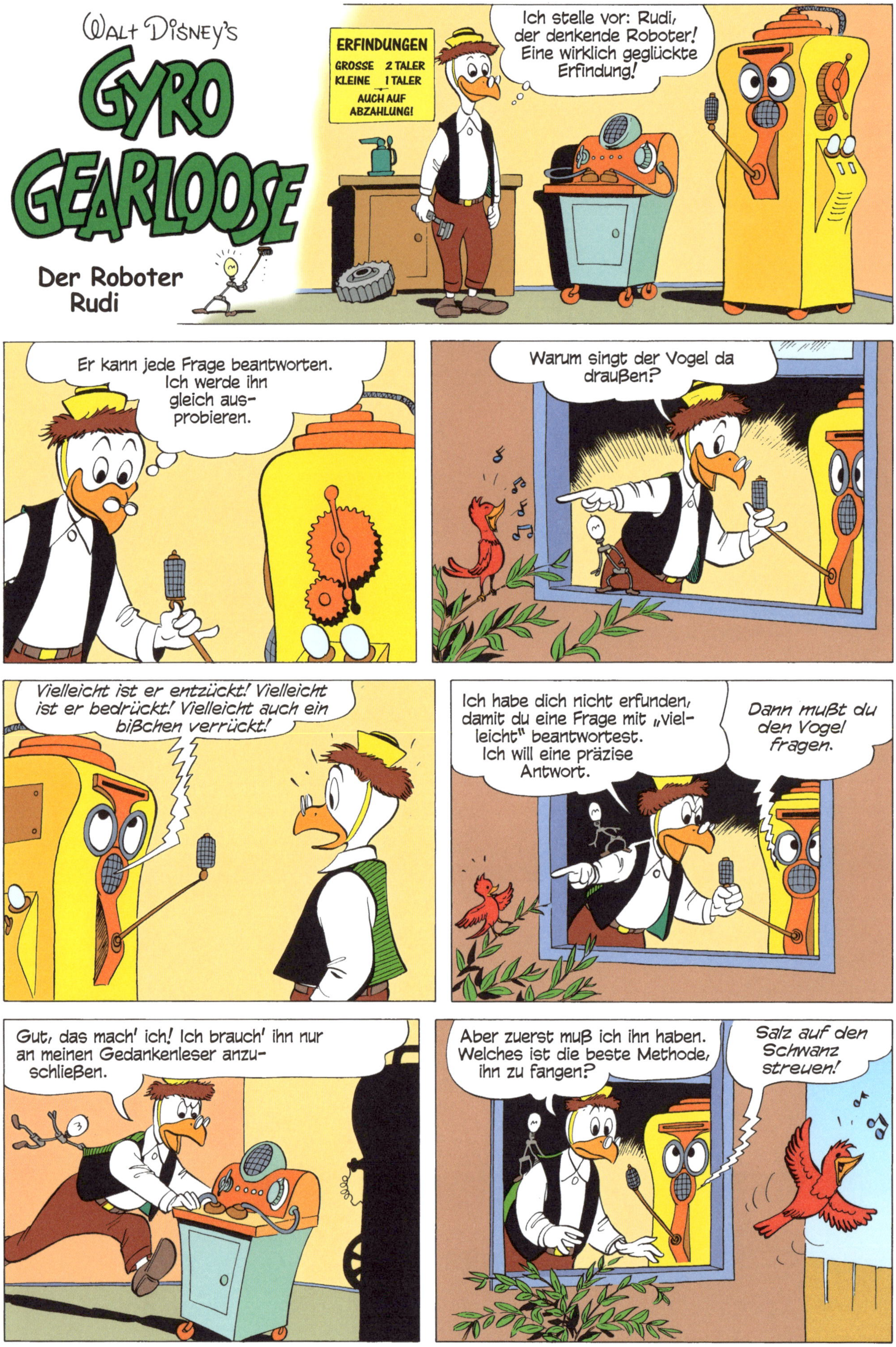
WALT DISNEY'S
GYRO GEARLOOSE
Der Roboter Rudi
ERFINDUNGEN
GROSSE 2 TALER
KLEINE 1 TALER
AUCH AUF ABZAHLUNG!
Ich stelle vor: Rudi, der denkende Roboter! Eine wirklich geglückte Erfindung!
Er kann jede Frage beantworten. Ich werde ihn gleich ausprobieren.
Warum singt der Vogel da draußen?
Vielleicht ist er entzückt! Vielleicht ist er bedrückt! Vielleicht auch ein bißchen verrückt!
Ich habe dich nicht erfunden, damit du eine Frage mit „vielleicht" beantwortest. Ich will eine präzise Antwort.
Dann mußt du den Vogel fragen.
Gut, das mach' ich! Ich brauch' ihn nur an meinen Gedankenleser anzuschließen.
Aber zuerst muß ich ihn haben. Welches ist die beste Methode, ihn zu fangen?
Salz auf den Schwanz streuen!

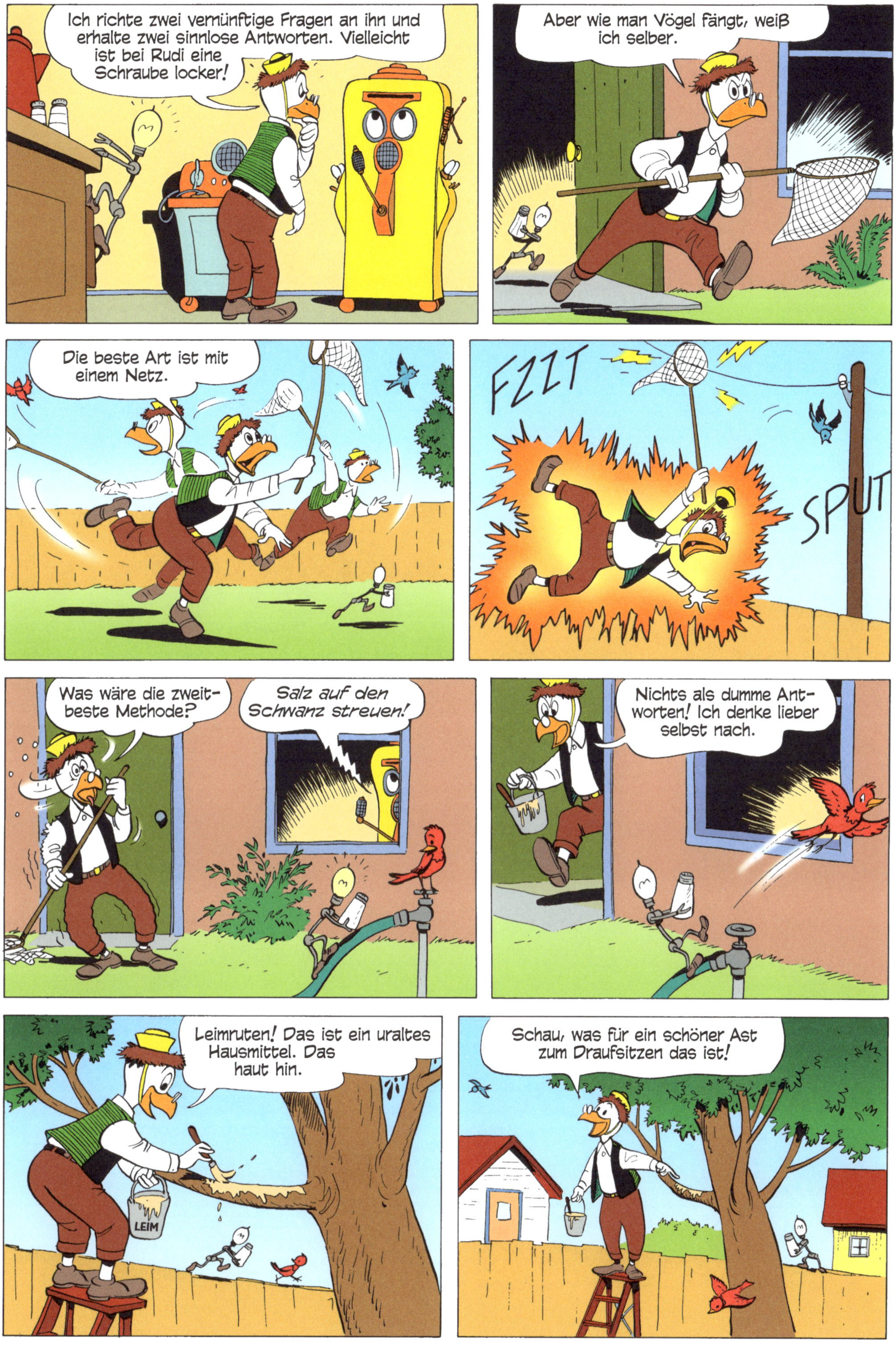
Ich richte zwei vernünftige Fragen an ihn und erhalte zwei sinnlose Antworten. Vielleicht ist bei Rudi eine Schraube locker!
Aber wie man Vögel fängt, weiß ich selber.
Die beste Art ist mit einem Netz.
FZZT
SPUT
Was wäre die zweitbeste Methode?
Salz auf den Schwanz streuen!
Nichts als dumme Antworten! Ich denke lieber selbst nach.
Leimruten! Das ist ein uraltes Hausmittel. Das haut hin.
LEIM
Schau, was für ein schöner Ast zum Draufsitzen das ist!

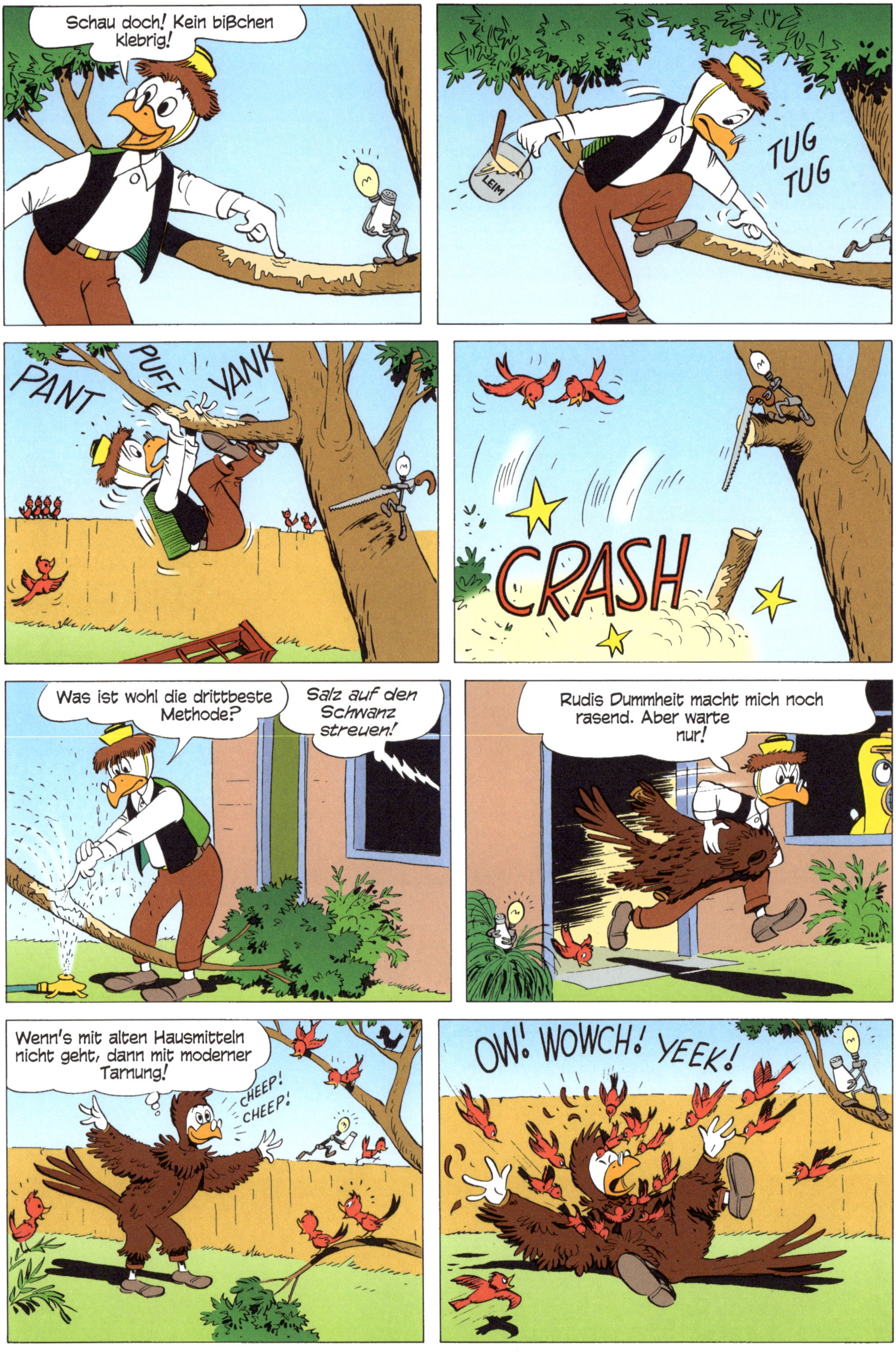

Schau doch! Kein bißchen klebrig!
LEIM
TUG TUG
PANT
PUFF
YANK
CRASH
Was ist wohl die drittbeste Methode?
Salz auf den Schwanz streuen!
Rudis Dummheit macht mich noch rasend. Aber warte nur!
Wenn's mit alten Hausmitteln nicht geht, dann mit moderner Tarnung!
CHEEP! CHEEP!
OW! WOWCH! YEEK!

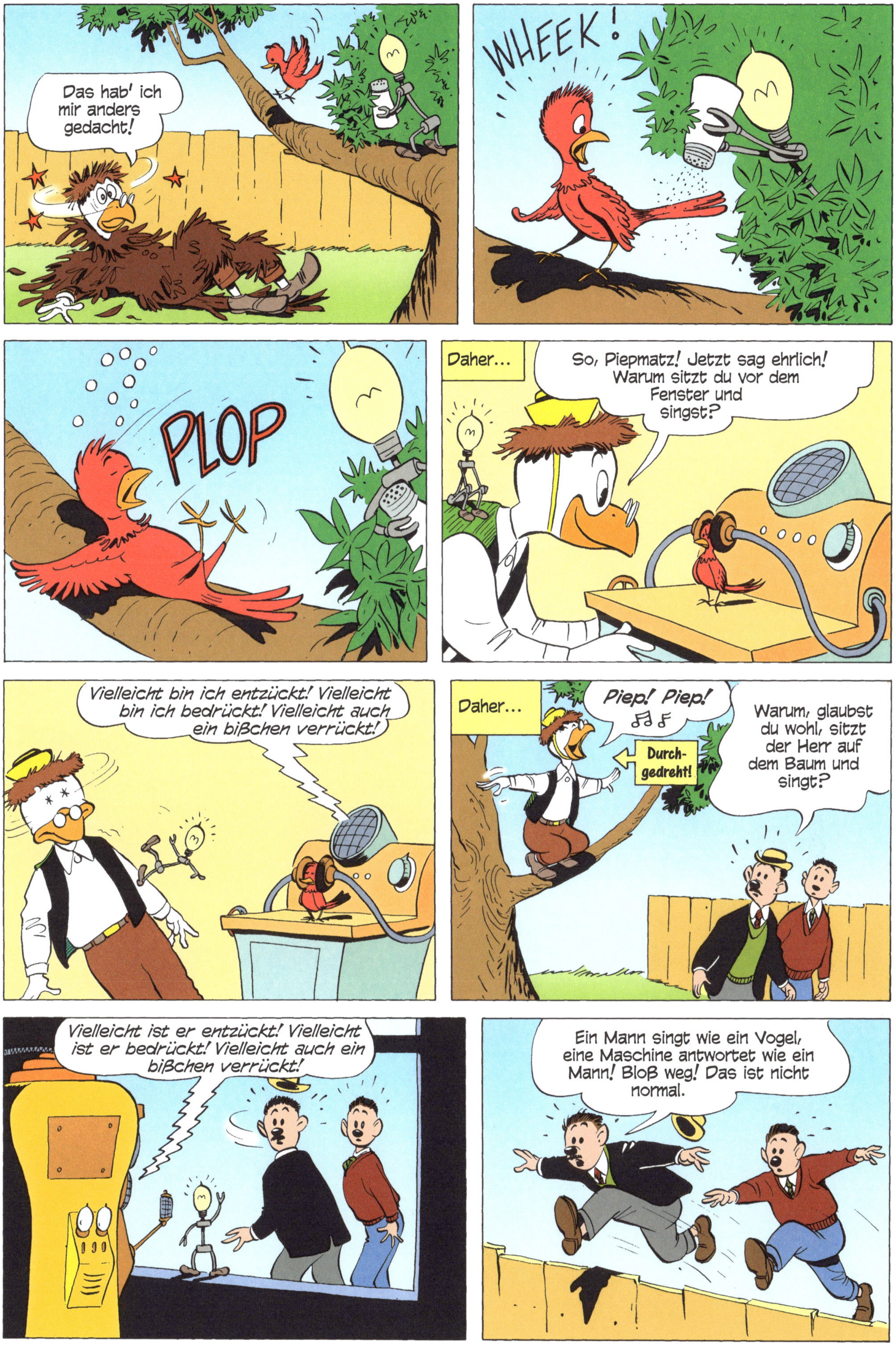
Das hab' ich mir anders gedacht!
WHEEK!
PLOP
Daher…
So, Piepmatz! Jetzt sag ehrlich! Warum sitzt du vor dem Fenster und singst?
Vielleicht bin ich entzückt! Vielleicht bin ich bedrückt! Vielleicht auch ein bißchen verrückt!
Daher…
Piep! Piep!
Durch-gedreht!
Warum, glaubst du wohl, sitzt der Herr auf dem Baum und singt?
Vielleicht ist er entzückt! Vielleicht ist er bedrückt! Vielleicht auch ein bißchen verrückt!
Ein Mann singt wie ein Vogel, eine Maschine antwortet wie ein Mann! Bloß weg! Das ist nicht normal.

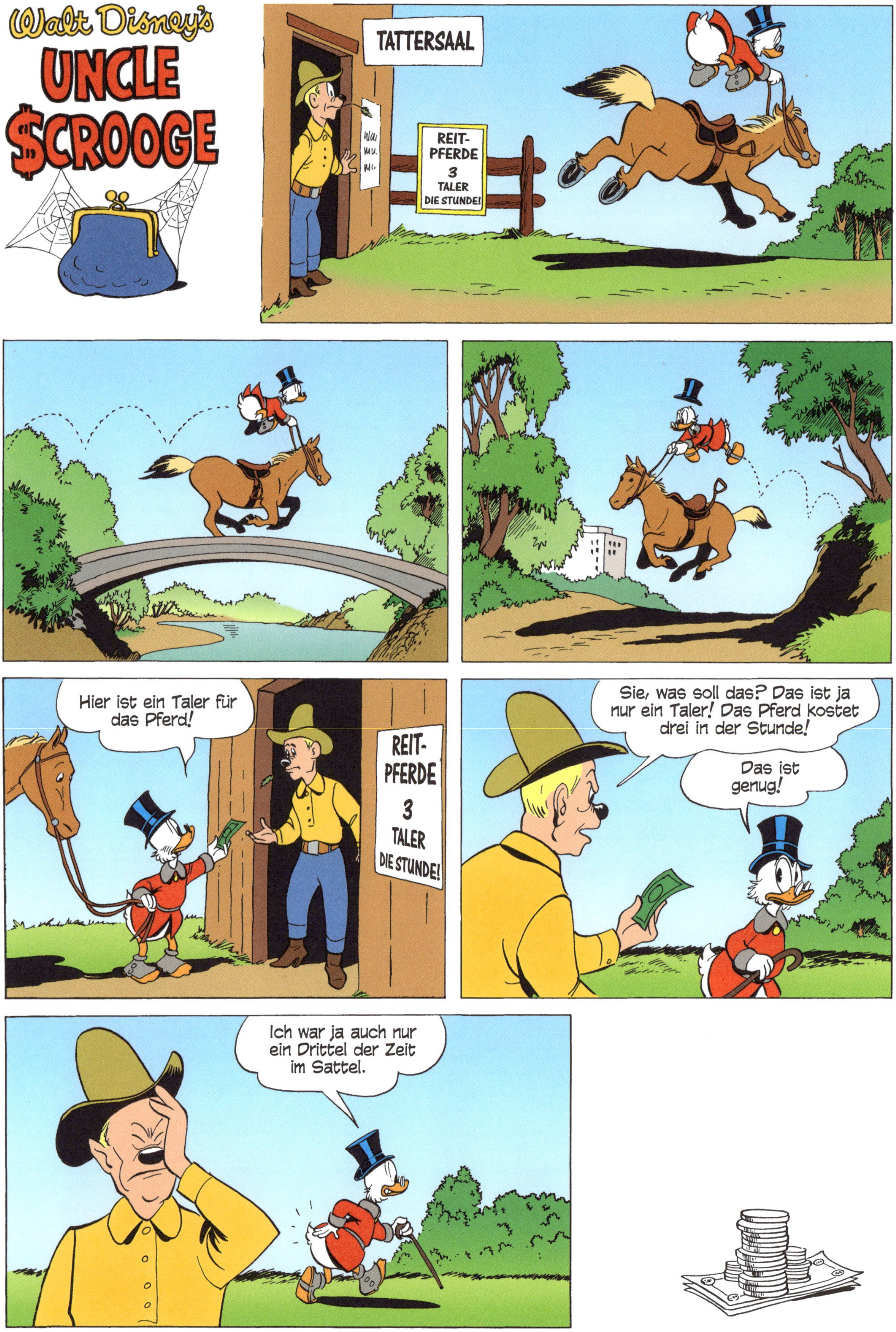
Walt Disney's
UNCLE $CROOGE
TATTERSAAL
REIT-PFERDE 3 TALER DIE STUNDE!
Hier ist ein Taler für das Pferd!
REIT-PFERDE 3 TALER DIE STUNDE!
Sie, was soll das? Das ist ja nur ein Taler! Das Pferd kostet drei in der Stunde!
Das ist genug!
Ich war ja auch nur ein Drittel der Zeit im Sattel.

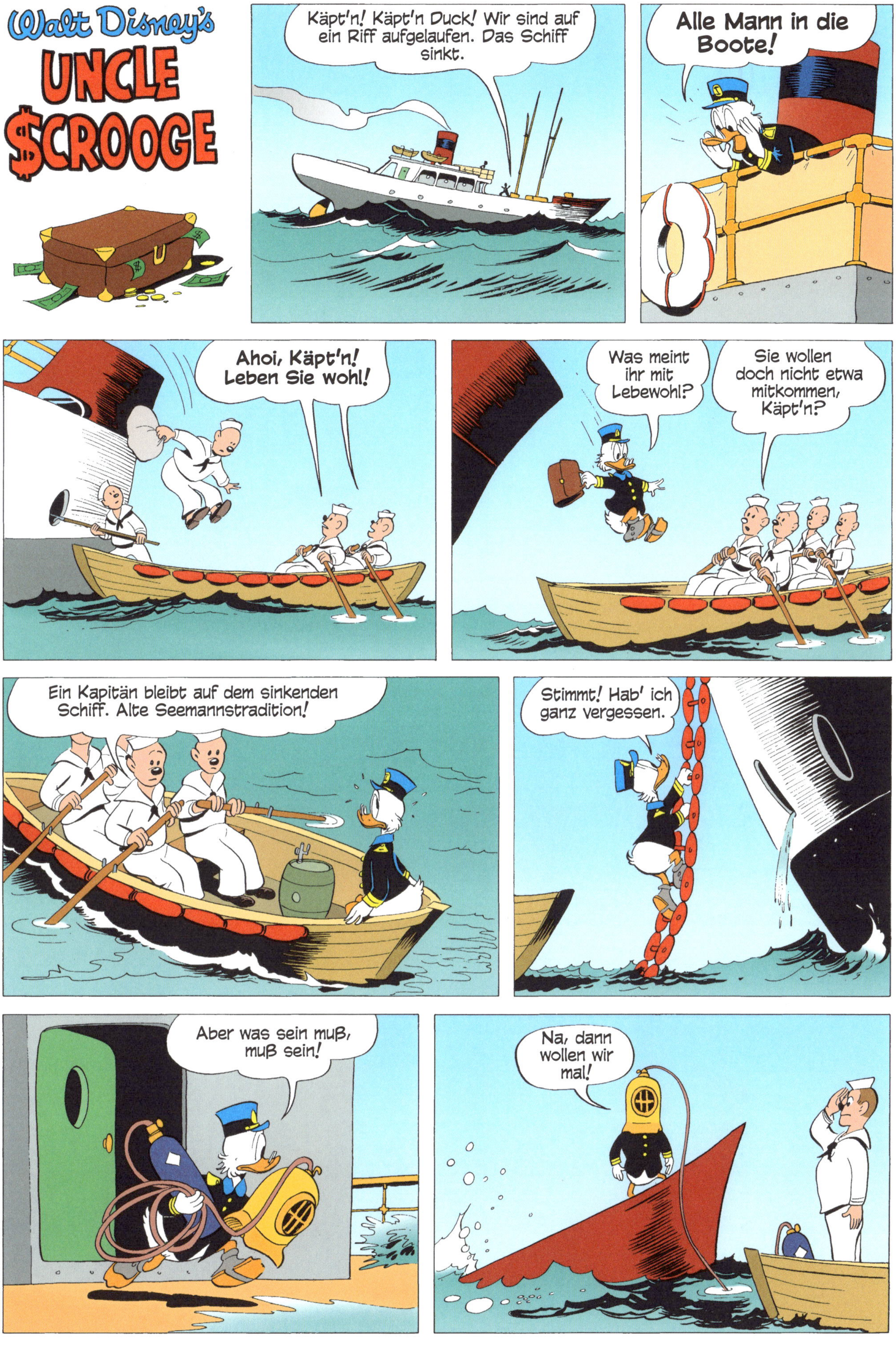
Walt Disney's
UNCLE $CROOGE
Käpt'n! Käpt'n Duck! Wir sind auf ein Riff aufgelaufen. Das Schiff sinkt.
Alle Mann in die Boote!
Ahoi, Käpt'n! Leben Sie wohl!
Was meint ihr mit Lebewohl?
Sie wollen doch nicht etwa mitkommen, Käpt'n?
Ein Kapitän bleibt auf dem sinkenden Schiff. Alte Seemannstradition!
Stimmt! Hab' ich ganz vergessen.
Aber was sein muß, muß sein!
Na, dann wollen wir mal!

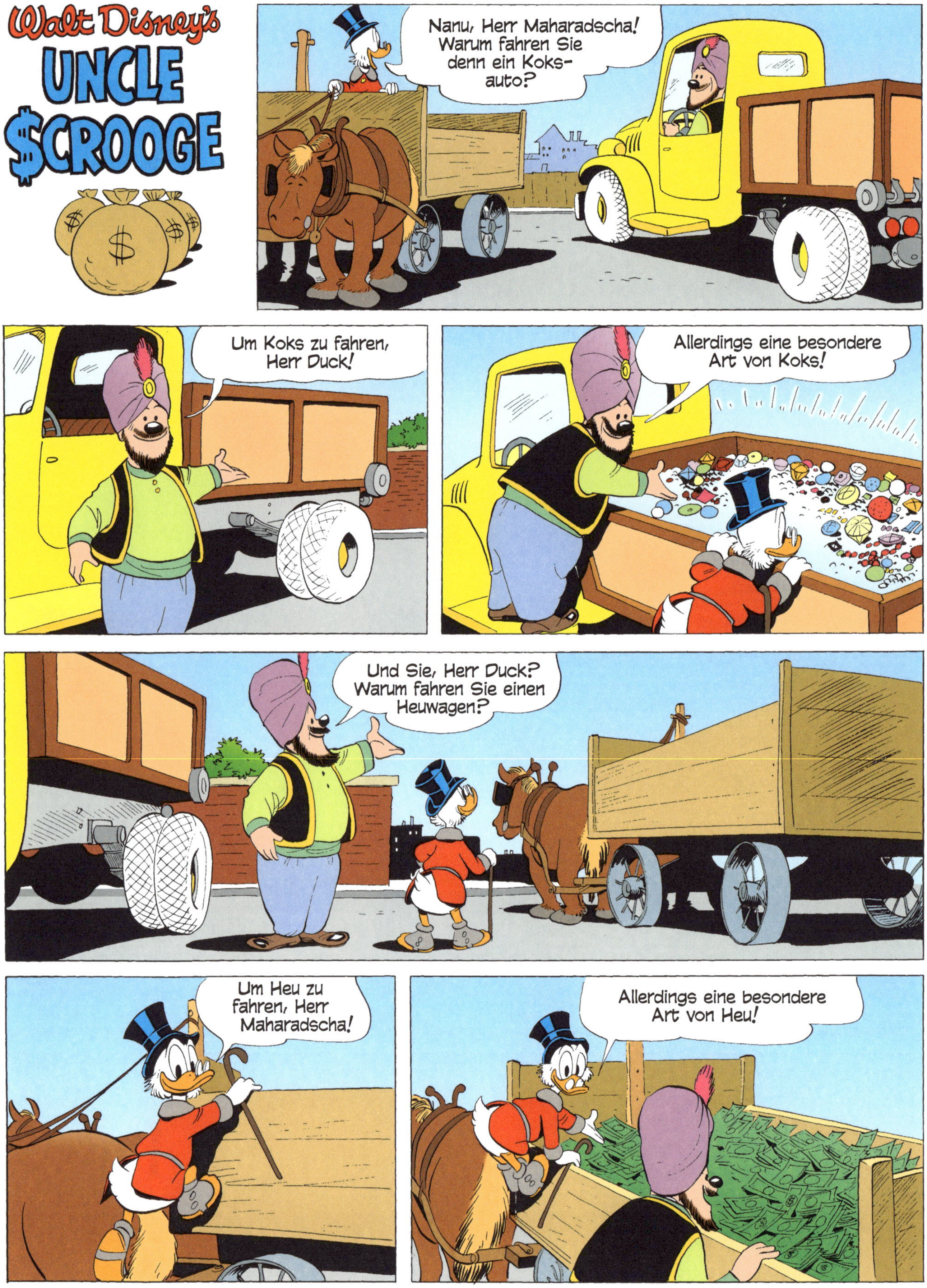
Walt Disney's
UNCLE $CROOGE
Nanu, Herr Maharadscha! Warum fahren Sie denn ein Koksauto?
Um Koks zu fahren, Herr Duck!
Allerdings eine besondere Art von Koks!
Und Sie, Herr Duck? Warum fahren Sie einen Heuwagen?
Um Heu zu fahren, Herr Maharadscha!
Allerdings eine besondere Art von Heu!

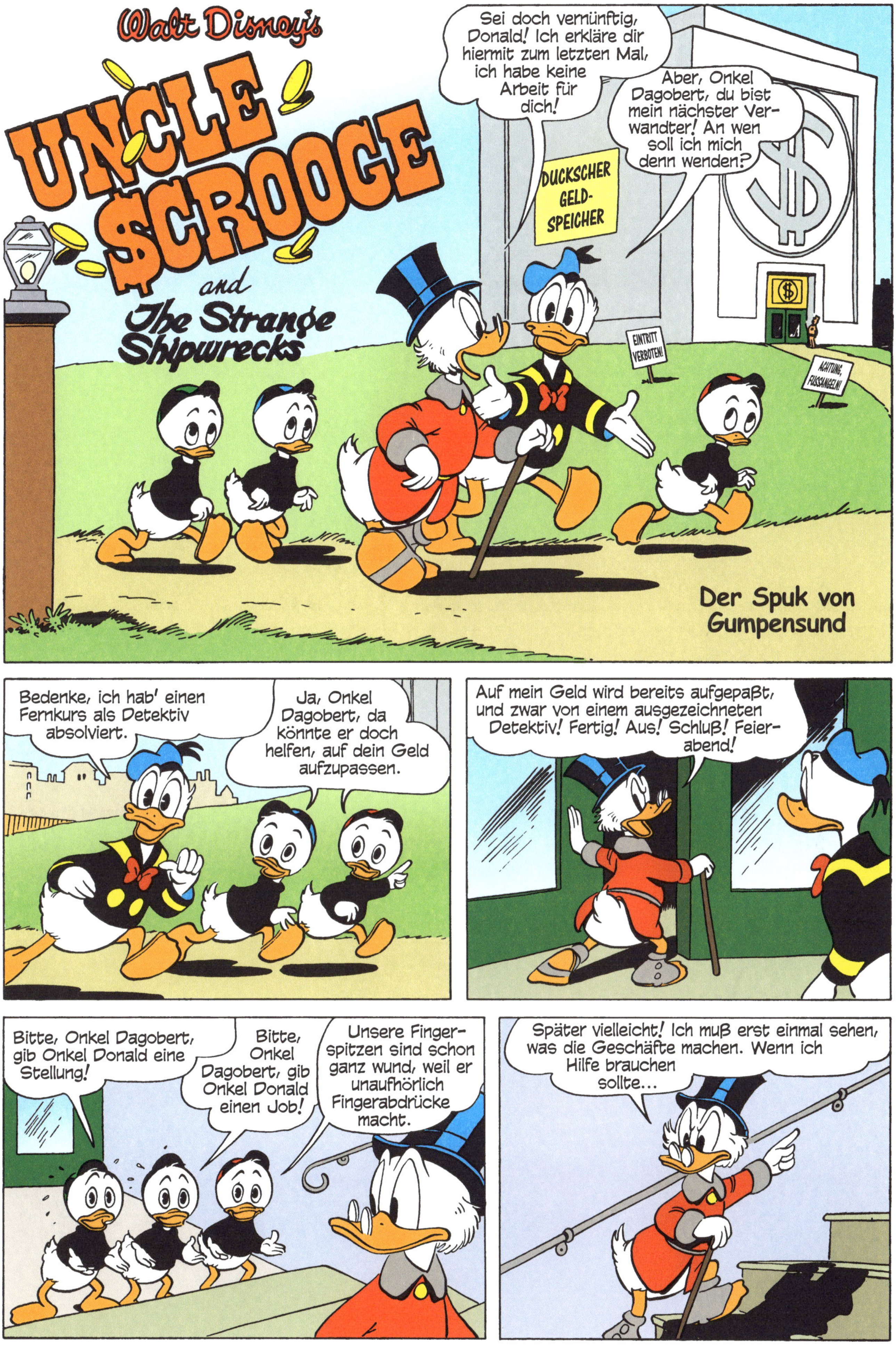
Walt Disney's
UNCLE $CROOGE
and The Strange Shipwrecks
Sei doch vernünftig, Donald! Ich erkläre dir hiermit zum letzten Mal, ich habe keine Arbeit für dich!
Aber, Onkel Dagobert, du bist mein nächster Verwandter! An wen soll ich mich denn wenden?
DUCKSCHER GELD-SPEICHER
EINTRITT VERBOTEN!
ACHTUNG, FUSSANGELN!
Der Spuk von Gumpensund
Bedenke, ich hab' einen Fernkurs als Detektiv absolviert.
Ja, Onkel Dagobert, da könnte er doch helfen, auf dein Geld aufzupassen.
Auf mein Geld wird bereits aufgepaßt, und zwar von einem ausgezeichneten Detektiv! Fertig! Aus! Schluß! Feierabend!
Bitte, Onkel Dagobert, gib Onkel Donald eine Stellung!
Bitte, Onkel Dagobert, gib Onkel Donald einen Job!
Unsere Fingerspitzen sind schon ganz wund, weil er unaufhörlich Fingerabdrücke macht.
Später vielleicht! Ich muß erst einmal sehen, was die Geschäfte machen. Wenn ich Hilfe brauchen sollte…

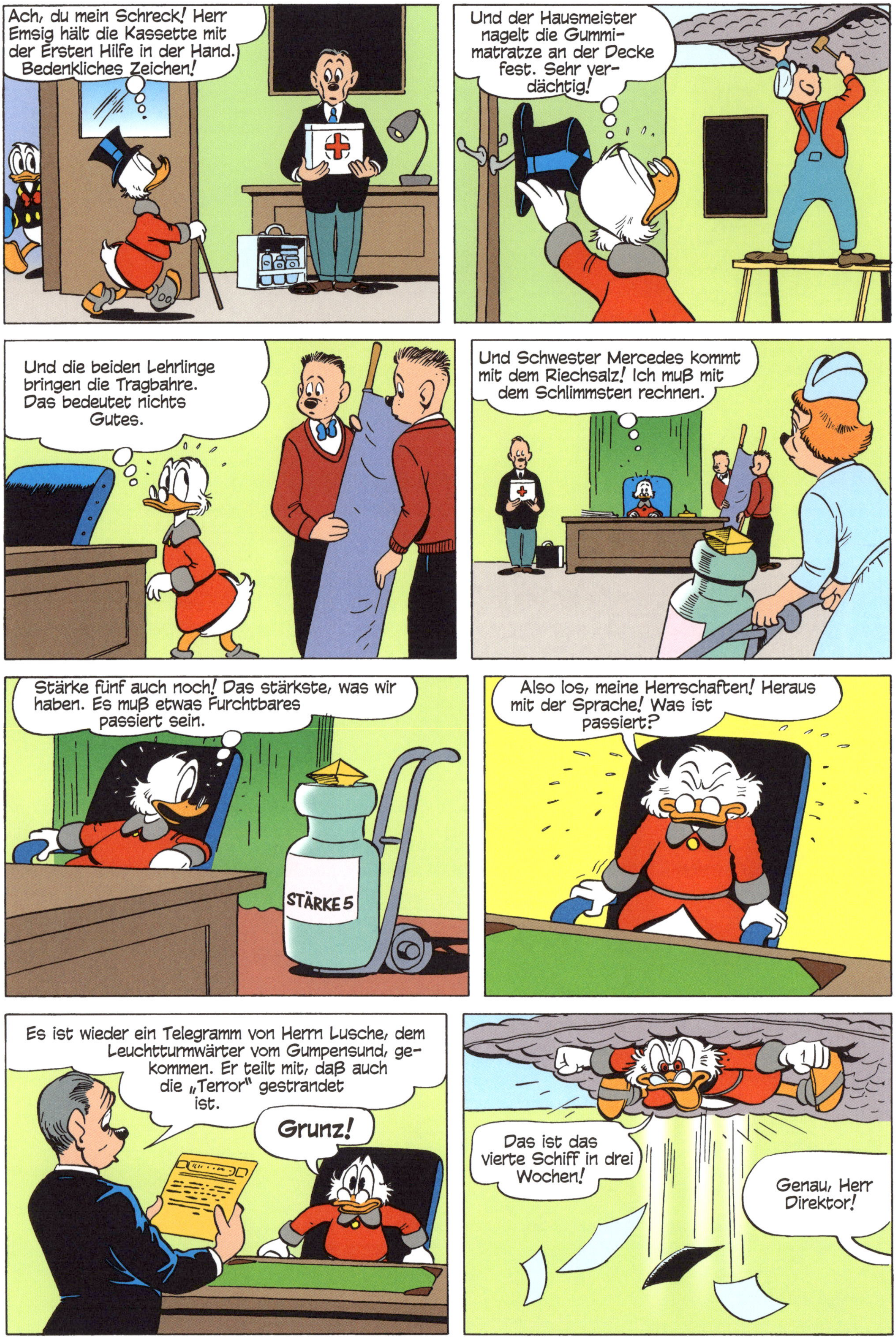
Ach, du mein Schreck! Herr Emsig hält die Kassette mit der Ersten Hilfe in der Hand. Bedenkliches Zeichen!
Und der Hausmeister nagelt die Gummimatratze an der Decke fest. Sehr verdächtig!
Und die beiden Lehrlinge bringen die Tragbahre. Das bedeutet nichts Gutes.
Und Schwester Mercedes kommt mit dem Riechsalz! Ich muß mit dem Schlimmsten rechnen.
Stärke fünf auch noch! Das stärkste, was wir haben. Es muß etwas Furchtbares passiert sein.
STÄRKE 5
Also los, meine Herrschaften! Heraus mit der Sprache! Was ist passiert?
Es ist wieder ein Telegramm von Herrn Lusche, dem Leuchtturmwärter vom Gumpensund, gekommen. Er teilt mit, daß auch die „Terror" gestrandet ist.
Grunz!
Das ist das vierte Schiff in drei Wochen!
Genau, Herr Direktor!

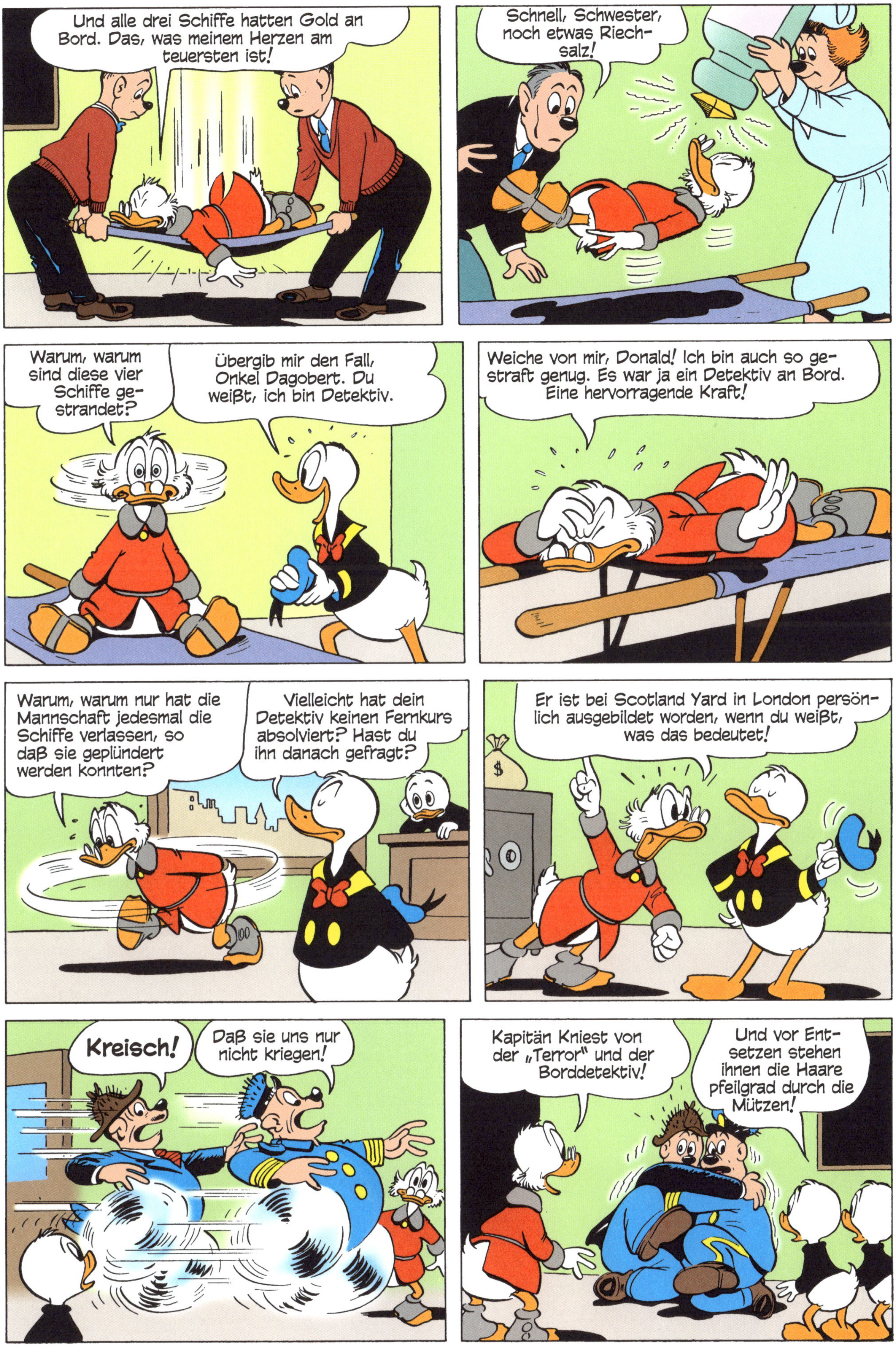

Und alle drei Schiffe hatten Gold an Bord. Das, was meinem Herzen am teuersten ist!
Schnell, Schwester, noch etwas Riechsalz!
Warum, warum sind diese vier Schiffe gestrandet?
Übergib mir den Fall, Onkel Dagobert. Du weißt, ich bin Detektiv.
Weiche von mir, Donald! Ich bin auch so gestraft genug. Es war ja ein Detektiv an Bord. Eine hervorragende Kraft!
Warum, warum nur hat die Mannschaft jedesmal die Schiffe verlassen, so daß sie geplündert werden konnten?
Vielleicht hat dein Detektiv keinen Fernkurs absolviert? Hast du ihn danach gefragt?
Er ist bei Scotland Yard in London persönlich ausgebildet worden, wenn du weißt, was das bedeutet!
Kreisch!
Daß sie uns nur nicht kriegen!
Kapitän Kniest von der „Terror" und der Borddetektiv!
Und vor Entsetzen stehen ihnen die Haare pfeilgrad durch die Mützen!

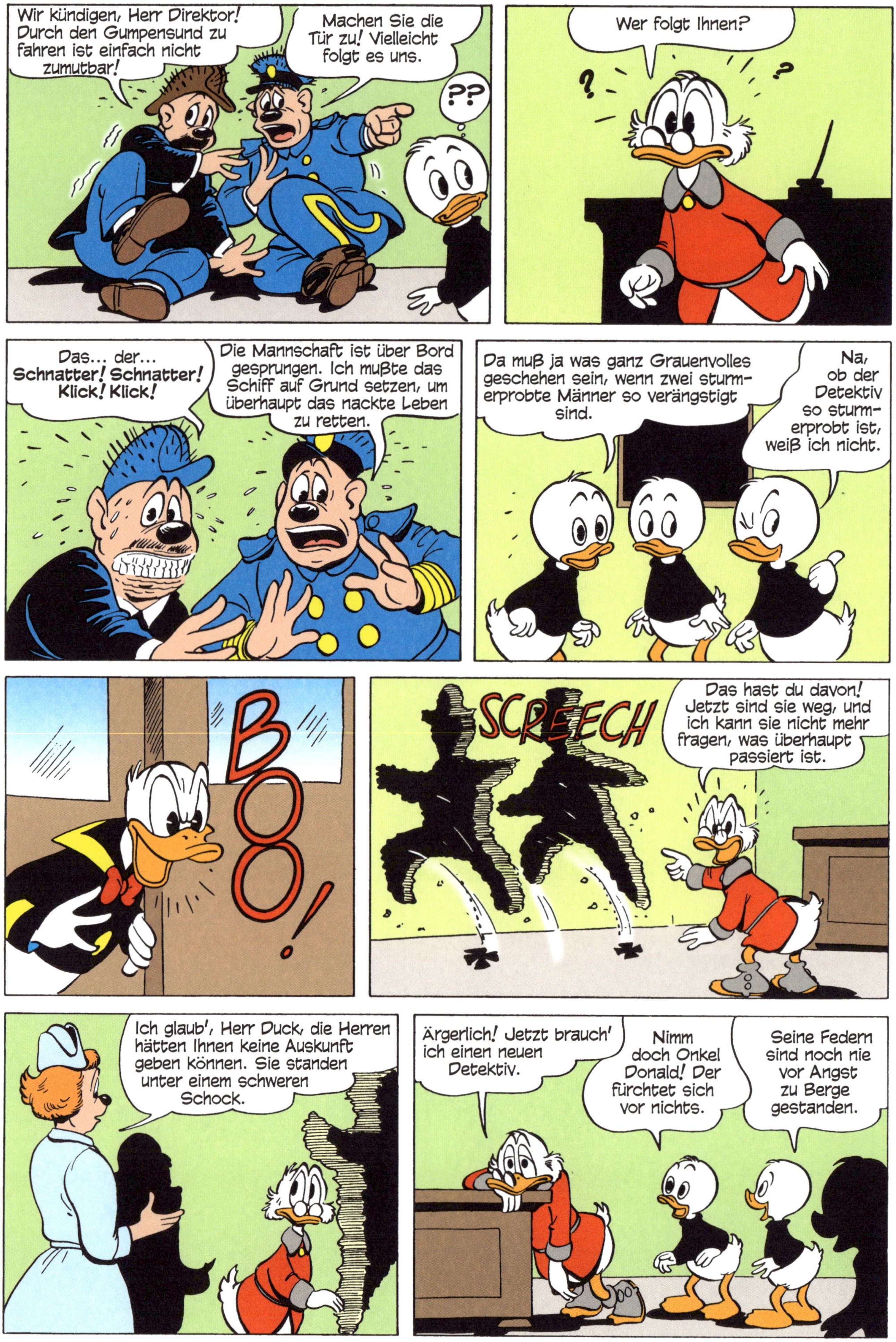
Wir kündigen, Herr Direktor! Durch den Gumpensund zu fahren ist einfach nicht zumutbar!
Machen Sie die Tür zu! Vielleicht folgt es uns.
??
Wer folgt Ihnen?
Das... der... Schnatter! Schnatter! Klick! Klick!
Die Mannschaft ist über Bord gesprungen. Ich mußte das Schiff auf Grund setzen, um überhaupt das nackte Leben zu retten.
Da muß ja was ganz Grauenvolles geschehen sein, wenn zwei sturmerprobte Männer so verängstigt sind.
Na, ob der Detektiv so sturmerprobt ist, weiß ich nicht.
BOO!
SCREECH
Das hast du davon! Jetzt sind sie weg, und ich kann sie nicht mehr fragen, was überhaupt passiert ist.
Ich glaub', Herr Duck, die Herren hätten Ihnen keine Auskunft geben können. Sie standen unter einem schweren Schock.
Ärgerlich! Jetzt brauch' ich einen neuen Detektiv.
Nimm doch Onkel Donald! Der fürchtet sich vor nichts.
Seine Federn sind noch nie vor Angst zu Berge gestanden.

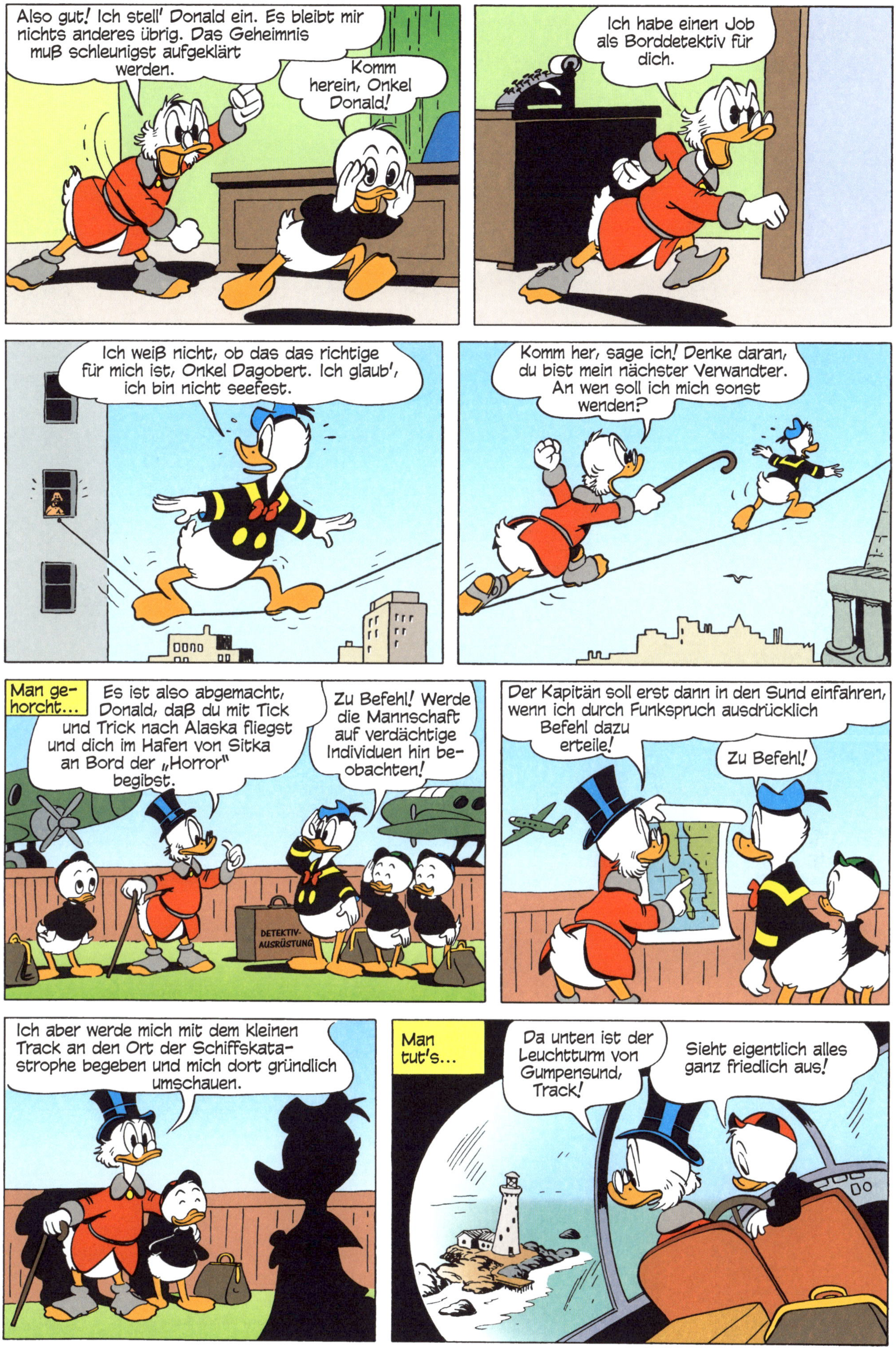

Also gut! Ich stell' Donald ein. Es bleibt mir nichts anderes übrig. Das Geheimnis muß schleunigst aufgeklärt werden.
Komm herein, Onkel Donald!
Ich habe einen Job als Borddetektiv für dich.
Ich weiß nicht, ob das das richtige für mich ist, Onkel Dagobert. Ich glaub', ich bin nicht seefest.
Komm her, sage ich! Denke daran, du bist mein nächster Verwandter. An wen soll ich mich sonst wenden?
Man gehorcht...
Es ist also abgemacht, Donald, daß du mit Tick und Trick nach Alaska fliegst und dich im Hafen von Sitka an Bord der „Horror" begibst.
Zu Befehl! Werde die Mannschaft auf verdächtige Individuen hin beobachten!
DETEKTIV-AUSRÜSTUNG
Der Kapitän soll erst dann in den Sund einfahren, wenn ich durch Funkspruch ausdrücklich Befehl dazu erteile!
Zu Befehl!
Ich aber werde mich mit dem kleinen Track an den Ort der Schiffskatastrophe begeben und mich dort gründlich umschauen.
Man tut's...
Da unten ist der Leuchtturm von Gumpensund, Track!
Sieht eigentlich alles ganz friedlich aus!

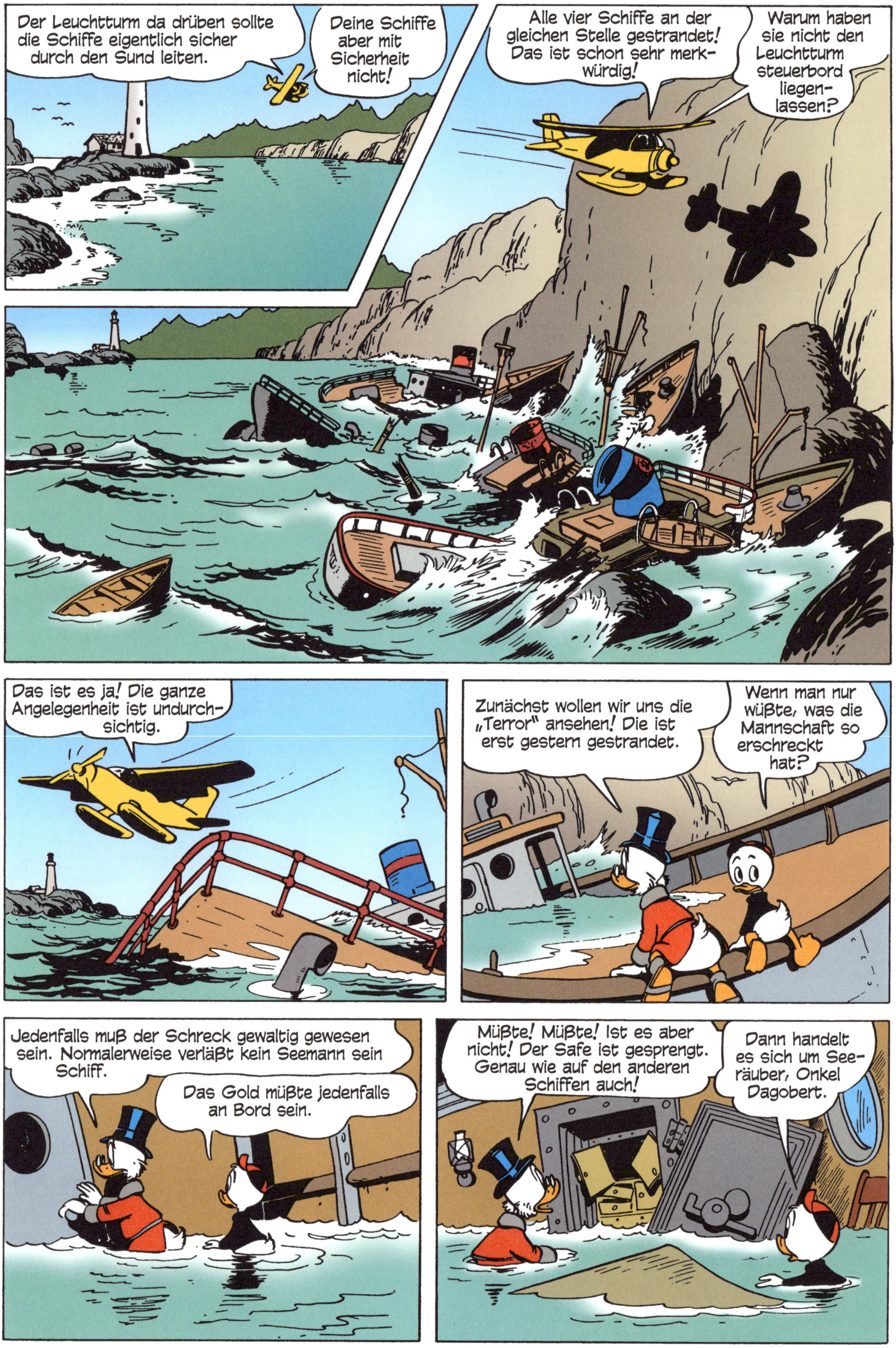
Der Leuchtturm da drüben sollte die Schiffe eigentlich sicher durch den Sund leiten.
Deine Schiffe aber mit Sicherheit nicht!
Alle vier Schiffe an der gleichen Stelle gestrandet! Das ist schon sehr merkwürdig!
Warum haben sie nicht den Leuchtturm steuerbord liegenlassen?
Das ist es ja! Die ganze Angelegenheit ist undurchsichtig.
Zunächst wollen wir uns die „Terror" ansehen! Die ist erst gestern gestrandet.
Wenn man nur wüßte, was die Mannschaft so erschreckt hat?
Jedenfalls muß der Schreck gewaltig gewesen sein. Normalerweise verläßt kein Seemann sein Schiff.
Das Gold müßte jedenfalls an Bord sein.
Müßte! Müßte! Ist es aber nicht! Der Safe ist gesprengt. Genau wie auf den anderen Schiffen auch!
Dann handelt es sich um Seeräuber, Onkel Dagobert.

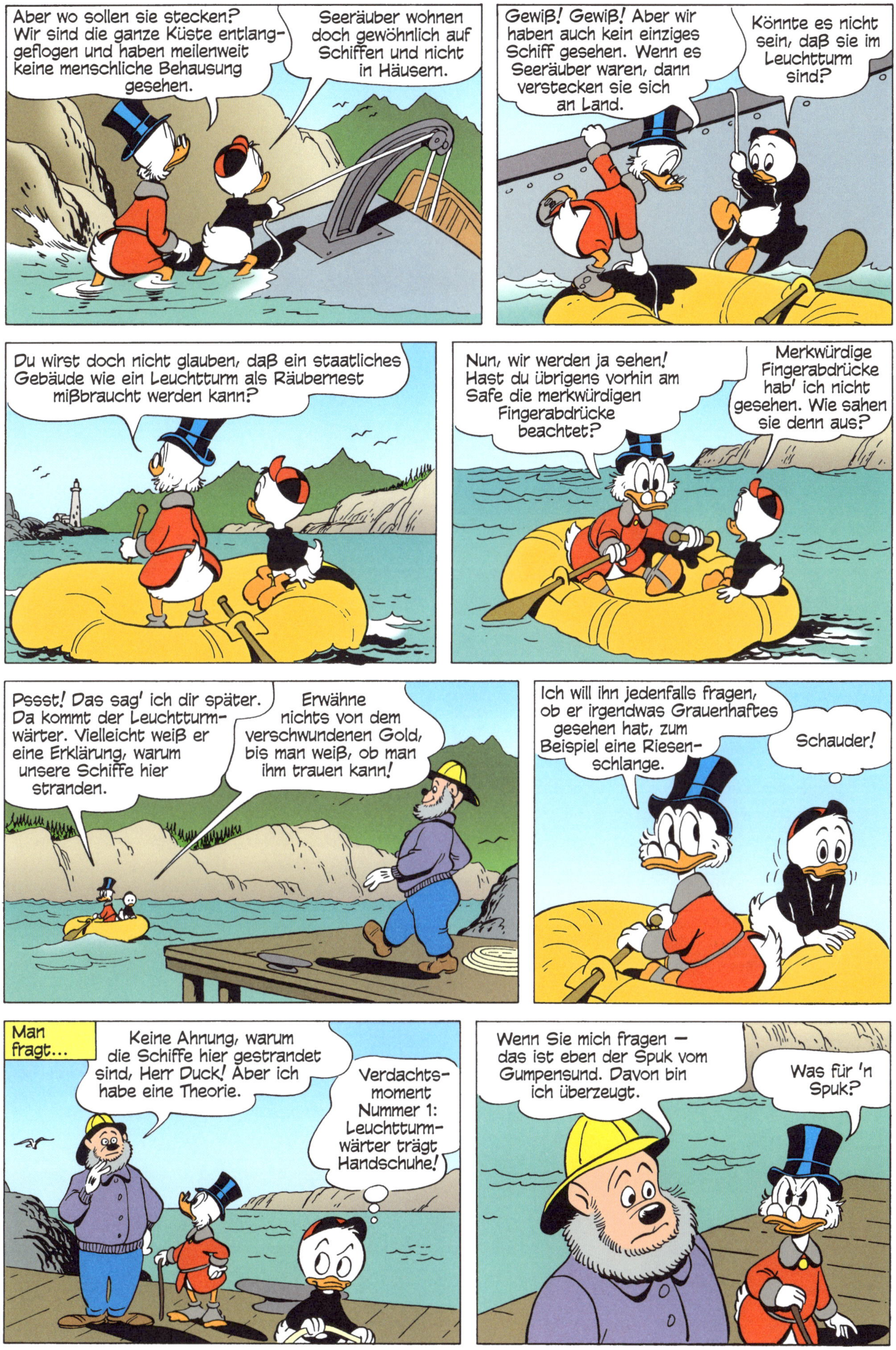
Aber wo sollen sie stecken? Wir sind die ganze Küste entlanggeflogen und haben meilenweit keine menschliche Behausung gesehen.
Seeräuber wohnen doch gewöhnlich auf Schiffen und nicht in Häusern.
Gewiß! Gewiß! Aber wir haben auch kein einziges Schiff gesehen. Wenn es Seeräuber waren, dann verstecken sie sich an Land.
Könnte es nicht sein, daß sie im Leuchtturm sind?
Du wirst doch nicht glauben, daß ein staatliches Gebäude wie ein Leuchtturm als Räubernest mißbraucht werden kann?
Nun, wir werden ja sehen! Hast du übrigens vorhin am Safe die merkwürdigen Fingerabdrücke beachtet?
Merkwürdige Fingerabdrücke hab' ich nicht gesehen. Wie sahen sie denn aus?
Pssst! Das sag' ich dir später. Da kommt der Leuchtturmwärter. Vielleicht weiß er eine Erklärung, warum unsere Schiffe hier stranden.
Erwähne nichts von dem verschwundenen Gold, bis man weiß, ob man ihm trauen kann!
Ich will ihn jedenfalls fragen, ob er irgendwas Grauenhaftes gesehen hat, zum Beispiel eine Riesenschlange.
Schauder!
Man fragt...
Keine Ahnung, warum die Schiffe hier gestrandet sind, Herr Duck! Aber ich habe eine Theorie.
Verdachtsmoment Nummer 1: Leuchtturmwärter trägt Handschuhe!
Wenn Sie mich fragen – das ist eben der Spuk vom Gumpensund. Davon bin ich überzeugt.
Was für 'n Spuk?

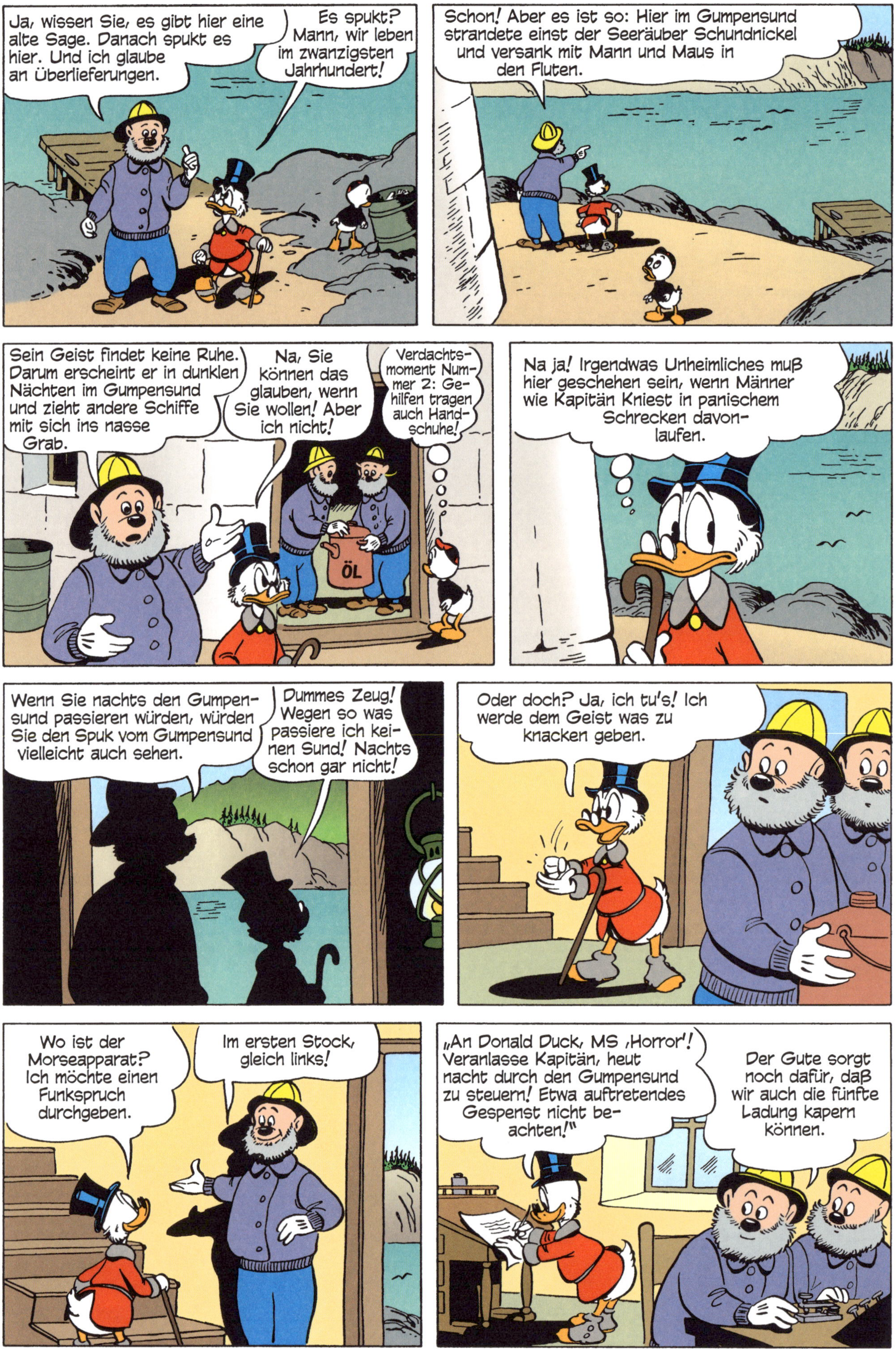

Ja, wissen Sie, es gibt hier eine alte Sage. Danach spukt es hier. Und ich glaube an Überlieferungen.
Es spukt? Mann, wir leben im zwanzigsten Jahrhundert!
Schon! Aber es ist so: Hier im Gumpensund strandete einst der Seeräuber Schundnickel und versank mit Mann und Maus in den Fluten.
Sein Geist findet keine Ruhe. Darum erscheint er in dunklen Nächten im Gumpensund und zieht andere Schiffe mit sich ins nasse Grab.
Na, Sie können das glauben, wenn Sie wollen! Aber ich nicht!
Verdachtsmoment Nummer 2: Gehilfen tragen auch Handschuhe!
ÖL
Na ja! Irgendwas Unheimliches muß hier geschehen sein, wenn Männer wie Kapitän Kniest in panischem Schrecken davonlaufen.
Wenn Sie nachts den Gumpensund passieren würden, würden Sie den Spuk vom Gumpensund vielleicht auch sehen.
Dummes Zeug! Wegen so was passiere ich keinen Sund! Nachts schon gar nicht!
Oder doch? Ja, ich tu's! Ich werde dem Geist was zu knacken geben.
Wo ist der Morseapparat? Ich möchte einen Funkspruch durchgeben.
Im ersten Stock, gleich links!
„An Donald Duck, MS ‚Horror'! Veranlasse Kapitän, heut nacht durch den Gumpensund zu steuern! Etwa auftretendes Gespenst nicht beachten!"
Der Gute sorgt noch dafür, daß wir auch die fünfte Ladung kapern können.

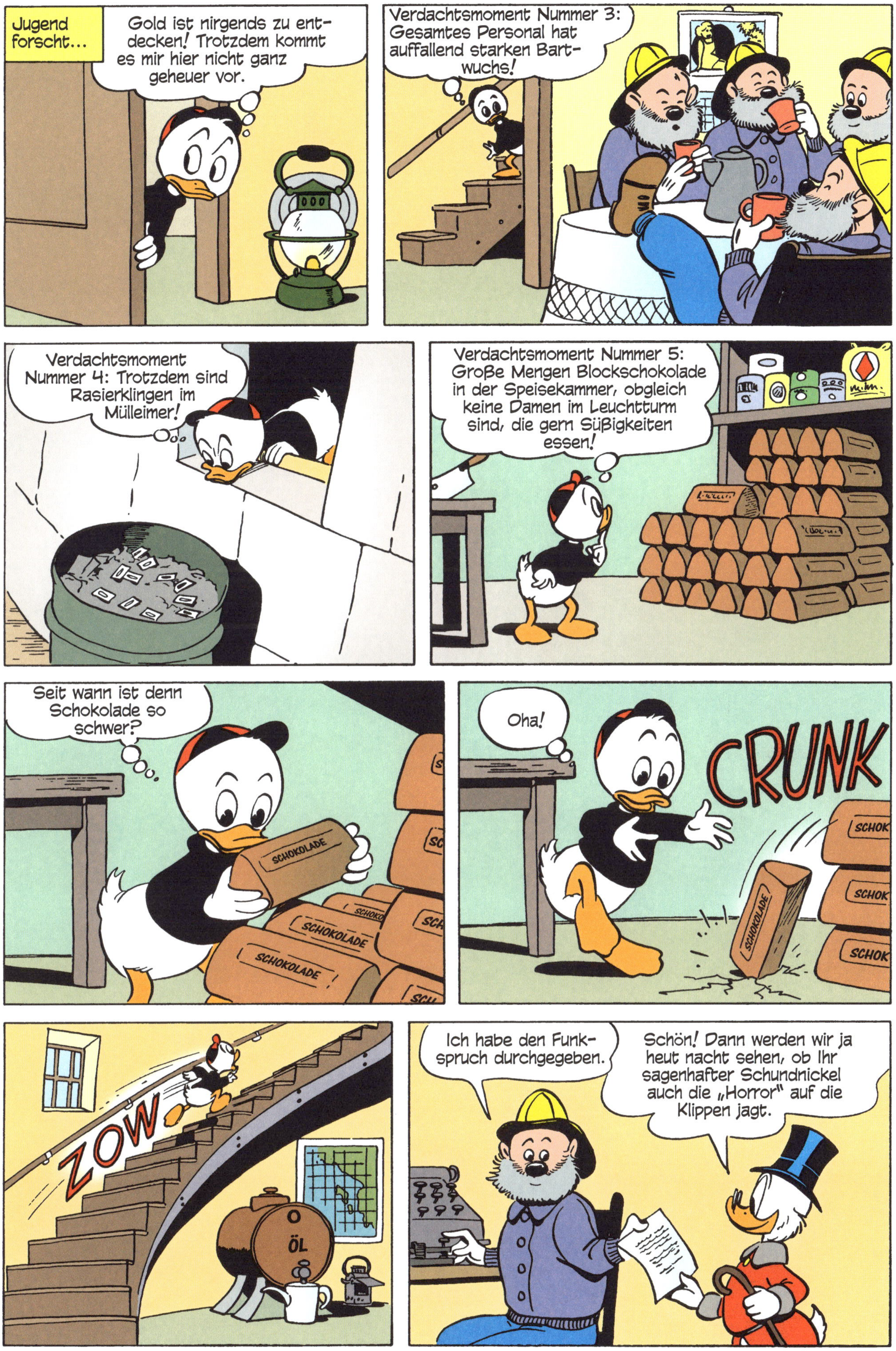
Jugend forscht...
Gold ist nirgends zu entdecken! Trotzdem kommt es mir hier nicht ganz geheuer vor.
Verdachtsmoment Nummer 3: Gesamtes Personal hat auffallend starken Bartwuchs!
Verdachtsmoment Nummer 4: Trotzdem sind Rasierklingen im Mülleimer!
Verdachtsmoment Nummer 5: Große Mengen Blockschokolade in der Speisekammer, obgleich keine Damen im Leuchtturm sind, die gern Süßigkeiten essen!
Seit wann ist denn Schokolade so schwer?
SCHOKOLADE
Oha!
CRUNK
ZOW
ÖL
Ich habe den Funkspruch durchgegeben.
Schön! Dann werden wir ja heut nacht sehen, ob Ihr sagenhafter Schundnickel auch die „Horror" auf die Klippen jagt.

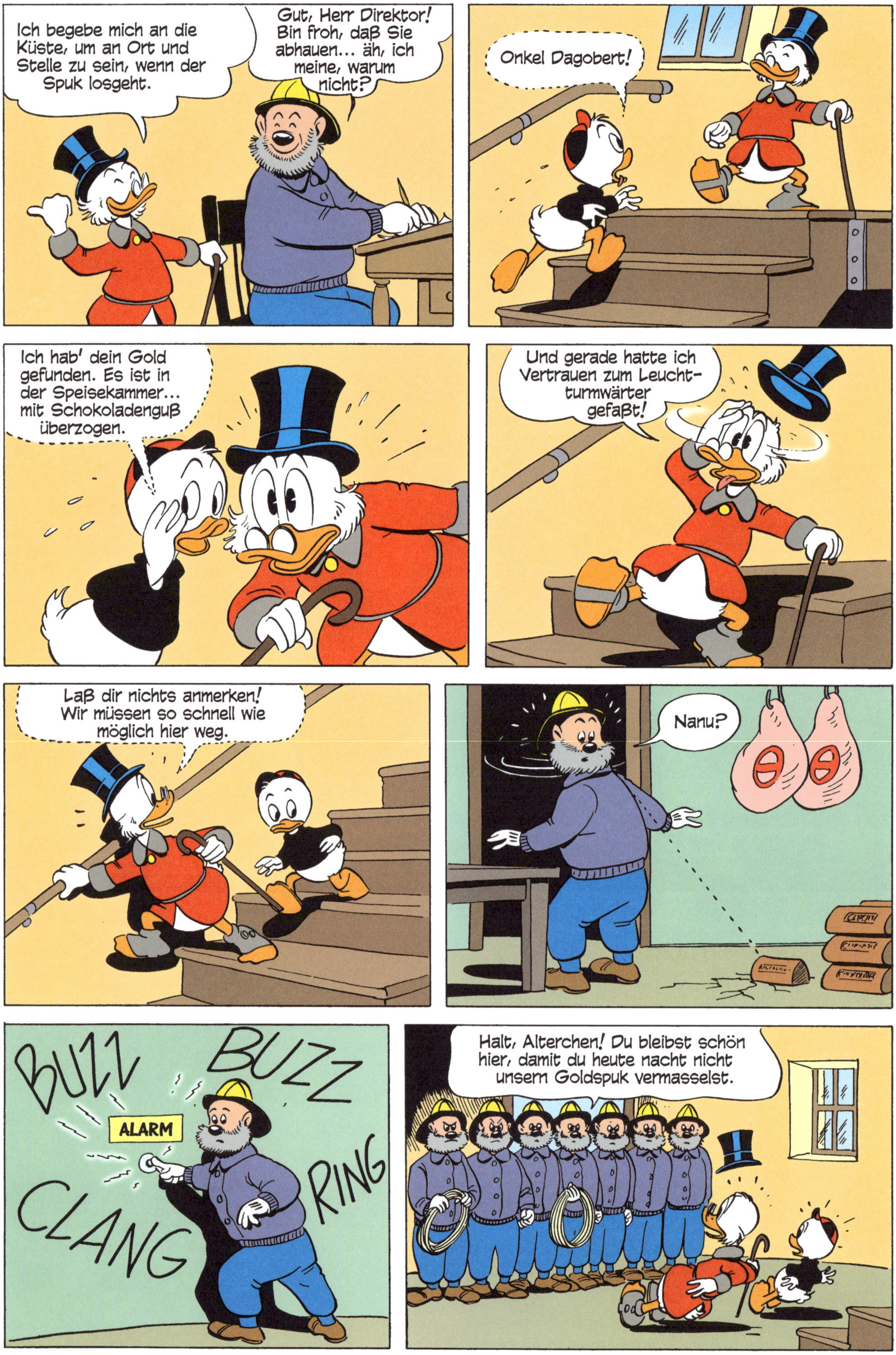

Ich begebe mich an die Küste, um an Ort und Stelle zu sein, wenn der Spuk losgeht.
Gut, Herr Direktor! Bin froh, daß Sie abhauen... äh, ich meine, warum nicht?
Onkel Dagobert!
Ich hab' dein Gold gefunden. Es ist in der Speisekammer... mit Schokoladenguß überzogen.
Und gerade hatte ich Vertrauen zum Leuchtturmwärter gefaßt!
Laß dir nichts anmerken! Wir müssen so schnell wie möglich hier weg.
Nanu?
BUZZ
BUZZ
ALARM
CLANG
RING
Halt, Alterchen! Du bleibst schön hier, damit du heute nacht nicht unsern Goldspuk vermasselst.

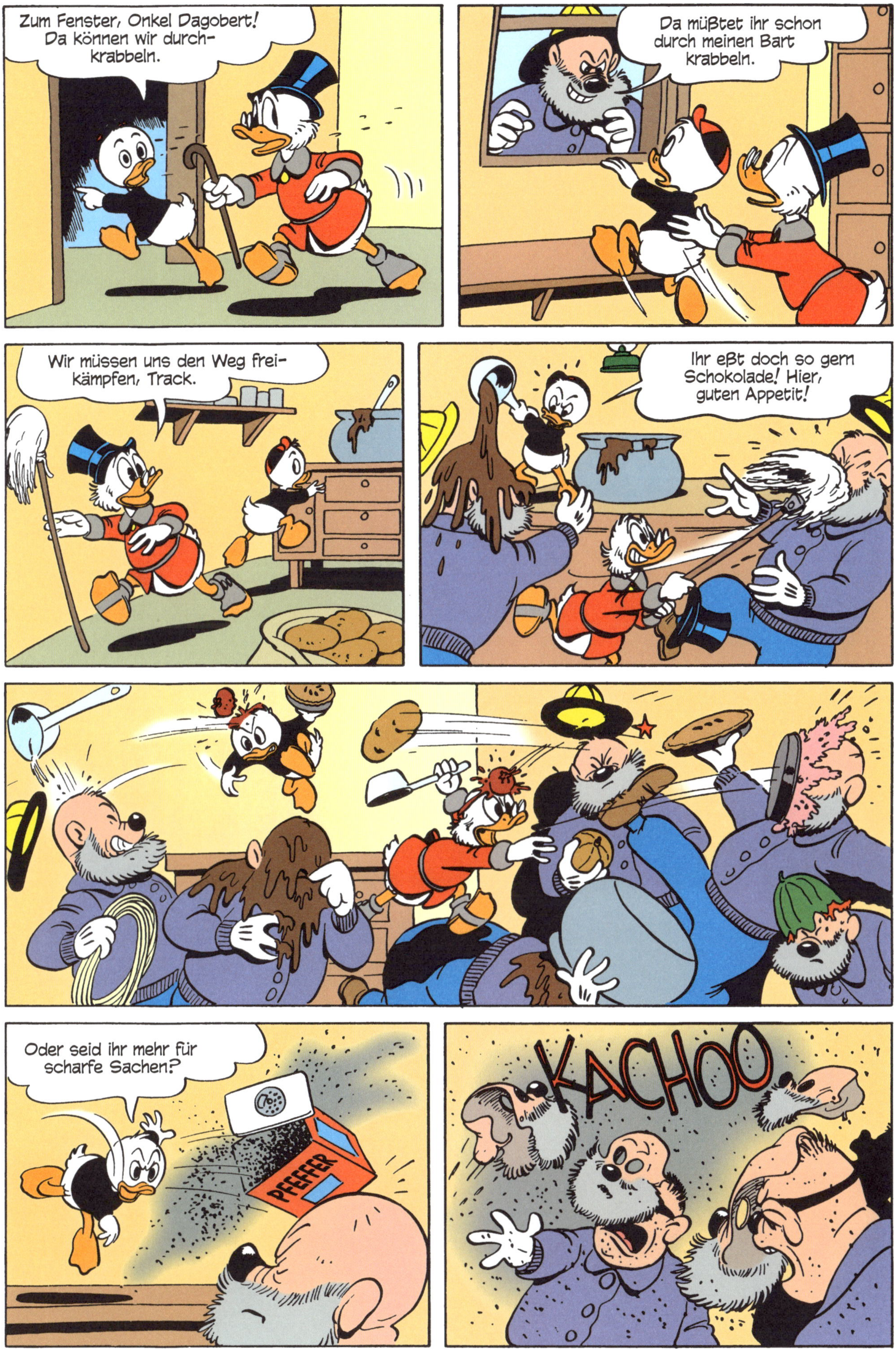
Zum Fenster, Onkel Dagobert! Da können wir durchkrabbeln.
Da müßtet ihr schon durch meinen Bart krabbeln.
Wir müssen uns den Weg freikämpfen, Track.
Ihr eßt doch so gern Schokolade! Hier, guten Appetit!
Oder seid ihr mehr für scharfe Sachen?
PFEFFER
KACHOO

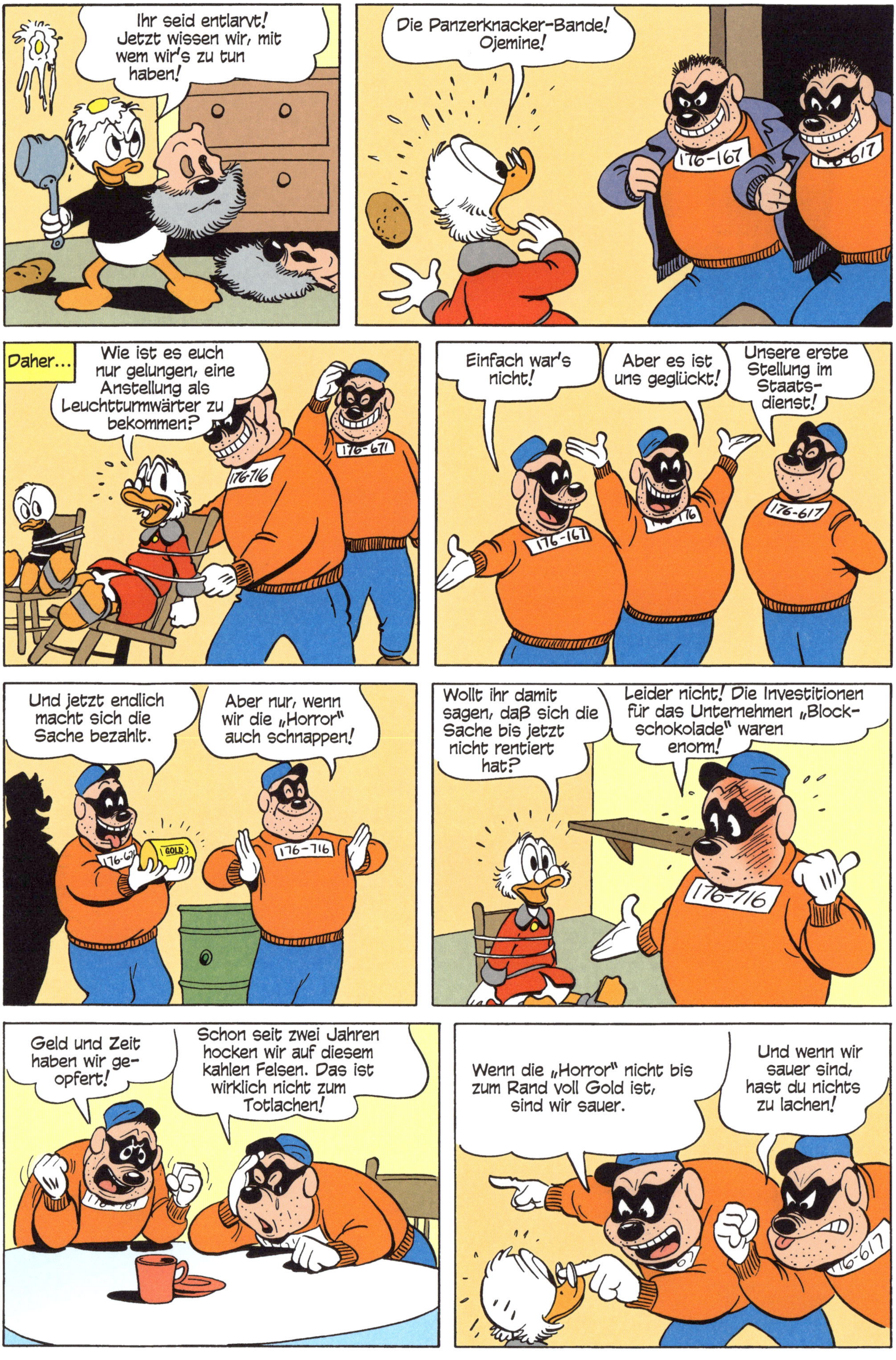

Ihr seid entlarvt! Jetzt wissen wir, mit wem wir's zu tun haben!
Die Panzerknacker-Bande! Ojemine!
176-167
176-617
Daher...
Wie ist es euch nur gelungen, eine Anstellung als Leuchtturmwärter zu bekommen?
176-716
176-671
Einfach war's nicht!
Aber es ist uns geglückt!
Unsere erste Stellung im Staats-dienst!
176-167
176-617
Und jetzt endlich macht sich die Sache bezahlt.
Aber nur, wenn wir die „Horror" auch schnappen!
GOLD
176-716
Wollt ihr damit sagen, daß sich die Sache bis jetzt nicht rentiert hat?
Leider nicht! Die Investitionen für das Unternehmen „Block-schokolade" waren enorm!
176-716
Geld und Zeit haben wir ge-opfert!
Schon seit zwei Jahren hocken wir auf diesem kahlen Felsen. Das ist wirklich nicht zum Totlachen!
Wenn die „Horror" nicht bis zum Rand voll Gold ist, sind wir sauer.
Und wenn wir sauer sind, hast du nichts zu lachen!

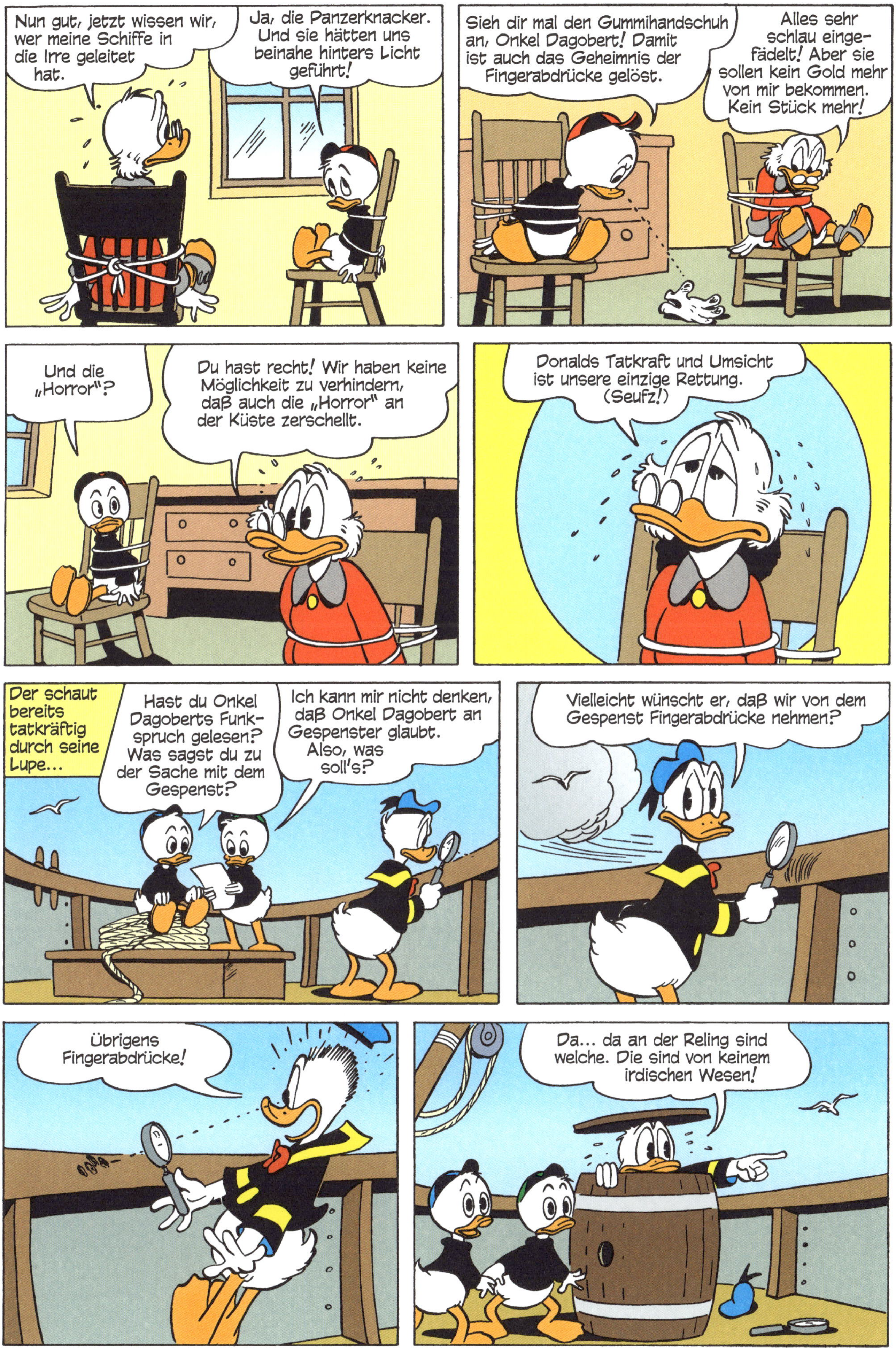
Nun gut, jetzt wissen wir, wer meine Schiffe in die Irre geleitet hat.
Ja, die Panzerknacker. Und sie hätten uns beinahe hinters Licht geführt!
Sieh dir mal den Gummihandschuh an, Onkel Dagobert! Damit ist auch das Geheimnis der Fingerabdrücke gelöst.
Alles sehr schlau eingefädelt! Aber sie sollen kein Gold mehr von mir bekommen. Kein Stück mehr!
Und die „Horror"?
Du hast recht! Wir haben keine Möglichkeit zu verhindern, daß auch die „Horror" an der Küste zerschellt.
Donalds Tatkraft und Umsicht ist unsere einzige Rettung. (Seufz!)
Der schaut bereits tatkräftig durch seine Lupe...
Hast du Onkel Dagoberts Funkspruch gelesen? Was sagst du zu der Sache mit dem Gespenst?
Ich kann mir nicht denken, daß Onkel Dagobert an Gespenster glaubt. Also, was soll's?
Vielleicht wünscht er, daß wir von dem Gespenst Fingerabdrücke nehmen?
Übrigens Fingerabdrücke!
Da... da an der Reling sind welche. Die sind von keinem irdischen Wesen!

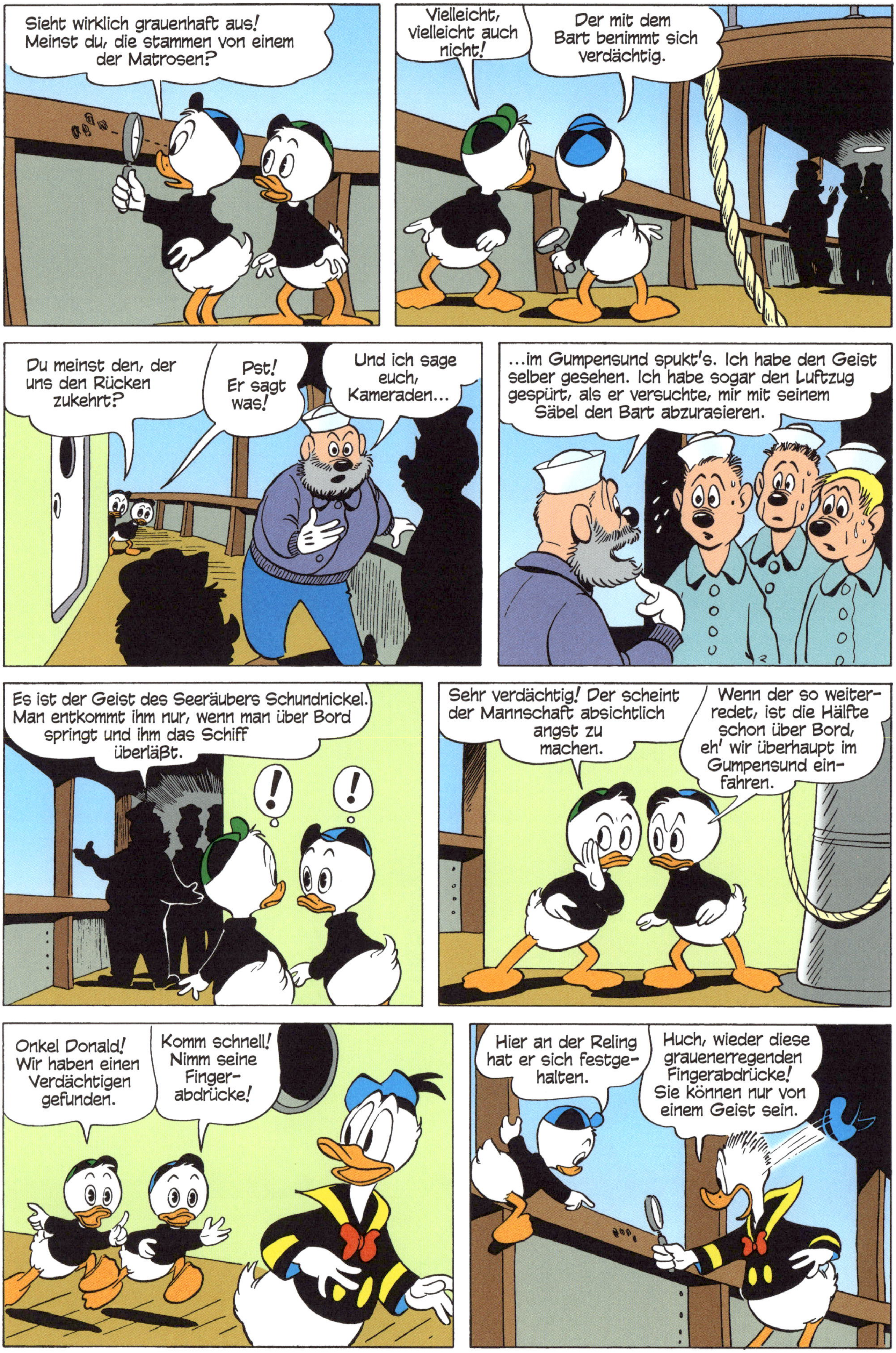
Sieht wirklich grauenhaft aus! Meinst du, die stammen von einem der Matrosen?
Vielleicht, vielleicht auch nicht!
Der mit dem Bart benimmt sich verdächtig.
Du meinst den, der uns den Rücken zukehrt?
Pst! Er sagt was!
Und ich sage euch, Kameraden...
...im Gumpensund spukt's. Ich habe den Geist selber gesehen. Ich habe sogar den Luftzug gespürt, als er versuchte, mir mit seinem Säbel den Bart abzurasieren.
Es ist der Geist des Seeräubers Schundnickel. Man entkommt ihm nur, wenn man über Bord springt und ihm das Schiff überläßt.
!
!
Sehr verdächtig! Der scheint der Mannschaft absichtlich angst zu machen.
Wenn der so weiterredet, ist die Hälfte schon über Bord, eh' wir überhaupt im Gumpensund einfahren.
Onkel Donald! Wir haben einen Verdächtigen gefunden.
Komm schnell! Nimm seine Fingerabdrücke!
Hier an der Reling hat er sich festgehalten.
Huch, wieder diese grauenerregenden Fingerabdrücke! Sie können nur von einem Geist sein.

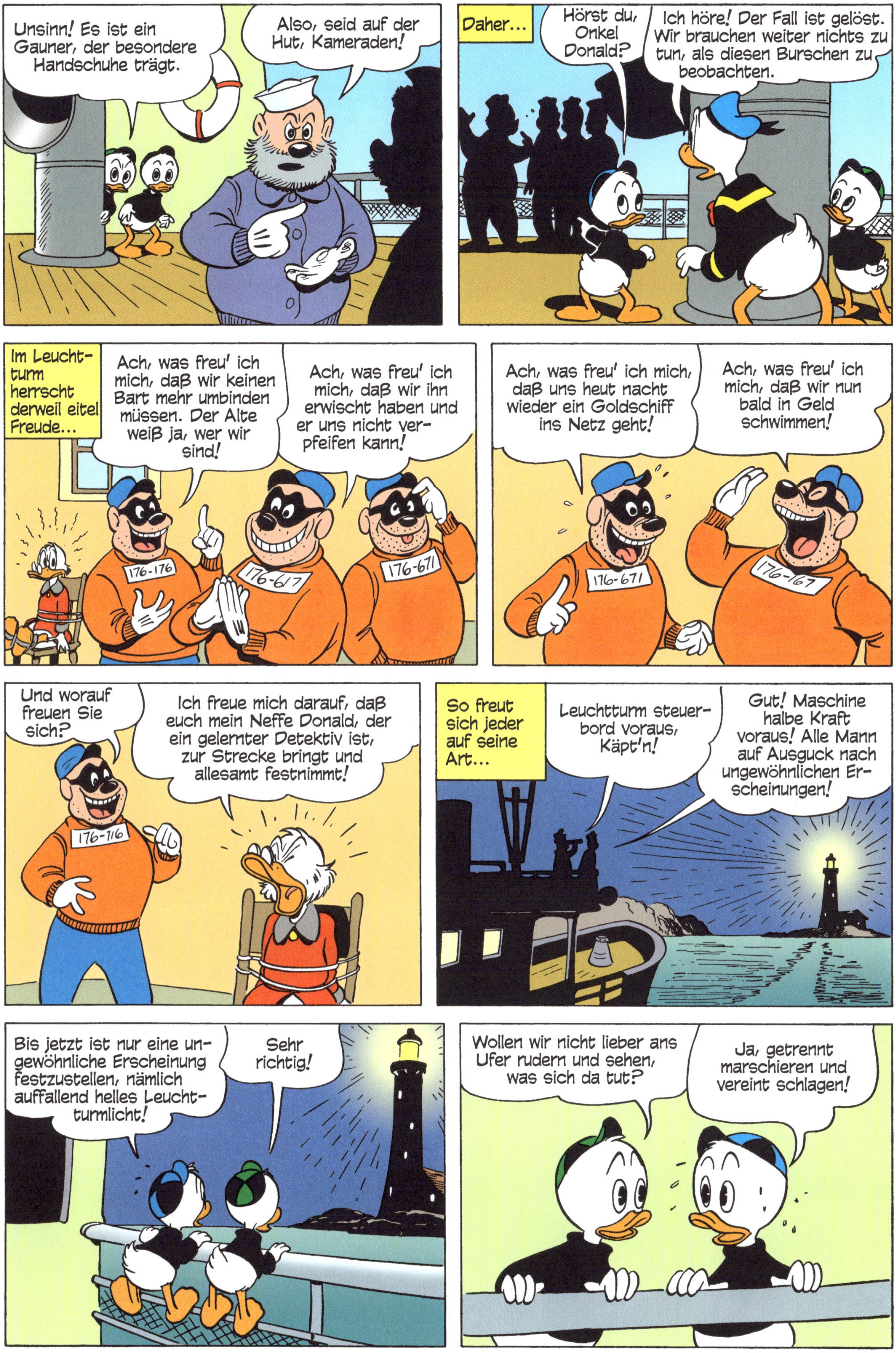
Unsinn! Es ist ein Gauner, der besondere Handschuhe trägt.
Also, seid auf der Hut, Kameraden!
Daher...
Hörst du, Onkel Donald?
Ich höre! Der Fall ist gelöst. Wir brauchen weiter nichts zu tun, als diesen Burschen zu beobachten.
Im Leuchtturm herrscht derweil eitel Freude...
Ach, was freu' ich mich, daß wir keinen Bart mehr umbinden müssen. Der Alte weiß ja, wer wir sind!
Ach, was freu' ich mich, daß wir ihn erwischt haben und er uns nicht verpfeifen kann!
176-176
176-617
176-671
Ach, was freu' ich mich, daß uns heut nacht wieder ein Goldschiff ins Netz geht!
Ach, was freu' ich mich, daß wir nun bald in Geld schwimmen!
176-671
176-167
Und worauf freuen Sie sich?
Ich freue mich darauf, daß euch mein Neffe Donald, der ein gelernter Detektiv ist, zur Strecke bringt und allesamt festnimmt!
176-716
So freut sich jeder auf seine Art...
Leuchtturm steuerbord voraus, Käpt'n!
Gut! Maschine halbe Kraft voraus! Alle Mann auf Ausguck nach ungewöhnlichen Erscheinungen!
Bis jetzt ist nur eine ungewöhnliche Erscheinung festzustellen, nämlich auffallend helles Leuchtturmlicht!
Sehr richtig!
Wollen wir nicht lieber ans Ufer rudern und sehen, was sich da tut?
Ja, getrennt marschieren und vereint schlagen!

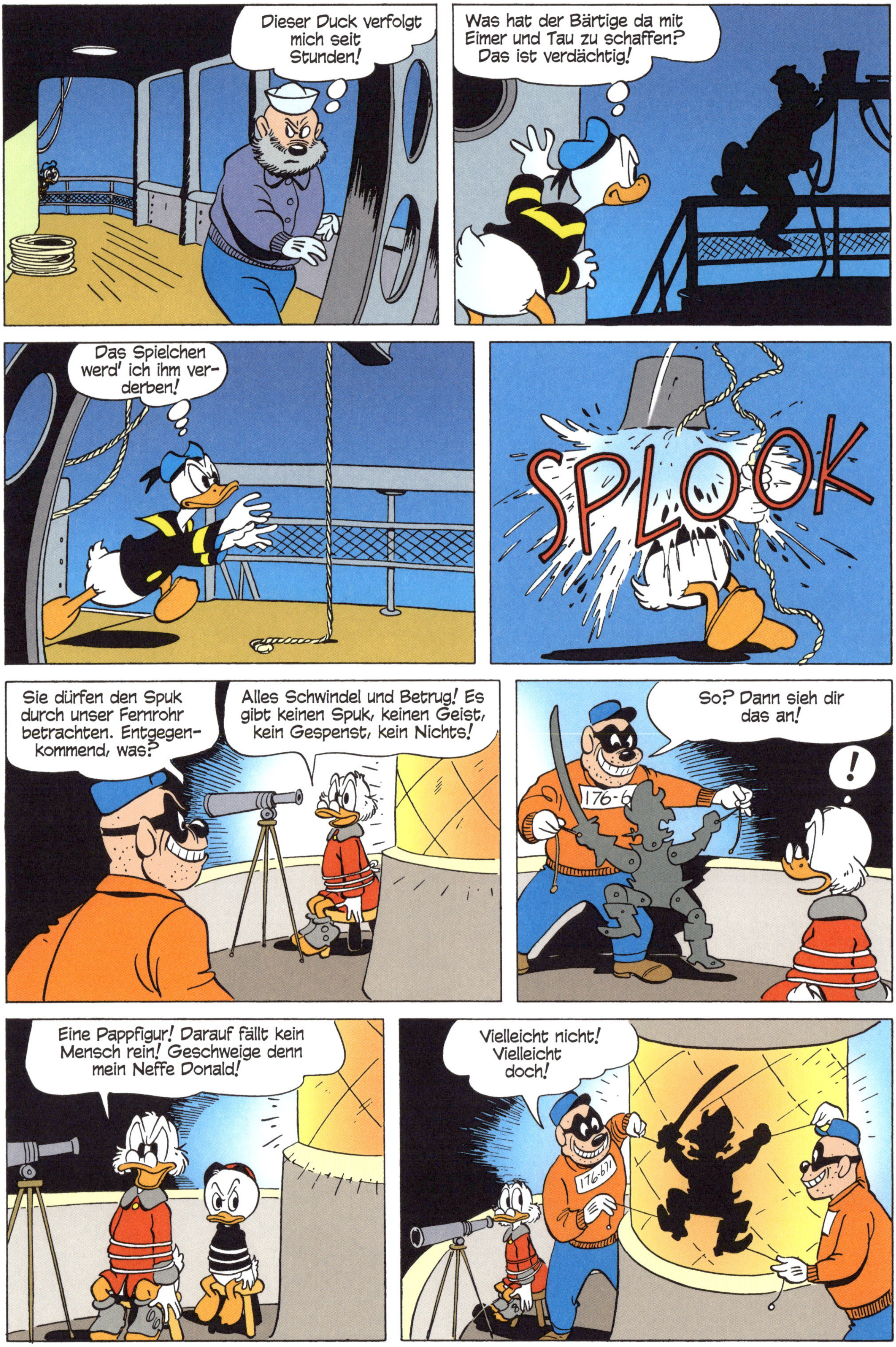
Dieser Duck verfolgt mich seit Stunden!
Was hat der Bärtige da mit Eimer und Tau zu schaffen? Das ist verdächtig!
Das Spielchen werd' ich ihm verderben!
SPLOOK
Sie dürfen den Spuk durch unser Fernrohr betrachten. Entgegenkommend, was?
Alles Schwindel und Betrug! Es gibt keinen Spuk, keinen Geist, kein Gespenst, kein Nichts!
So? Dann sieh dir das an!
!
Eine Pappfigur! Darauf fällt kein Mensch rein! Geschweige denn mein Neffe Donald!
Vielleicht nicht! Vielleicht doch!

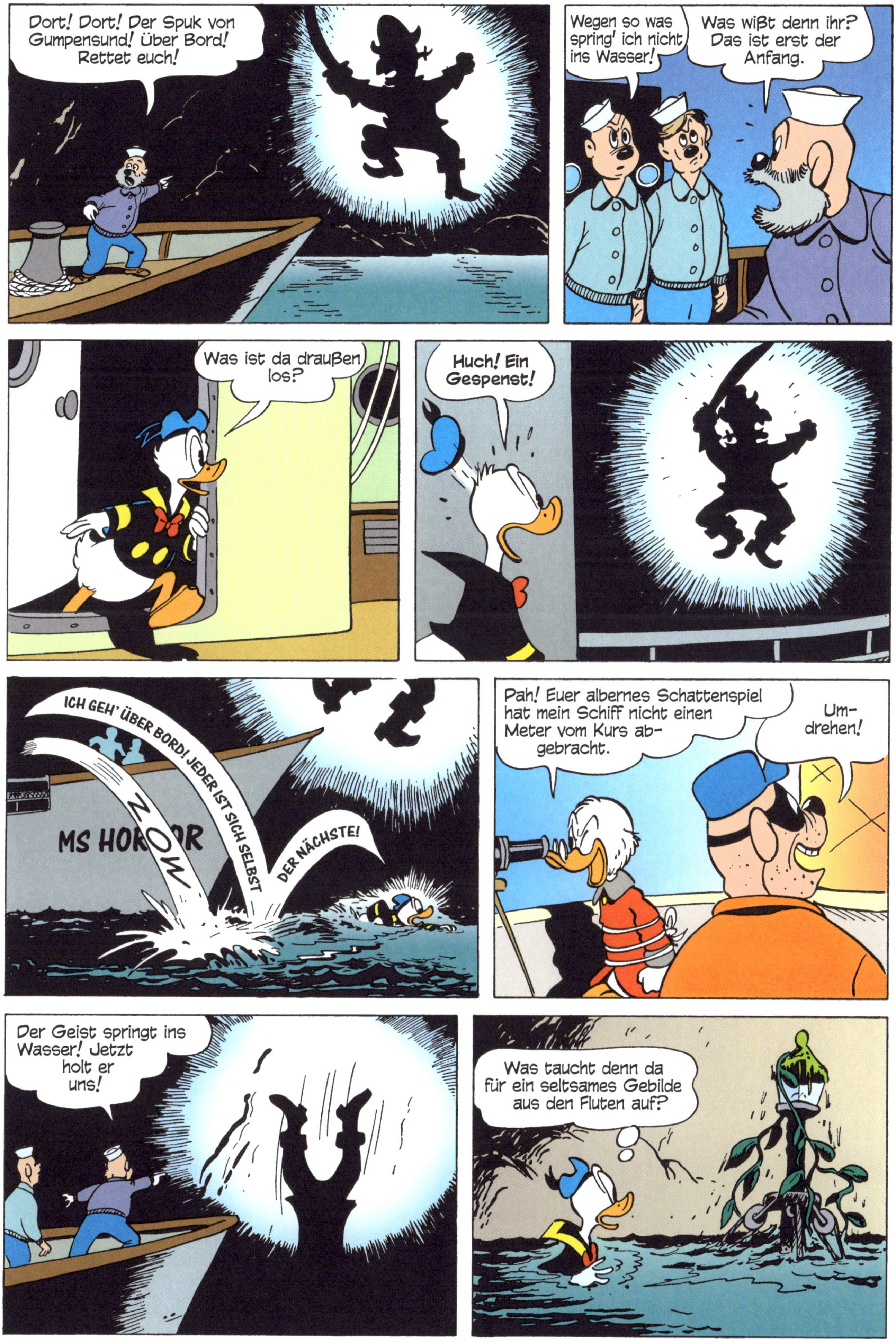
Dort! Dort! Der Spuk von Gumpensund! Über Bord! Rettet euch!
Wegen so was spring' ich nicht ins Wasser!
Was wißt denn ihr? Das ist erst der Anfang.
Was ist da draußen los?
Huch! Ein Gespenst!
ICH GEH' ÜBER BORD! JEDER IST SICH SELBST DER NÄCHSTE!
ZOW
MS HORROR
Pah! Euer albernes Schattenspiel hat mein Schiff nicht einen Meter vom Kurs abgebracht.
Umdrehen!
Der Geist springt ins Wasser! Jetzt holt er uns!
Was taucht denn da für ein seltsames Gebilde aus den Fluten auf?

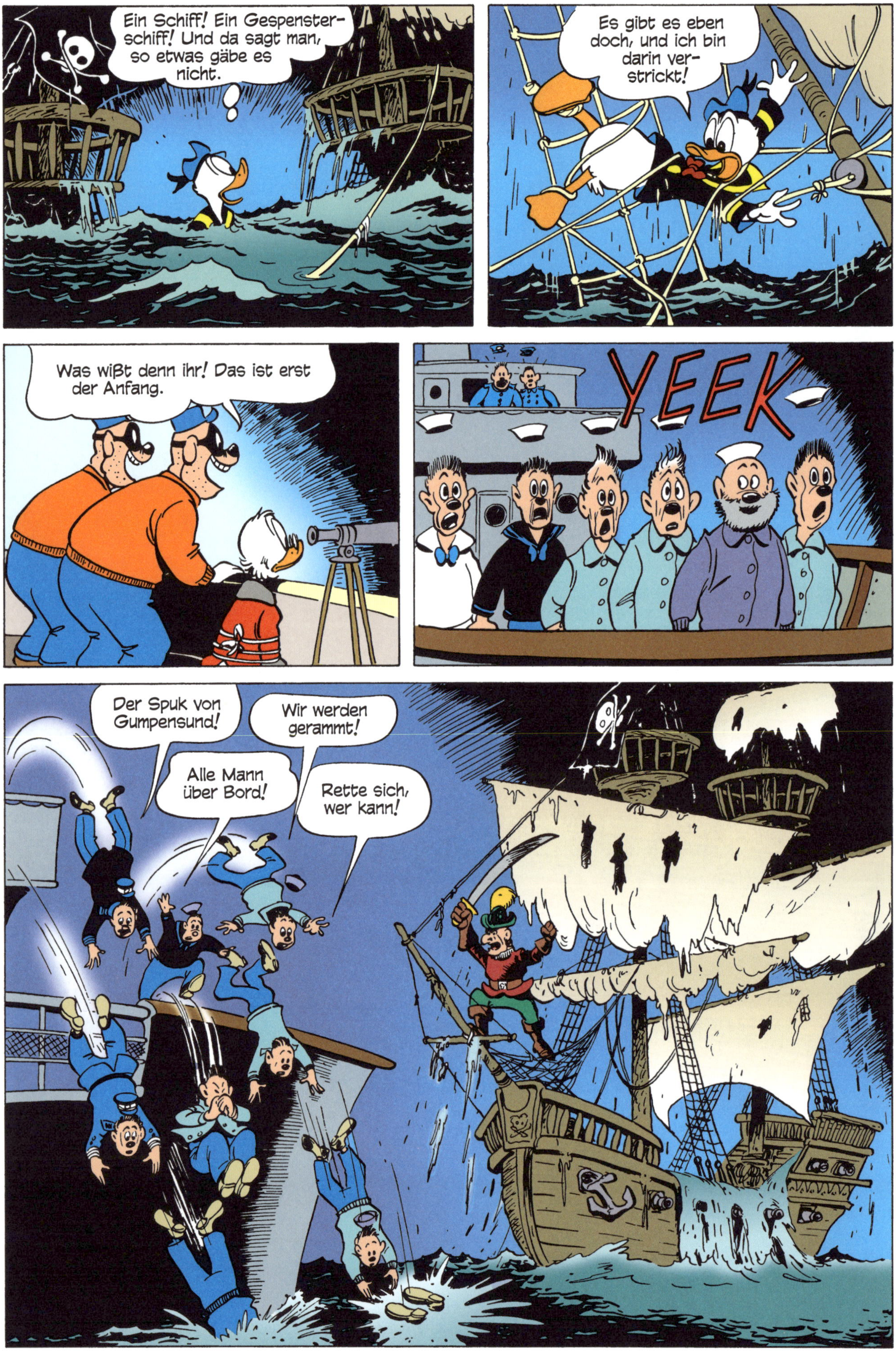
Ein Schiff! Ein Gespenster-schiff! Und da sagt man, so etwas gäbe es nicht.
Es gibt es eben doch, und ich bin darin ver-strickt!
Was wißt denn ihr! Das ist erst der Anfang.
YEEK
Der Spuk von Gumpensund!
Alle Mann über Bord!
Wir werden gerammt!
Rette sich, wer kann!

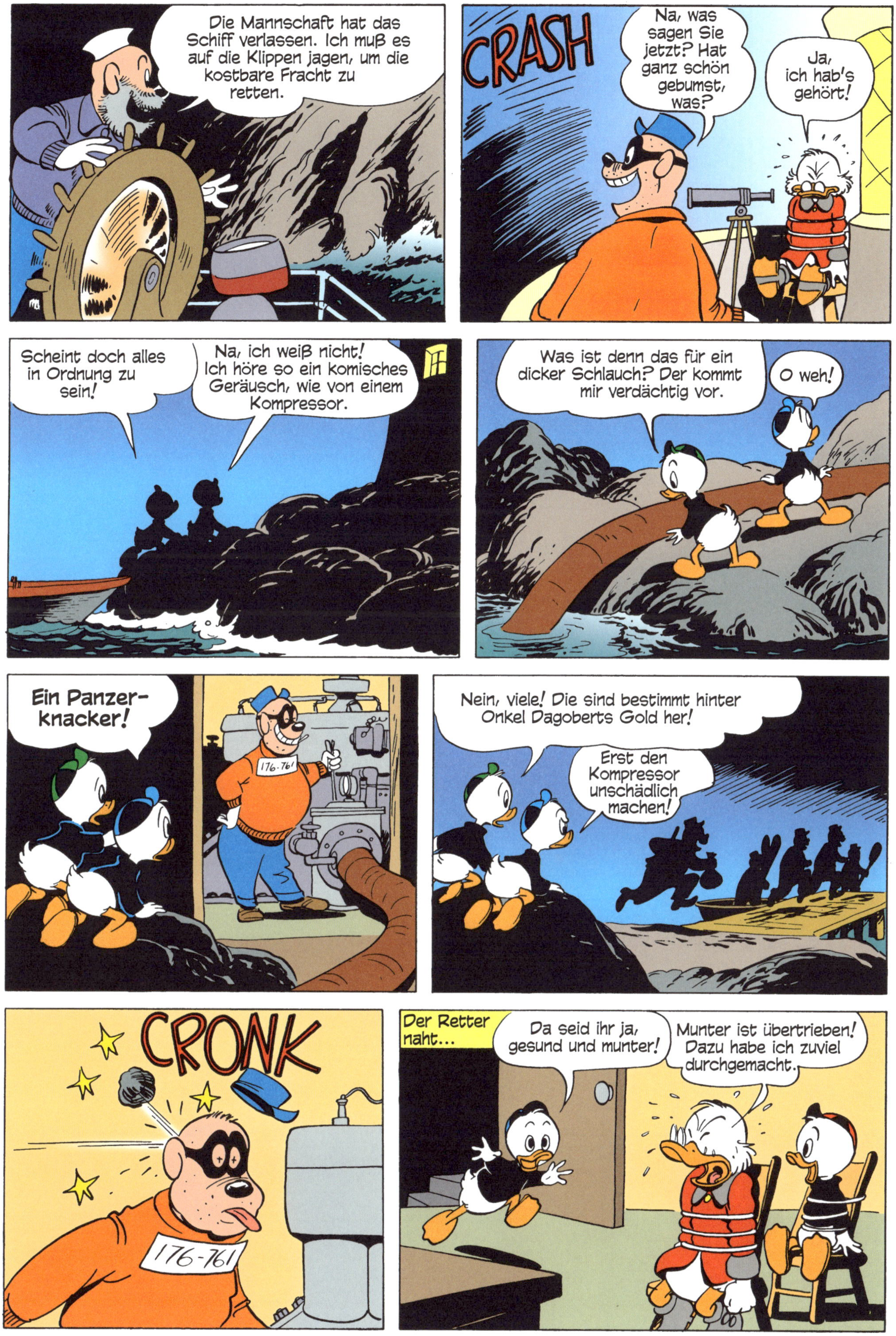
Die Mannschaft hat das Schiff verlassen. Ich muß es auf die Klippen jagen, um die kostbare Fracht zu retten.
CRASH
Na, was sagen Sie jetzt? Hat ganz schön gebumst, was?
Ja, ich hab's gehört!
Scheint doch alles in Ordnung zu sein!
Na, ich weiß nicht! Ich höre so ein komisches Geräusch, wie von einem Kompressor.
Was ist denn das für ein dicker Schlauch? Der kommt mir verdächtig vor.
O weh!
Ein Panzerknacker!
176-761
Nein, viele! Die sind bestimmt hinter Onkel Dagoberts Gold her!
Erst den Kompressor unschädlich machen!
CRONK
176-761
Der Retter naht...
Da seid ihr ja, gesund und munter!
Munter ist übertrieben! Dazu habe ich zuviel durchgemacht.

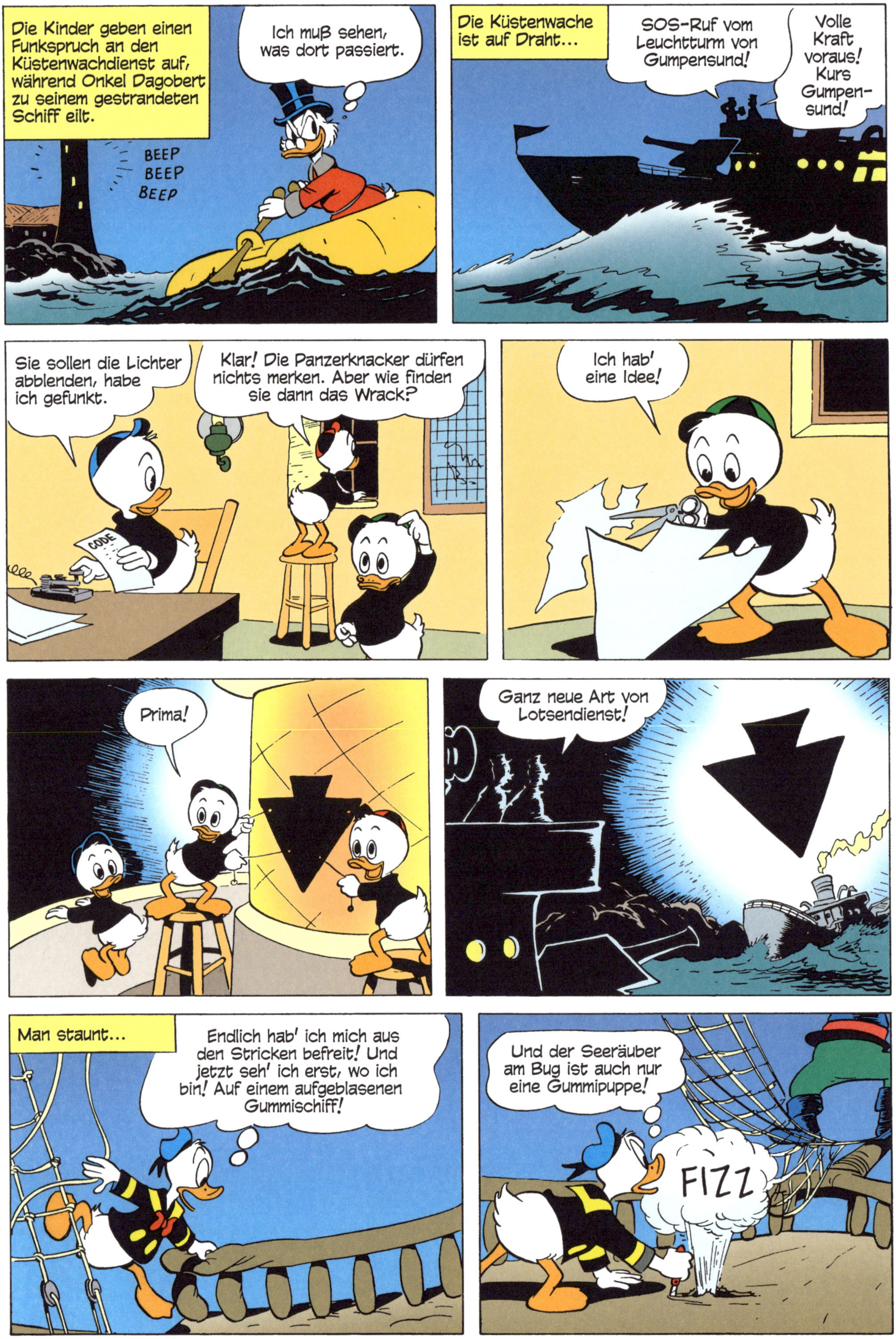
Die Kinder geben einen Funkspruch an den Küstenwachdienst auf, während Onkel Dagobert zu seinem gestrandeten Schiff eilt.
Ich muß sehen, was dort passiert.
BEEP BEEP BEEP
Die Küstenwache ist auf Draht...
SOS-Ruf vom Leuchtturm von Gumpensund!
Volle Kraft voraus! Kurs Gumpensund!
Sie sollen die Lichter abblenden, habe ich gefunkt.
Klar! Die Panzerknacker dürfen nichts merken. Aber wie finden sie dann das Wrack?
CODE
Ich hab' eine Idee!
Prima!
Ganz neue Art von Lotsendienst!
Man staunt...
Endlich hab' ich mich aus den Stricken befreit! Und jetzt seh' ich erst, wo ich bin! Auf einem aufgeblasenen Gummischiff!
Und der Seeräuber am Bug ist auch nur eine Gummipuppe!
FIZZ

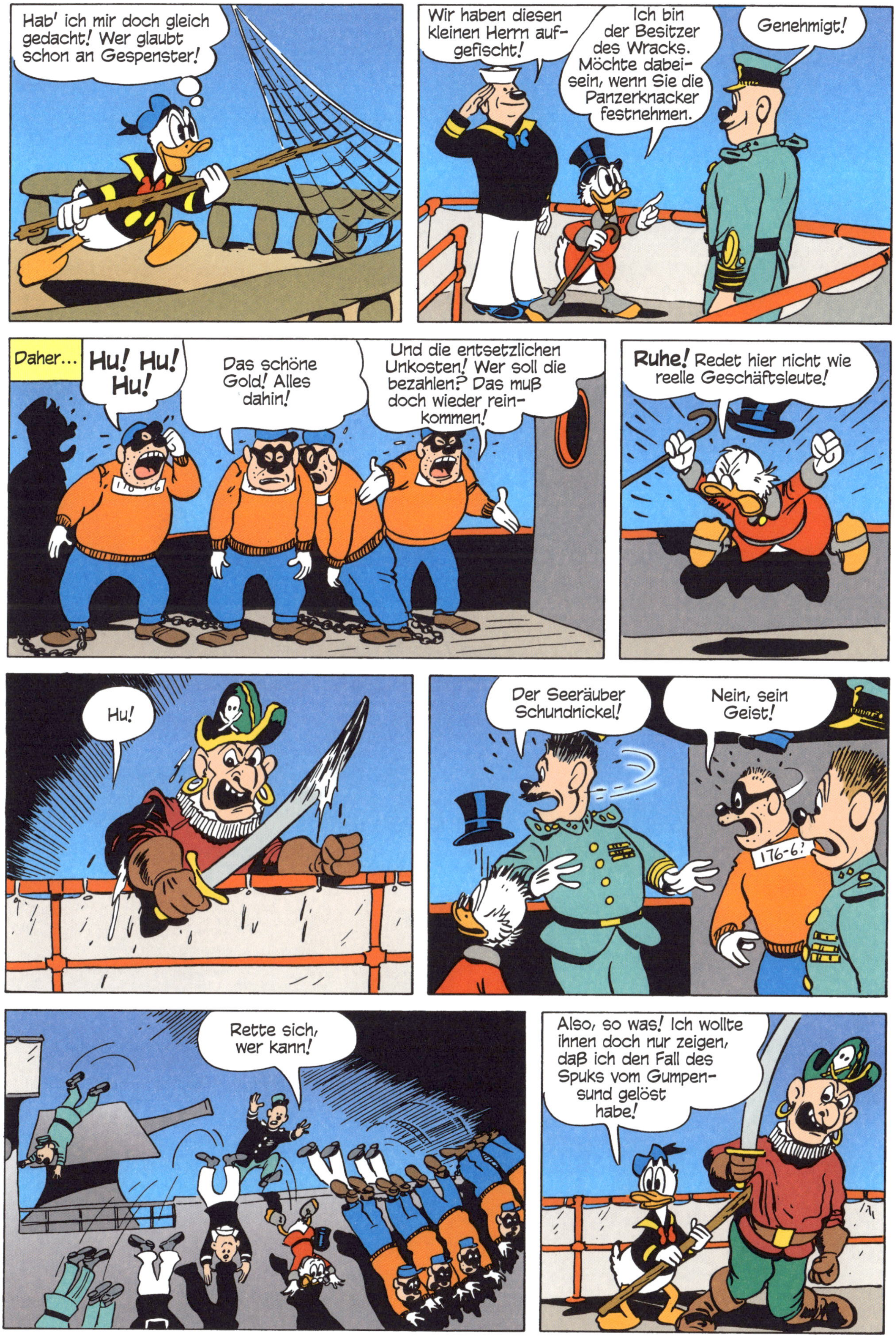
Hab' ich mir doch gleich gedacht! Wer glaubt schon an Gespenster!
Wir haben diesen kleinen Herrn aufgefischt!
Ich bin der Besitzer des Wracks. Möchte dabeisein, wenn Sie die Panzerknacker festnehmen.
Genehmigt!
Daher...
Hu! Hu! Hu!
Das schöne Gold! Alles dahin!
Und die entsetzlichen Unkosten! Wer soll die bezahlen? Das muß doch wieder reinkommen!
Ruhe! Redet hier nicht wie reelle Geschäftsleute!
Hu!
Der Seeräuber Schundnickel!
Nein, sein Geist!
176-6?
Rette sich, wer kann!
Also, so was! Ich wollte ihnen doch nur zeigen, daß ich den Fall des Spuks vom Gumpensund gelöst habe!

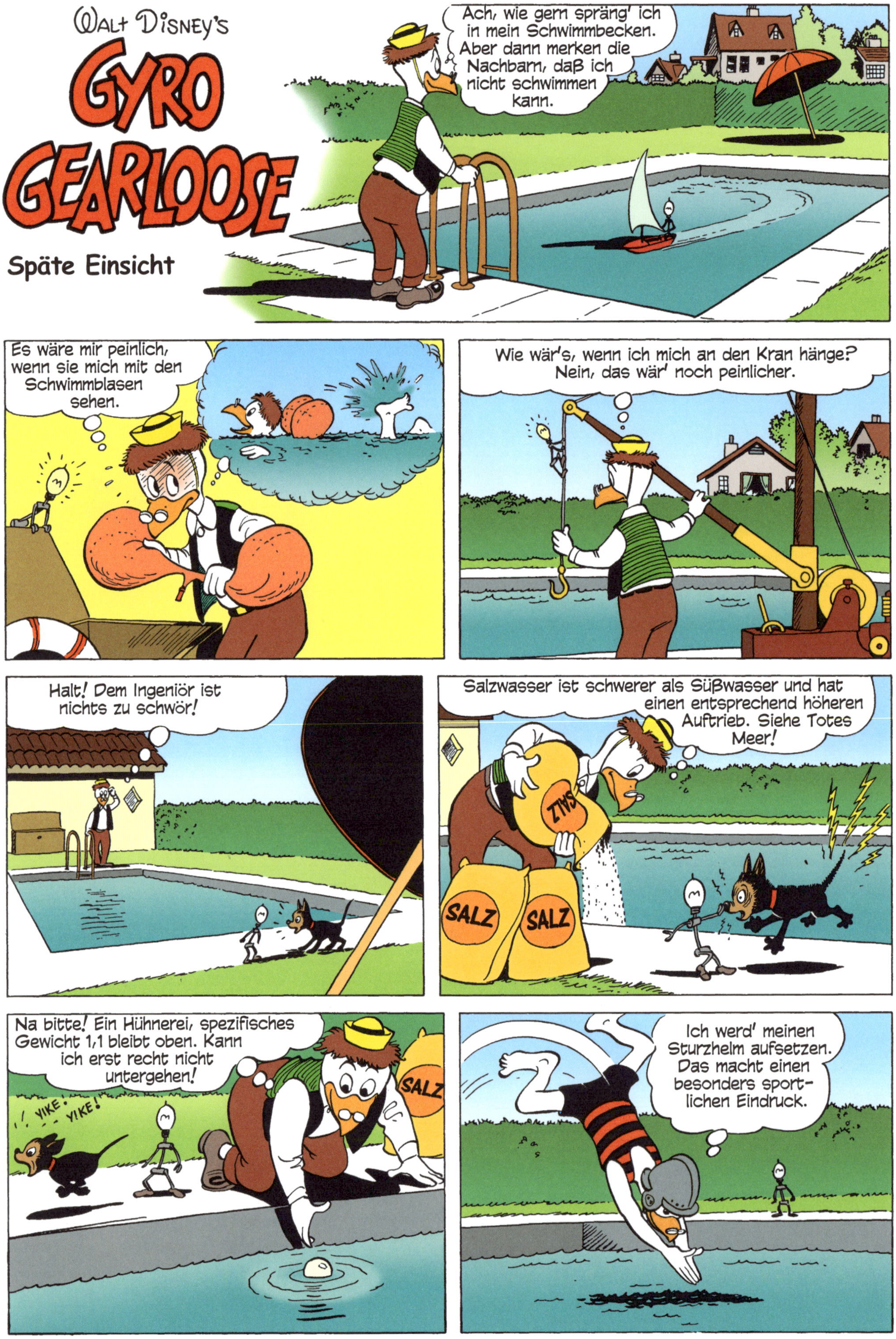
Walt Disney's
Gyro Gearloose
Späte Einsicht
Ach, wie gern spräng' ich in mein Schwimmbecken. Aber dann merken die Nachbarn, daß ich nicht schwimmen kann.
Es wäre mir peinlich, wenn sie mich mit den Schwimmblasen sehen.
Wie wär's, wenn ich mich an den Kran hänge? Nein, das wär' noch peinlicher.
Halt! Dem Ingeniör ist nichts zu schwör!
Salzwasser ist schwerer als Süßwasser und hat einen entsprechend höheren Auftrieb. Siehe Totes Meer!
SALZ
SALZ
SALZ
Na bitte! Ein Hühnerei, spezifisches Gewicht 1,1 bleibt oben. Kann ich erst recht nicht untergehen!
YIKE! YIKE!
SALZ
Ich werd' meinen Sturzhelm aufsetzen. Das macht einen besonders sportlichen Eindruck.

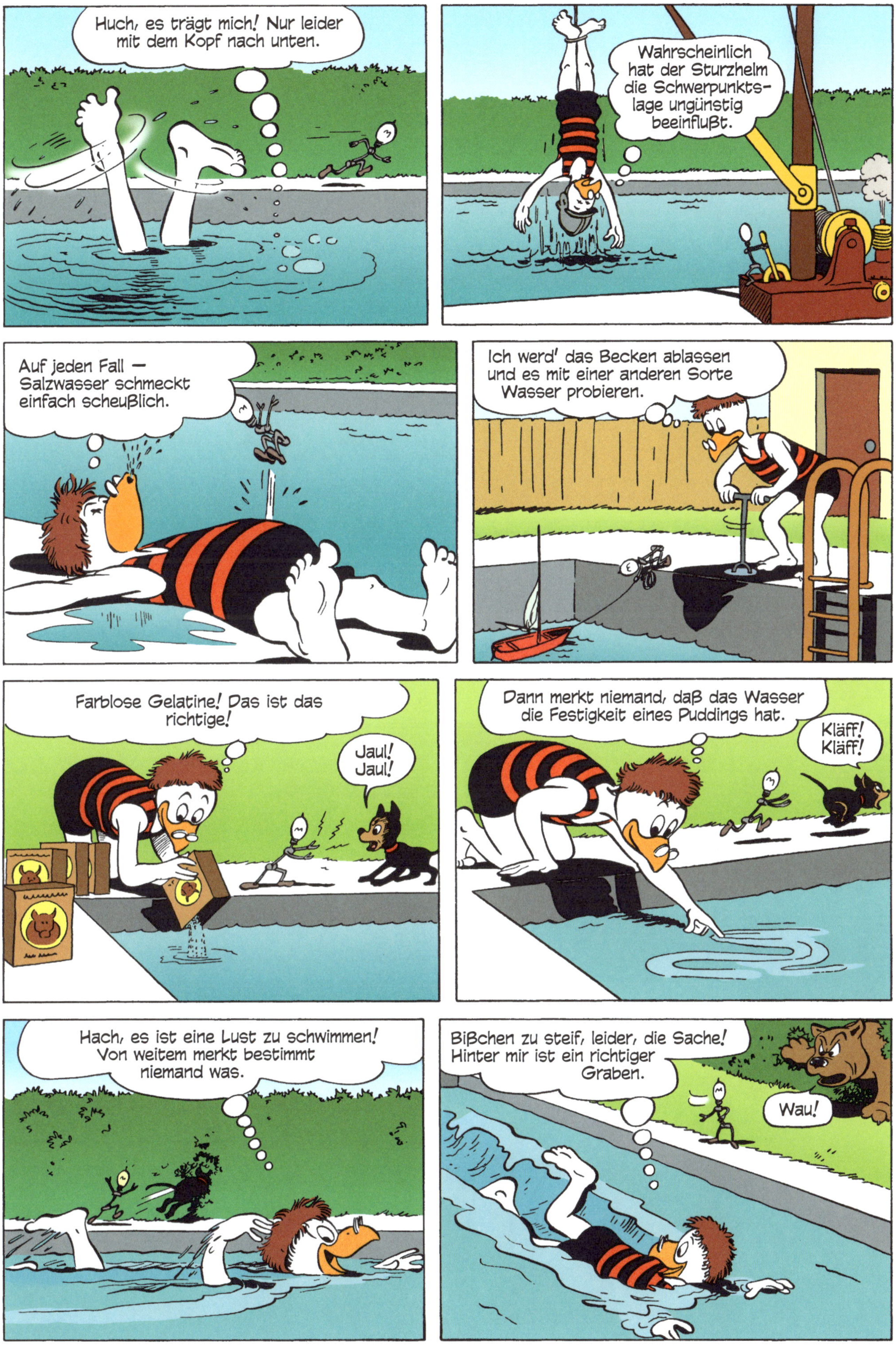
Huch, es trägt mich! Nur leider mit dem Kopf nach unten.
Wahrscheinlich hat der Sturzhelm die Schwerpunkts-lage ungünstig beeinflußt.
Auf jeden Fall — Salzwasser schmeckt einfach scheußlich.
Ich werd' das Becken ablassen und es mit einer anderen Sorte Wasser probieren.
Farblose Gelatine! Das ist das richtige!
Jaul! Jaul!
Dann merkt niemand, daß das Wasser die Festigkeit eines Puddings hat.
Kläff! Kläff!
Hach, es ist eine Lust zu schwimmen! Von weitem merkt bestimmt niemand was.
Bißchen zu steif, leider, die Sache! Hinter mir ist ein richtiger Graben.
Wau!

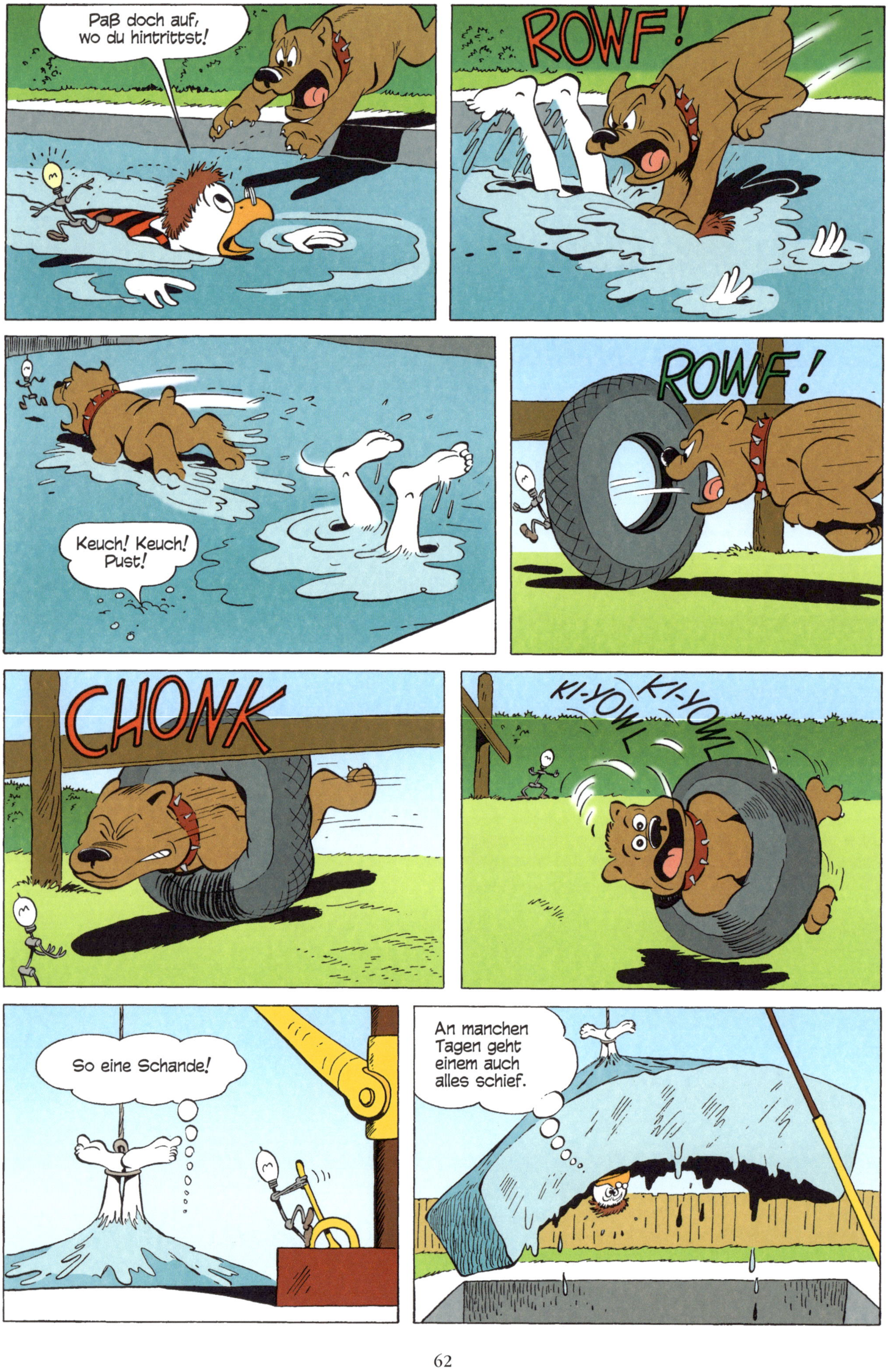
Paß doch auf, wo du hintrittst!
ROWF!
Keuch! Keuch! Pust!
ROWF!
CHONK
KI-YOWL
KI-YOWL
So eine Schande!
An manchen Tagen geht einem auch alles schief.

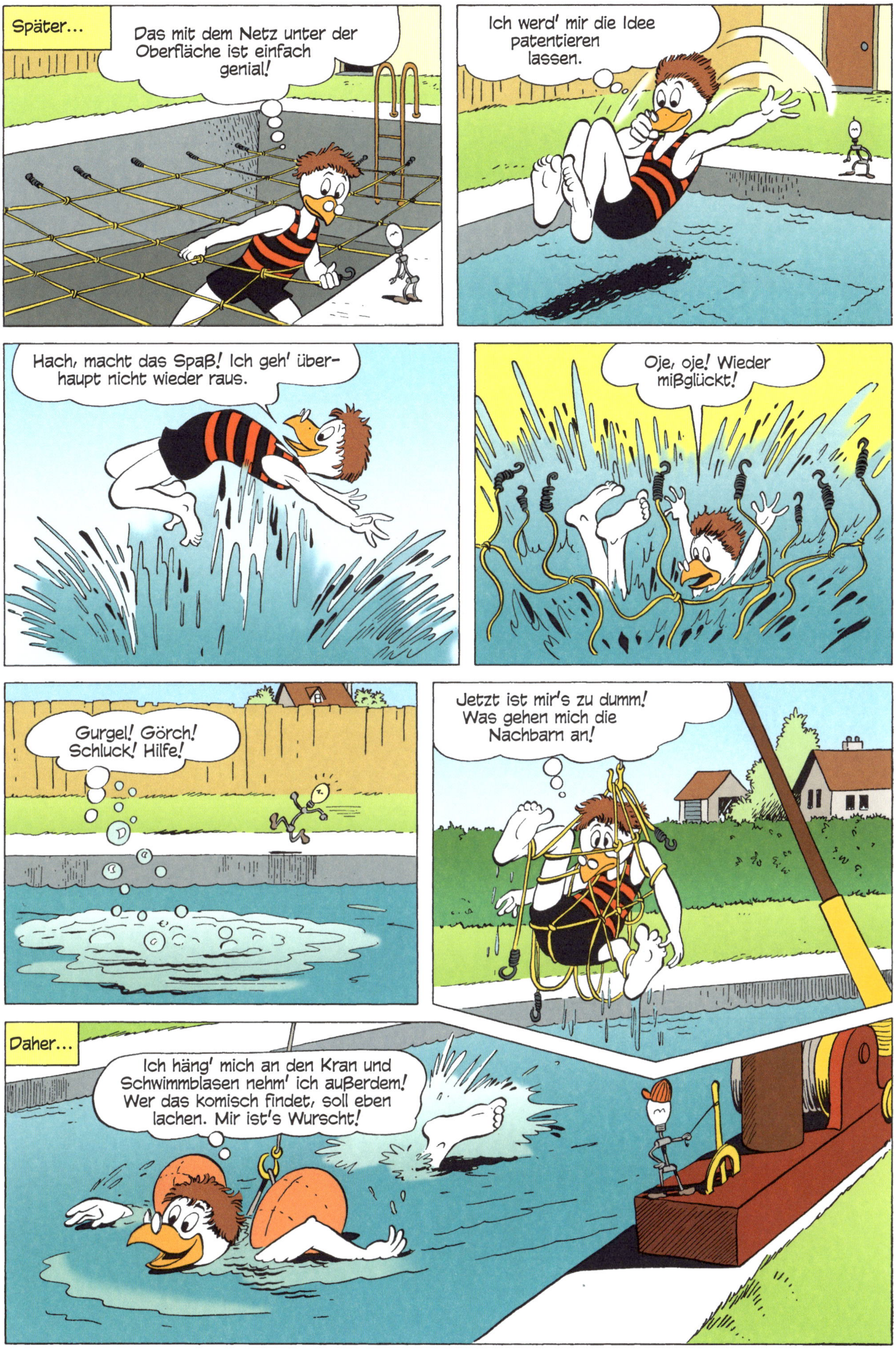
Später...
Das mit dem Netz unter der Oberfläche ist einfach genial!
Ich werd' mir die Idee patentieren lassen.
Hach, macht das Spaß! Ich geh' überhaupt nicht wieder raus.
Oje, oje! Wieder mißglückt!
Gurgel! Görch! Schluck! Hilfe!
Jetzt ist mir's zu dumm! Was gehen mich die Nachbarn an!
Daher...
Ich häng' mich an den Kran und Schwimmblasen nehm' ich außerdem! Wer das komisch findet, soll eben lachen. Mir ist's Wurscht!

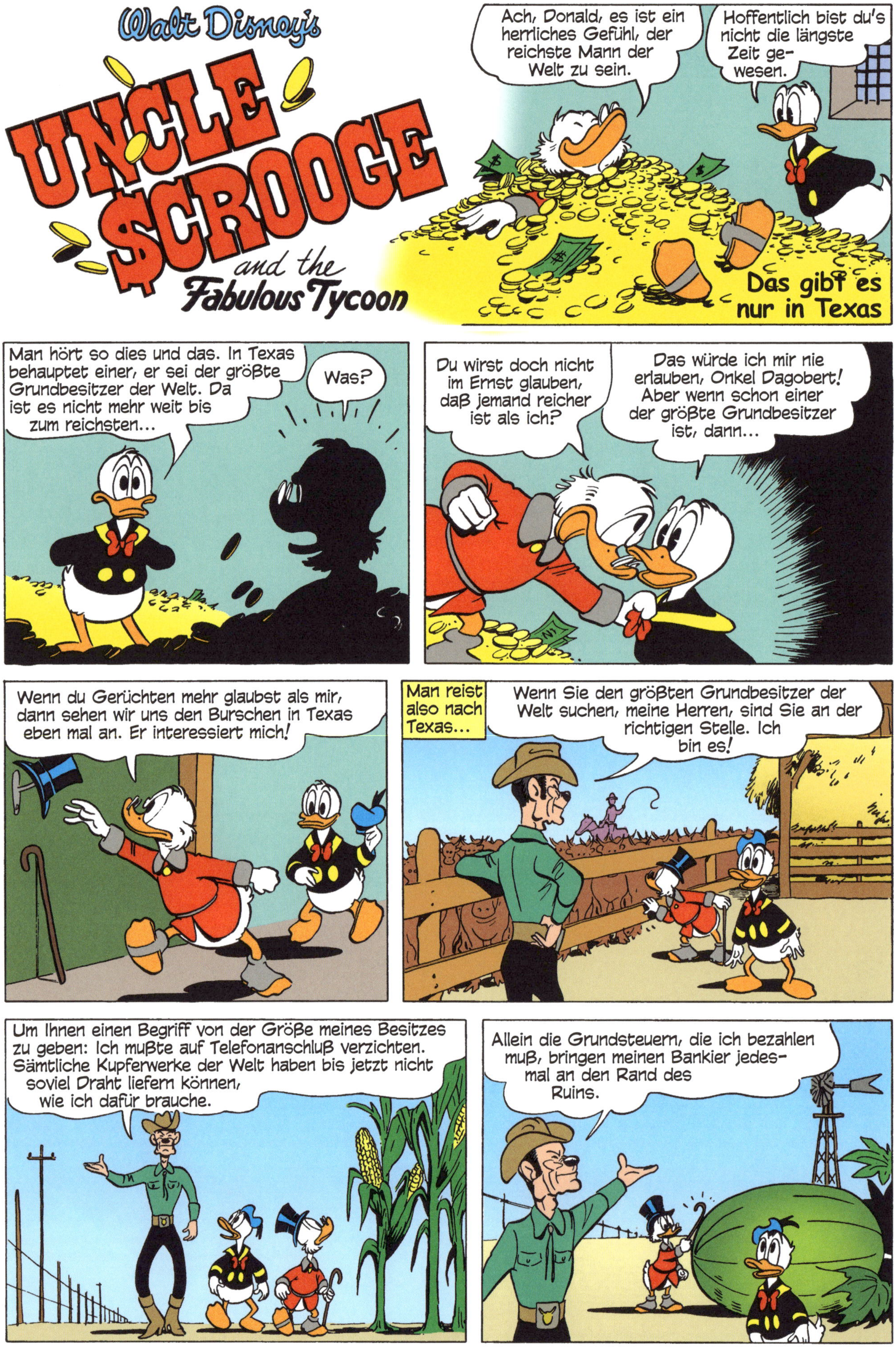
Walt Disney's
UNCLE $CROOGE and the Fabulous Tycoon
Ach, Donald, es ist ein herrliches Gefühl, der reichste Mann der Welt zu sein.
Hoffentlich bist du's nicht die längste Zeit gewesen.
Das gibt es nur in Texas
Man hört so dies und das. In Texas behauptet einer, er sei der größte Grundbesitzer der Welt. Da ist es nicht mehr weit bis zum reichsten…
Was?
Du wirst doch nicht im Ernst glauben, daß jemand reicher ist als ich?
Das würde ich mir nie erlauben, Onkel Dagobert! Aber wenn schon einer der größte Grundbesitzer ist, dann…
Wenn du Gerüchten mehr glaubst als mir, dann sehen wir uns den Burschen in Texas eben mal an. Er interessiert mich!
Man reist also nach Texas…
Wenn Sie den größten Grundbesitzer der Welt suchen, meine Herren, sind Sie an der richtigen Stelle. Ich bin es!
Um Ihnen einen Begriff von der Größe meines Besitzes zu geben: Ich mußte auf Telefonanschluß verzichten. Sämtliche Kupferwerke der Welt haben bis jetzt nicht soviel Draht liefern können, wie ich dafür brauche.
Allein die Grundsteuern, die ich bezahlen muß, bringen meinen Bankier jedesmal an den Rand des Ruins.

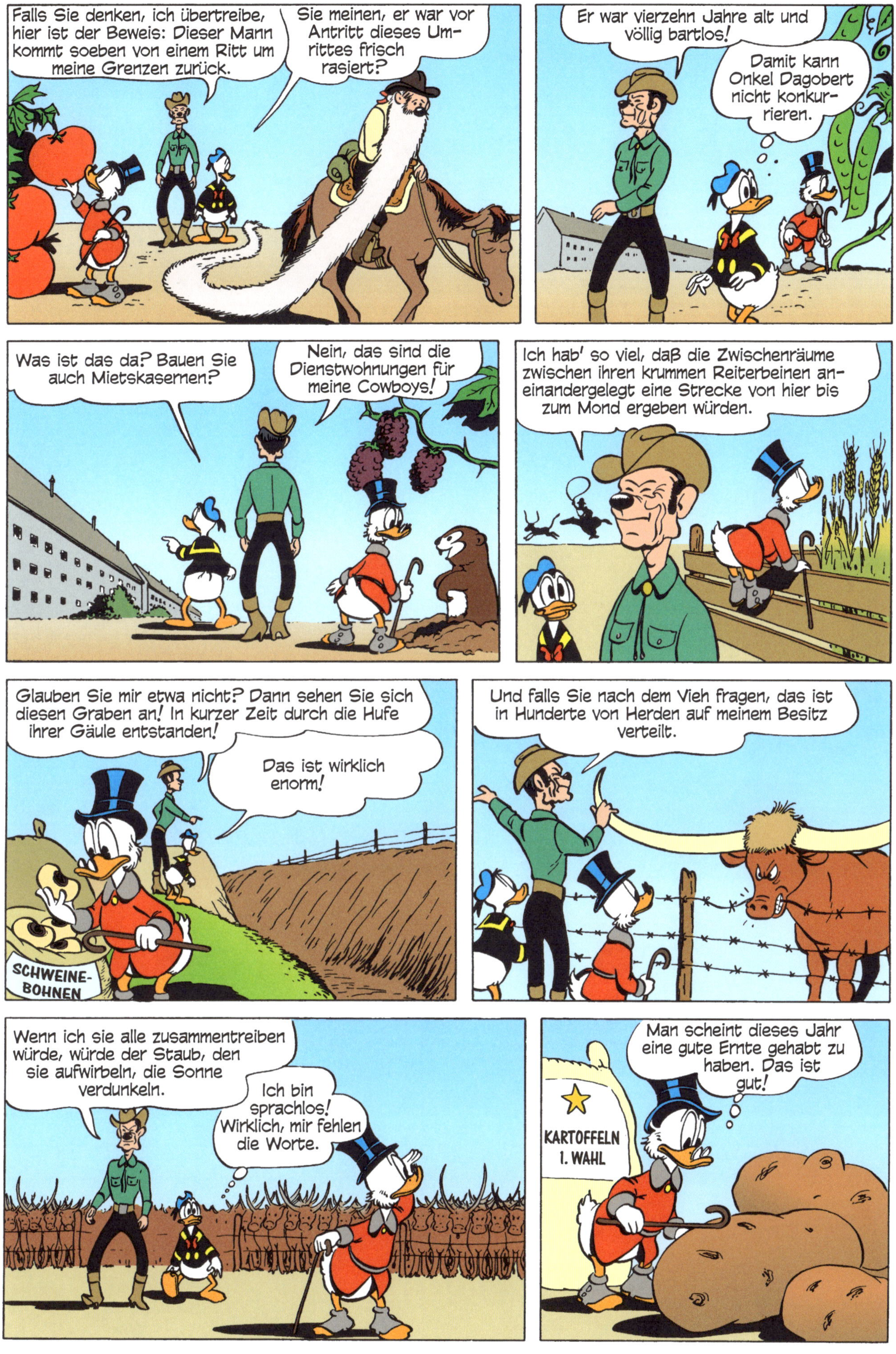
Falls Sie denken, ich übertreibe, hier ist der Beweis: Dieser Mann kommt soeben von einem Ritt um meine Grenzen zurück.
Sie meinen, er war vor Antritt dieses Umrittes frisch rasiert?
Er war vierzehn Jahre alt und völlig bartlos!
Damit kann Onkel Dagobert nicht konkurrieren.
Was ist das da? Bauen Sie auch Mietskasernen?
Nein, das sind die Dienstwohnungen für meine Cowboys!
Ich hab' so viel, daß die Zwischenräume zwischen ihren krummen Reiterbeinen aneinandergelegt eine Strecke von hier bis zum Mond ergeben würden.
Glauben Sie mir etwa nicht? Dann sehen Sie sich diesen Graben an! In kurzer Zeit durch die Hufe ihrer Gäule entstanden!
Das ist wirklich enorm!
SCHWEINE-BOHNEN
Und falls Sie nach dem Vieh fragen, das ist in Hunderte von Herden auf meinem Besitz verteilt.
Wenn ich sie alle zusammentreiben würde, würde der Staub, den sie aufwirbeln, die Sonne verdunkeln.
Ich bin sprachlos! Wirklich, mir fehlen die Worte.
Man scheint dieses Jahr eine gute Ernte gehabt zu haben. Das ist gut!
KARTOFFELN 1. WAHL

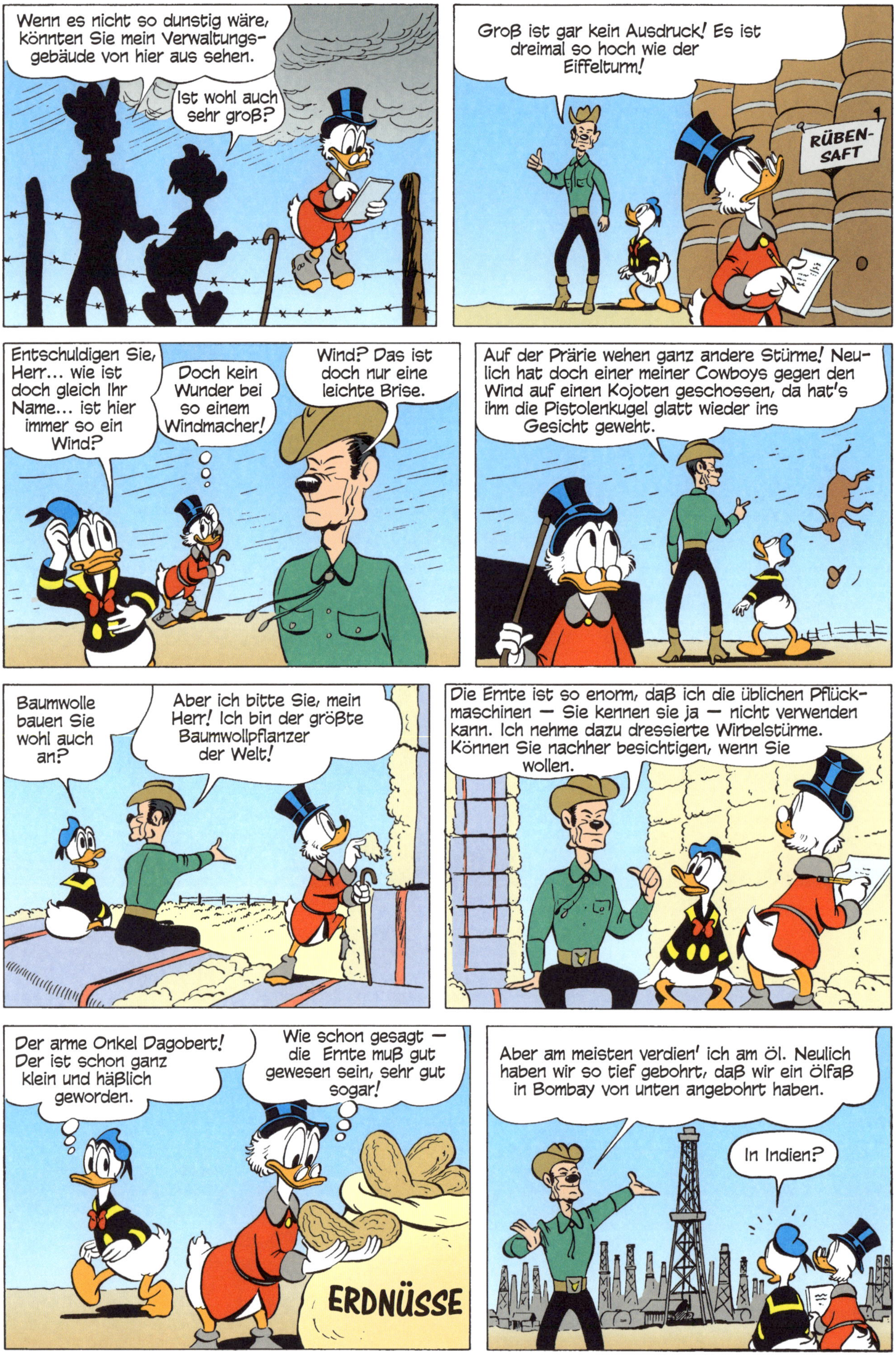
Wenn es nicht so dunstig wäre, könnten Sie mein Verwaltungsgebäude von hier aus sehen.
Ist wohl auch sehr groß?
Groß ist gar kein Ausdruck! Es ist dreimal so hoch wie der Eiffelturm!
RÜBEN-SAFT
Entschuldigen Sie, Herr... wie ist doch gleich Ihr Name... ist hier immer so ein Wind?
Doch kein Wunder bei so einem Windmacher!
Wind? Das ist doch nur eine leichte Brise.
Auf der Prärie wehen ganz andere Stürme! Neulich hat doch einer meiner Cowboys gegen den Wind auf einen Kojoten geschossen, da hat's ihm die Pistolenkugel glatt wieder ins Gesicht geweht.
Baumwolle bauen Sie wohl auch an?
Aber ich bitte Sie, mein Herr! Ich bin der größte Baumwollpflanzer der Welt!
Die Ernte ist so enorm, daß ich die üblichen Pflückmaschinen – Sie kennen sie ja – nicht verwenden kann. Ich nehme dazu dressierte Wirbelstürme. Können Sie nachher besichtigen, wenn Sie wollen.
Der arme Onkel Dagobert! Der ist schon ganz klein und häßlich geworden.
Wie schon gesagt – die Ernte muß gut gewesen sein, sehr gut sogar!
ERDNÜSSE
Aber am meisten verdien' ich am Öl. Neulich haben wir so tief gebohrt, daß wir ein Ölfaß in Bombay von unten angebohrt haben.
In Indien?

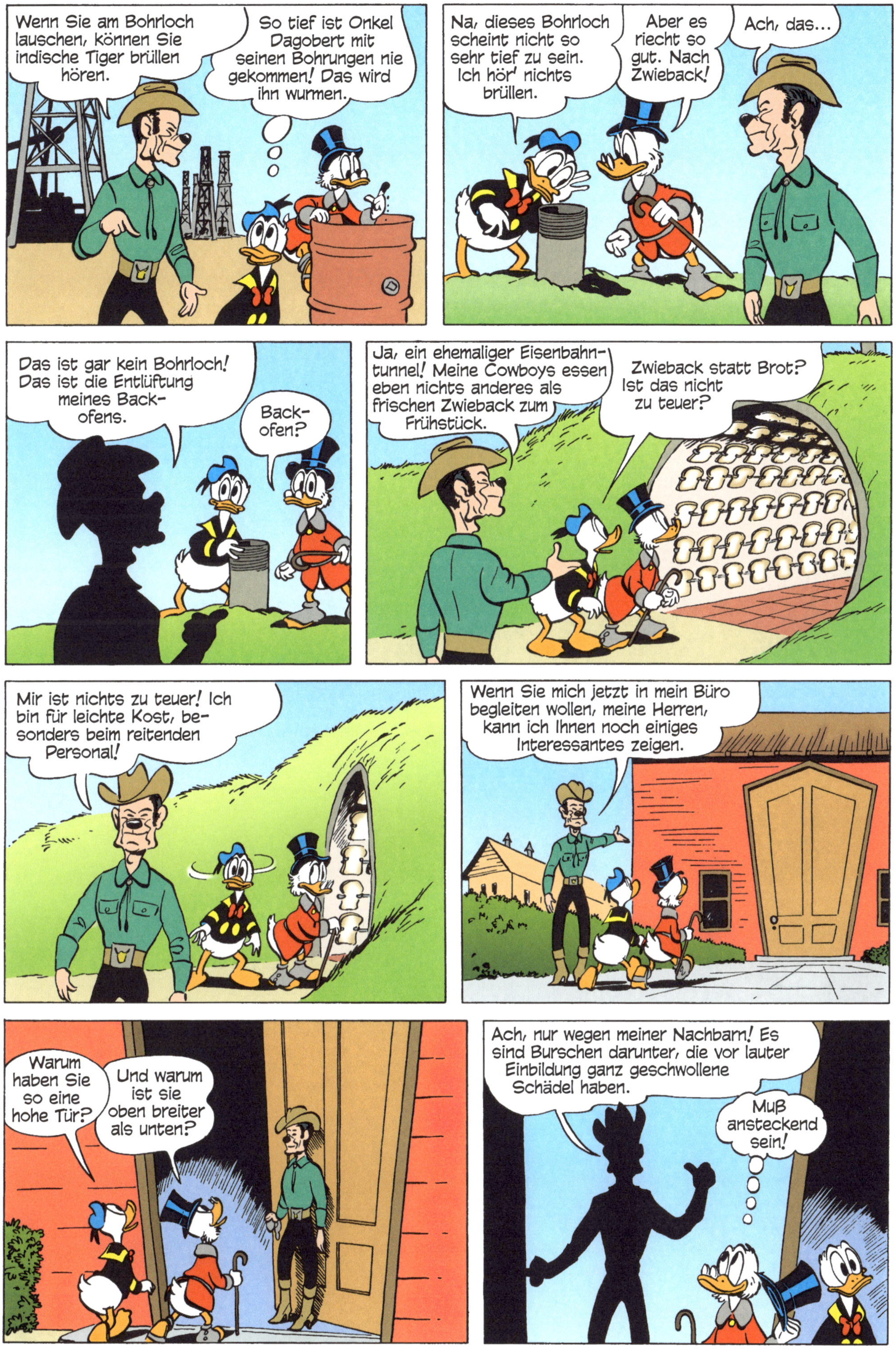
Wenn Sie am Bohrloch lauschen, können Sie indische Tiger brüllen hören.
So tief ist Onkel Dagobert mit seinen Bohrungen nie gekommen! Das wird ihn wurmen.
Na, dieses Bohrloch scheint nicht so sehr tief zu sein. Ich hör' nichts brüllen.
Aber es riecht so gut. Nach Zwieback!
Ach, das...
Das ist gar kein Bohrloch! Das ist die Entlüftung meines Backofens.
Backofen?
Ja, ein ehemaliger Eisenbahntunnel! Meine Cowboys essen eben nichts anderes als frischen Zwieback zum Frühstück.
Zwieback statt Brot? Ist das nicht zu teuer?
Mir ist nichts zu teuer! Ich bin für leichte Kost, besonders beim reitenden Personal!
Wenn Sie mich jetzt in mein Büro begleiten wollen, meine Herren, kann ich Ihnen noch einiges Interessantes zeigen.
Warum haben Sie so eine hohe Tür?
Und warum ist sie oben breiter als unten?
Ach, nur wegen meiner Nachbarn! Es sind Burschen darunter, die vor lauter Einbildung ganz geschwollene Schädel haben.
Muß ansteckend sein!

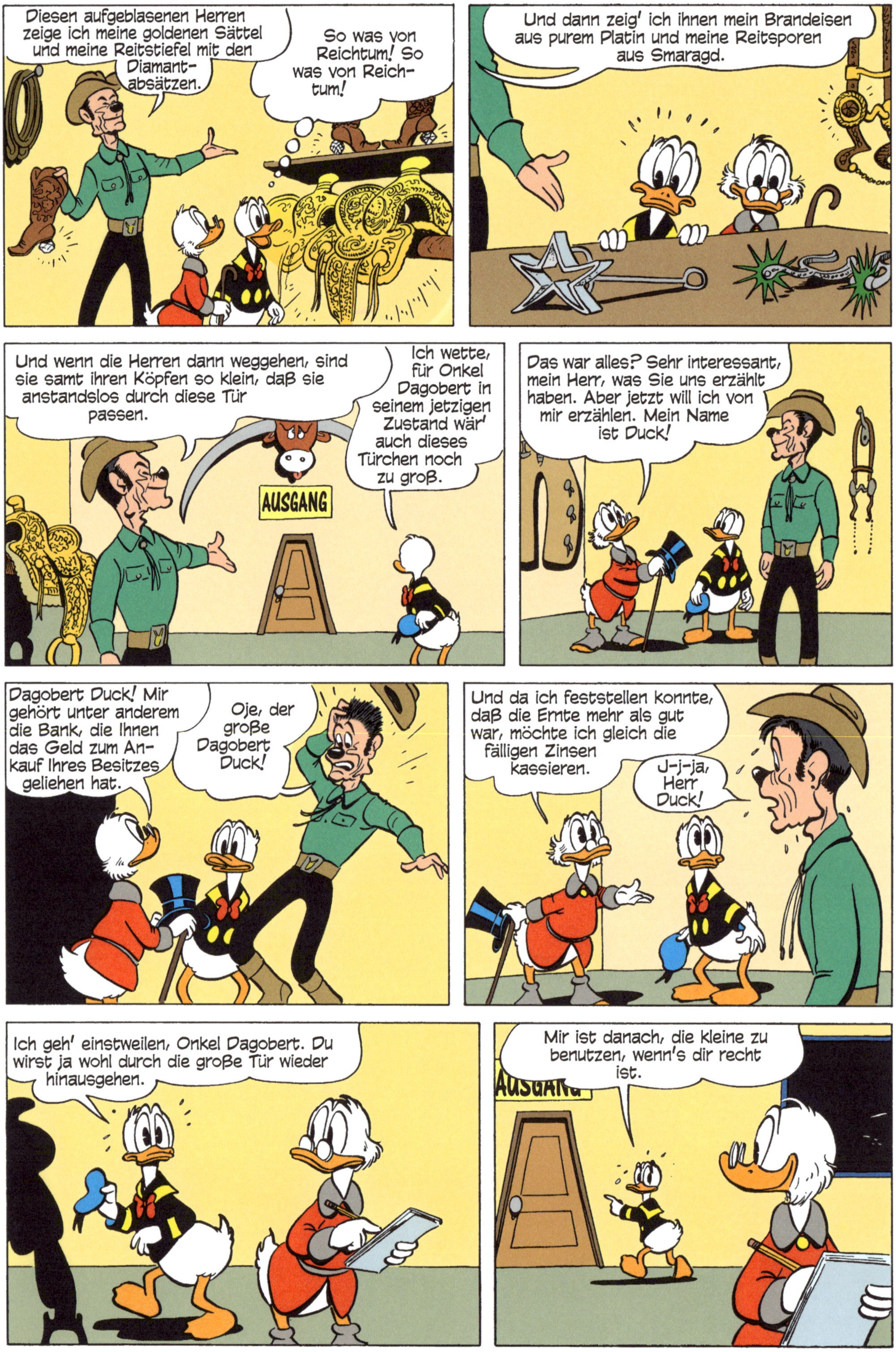
Diesen aufgeblasenen Herren zeige ich meine goldenen Sättel und meine Reitstiefel mit den Diamantabsätzen.
So was von Reichtum! So was von Reichtum!
Und dann zeig' ich ihnen mein Brandeisen aus purem Platin und meine Reitsporen aus Smaragd.
Und wenn die Herren dann weggehen, sind sie samt ihren Köpfen so klein, daß sie anstandslos durch diese Tür passen.
Ich wette, für Onkel Dagobert in seinem jetzigen Zustand wär' auch dieses Türchen noch zu groß.
AUSGANG
Das war alles? Sehr interessant, mein Herr, was Sie uns erzählt haben. Aber jetzt will ich von mir erzählen. Mein Name ist Duck!
Dagobert Duck! Mir gehört unter anderem die Bank, die Ihnen das Geld zum Ankauf Ihres Besitzes geliehen hat.
Oje, der große Dagobert Duck!
Und da ich feststellen konnte, daß die Ernte mehr als gut war, möchte ich gleich die fälligen Zinsen kassieren.
J-j-ja, Herr Duck!
Ich geh' einstweilen, Onkel Dagobert. Du wirst ja wohl durch die große Tür wieder hinausgehen.
Mir ist danach, die kleine zu benutzen, wenn's dir recht ist.

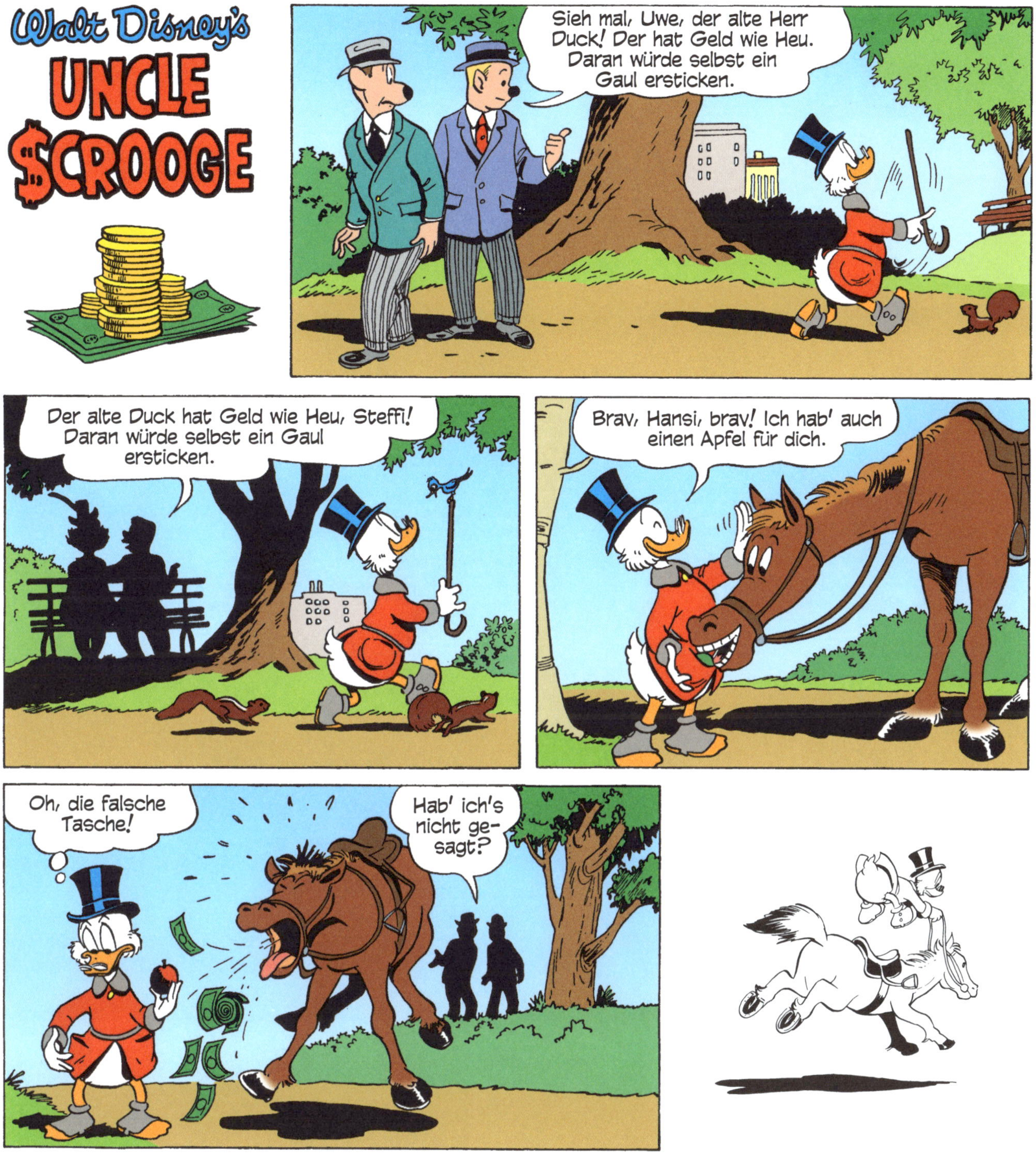
Walt Disney's
UNCLE $CROOGE
Sieh mal, Uwe, der alte Herr Duck! Der hat Geld wie Heu. Daran würde selbst ein Gaul ersticken.
Der alte Duck hat Geld wie Heu, Steffi! Daran würde selbst ein Gaul ersticken.
Brav, Hansi, brav! Ich hab' auch einen Apfel für dich.
Oh, die falsche Tasche!
Hab' ich's nicht gesagt?

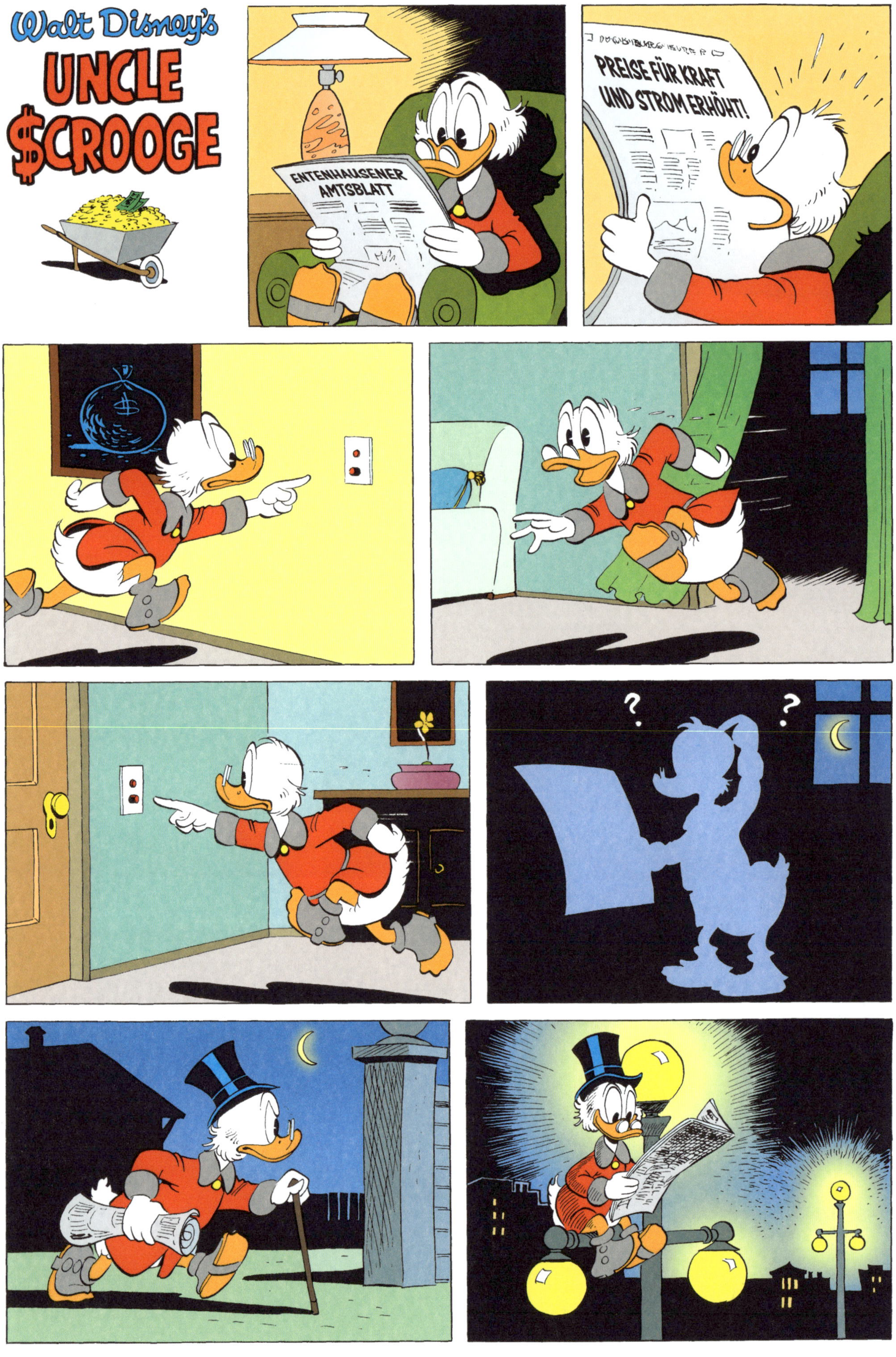
Walt Disney's
UNCLE $CROOGE
ENTENHAUSENER AMTSBLATT
PREISE FÜR KRAFT UND STROM ERHÖHT!
?
?

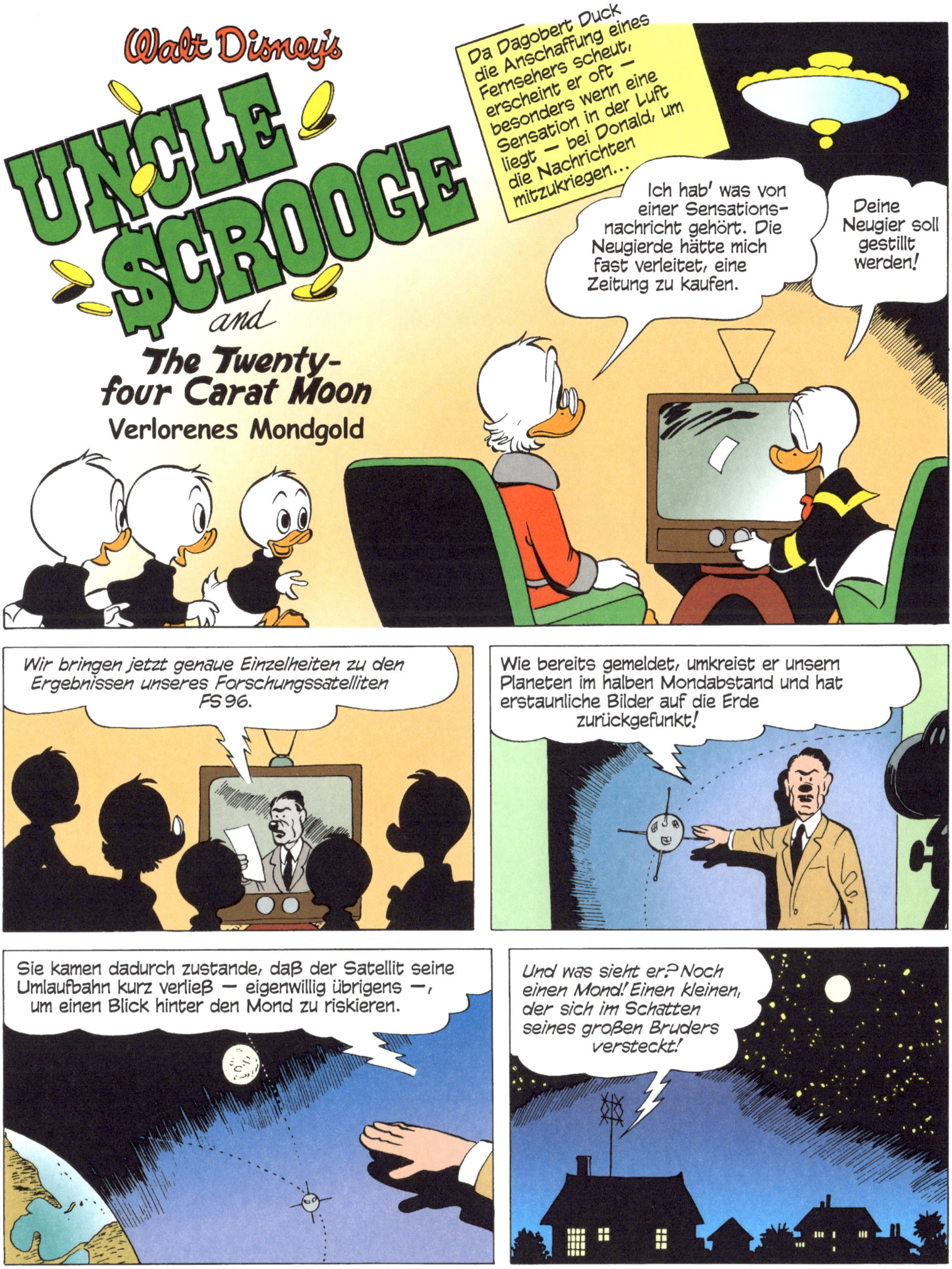

Walt Disney's
UNCLE $CROOGE
and
The Twenty-four Carat Moon
Verlorenes Mondgold
Da Dagobert Duck die Anschaffung eines Fernsehers scheut, erscheint er oft – besonders wenn eine Sensation in der Luft liegt – bei Donald, um die Nachrichten mitzukriegen...
Ich hab' was von einer Sensationsnachricht gehört. Die Neugierde hätte mich fast verleitet, eine Zeitung zu kaufen.
Deine Neugier soll gestillt werden!
Wir bringen jetzt genaue Einzelheiten zu den Ergebnissen unseres Forschungssatelliten FS 96.
Wie bereits gemeldet, umkreist er unsern Planeten im halben Mondabstand und hat erstaunliche Bilder auf die Erde zurückgefunkt!
Sie kamen dadurch zustande, daß der Satellit seine Umlaufbahn kurz verließ – eigenwillig übrigens –, um einen Blick hinter den Mond zu riskieren.
Und was sieht er? Noch einen Mond! Einen kleinen, der sich im Schatten seines großen Bruders versteckt!

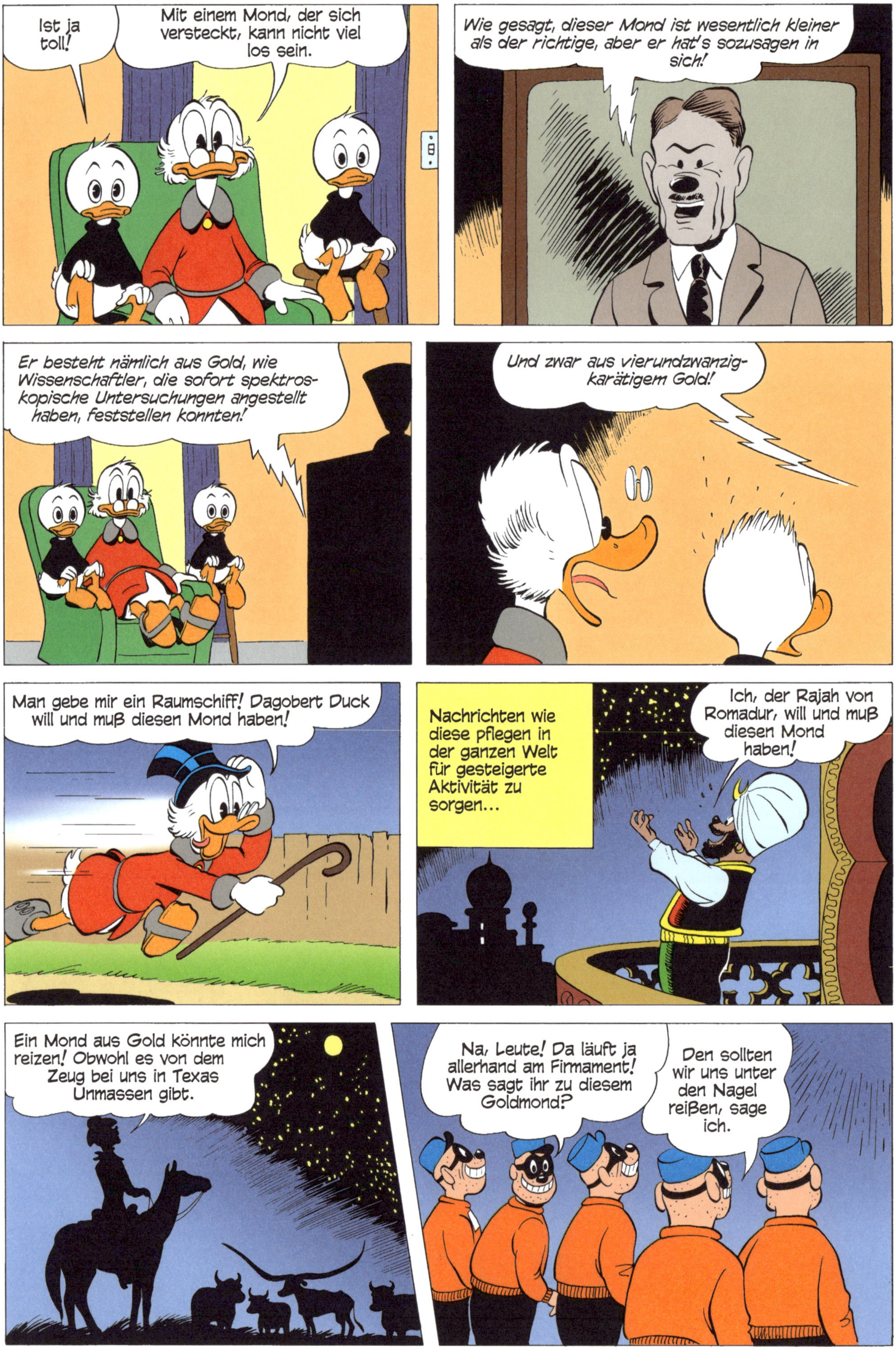
Ist ja toll!
Mit einem Mond, der sich versteckt, kann nicht viel los sein.
Wie gesagt, dieser Mond ist wesentlich kleiner als der richtige, aber er hat's sozusagen in sich!
Er besteht nämlich aus Gold, wie Wissenschaftler, die sofort spektroskopische Untersuchungen angestellt haben, feststellen konnten!
Und zwar aus vierundzwanzigkarätigem Gold!
Man gebe mir ein Raumschiff! Dagobert Duck will und muß diesen Mond haben!
Nachrichten wie diese pflegen in der ganzen Welt für gesteigerte Aktivität zu sorgen...
Ich, der Rajah von Romadur, will und muß diesen Mond haben!
Ein Mond aus Gold könnte mich reizen! Obwohl es von dem Zeug bei uns in Texas Unmassen gibt.
Na, Leute! Da läuft ja allerhand am Firmament! Was sagt ihr zu diesem Goldmond?
Den sollten wir uns unter den Nagel reißen, sage ich.

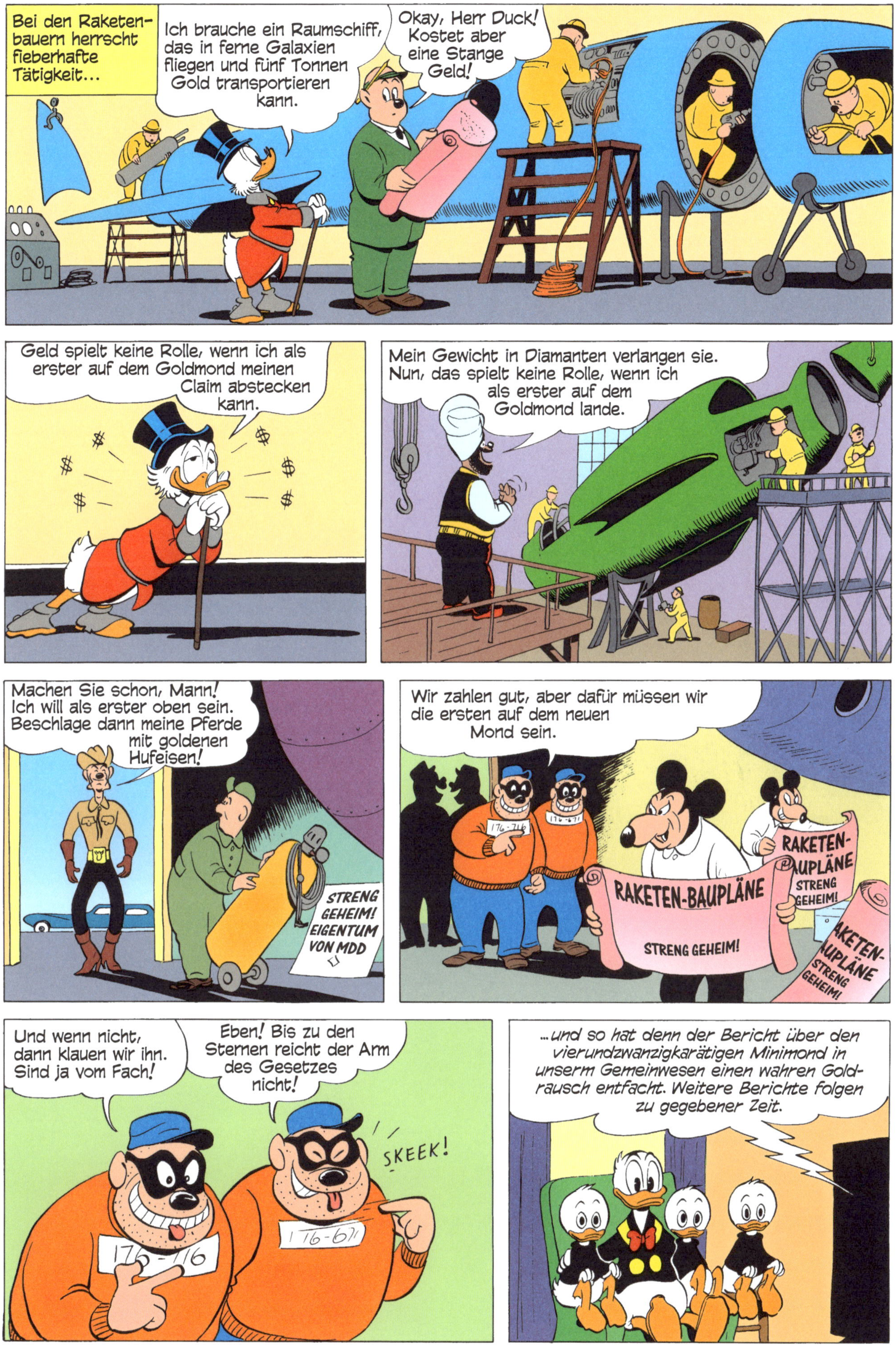

Bei den Raketenbauern herrscht fieberhafte Tätigkeit…
Ich brauche ein Raumschiff, das in ferne Galaxien fliegen und fünf Tonnen Gold transportieren kann.
Okay, Herr Duck! Kostet aber eine Stange Geld!
Geld spielt keine Rolle, wenn ich als erster auf dem Goldmond meinen Claim abstecken kann.
Mein Gewicht in Diamanten verlangen sie. Nun, das spielt keine Rolle, wenn ich als erster auf dem Goldmond lande.
Machen Sie schon, Mann! Ich will als erster oben sein. Beschlage dann meine Pferde mit goldenen Hufeisen!
STRENG GEHEIM! EIGENTUM VON MDD
Wir zahlen gut, aber dafür müssen wir die ersten auf dem neuen Mond sein.
176-716
176-671
RAKETEN-BAUPLÄNE STRENG GEHEIM!
RAKETEN-BAUPLÄNE STRENG GEHEIM!
RAKETEN-BAUPLÄNE STRENG GEHEIM!
Und wenn nicht, dann klauen wir ihn. Sind ja vom Fach!
Eben! Bis zu den Sternen reicht der Arm des Gesetzes nicht!
SKEEK!
176-716
176-671
…und so hat denn der Bericht über den vierundzwanzigkarätigen Minimond in unserm Gemeinwesen einen wahren Goldrausch entfacht. Weitere Berichte folgen zu gegebener Zeit.

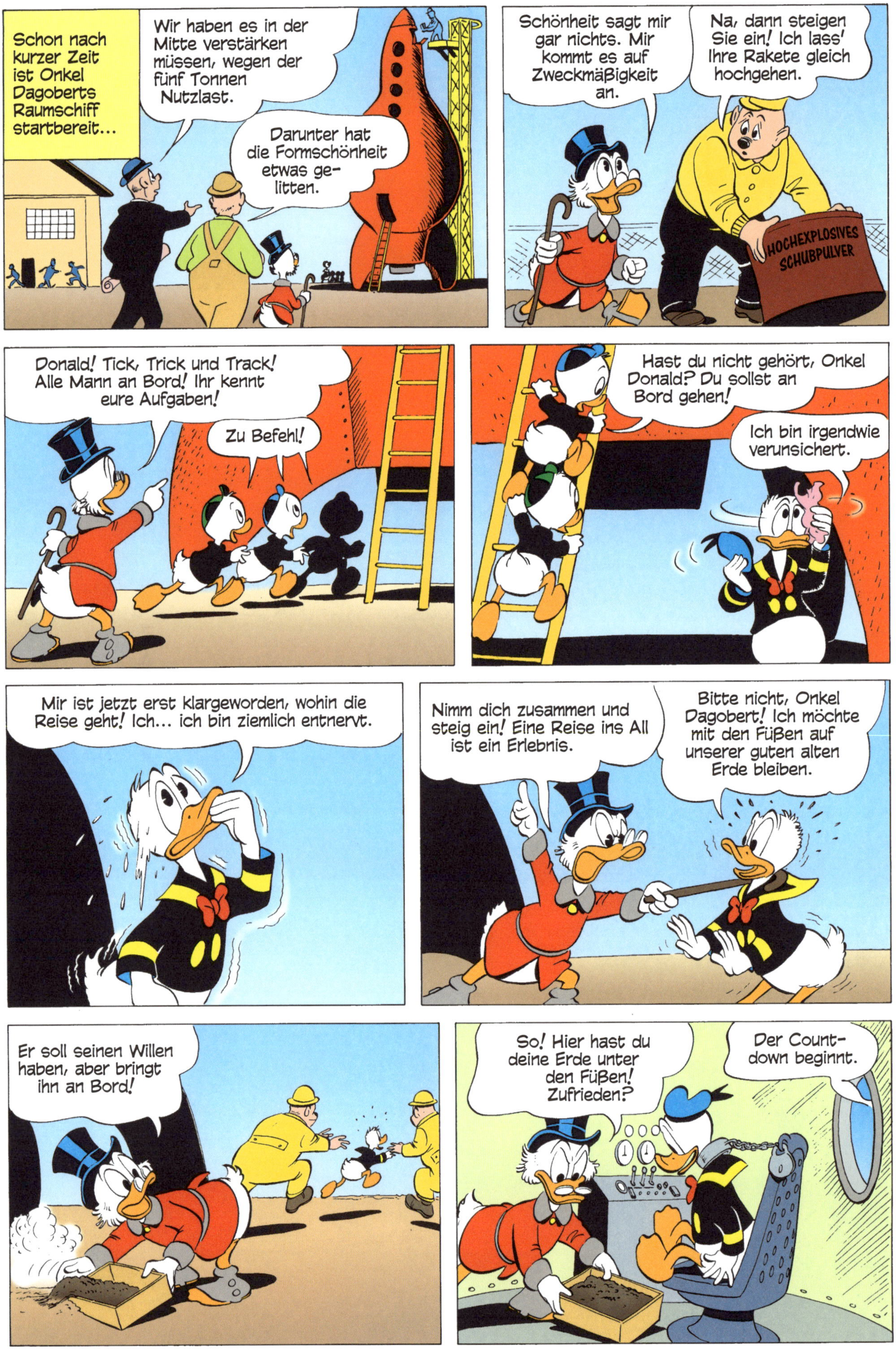
Schon nach kurzer Zeit ist Onkel Dagoberts Raumschiff startbereit...
Wir haben es in der Mitte verstärken müssen, wegen der fünf Tonnen Nutzlast.
Darunter hat die Formschönheit etwas gelitten.
Schönheit sagt mir gar nichts. Mir kommt es auf Zweckmäßigkeit an.
Na, dann steigen Sie ein! Ich lass' Ihre Rakete gleich hochgehen.
HOCHEXPLOSIVES SCHUBPULVER
Donald! Tick, Trick und Track! Alle Mann an Bord! Ihr kennt eure Aufgaben!
Zu Befehl!
Hast du nicht gehört, Onkel Donald? Du sollst an Bord gehen!
Ich bin irgendwie verunsichert.
Mir ist jetzt erst klargeworden, wohin die Reise geht! Ich... ich bin ziemlich entnervt.
Nimm dich zusammen und steig ein! Eine Reise ins All ist ein Erlebnis.
Bitte nicht, Onkel Dagobert! Ich möchte mit den Füßen auf unserer guten alten Erde bleiben.
Er soll seinen Willen haben, aber bringt ihn an Bord!
So! Hier hast du deine Erde unter den Füßen! Zufrieden?
Der Countdown beginnt.

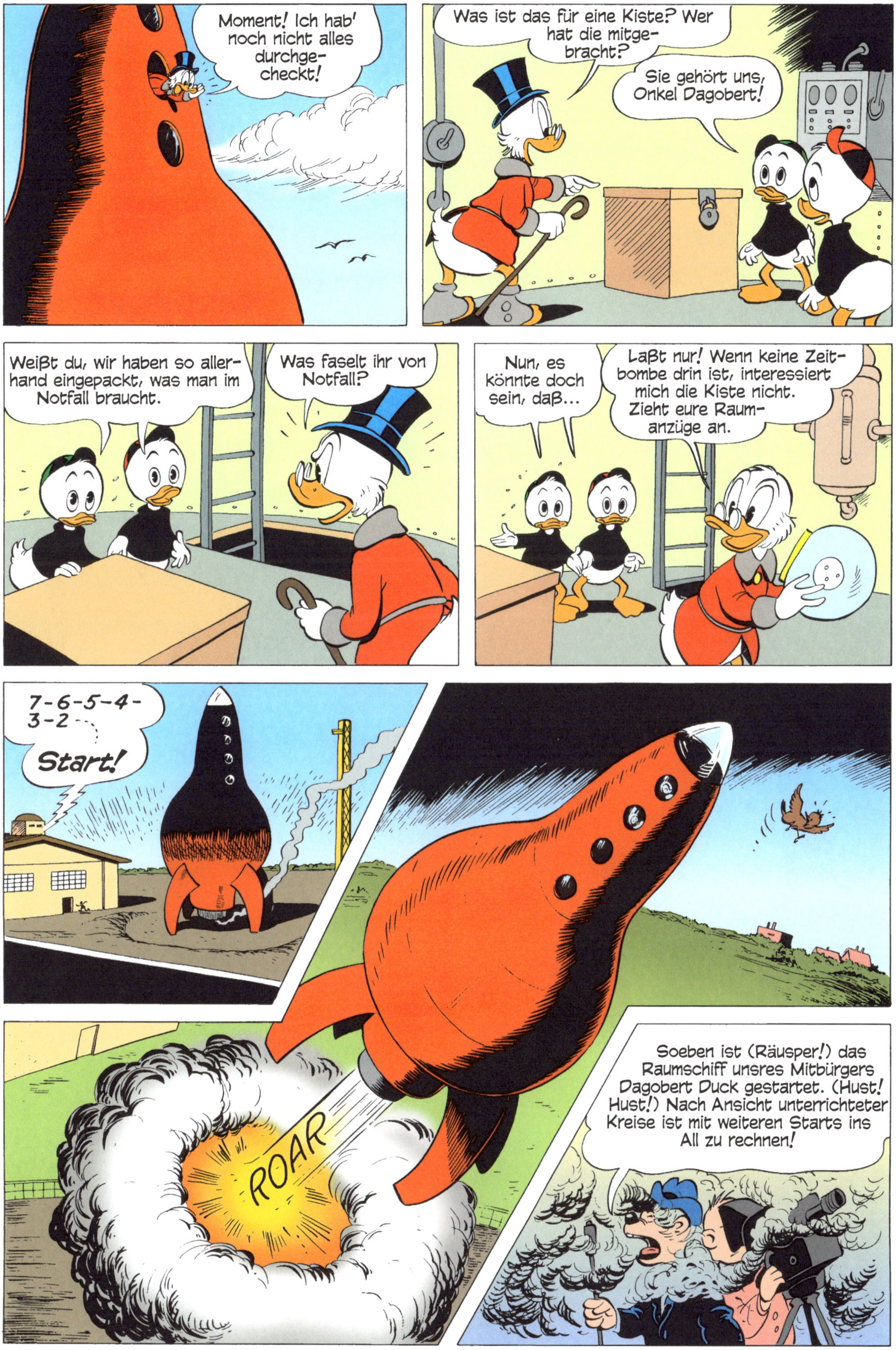

Moment! Ich hab' noch nicht alles durchgecheckt!
Was ist das für eine Kiste? Wer hat die mitgebracht?
Sie gehört uns, Onkel Dagobert!
Weißt du, wir haben so allerhand eingepackt, was man im Notfall braucht.
Was faselt ihr von Notfall?
Nun, es könnte doch sein, daß...
Laßt nur! Wenn keine Zeitbombe drin ist, interessiert mich die Kiste nicht. Zieht eure Raumanzüge an.
7-6-5-4-3-2
Start!
ROAR
Soeben ist (Räusper!) das Raumschiff unsres Mitbürgers Dagobert Duck gestartet. (Hust! Hust!) Nach Ansicht unterrichteter Kreise ist mit weiteren Starts ins All zu rechnen!

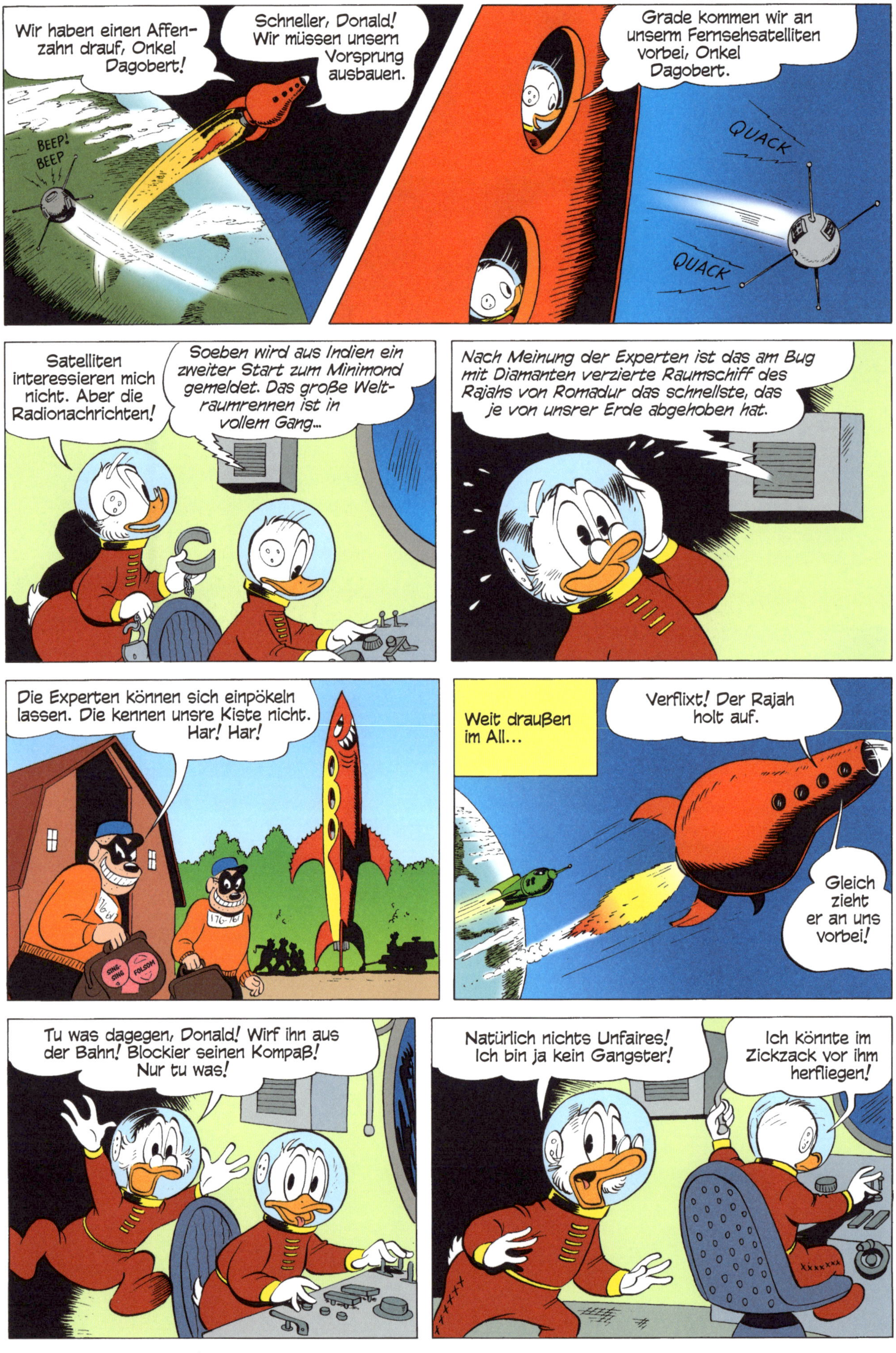
Wir haben einen Affenzahn drauf, Onkel Dagobert!
Schneller, Donald! Wir müssen unsern Vorsprung ausbauen.
BEEP! BEEP
Grade kommen wir an unserm Fernsehsatelliten vorbei, Onkel Dagobert.
QUACK
QUACK
Satelliten interessieren mich nicht. Aber die Radionachrichten!
Soeben wird aus Indien ein zweiter Start zum Minimond gemeldet. Das große Weltraumrennen ist in vollem Gang...
Nach Meinung der Experten ist das am Bug mit Diamanten verzierte Raumschiff des Rajahs von Romadur das schnellste, das je von unsrer Erde abgehoben hat.
Die Experten können sich einpökeln lassen. Die kennen unsre Kiste nicht. Har! Har!
Weit draußen im All...
Verflixt! Der Rajah holt auf.
Gleich zieht er an uns vorbei!
Tu was dagegen, Donald! Wirf ihn aus der Bahn! Blockier seinen Kompaß! Nur tu was!
Natürlich nichts Unfaires! Ich bin ja kein Gangster!
Ich könnte im Zickzack vor ihm herfliegen!

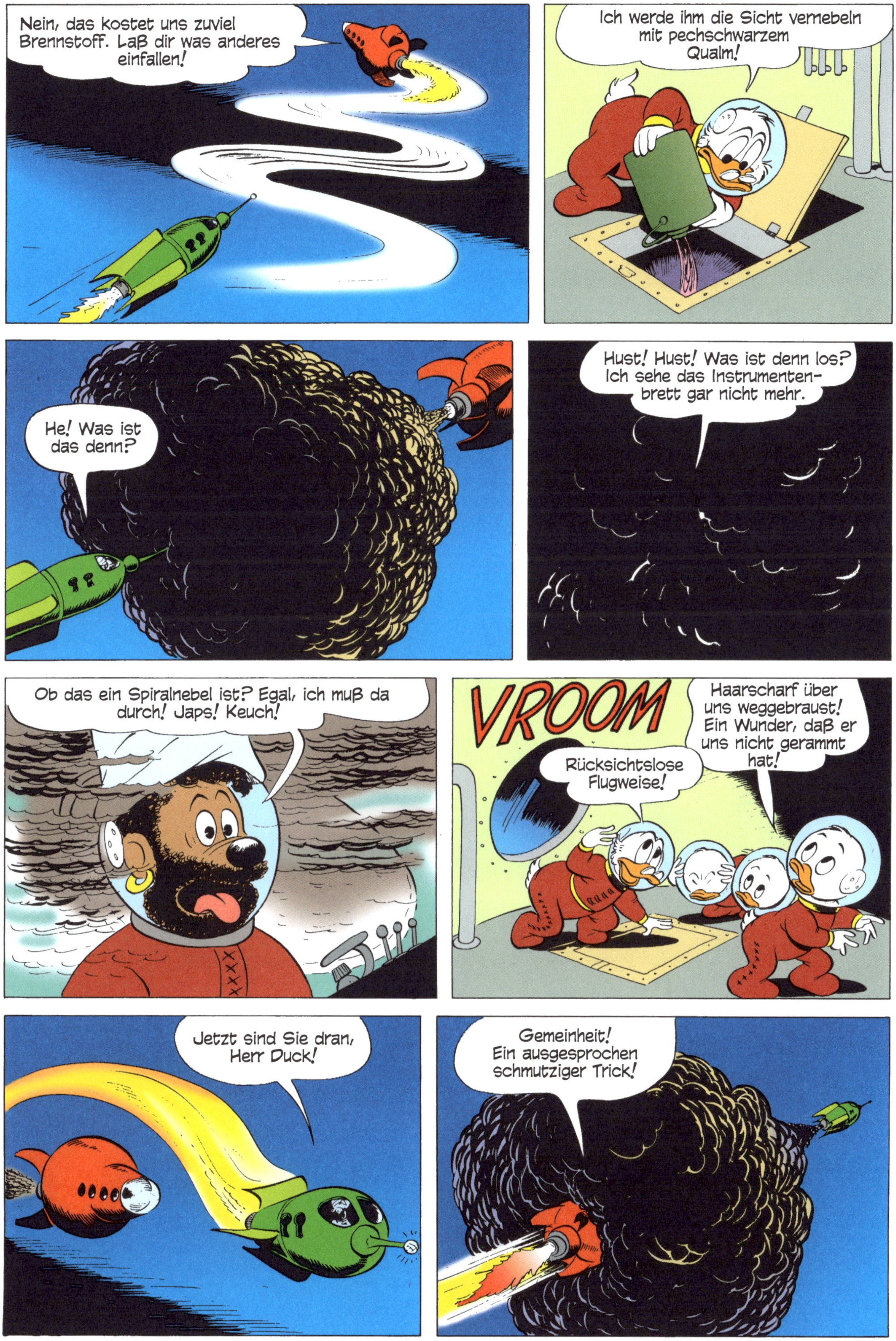
Nein, das kostet uns zuviel Brennstoff. Laß dir was anderes einfallen!
Ich werde ihm die Sicht vernebeln mit pechschwarzem Qualm!
He! Was ist das denn?
Hust! Hust! Was ist denn los? Ich sehe das Instrumentenbrett gar nicht mehr.
Ob das ein Spiralnebel ist? Egal, ich muß da durch! Japs! Keuch!
VROOM
Haarscharf über uns weggebraust! Ein Wunder, daß er uns nicht gerammt hat!
Rücksichtslose Flugweise!
Jetzt sind Sie dran, Herr Duck!
Gemeinheit! Ein ausgesprochen schmutziger Trick!

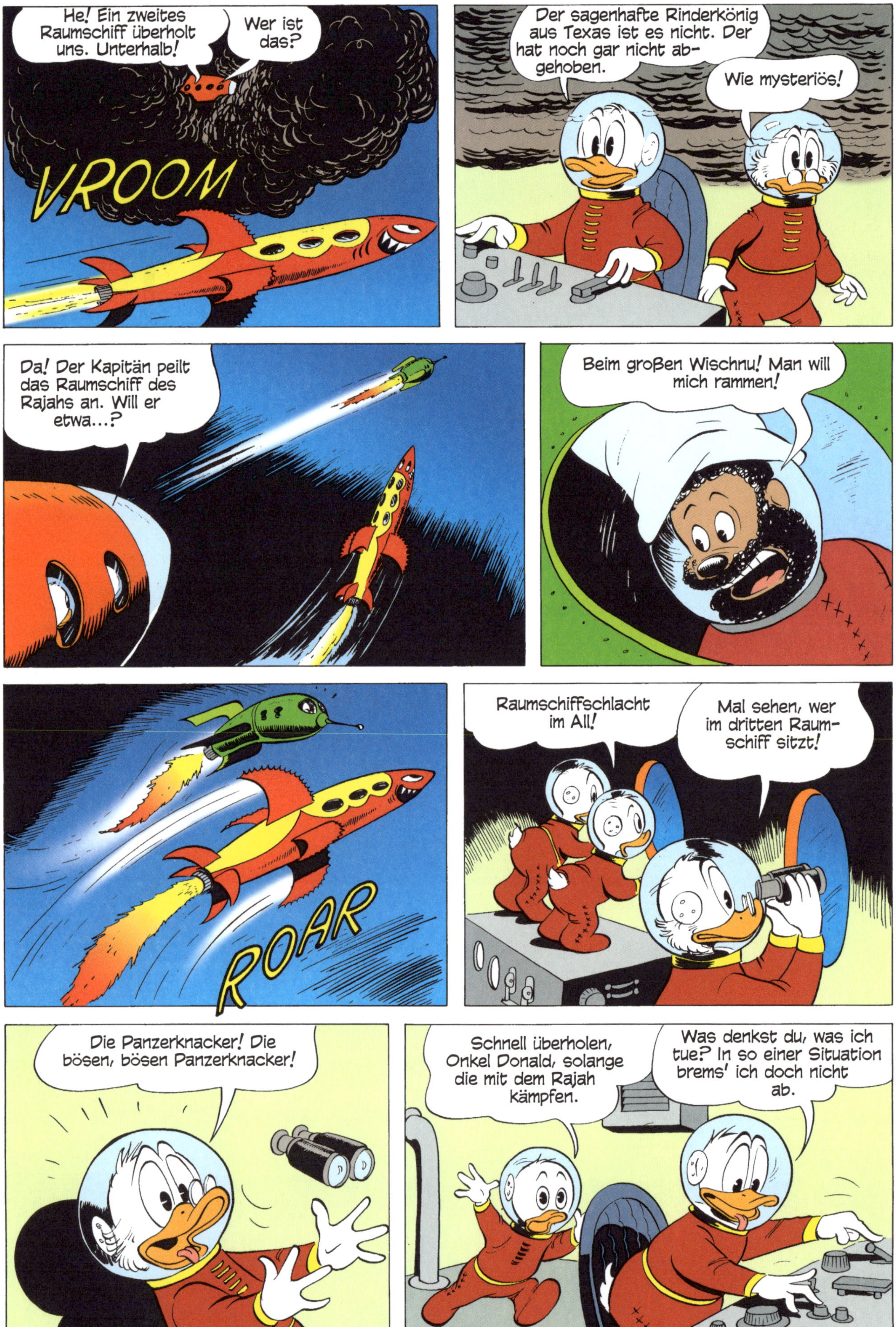
He! Ein zweites Raumschiff überholt uns. Unterhalb!
Wer ist das?
VROOM
Der sagenhafte Rinderkönig aus Texas ist es nicht. Der hat noch gar nicht abgehoben.
Wie mysteriös!
Da! Der Kapitän peilt das Raumschiff des Rajahs an. Will er etwa...?
Beim großen Wischnu! Man will mich rammen!
ROAR
Raumschiffschlacht im All!
Mal sehen, wer im dritten Raumschiff sitzt!
Die Panzerknacker! Die bösen, bösen Panzerknacker!
Schnell überholen, Onkel Donald, solange die mit dem Rajah kämpfen.
Was denkst du, was ich tue? In so einer Situation brems' ich doch nicht ab.

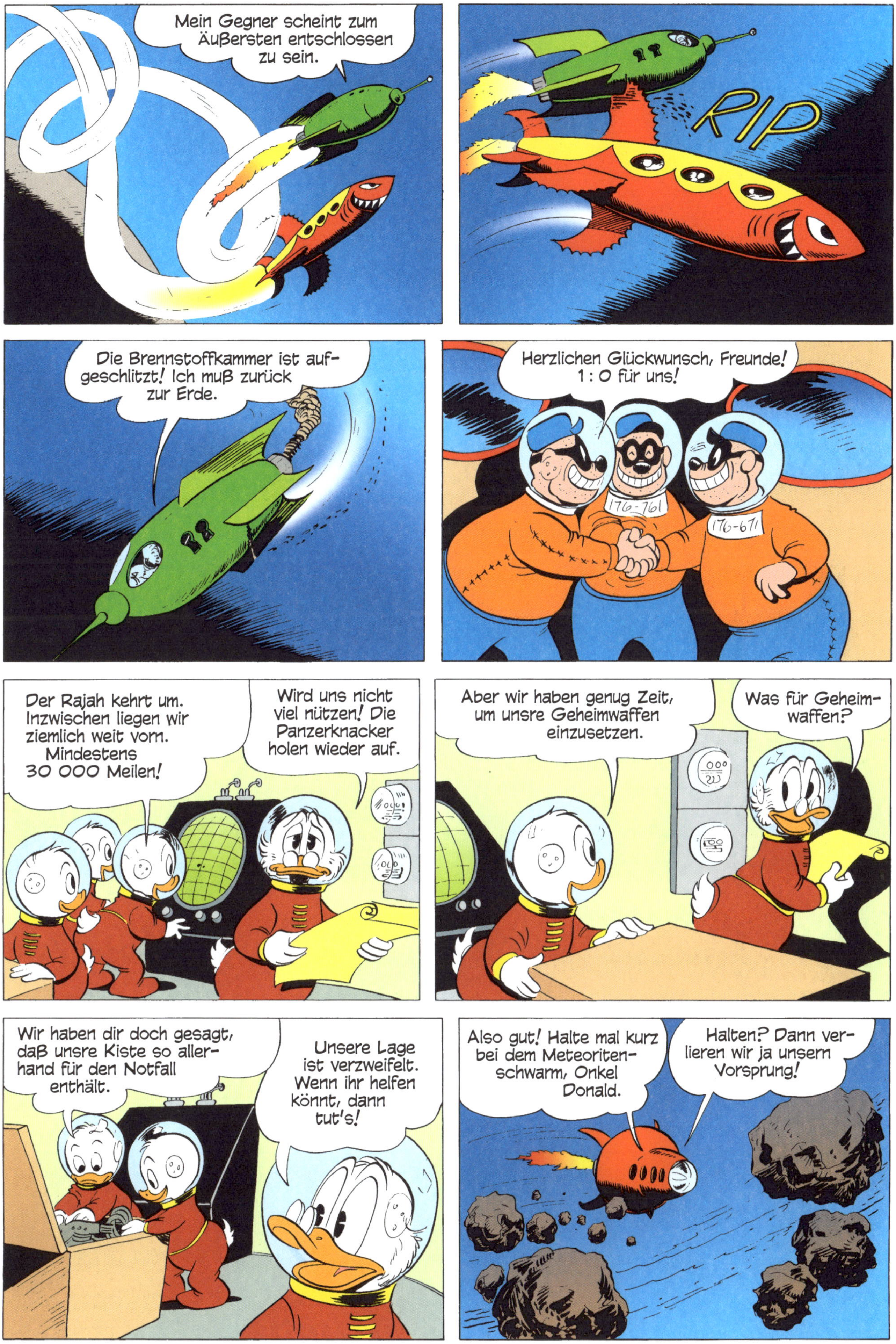
Mein Gegner scheint zum Äußersten entschlossen zu sein.
RIP
Die Brennstoffkammer ist aufgeschlitzt! Ich muß zurück zur Erde.
Herzlichen Glückwunsch, Freunde! 1 : 0 für uns!
176-761
176-671
Der Rajah kehrt um. Inzwischen liegen wir ziemlich weit vorn. Mindestens 30 000 Meilen!
Wird uns nicht viel nützen! Die Panzerknacker holen wieder auf.
Aber wir haben genug Zeit, um unsre Geheimwaffen einzusetzen.
Was für Geheimwaffen?
Wir haben dir doch gesagt, daß unsre Kiste so allerhand für den Notfall enthält.
Unsere Lage ist verzweifelt. Wenn ihr helfen könnt, dann tut's!
Also gut! Halte mal kurz bei dem Meteoritenschwarm, Onkel Donald.
Halten? Dann verlieren wir ja unsern Vorsprung!

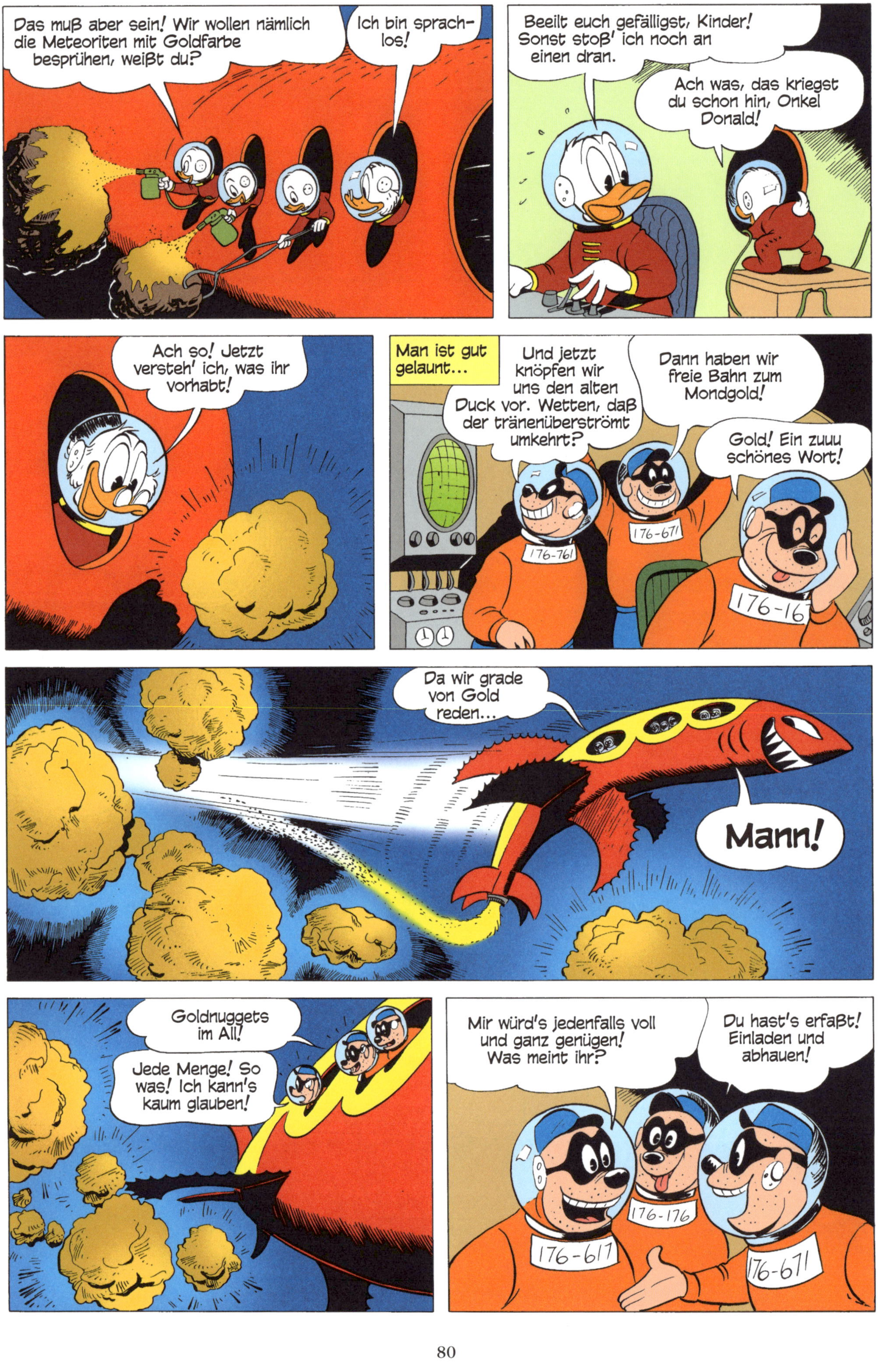
Das muß aber sein! Wir wollen nämlich die Meteoriten mit Goldfarbe besprühen, weißt du?
Ich bin sprachlos!
Beeilt euch gefälligst, Kinder! Sonst stoß' ich noch an einen dran.
Ach was, das kriegst du schon hin, Onkel Donald!
Ach so! Jetzt versteh' ich, was ihr vorhabt!
Man ist gut gelaunt…
Und jetzt knöpfen wir uns den alten Duck vor. Wetten, daß der tränenüberströmt umkehrt?
Dann haben wir freie Bahn zum Mondgold!
Gold! Ein zuuu schönes Wort!
176-761
176-671
176-16
Da wir grade von Gold reden…
Mann!
Goldnuggets im All!
Jede Menge! So was! Ich kann's kaum glauben!
Mir würd's jedenfalls voll und ganz genügen! Was meint ihr?
Du hast's erfaßt! Einladen und abhauen!
176-617
176-176
176-671

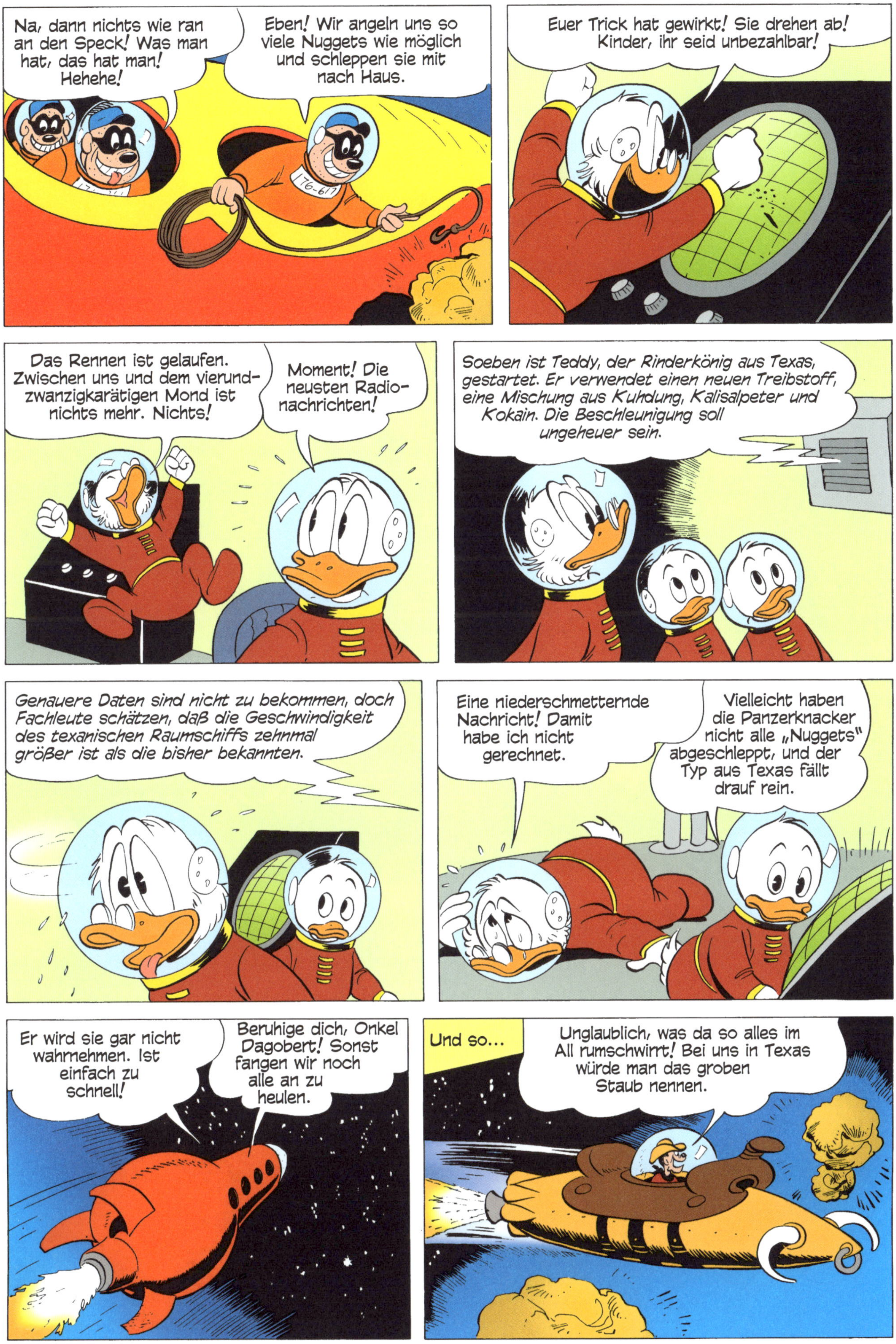
Na, dann nichts wie ran an den Speck! Was man hat, das hat man! Hehehe!
Eben! Wir angeln uns so viele Nuggets wie möglich und schleppen sie mit nach Haus.
176-617
Euer Trick hat gewirkt! Sie drehen ab! Kinder, ihr seid unbezahlbar!
Das Rennen ist gelaufen. Zwischen uns und dem vierundzwanzigkarätigen Mond ist nichts mehr. Nichts!
Moment! Die neusten Radionachrichten!
Soeben ist Teddy, der Rinderkönig aus Texas, gestartet. Er verwendet einen neuen Treibstoff, eine Mischung aus Kuhdung, Kalisalpeter und Kokain. Die Beschleunigung soll ungeheuer sein.
Genauere Daten sind nicht zu bekommen, doch Fachleute schätzen, daß die Geschwindigkeit des texanischen Raumschiffs zehnmal größer ist als die bisher bekannten.
Eine niederschmetternde Nachricht! Damit habe ich nicht gerechnet.
Vielleicht haben die Panzerknacker nicht alle „Nuggets" abgeschleppt, und der Typ aus Texas fällt drauf rein.
Er wird sie gar nicht wahrnehmen. Ist einfach zu schnell!
Beruhige dich, Onkel Dagobert! Sonst fangen wir noch alle an zu heulen.
Und so...
Unglaublich, was da so alles im All rumschwirrt! Bei uns in Texas würde man das groben Staub nennen.

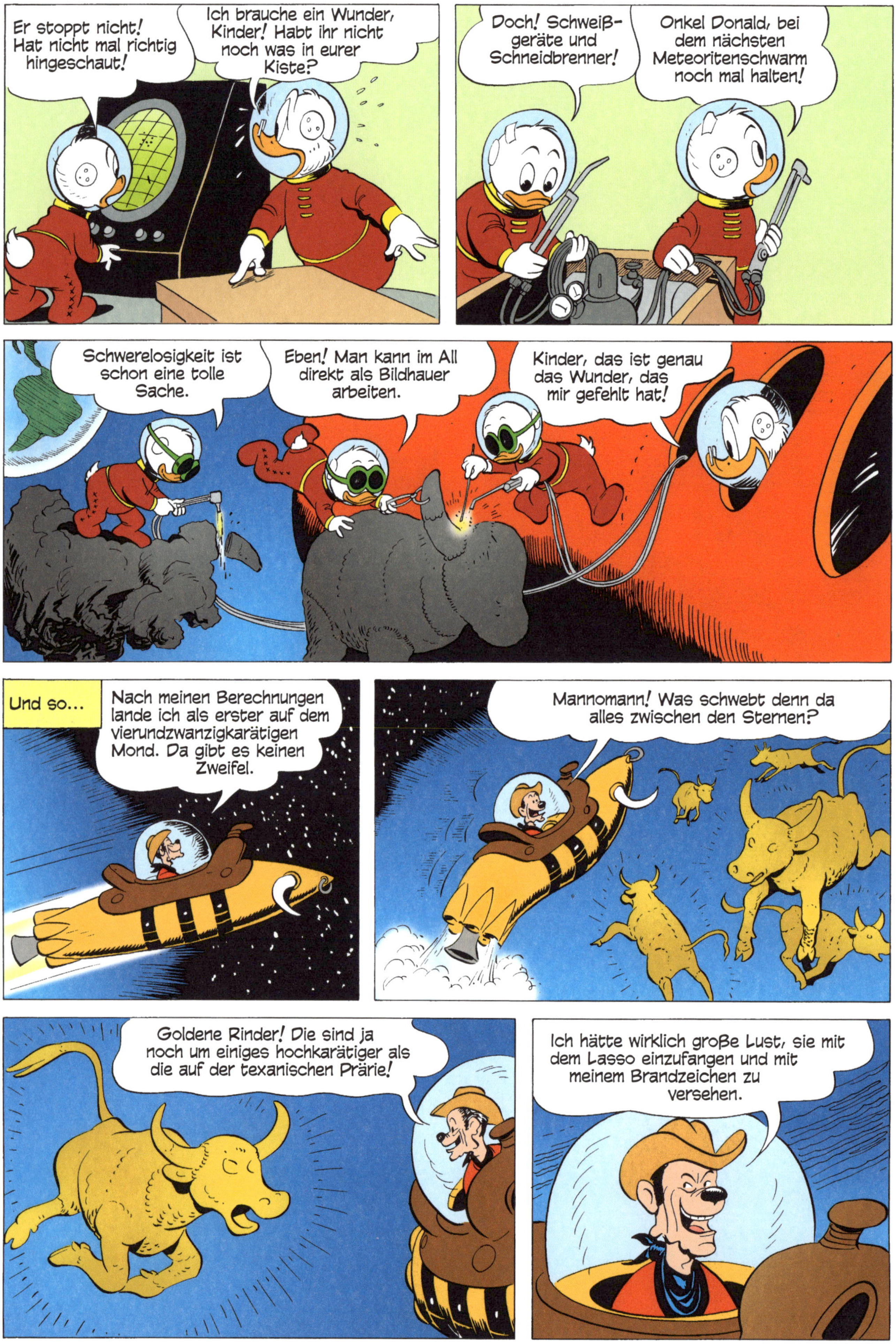

Er stoppt nicht! Hat nicht mal richtig hingeschaut!
Ich brauche ein Wunder, Kinder! Habt ihr nicht noch was in eurer Kiste?
Doch! Schweiß-geräte und Schneidbrenner!
Onkel Donald, bei dem nächsten Meteoritenschwarm noch mal halten!
Schwerelosigkeit ist schon eine tolle Sache.
Eben! Man kann im All direkt als Bildhauer arbeiten.
Kinder, das ist genau das Wunder, das mir gefehlt hat!
Und so...
Nach meinen Berechnungen lande ich als erster auf dem vierundzwanzigkarätigen Mond. Da gibt es keinen Zweifel.
Mannomann! Was schwebt denn da alles zwischen den Sternen?
Goldene Rinder! Die sind ja noch um einiges hochkarätiger als die auf der texanischen Prärie!
Ich hätte wirklich große Lust, sie mit dem Lasso einzufangen und mit meinem Brandzeichen zu versehen.

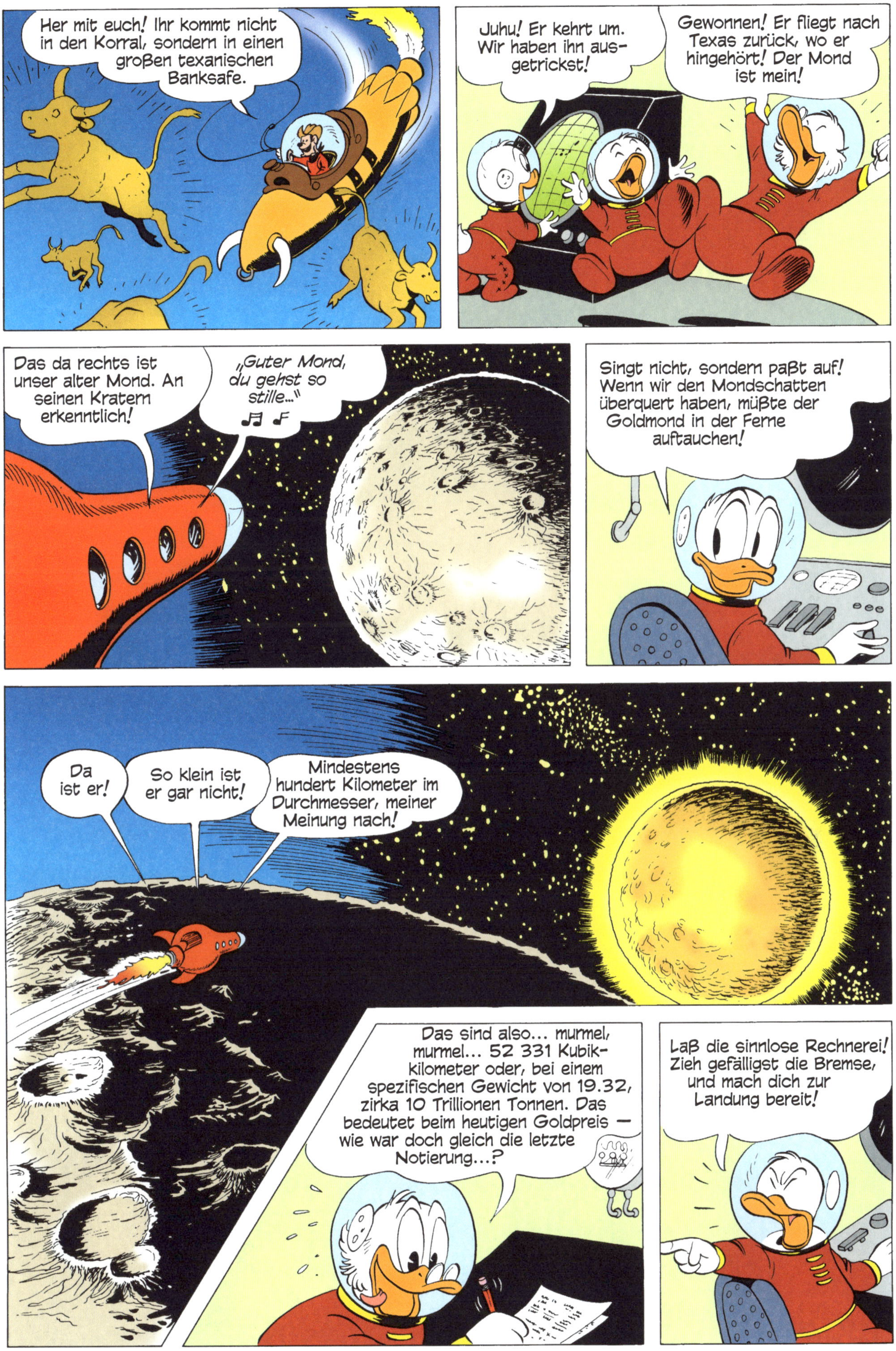
Her mit euch! Ihr kommt nicht in den Korral, sondern in einen großen texanischen Banksafe.
Juhu! Er kehrt um. Wir haben ihn ausgetrickst!
Gewonnen! Er fliegt nach Texas zurück, wo er hingehört! Der Mond ist mein!
Das da rechts ist unser alter Mond. An seinen Kratern erkenntlich!
„Guter Mond, du gehst so stille..."
Singt nicht, sondern paßt auf! Wenn wir den Mondschatten überquert haben, müßte der Goldmond in der Ferne auftauchen!
Da ist er!
So klein ist er gar nicht!
Mindestens hundert Kilometer im Durchmesser, meiner Meinung nach!
Das sind also... murmel, murmel... 52 331 Kubikkilometer oder, bei einem spezifischen Gewicht von 19.32, zirka 10 Trillionen Tonnen. Das bedeutet beim heutigen Goldpreis — wie war doch gleich die letzte Notierung...?
Laß die sinnlose Rechnerei! Zieh gefälligst die Bremse, und mach dich zur Landung bereit!

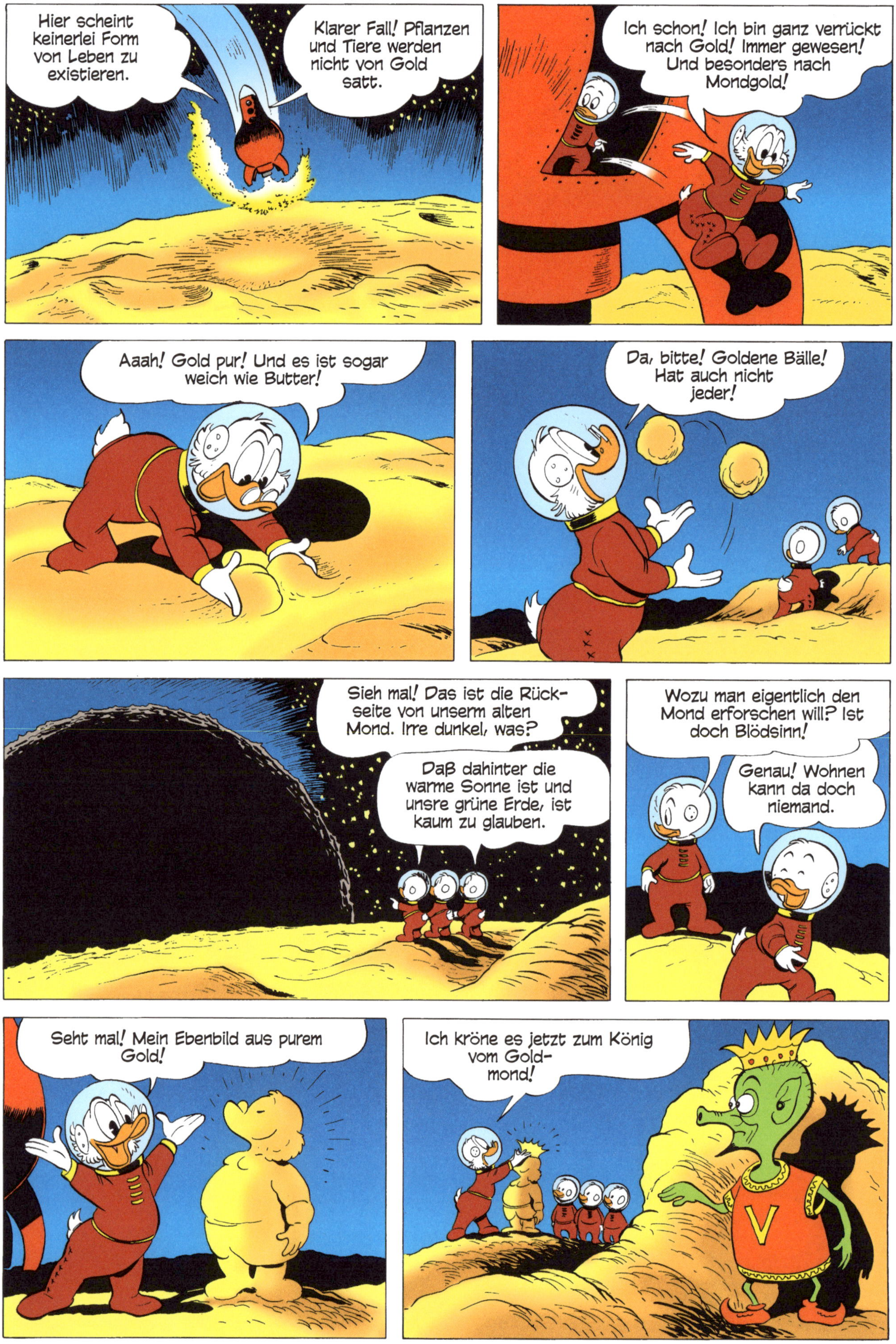
Hier scheint keinerlei Form von Leben zu existieren.
Klarer Fall! Pflanzen und Tiere werden nicht von Gold satt.
Ich schon! Ich bin ganz verrückt nach Gold! Immer gewesen! Und besonders nach Mondgold!
Aaah! Gold pur! Und es ist sogar weich wie Butter!
Da, bitte! Goldene Bälle! Hat auch nicht jeder!
Sieh mal! Das ist die Rückseite von unserm alten Mond. Irre dunkel, was?
Daß dahinter die warme Sonne ist und unsre grüne Erde, ist kaum zu glauben.
Wozu man eigentlich den Mond erforschen will? Ist doch Blödsinn!
Genau! Wohnen kann da doch niemand.
Seht mal! Mein Ebenbild aus purem Gold!
Ich kröne es jetzt zum König vom Goldmond!

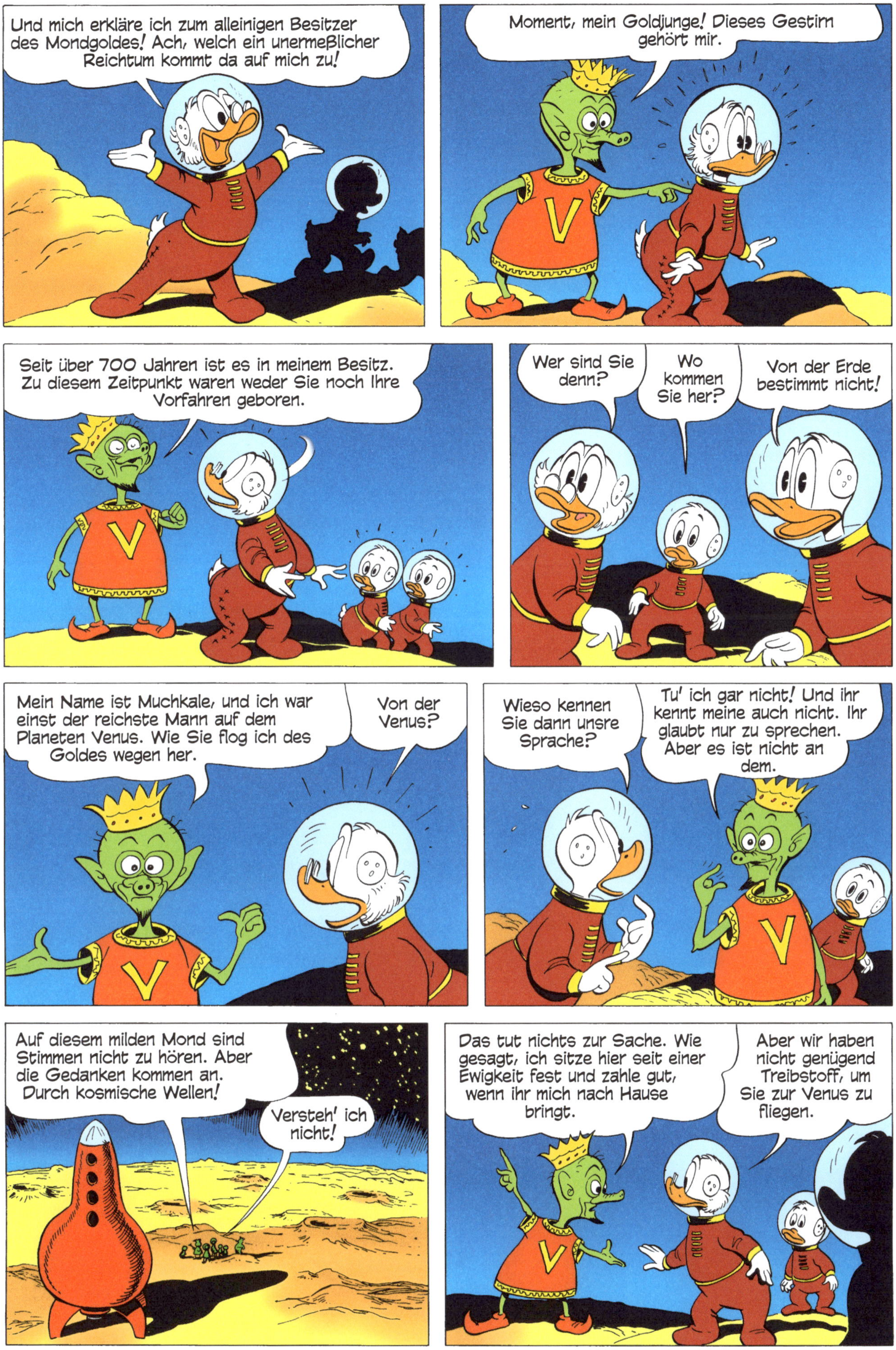
Und mich erkläre ich zum alleinigen Besitzer des Mondgoldes! Ach, welch ein unermeßlicher Reichtum kommt da auf mich zu!
Moment, mein Goldjunge! Dieses Gestirn gehört mir.
Seit über 700 Jahren ist es in meinem Besitz. Zu diesem Zeitpunkt waren weder Sie noch Ihre Vorfahren geboren.
Wer sind Sie denn?
Wo kommen Sie her?
Von der Erde bestimmt nicht!
Mein Name ist Muchkale, und ich war einst der reichste Mann auf dem Planeten Venus. Wie Sie flog ich des Goldes wegen her.
Von der Venus?
Wieso kennen Sie dann unsre Sprache?
Tu' ich gar nicht! Und ihr kennt meine auch nicht. Ihr glaubt nur zu sprechen. Aber es ist nicht an dem.
Auf diesem milden Mond sind Stimmen nicht zu hören. Aber die Gedanken kommen an. Durch kosmische Wellen!
Versteh' ich nicht!
Das tut nichts zur Sache. Wie gesagt, ich sitze hier seit einer Ewigkeit fest und zahle gut, wenn ihr mich nach Hause bringt.
Aber wir haben nicht genügend Treibstoff, um Sie zur Venus zu fliegen.

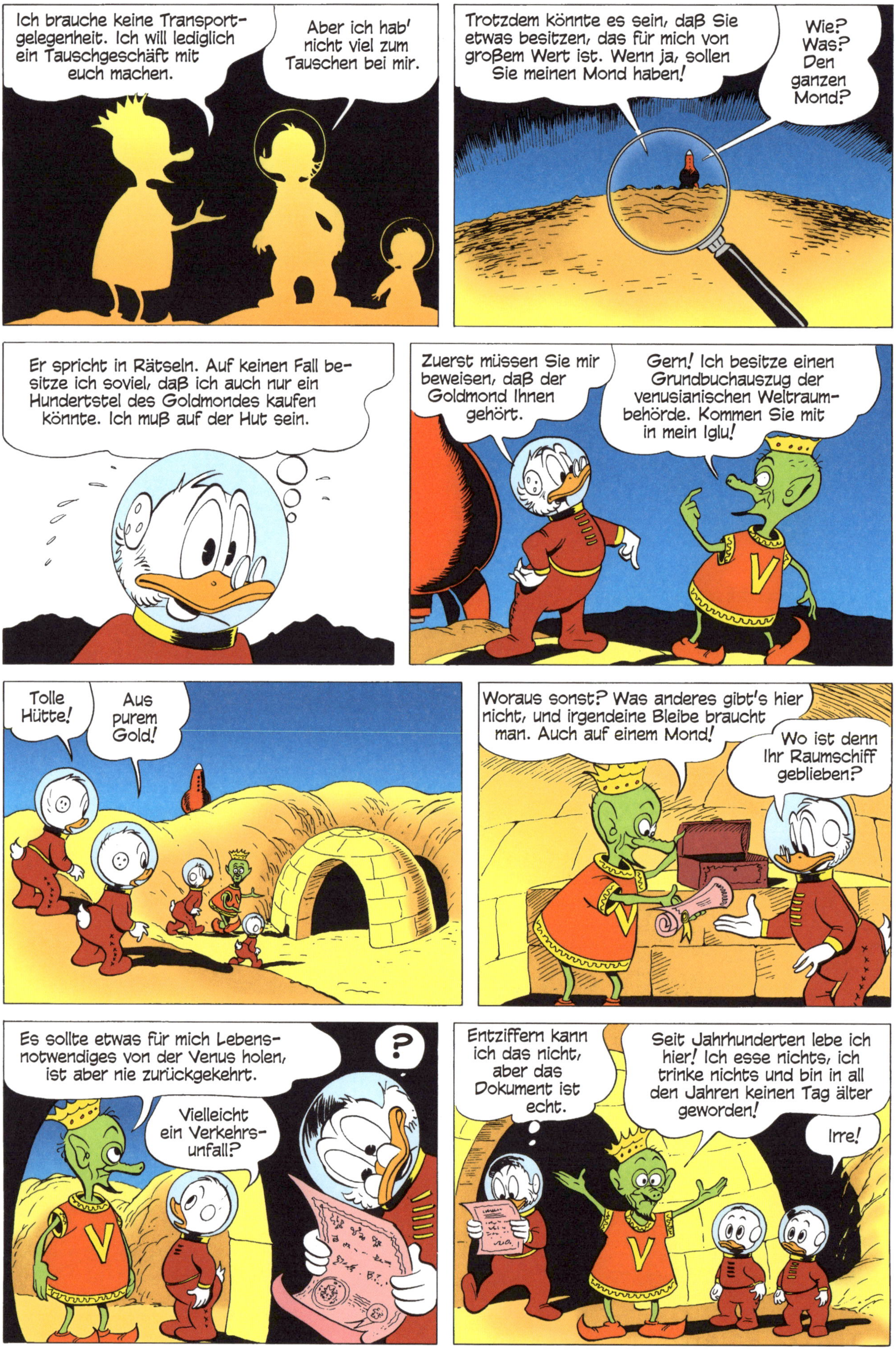
Ich brauche keine Transportgelegenheit. Ich will lediglich ein Tauschgeschäft mit euch machen.
Aber ich hab' nicht viel zum Tauschen bei mir.
Trotzdem könnte es sein, daß Sie etwas besitzen, das für mich von großem Wert ist. Wenn ja, sollen Sie meinen Mond haben!
Wie? Was? Den ganzen Mond?
Er spricht in Rätseln. Auf keinen Fall besitze ich soviel, daß ich auch nur ein Hundertstel des Goldmondes kaufen könnte. Ich muß auf der Hut sein.
Zuerst müssen Sie mir beweisen, daß der Goldmond Ihnen gehört.
Gern! Ich besitze einen Grundbuchauszug der venusianischen Weltraumbehörde. Kommen Sie mit in mein Iglu!
Tolle Hütte!
Aus purem Gold!
Woraus sonst? Was anderes gibt's hier nicht, und irgendeine Bleibe braucht man. Auch auf einem Mond!
Wo ist denn Ihr Raumschiff geblieben?
Es sollte etwas für mich Lebensnotwendiges von der Venus holen, ist aber nie zurückgekehrt.
?
Vielleicht ein Verkehrsunfall?
Entziffern kann ich das nicht, aber das Dokument ist echt.
Seit Jahrhunderten lebe ich hier! Ich esse nichts, ich trinke nichts und bin in all den Jahren keinen Tag älter geworden!
Irre!

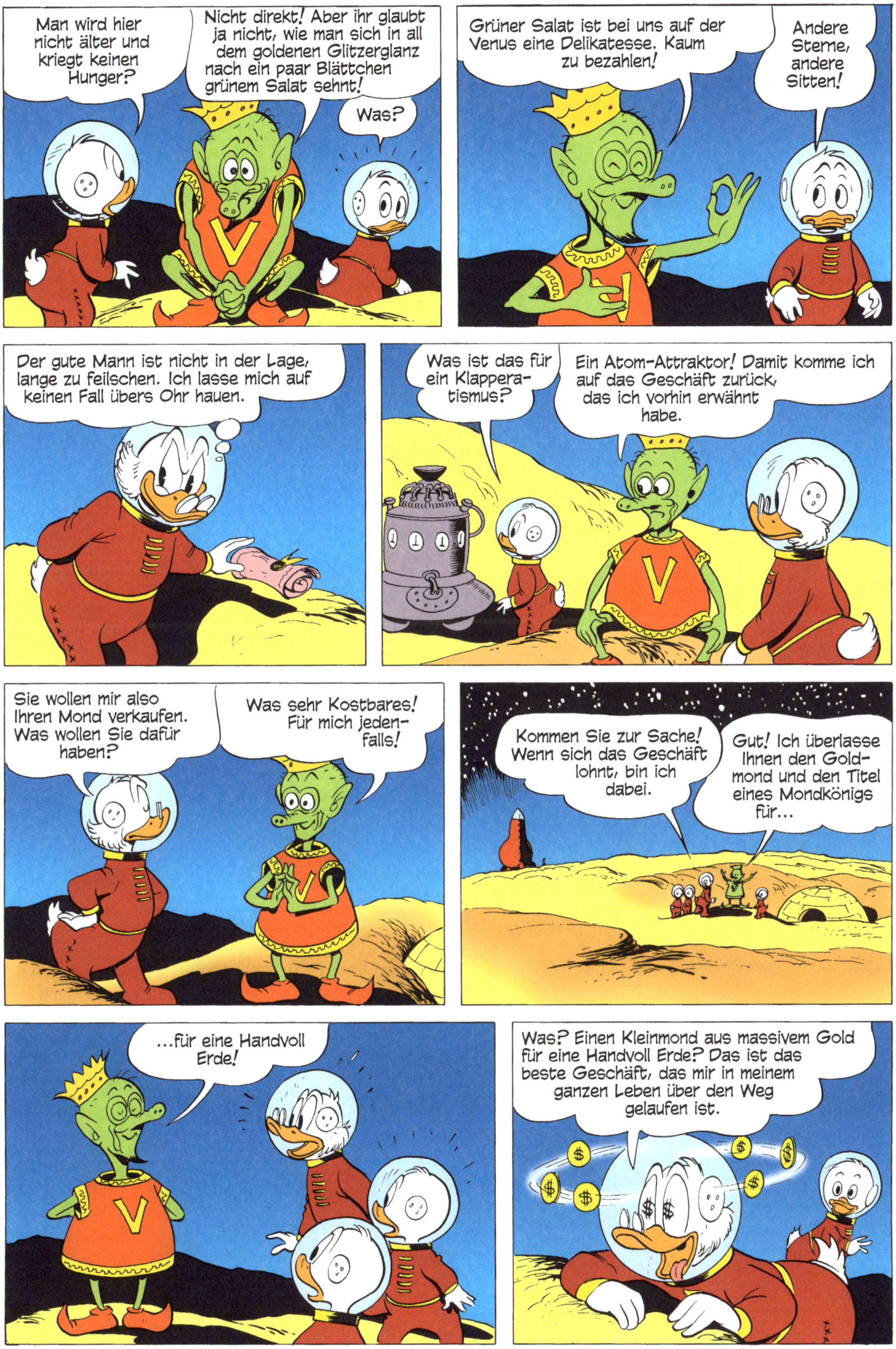
Man wird hier nicht älter und kriegt keinen Hunger?
Nicht direkt! Aber ihr glaubt ja nicht, wie man sich in all dem goldenen Glitzerglanz nach ein paar Blättchen grünem Salat sehnt!
Was?
Grüner Salat ist bei uns auf der Venus eine Delikatesse. Kaum zu bezahlen!
Andere Sterne, andere Sitten!
Der gute Mann ist nicht in der Lage, lange zu feilschen. Ich lasse mich auf keinen Fall übers Ohr hauen.
Was ist das für ein Klapperatismus?
Ein Atom-Attraktor! Damit komme ich auf das Geschäft zurück, das ich vorhin erwähnt habe.
Sie wollen mir also Ihren Mond verkaufen. Was wollen Sie dafür haben?
Was sehr Kostbares! Für mich jedenfalls!
Kommen Sie zur Sache! Wenn sich das Geschäft lohnt, bin ich dabei.
Gut! Ich überlasse Ihnen den Goldmond und den Titel eines Mondkönigs für...
...für eine Handvoll Erde!
Was? Einen Kleinmond aus massivem Gold für eine Handvoll Erde? Das ist das beste Geschäft, das mir in meinem ganzen Leben über den Weg gelaufen ist.

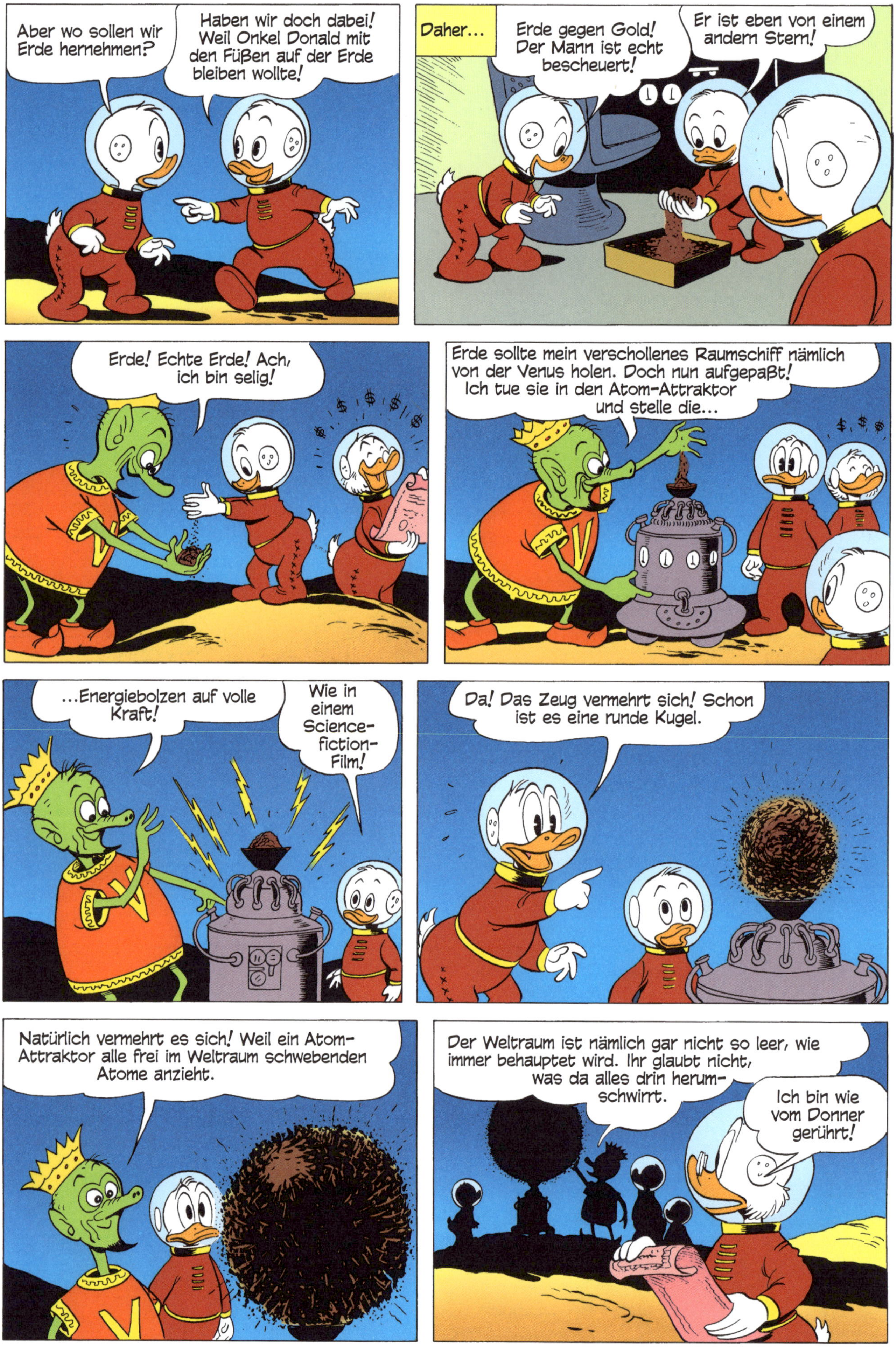

Aber wo sollen wir Erde hernehmen?
Haben wir doch dabei! Weil Onkel Donald mit den Füßen auf der Erde bleiben wollte!
Daher...
Erde gegen Gold! Der Mann ist echt bescheuert!
Er ist eben von einem andern Stern!
Erde! Echte Erde! Ach, ich bin selig!
Erde sollte mein verschollenes Raumschiff nämlich von der Venus holen. Doch nun aufgepaßt! Ich tue sie in den Atom-Attraktor und stelle die...
...Energiebolzen auf volle Kraft!
Wie in einem Science-fiction-Film!
Da! Das Zeug vermehrt sich! Schon ist es eine runde Kugel.
Natürlich vermehrt es sich! Weil ein Atom-Attraktor alle frei im Weltraum schwebenden Atome anzieht.
Der Weltraum ist nämlich gar nicht so leer, wie immer behauptet wird. Ihr glaubt nicht, was da alles drin herumschwirrt.
Ich bin wie vom Donner gerührt!

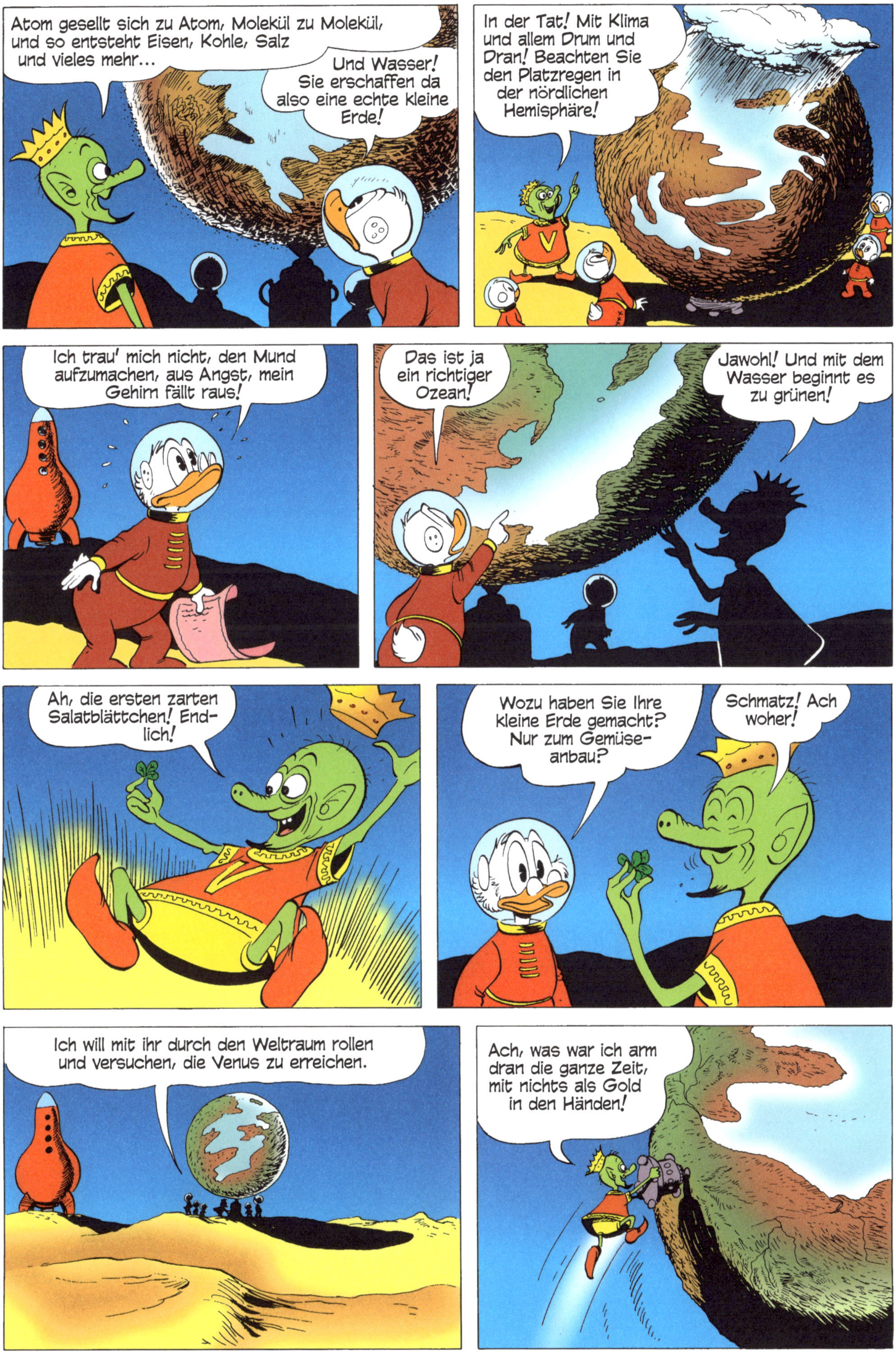

Atom gesellt sich zu Atom, Molekül zu Molekül, und so entsteht Eisen, Kohle, Salz und vieles mehr...
Und Wasser! Sie erschaffen da also eine echte kleine Erde!
In der Tat! Mit Klima und allem Drum und Dran! Beachten Sie den Platzregen in der nördlichen Hemisphäre!
Ich trau' mich nicht, den Mund aufzumachen, aus Angst, mein Gehirn fällt raus!
Das ist ja ein richtiger Ozean!
Jawohl! Und mit dem Wasser beginnt es zu grünen!
Ah, die ersten zarten Salatblättchen! End-lich!
Wozu haben Sie Ihre kleine Erde gemacht? Nur zum Gemüse-anbau?
Schmatz! Ach woher!
Ich will mit ihr durch den Weltraum rollen und versuchen, die Venus zu erreichen.
Ach, was war ich arm dran die ganze Zeit, mit nichts als Gold in den Händen!

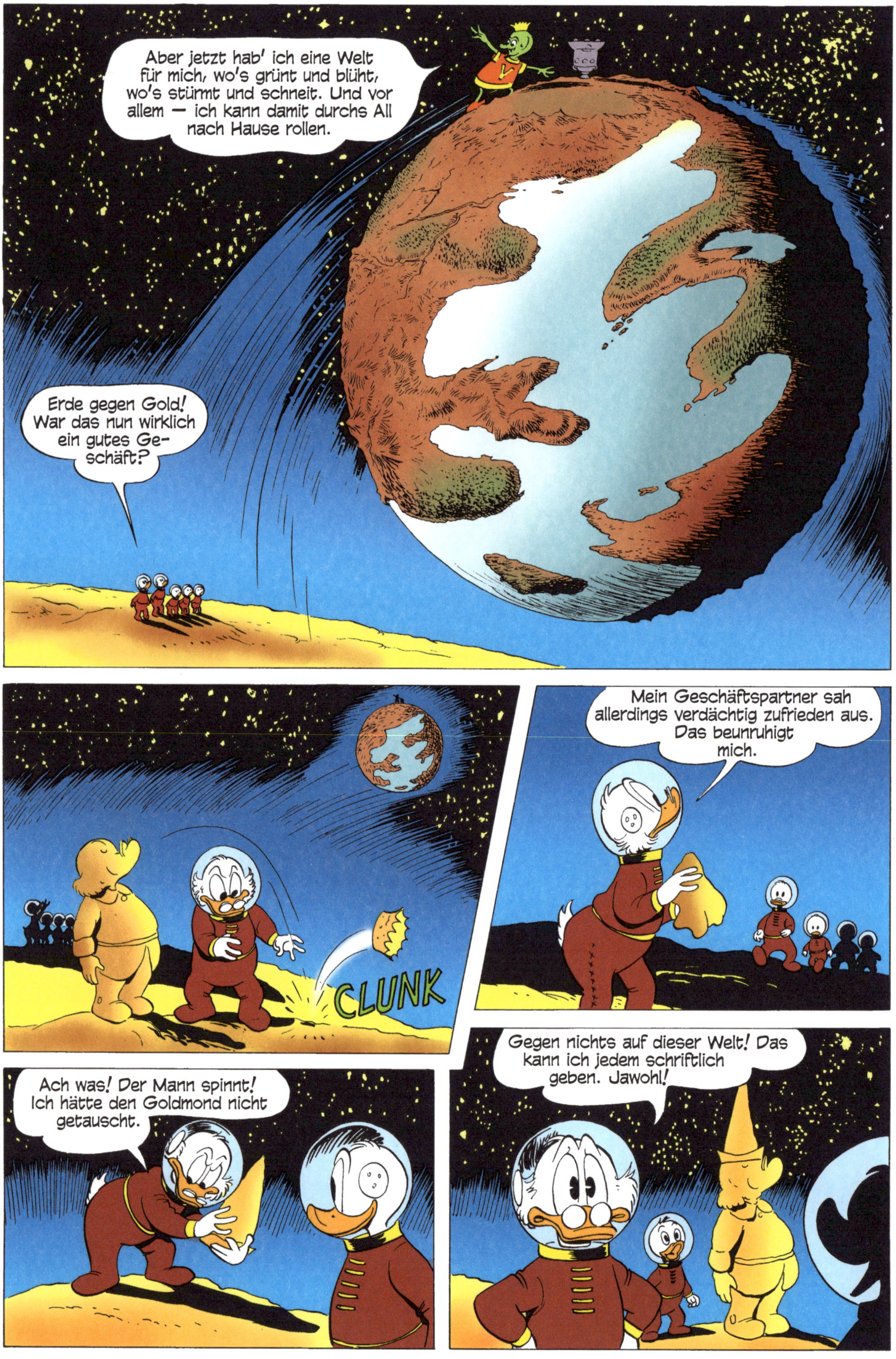

Aber jetzt hab' ich eine Welt für mich, wo's grünt und blüht, wo's stürmt und schneit. Und vor allem — ich kann damit durchs All nach Hause rollen.
Erde gegen Gold! War das nun wirklich ein gutes Geschäft?
CLUNK
Mein Geschäftspartner sah allerdings verdächtig zufrieden aus. Das beunruhigt mich.
Ach was! Der Mann spinnt! Ich hätte den Goldmond nicht getauscht.
Gegen nichts auf dieser Welt! Das kann ich jedem schriftlich geben. Jawohl!

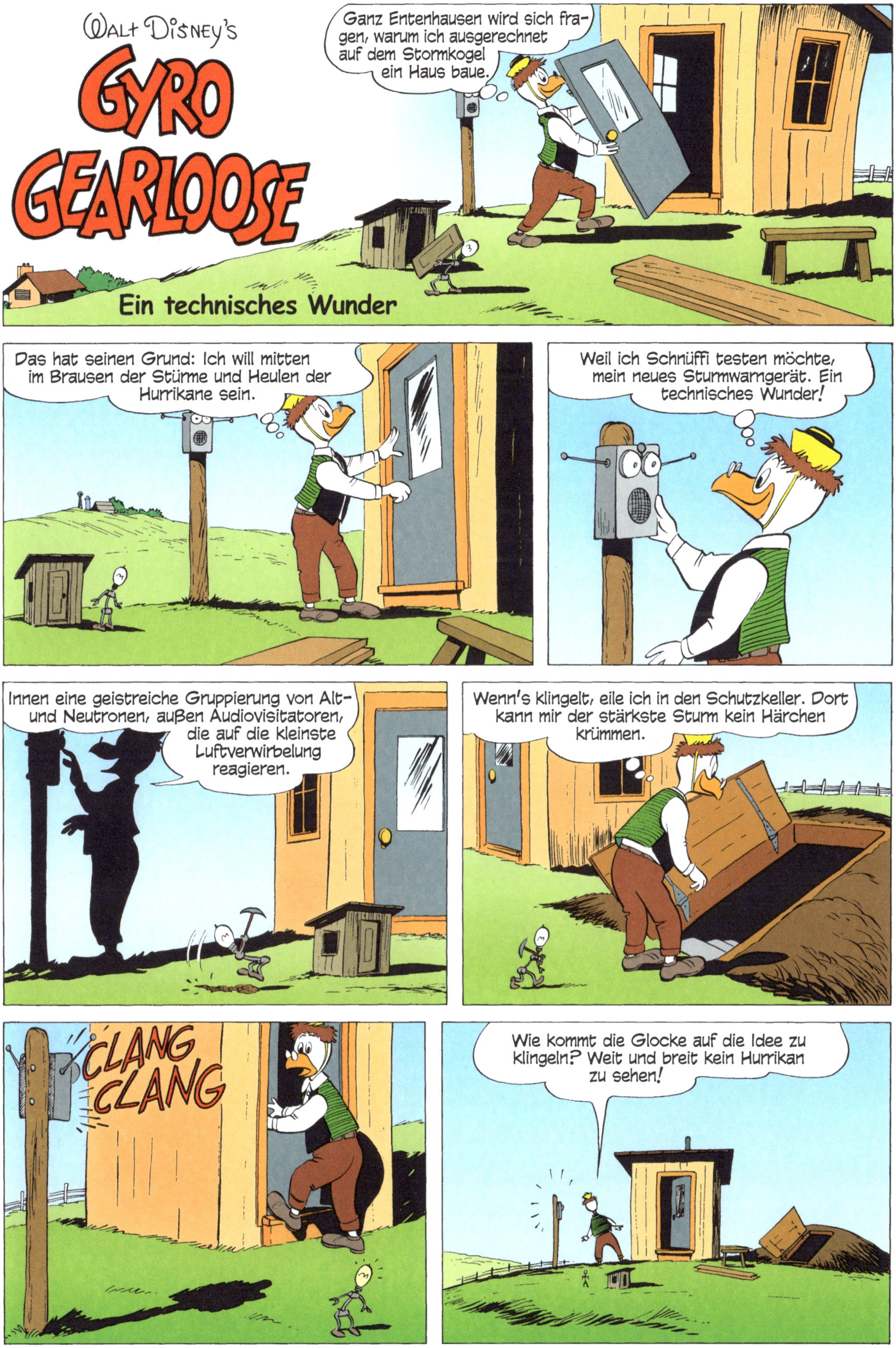
Walt Disney's
GYRO GEARLOOSE
Ein technisches Wunder
Ganz Entenhausen wird sich fragen, warum ich ausgerechnet auf dem Stormkogel ein Haus baue.
Das hat seinen Grund: Ich will mitten im Brausen der Stürme und Heulen der Hurrikane sein.
Weil ich Schnüffi testen möchte, mein neues Sturmwarngerät. Ein technisches Wunder!
Innen eine geistreiche Gruppierung von Alt- und Neutronen, außen Audiovisitatoren, die auf die kleinste Luftverwirbelung reagieren.
Wenn's klingelt, eile ich in den Schutzkeller. Dort kann mir der stärkste Sturm kein Härchen krümmen.
CLANG CLANG
Wie kommt die Glocke auf die Idee zu klingeln? Weit und breit kein Hurrikan zu sehen!

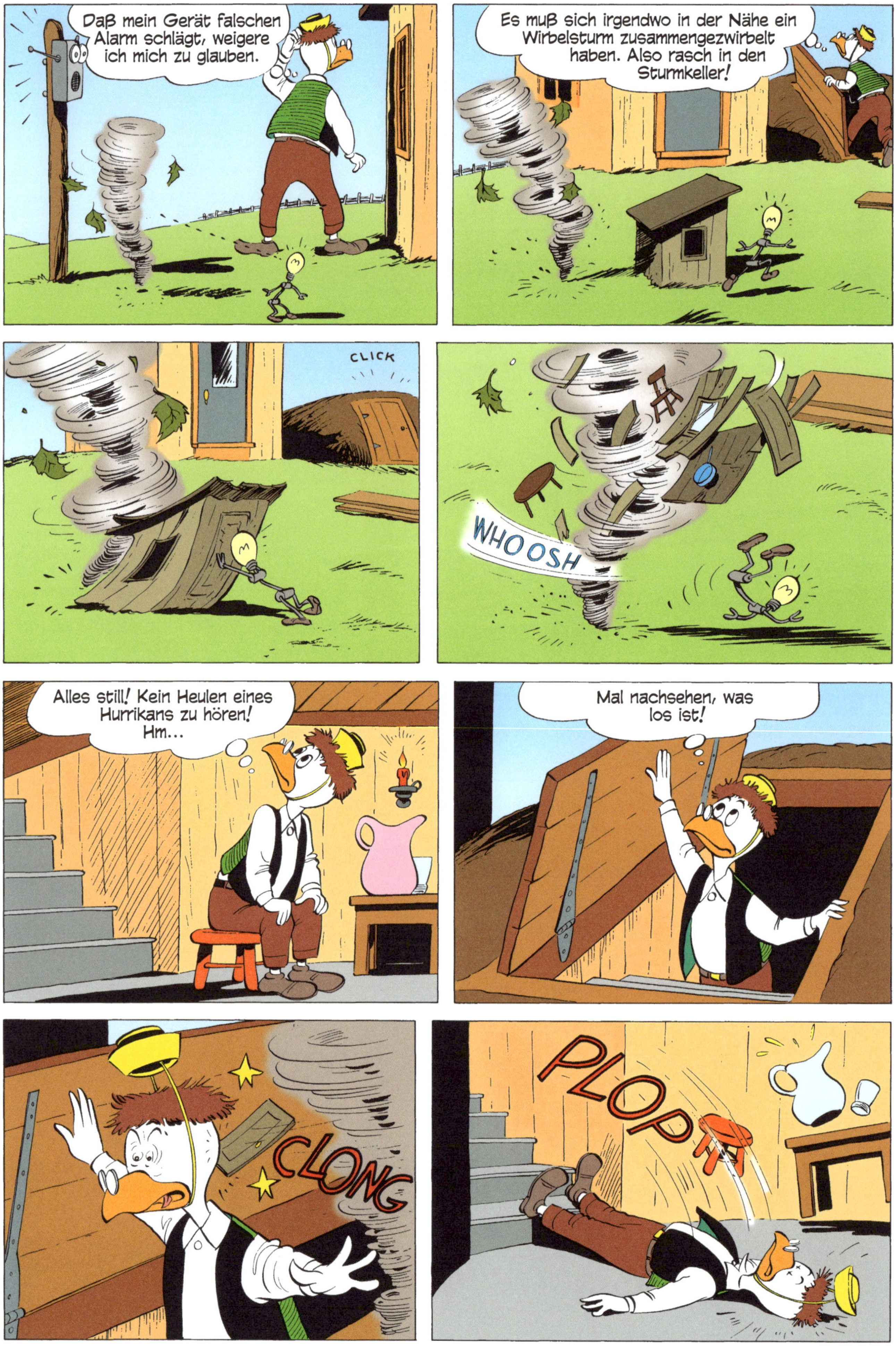
Daß mein Gerät falschen Alarm schlägt, weigere ich mich zu glauben.
Es muß sich irgendwo in der Nähe ein Wirbelsturm zusammengezwirbelt haben. Also rasch in den Sturmkeller!
CLICK
WHOOSH
Alles still! Kein Heulen eines Hurrikans zu hören! Hm...
Mal nachsehen, was los ist!
CLONG
PLOP

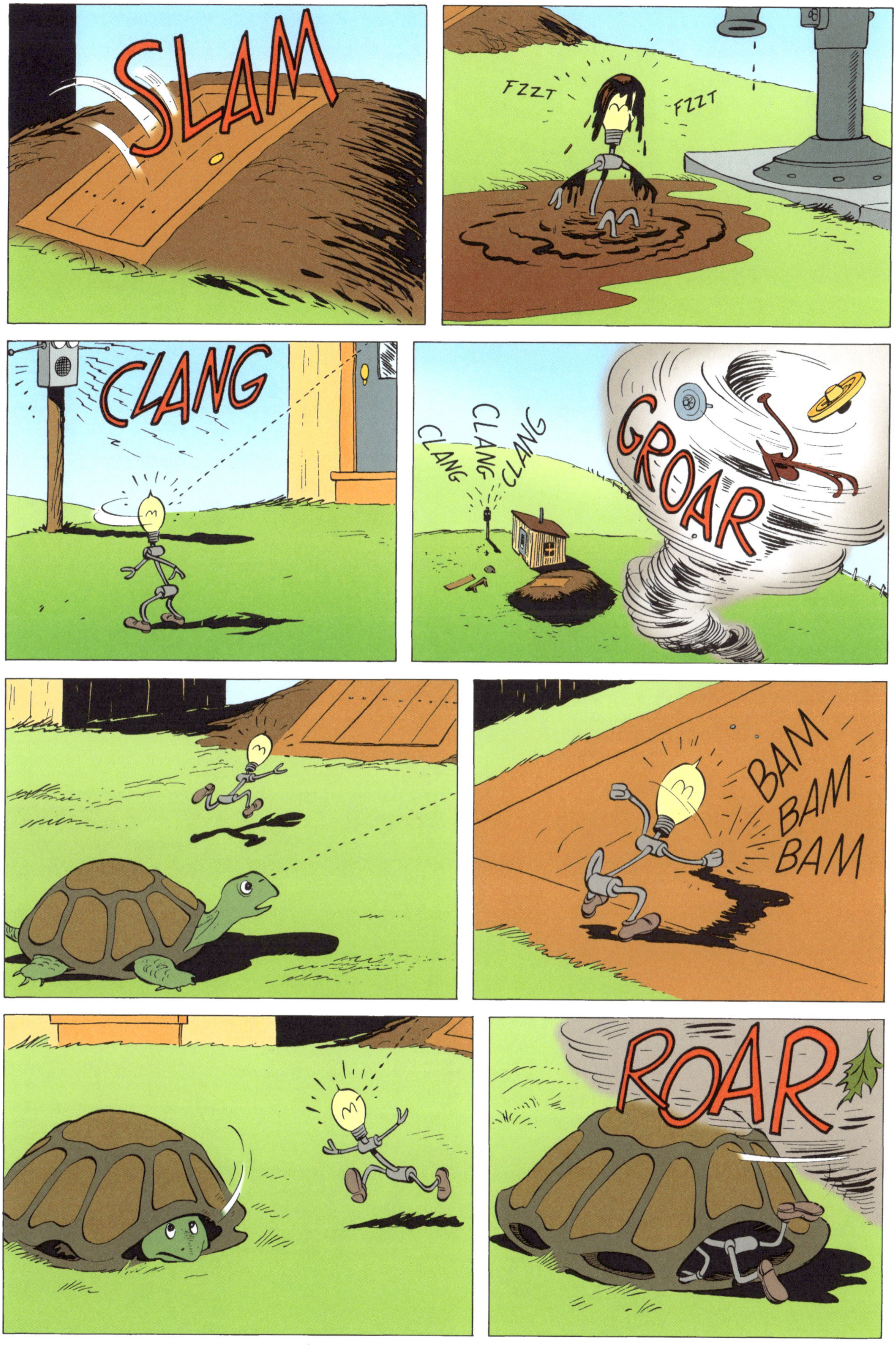
SLAM
FZZT
FZZT
CLANG
CLANG
CLANG
CLANG
GROAR
BAM
BAM
BAM
ROAR

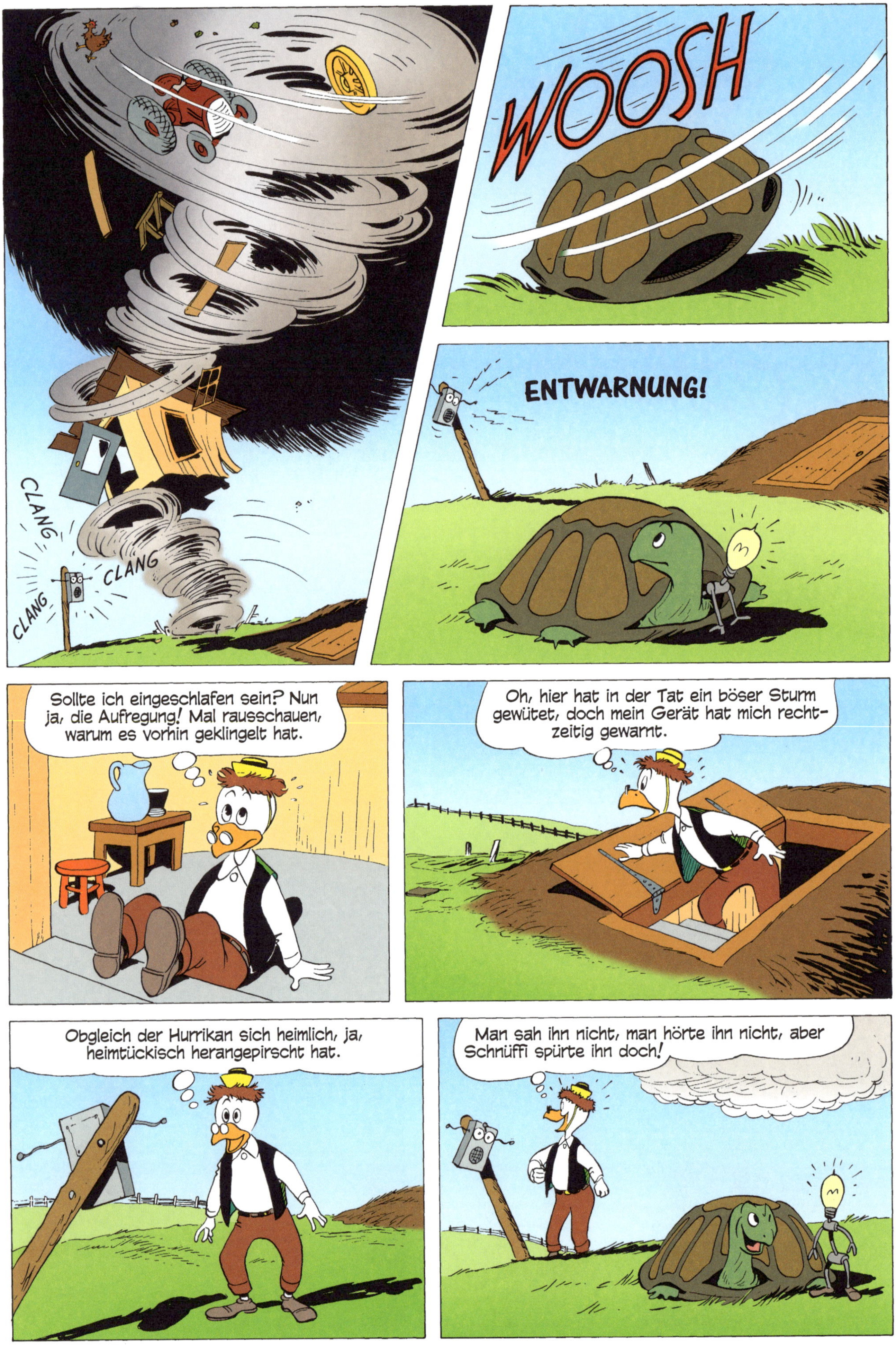
CLANG
CLANG
CLANG
WOOSH
ENTWARNUNG!
Sollte ich eingeschlafen sein? Nun ja, die Aufregung! Mal rausschauen, warum es vorhin geklingelt hat.
Oh, hier hat in der Tat ein böser Sturm gewütet, doch mein Gerät hat mich rechtzeitig gewarnt.
Obgleich der Hurrikan sich heimlich, ja, heimtückisch herangepirscht hat.
Man sah ihn nicht, man hörte ihn nicht, aber Schnüffi spürte ihn doch!

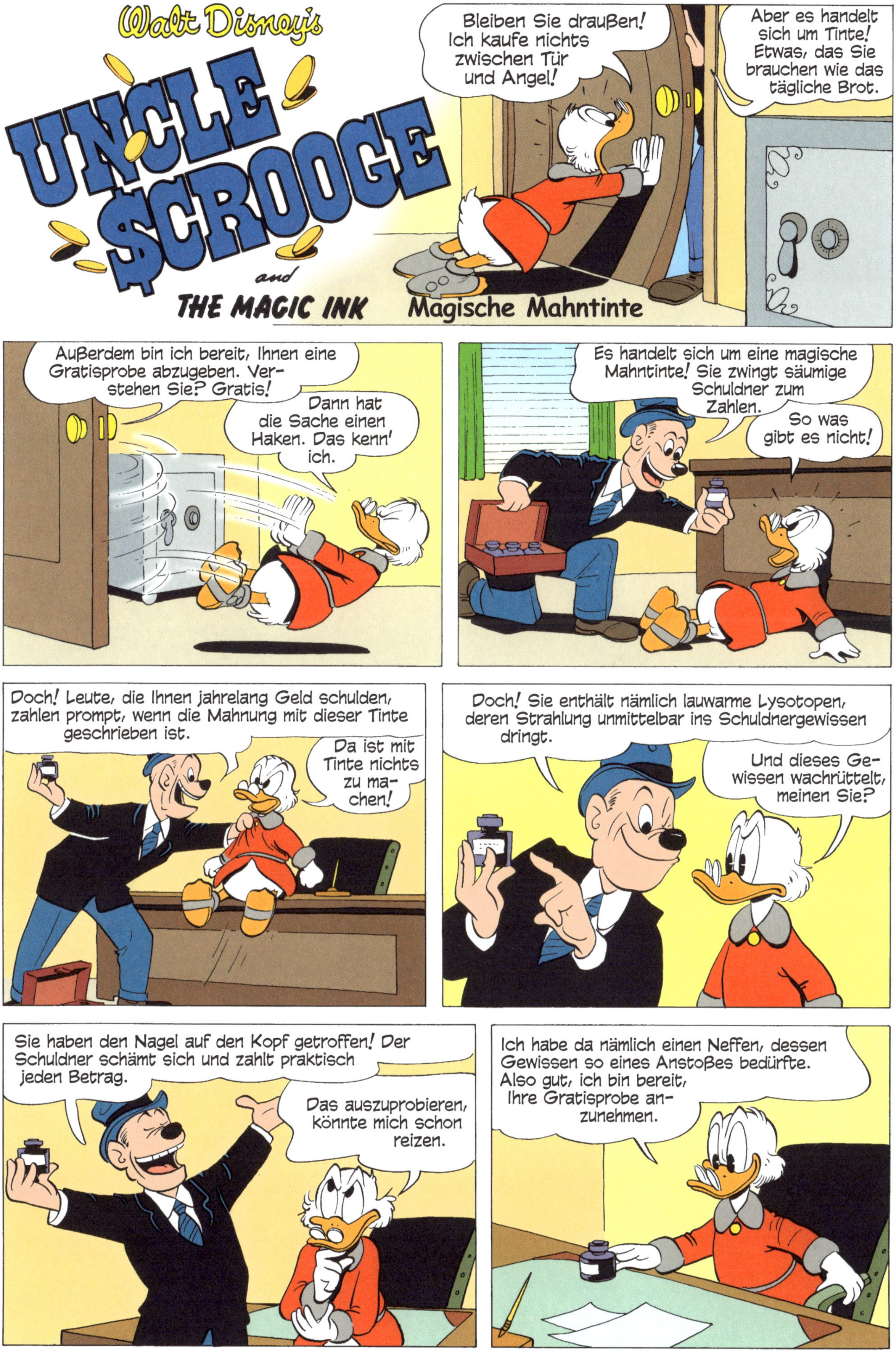
Walt Disney's
UNCLE $CROOGE
and
THE MAGIC INK
Magische Mahntinte
Bleiben Sie draußen! Ich kaufe nichts zwischen Tür und Angel!
Aber es handelt sich um Tinte! Etwas, das Sie brauchen wie das tägliche Brot.
Außerdem bin ich bereit, Ihnen eine Gratisprobe abzugeben. Verstehen Sie? Gratis!
Dann hat die Sache einen Haken. Das kenn' ich.
Es handelt sich um eine magische Mahntinte! Sie zwingt säumige Schuldner zum Zahlen.
So was gibt es nicht!
Doch! Leute, die Ihnen jahrelang Geld schulden, zahlen prompt, wenn die Mahnung mit dieser Tinte geschrieben ist.
Da ist mit Tinte nichts zu machen!
Doch! Sie enthält nämlich lauwarme Lysotopen, deren Strahlung unmittelbar ins Schuldnergewissen dringt.
Und dieses Gewissen wachrüttelt, meinen Sie?
Sie haben den Nagel auf den Kopf getroffen! Der Schuldner schämt sich und zahlt praktisch jeden Betrag.
Das auszuprobieren, könnte mich schon reizen.
Ich habe da nämlich einen Neffen, dessen Gewissen so eines Anstoßes bedürfte. Also gut, ich bin bereit, Ihre Gratisprobe anzunehmen.

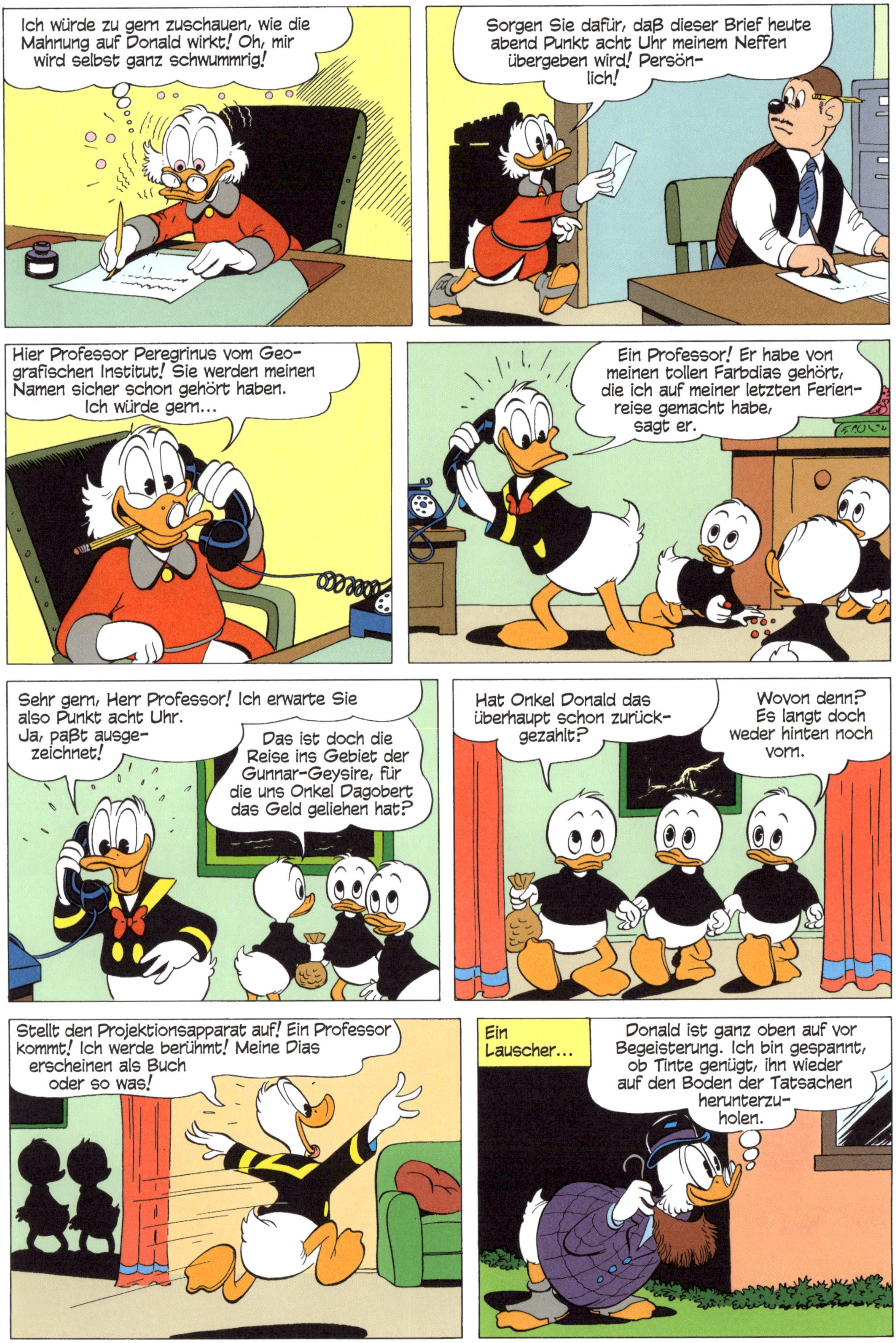
Ich würde zu gern zuschauen, wie die Mahnung auf Donald wirkt! Oh, mir wird selbst ganz schwummrig!
Sorgen Sie dafür, daß dieser Brief heute abend Punkt acht Uhr meinem Neffen übergeben wird! Persönlich!
Hier Professor Peregrinus vom Geografischen Institut! Sie werden meinen Namen sicher schon gehört haben. Ich würde gern...
Ein Professor! Er habe von meinen tollen Farbdias gehört, die ich auf meiner letzten Ferienreise gemacht habe, sagt er.
Sehr gern, Herr Professor! Ich erwarte Sie also Punkt acht Uhr. Ja, paßt ausgezeichnet!
Das ist doch die Reise ins Gebiet der Gunnar-Geysire, für die uns Onkel Dagobert das Geld geliehen hat?
Hat Onkel Donald das überhaupt schon zurückgezahlt?
Wovon denn? Es langt doch weder hinten noch vorn.
Stellt den Projektionsapparat auf! Ein Professor kommt! Ich werde berühmt! Meine Dias erscheinen als Buch oder so was!
Ein Lauscher...
Donald ist ganz oben auf vor Begeisterung. Ich bin gespannt, ob Tinte genügt, ihn wieder auf den Boden der Tatsachen herunterzuholen.

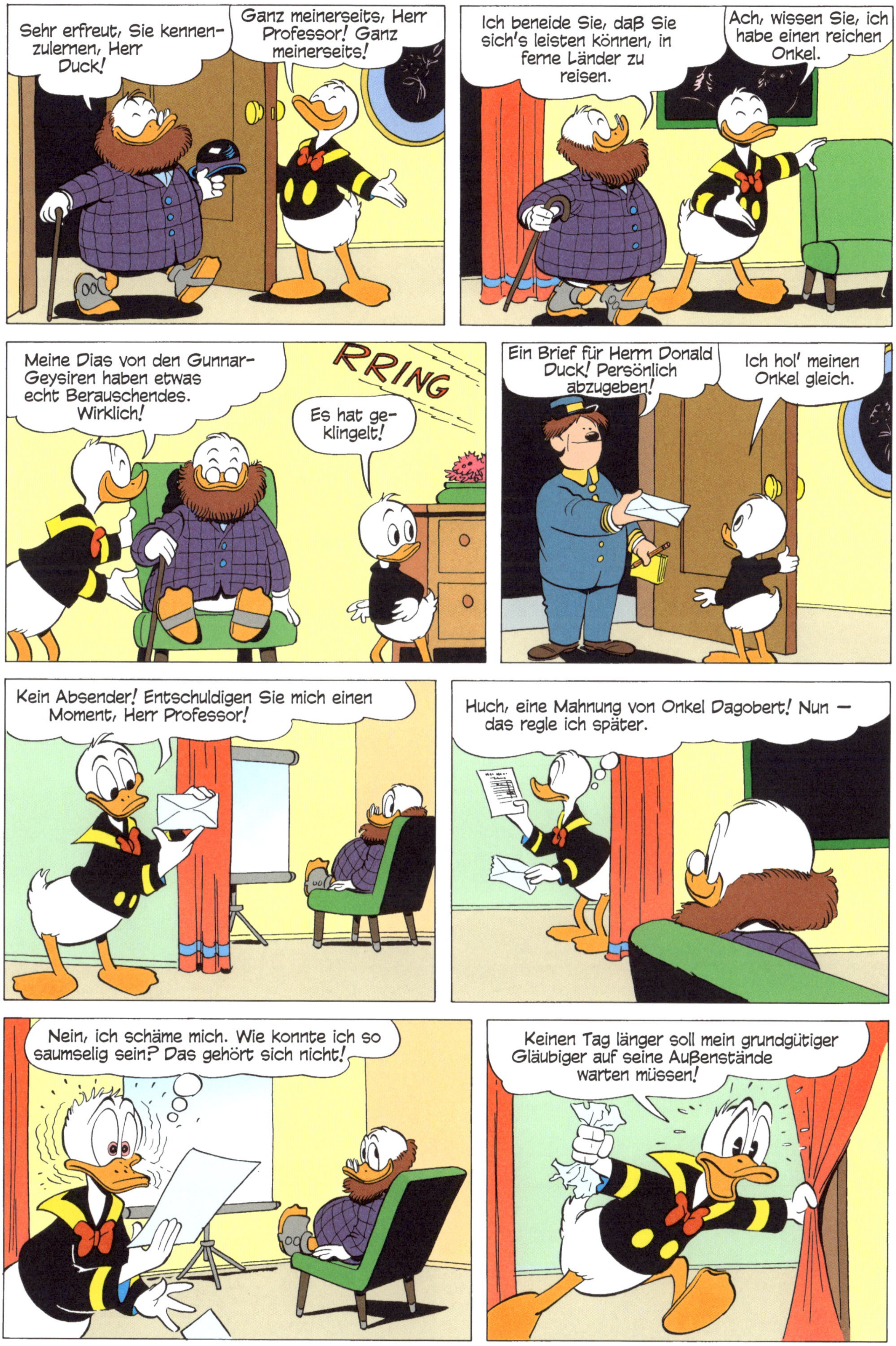

Sehr erfreut, Sie kennenzulernen, Herr Duck!
Ganz meinerseits, Herr Professor! Ganz meinerseits!
Ich beneide Sie, daß Sie sich's leisten können, in ferne Länder zu reisen.
Ach, wissen Sie, ich habe einen reichen Onkel.
Meine Dias von den Gunnar-Geysiren haben etwas echt Berauschendes. Wirklich!
RRING
Es hat geklingelt!
Ein Brief für Herrn Donald Duck! Persönlich abzugeben!
Ich hol' meinen Onkel gleich.
Kein Absender! Entschuldigen Sie mich einen Moment, Herr Professor!
Huch, eine Mahnung von Onkel Dagobert! Nun – das regle ich später.
Nein, ich schäme mich. Wie konnte ich so saumselig sein? Das gehört sich nicht!
Keinen Tag länger soll mein grundgütiger Gläubiger auf seine Außenstände warten müssen!

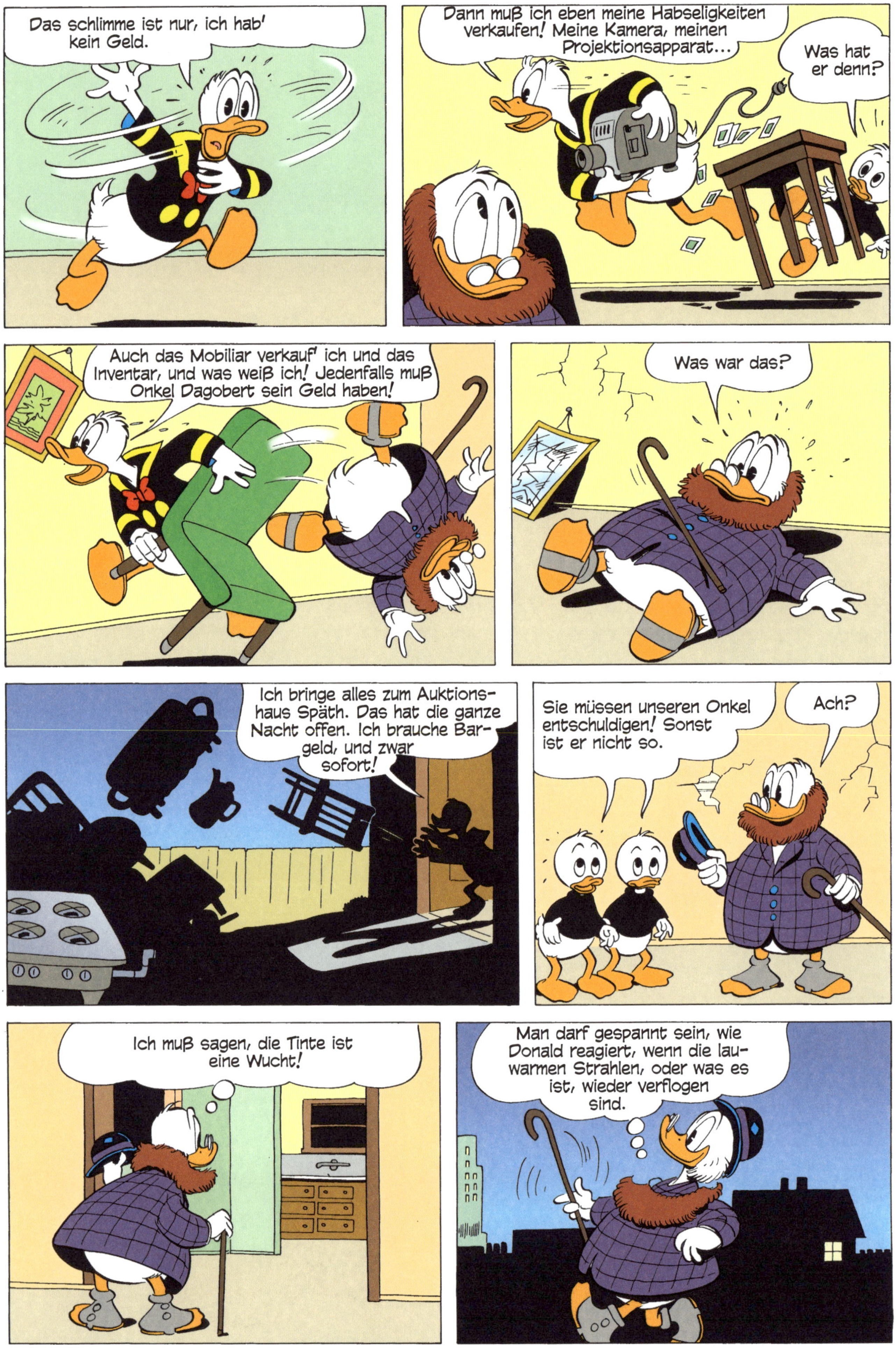
Das schlimme ist nur, ich hab' kein Geld.
Dann muß ich eben meine Habseligkeiten verkaufen! Meine Kamera, meinen Projektionsapparat...
Was hat er denn?
Auch das Mobiliar verkauf' ich und das Inventar, und was weiß ich! Jedenfalls muß Onkel Dagobert sein Geld haben!
Was war das?
Ich bringe alles zum Auktionshaus Späth. Das hat die ganze Nacht offen. Ich brauche Bargeld, und zwar sofort!
Sie müssen unseren Onkel entschuldigen! Sonst ist er nicht so.
Ach?
Ich muß sagen, die Tinte ist eine Wucht!
Man darf gespannt sein, wie Donald reagiert, wenn die lauwarmen Strahlen, oder was es ist, wieder verflogen sind.

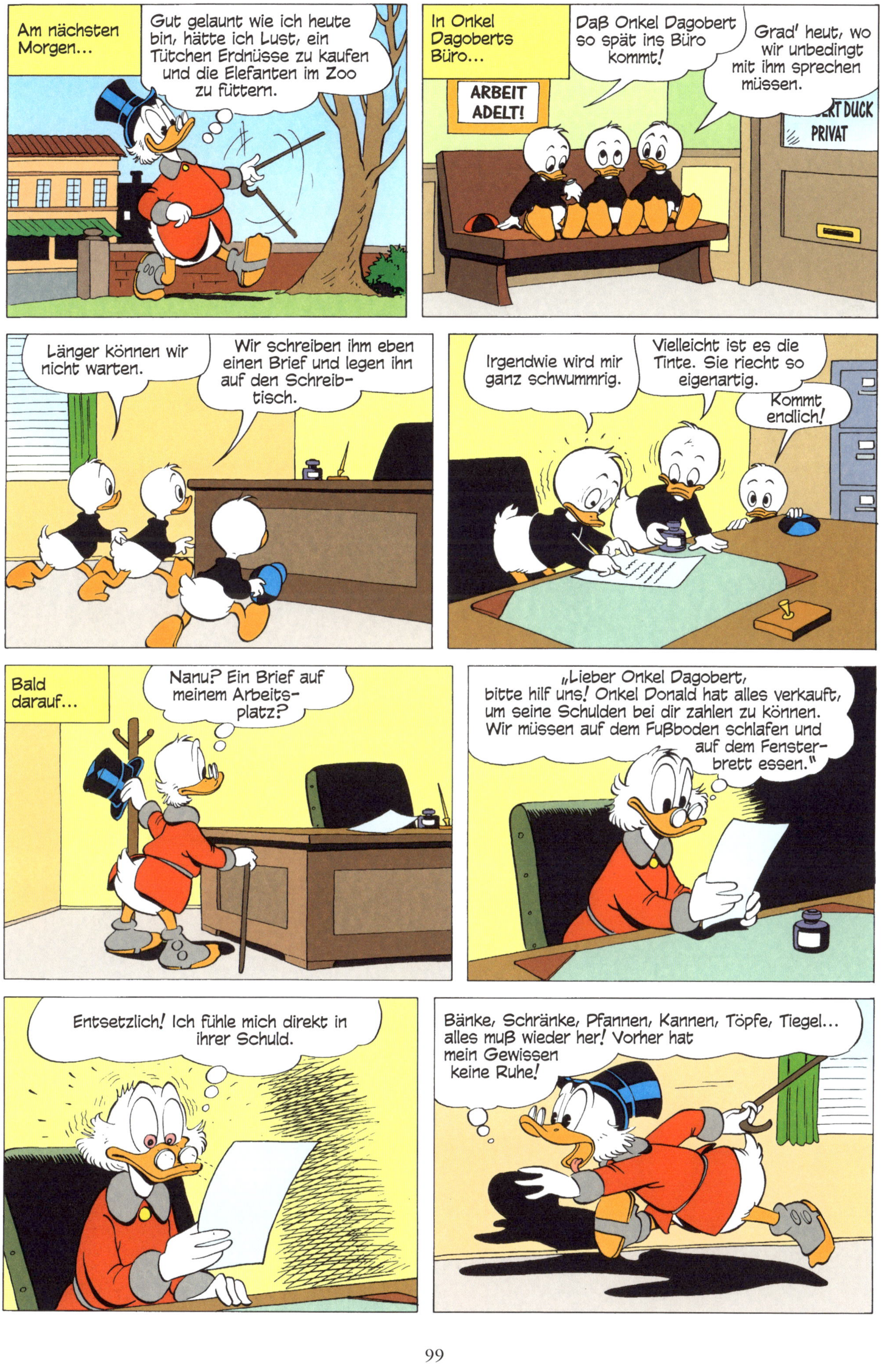
Am nächsten Morgen…
Gut gelaunt wie ich heute bin, hätte ich Lust, ein Tütchen Erdnüsse zu kaufen und die Elefanten im Zoo zu füttern.
In Onkel Dagoberts Büro…
ARBEIT ADELT!
Daß Onkel Dagobert so spät ins Büro kommt!
Grad' heut, wo wir unbedingt mit ihm sprechen müssen.
PRIVAT
Länger können wir nicht warten.
Wir schreiben ihm eben einen Brief und legen ihn auf den Schreibtisch.
Irgendwie wird mir ganz schwummrig.
Vielleicht ist es die Tinte. Sie riecht so eigenartig.
Kommt endlich!
Bald darauf…
Nanu? Ein Brief auf meinem Arbeitsplatz?
„Lieber Onkel Dagobert, bitte hilf uns! Onkel Donald hat alles verkauft, um seine Schulden bei dir zahlen zu können. Wir müssen auf dem Fußboden schlafen und auf dem Fensterbrett essen."
Entsetzlich! Ich fühle mich direkt in ihrer Schuld.
Bänke, Schränke, Pfannen, Kannen, Töpfe, Tiegel… alles muß wieder her! Vorher hat mein Gewissen keine Ruhe!

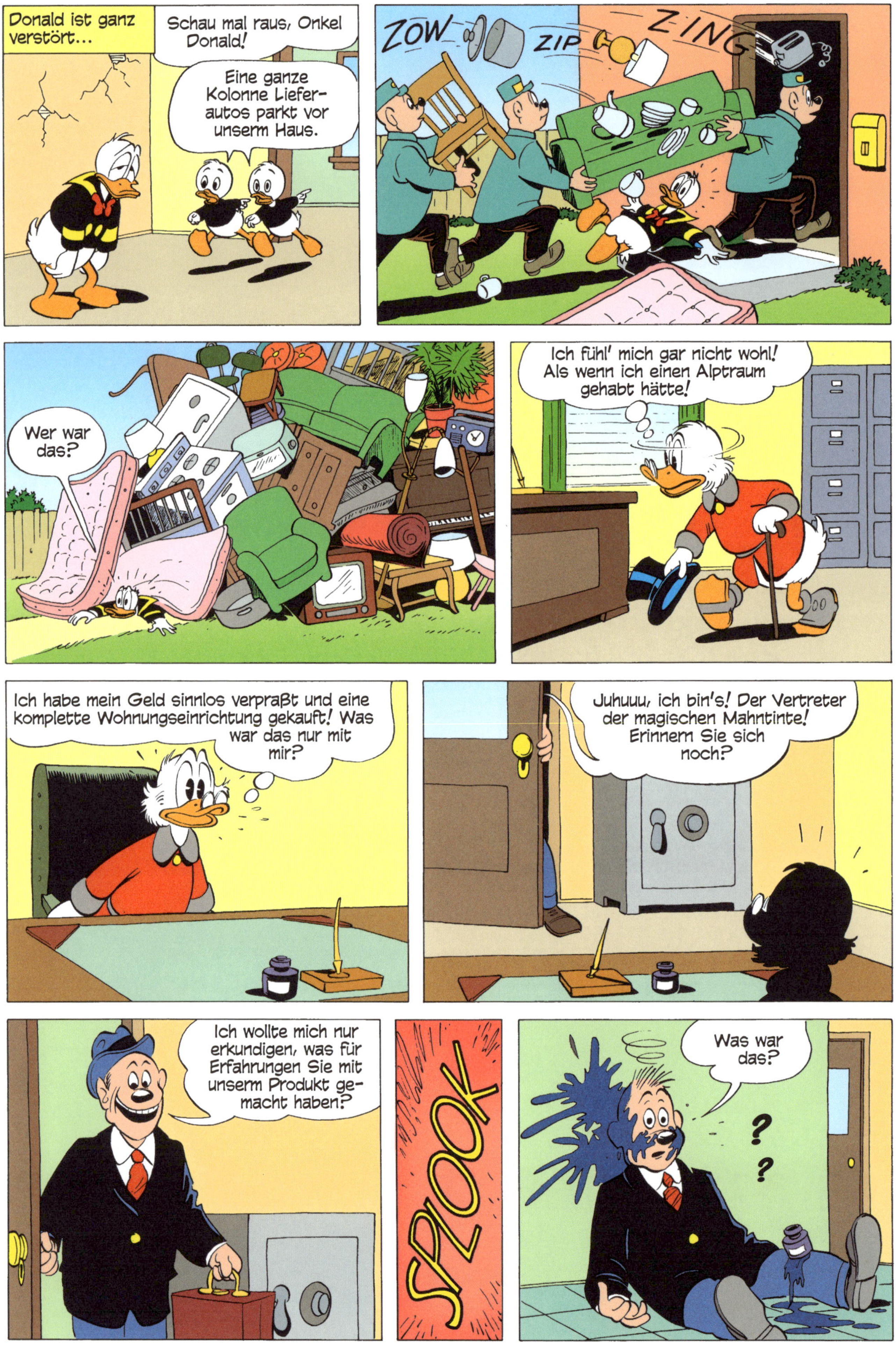
Donald ist ganz verstört…
Schau mal raus, Onkel Donald!
Eine ganze Kolonne Liefer-autos parkt vor unserm Haus.
ZOW
ZIP
ZING
Wer war das?
Ich fühl' mich gar nicht wohl! Als wenn ich einen Alptraum gehabt hätte!
Ich habe mein Geld sinnlos verpraßt und eine komplette Wohnungseinrichtung gekauft! Was war das nur mit mir?
Juhuuu, ich bin's! Der Vertreter der magischen Mahntinte! Erinnern Sie sich noch?
Ich wollte mich nur erkundigen, was für Erfahrungen Sie mit unserm Produkt ge-macht haben?
SPLOOK
Was war das?

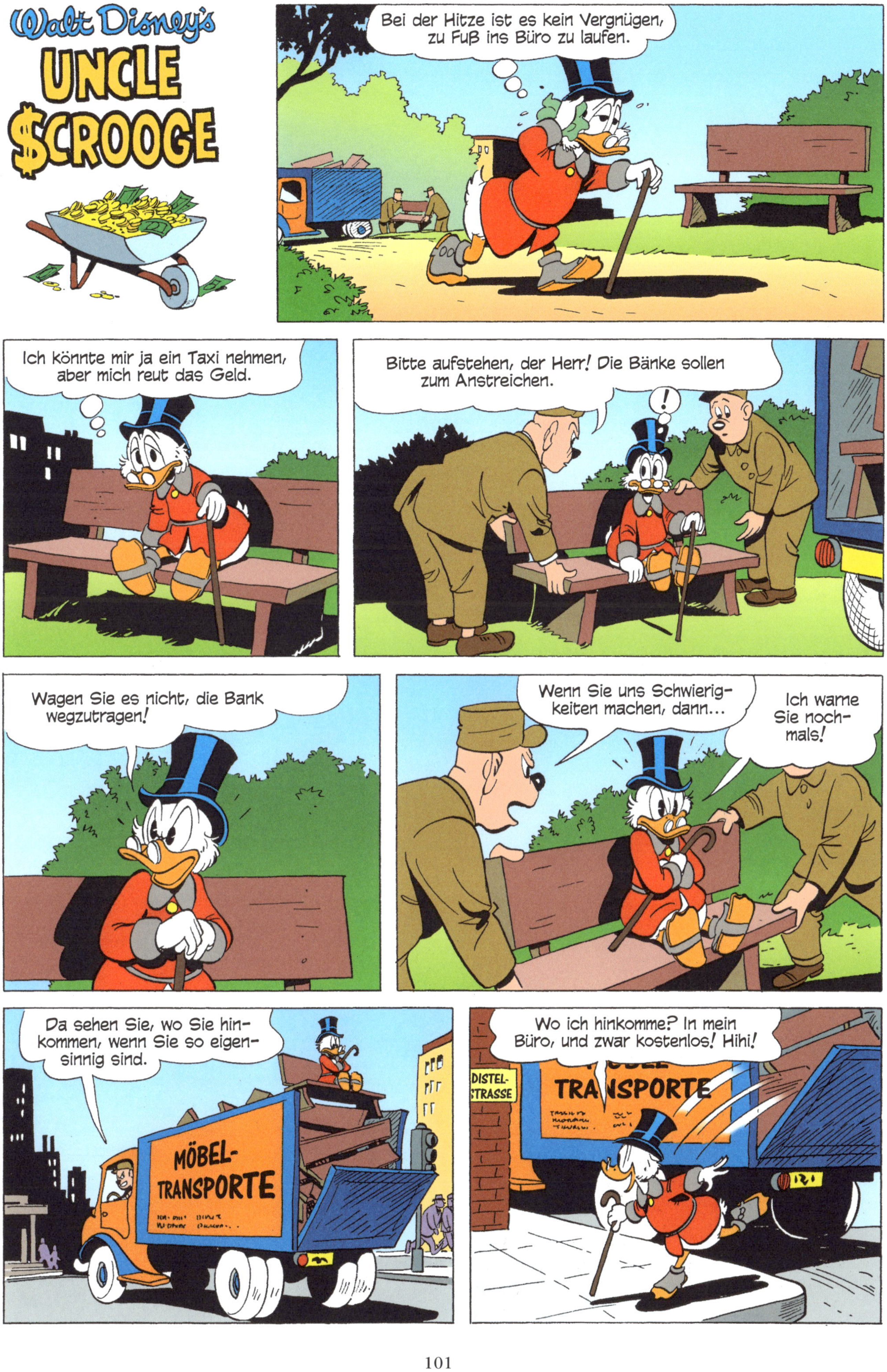
Walt Disney's
UNCLE $CROOGE
Bei der Hitze ist es kein Vergnügen, zu Fuß ins Büro zu laufen.
Ich könnte mir ja ein Taxi nehmen, aber mich reut das Geld.
Bitte aufstehen, der Herr! Die Bänke sollen zum Anstreichen.
!
Wagen Sie es nicht, die Bank wegzutragen!
Wenn Sie uns Schwierigkeiten machen, dann…
Ich warne Sie nochmals!
Da sehen Sie, wo Sie hinkommen, wenn Sie so eigensinnig sind.
MÖBEL-TRANSPORTE
Wo ich hinkomme? In mein Büro, und zwar kostenlos! Hihi!
DISTEL-STRASSE
TRANSPORTE

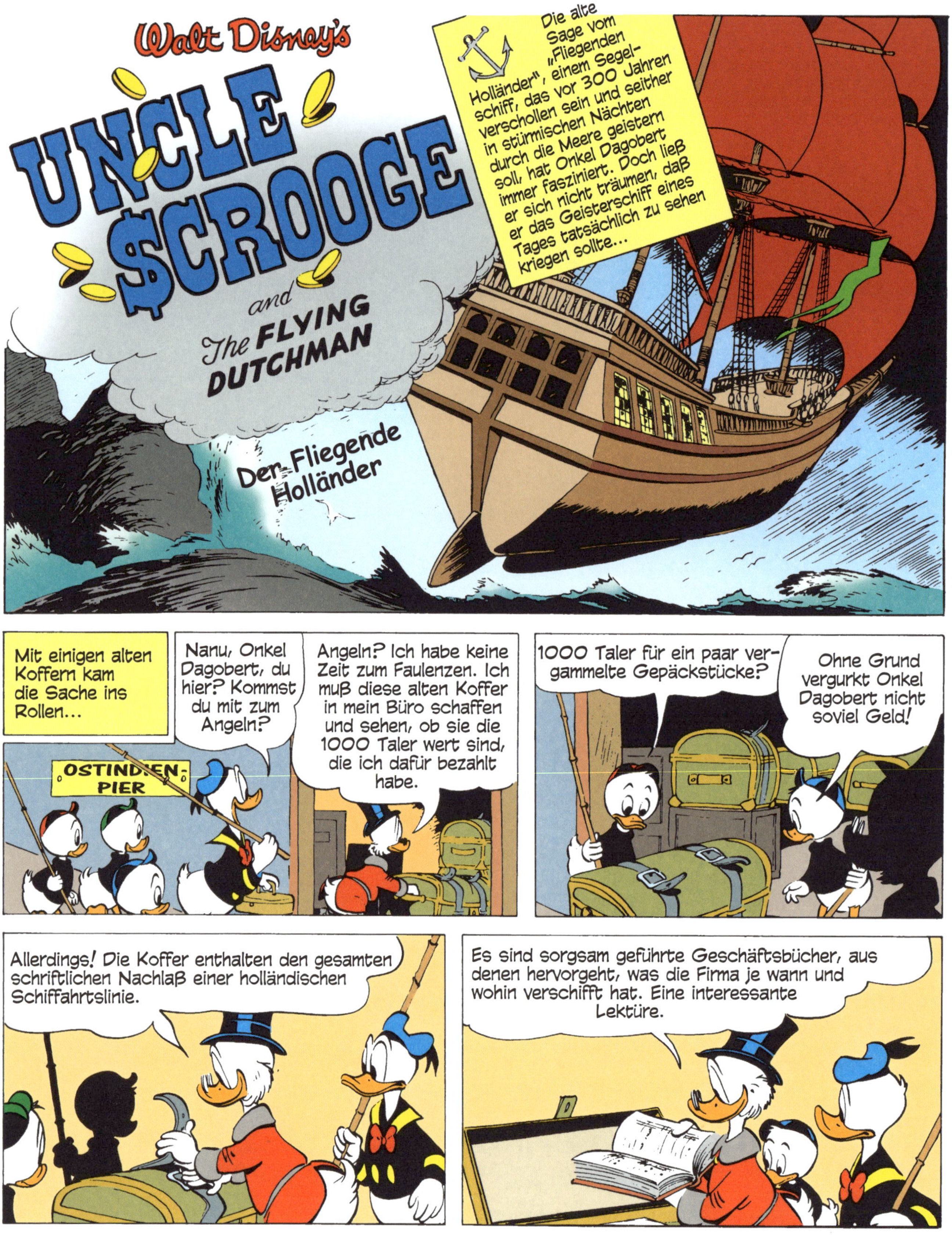
Walt Disney's
UNCLE $CROOGE
and
The FLYING DUTCHMAN
Der Fliegende Holländer
Die alte Sage vom „Fliegenden Holländer", einem Segelschiff, das vor 300 Jahren verschollen sein und seither in stürmischen Nächten durch die Meere geistern soll, hat Onkel Dagobert immer fasziniert. Doch ließ er sich nicht träumen, daß er das Geisterschiff eines Tages tatsächlich zu sehen kriegen sollte…
Mit einigen alten Koffern kam die Sache ins Rollen…
Nanu, Onkel Dagobert, du hier? Kommst du mit zum Angeln?
OSTINDIEN-PIER
Angeln? Ich habe keine Zeit zum Faulenzen. Ich muß diese alten Koffer in mein Büro schaffen und sehen, ob sie die 1000 Taler wert sind, die ich dafür bezahlt habe.
1000 Taler für ein paar vergammelte Gepäckstücke?
Ohne Grund vergurkt Onkel Dagobert nicht soviel Geld!
Allerdings! Die Koffer enthalten den gesamten schriftlichen Nachlaß einer holländischen Schiffahrtslinie.
Es sind sorgsam geführte Geschäftsbücher, aus denen hervorgeht, was die Firma je wann und wohin verschifft hat. Eine interessante Lektüre.

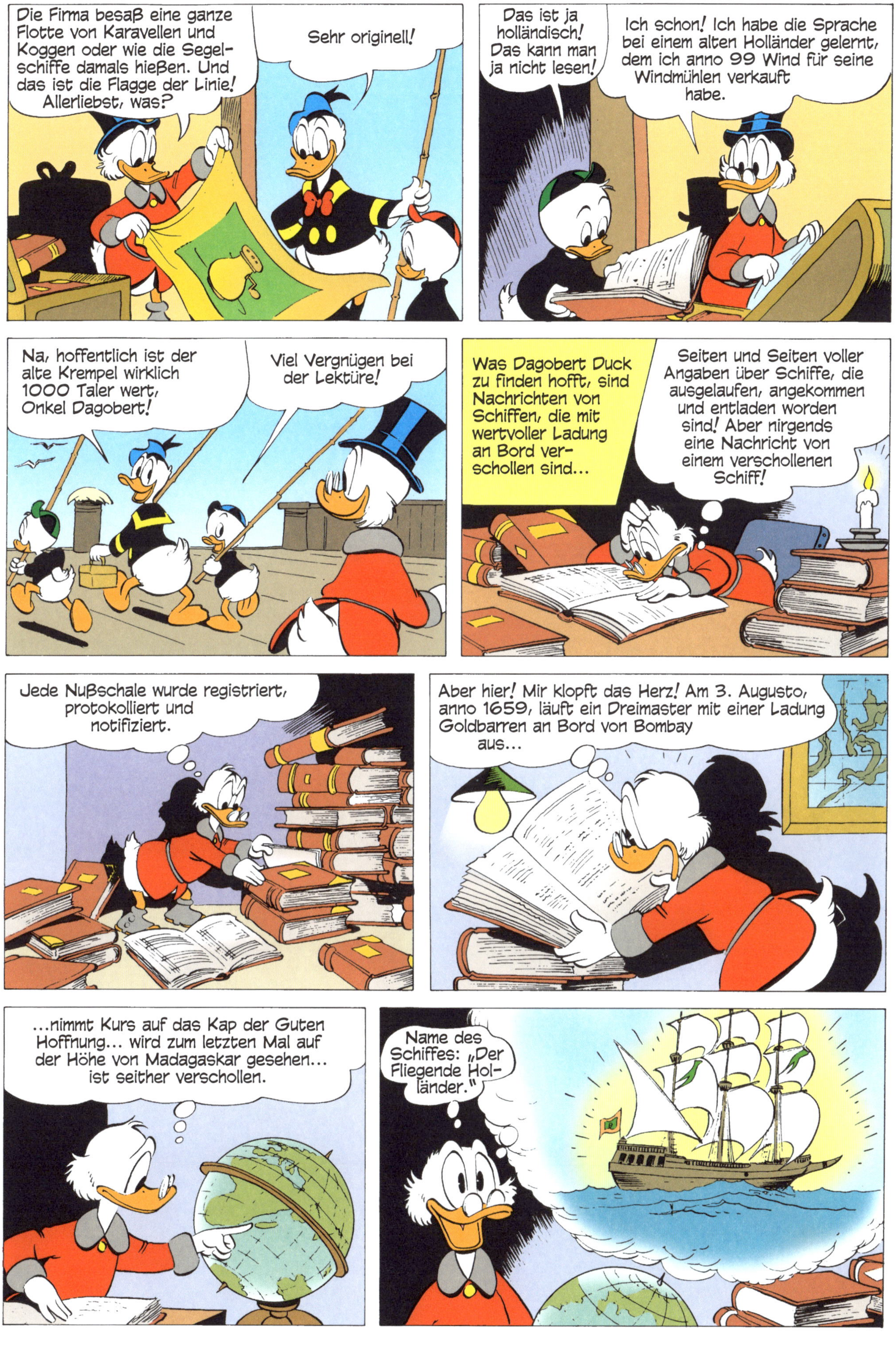
Die Firma besaß eine ganze Flotte von Karavellen und Koggen oder wie die Segelschiffe damals hießen. Und das ist die Flagge der Linie! Allerliebst, was?
Sehr originell!
Das ist ja holländisch! Das kann man ja nicht lesen!
Ich schon! Ich habe die Sprache bei einem alten Holländer gelernt, dem ich anno 99 Wind für seine Windmühlen verkauft habe.
Na, hoffentlich ist der alte Krempel wirklich 1000 Taler wert, Onkel Dagobert!
Viel Vergnügen bei der Lektüre!
Was Dagobert Duck zu finden hofft, sind Nachrichten von Schiffen, die mit wertvoller Ladung an Bord verschollen sind…
Seiten und Seiten voller Angaben über Schiffe, die ausgelaufen, angekommen und entladen worden sind! Aber nirgends eine Nachricht von einem verschollenen Schiff!
Jede Nußschale wurde registriert, protokolliert und notifiziert.
Aber hier! Mir klopft das Herz! Am 3. Augusto, anno 1659, läuft ein Dreimaster mit einer Ladung Goldbarren an Bord von Bombay aus…
…nimmt Kurs auf das Kap der Guten Hoffnung… wird zum letzten Mal auf der Höhe von Madagaskar gesehen… ist seither verschollen.
Name des Schiffes: „Der Fliegende Holländer."

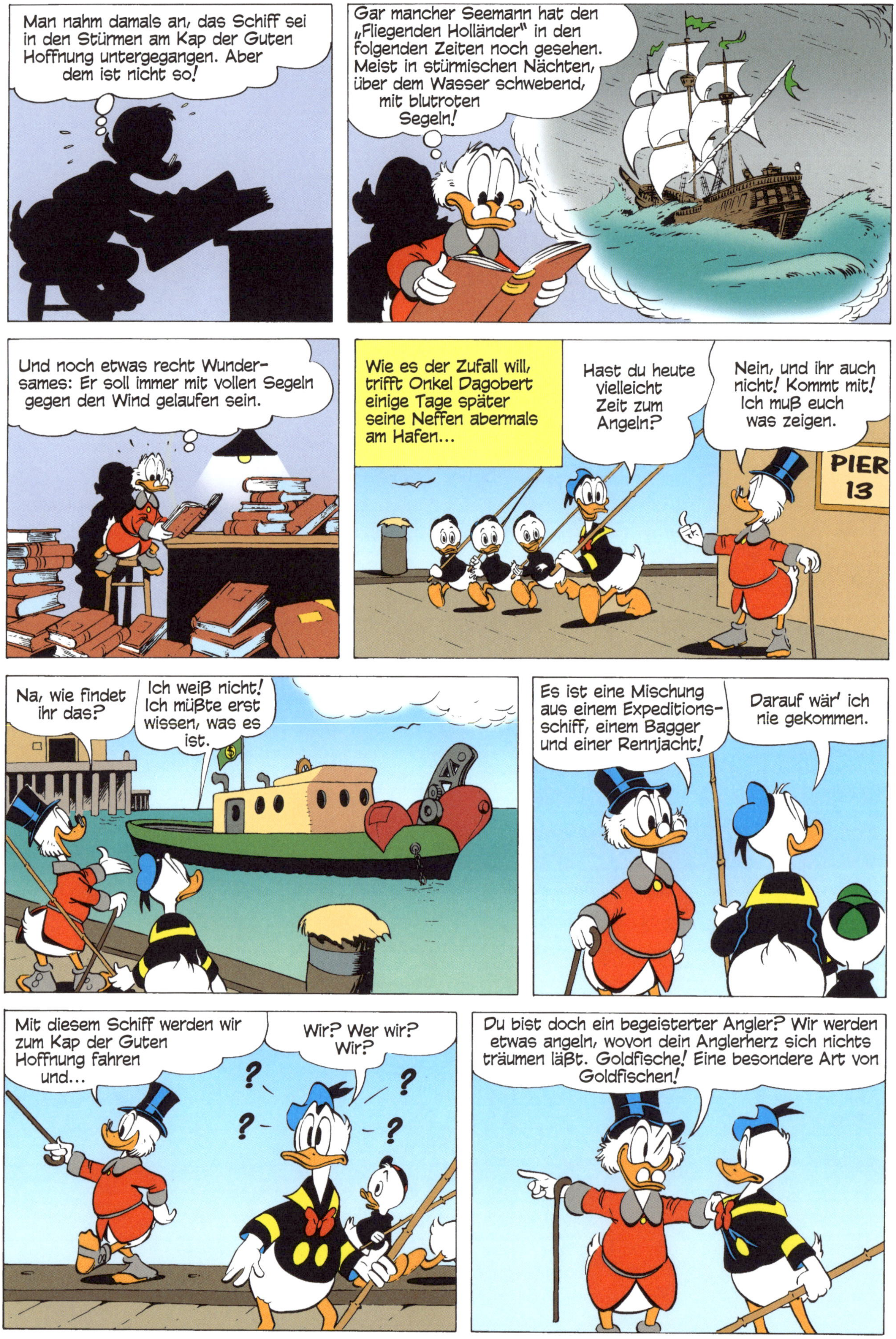
Man nahm damals an, das Schiff sei in den Stürmen am Kap der Guten Hoffnung untergegangen. Aber dem ist nicht so!
Gar mancher Seemann hat den „Fliegenden Holländer" in den folgenden Zeiten noch gesehen. Meist in stürmischen Nächten, über dem Wasser schwebend, mit blutroten Segeln!
Und noch etwas recht Wundersames: Er soll immer mit vollen Segeln gegen den Wind gelaufen sein.
Wie es der Zufall will, trifft Onkel Dagobert einige Tage später seine Neffen abermals am Hafen...
Hast du heute vielleicht Zeit zum Angeln?
Nein, und ihr auch nicht! Kommt mit! Ich muß euch was zeigen.
PIER 13
Na, wie findet ihr das?
Ich weiß nicht! Ich müßte erst wissen, was es ist.
Es ist eine Mischung aus einem Expeditionsschiff, einem Bagger und einer Rennjacht!
Darauf wär' ich nie gekommen.
Mit diesem Schiff werden wir zum Kap der Guten Hoffnung fahren und...
Wir? Wer wir? Wir?
Du bist doch ein begeisterter Angler? Wir werden etwas angeln, wovon dein Anglerherz sich nichts träumen läßt. Goldfische! Eine besondere Art von Goldfischen!

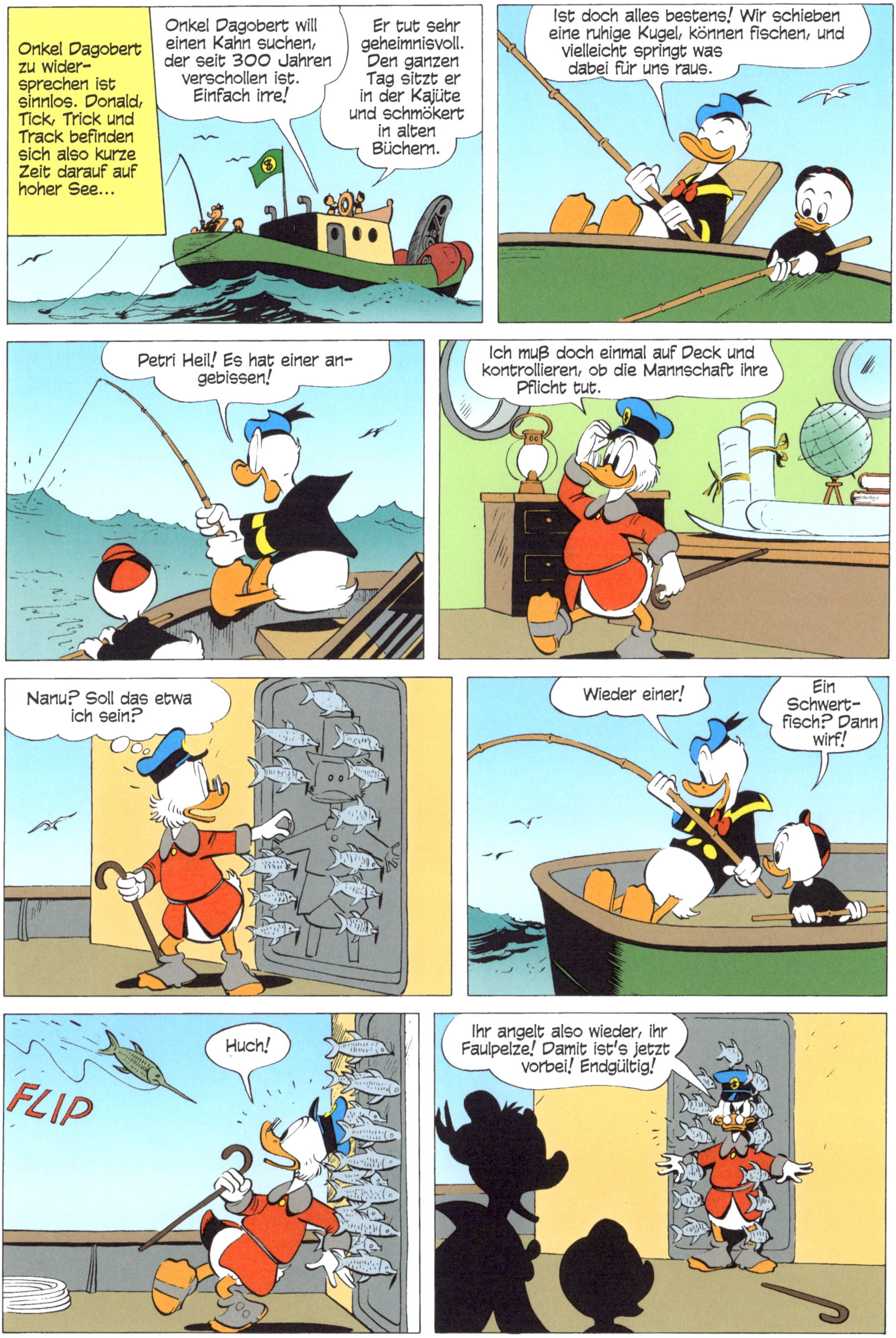

Onkel Dagobert zu widersprechen ist sinnlos. Donald, Tick, Trick und Track befinden sich also kurze Zeit darauf auf hoher See...
Onkel Dagobert will einen Kahn suchen, der seit 300 Jahren verschollen ist. Einfach irre!
Er tut sehr geheimnisvoll. Den ganzen Tag sitzt er in der Kajüte und schmökert in alten Büchern.
Ist doch alles bestens! Wir schieben eine ruhige Kugel, können fischen, und vielleicht springt was dabei für uns raus.
Petri Heil! Es hat einer angebissen!
Ich muß doch einmal auf Deck und kontrollieren, ob die Mannschaft ihre Pflicht tut.
Nanu? Soll das etwa ich sein?
Wieder einer!
Ein Schwertfisch? Dann wirf!
FLIP
Huch!
Ihr angelt also wieder, ihr Faulpelze! Damit ist's jetzt vorbei! Endgültig!

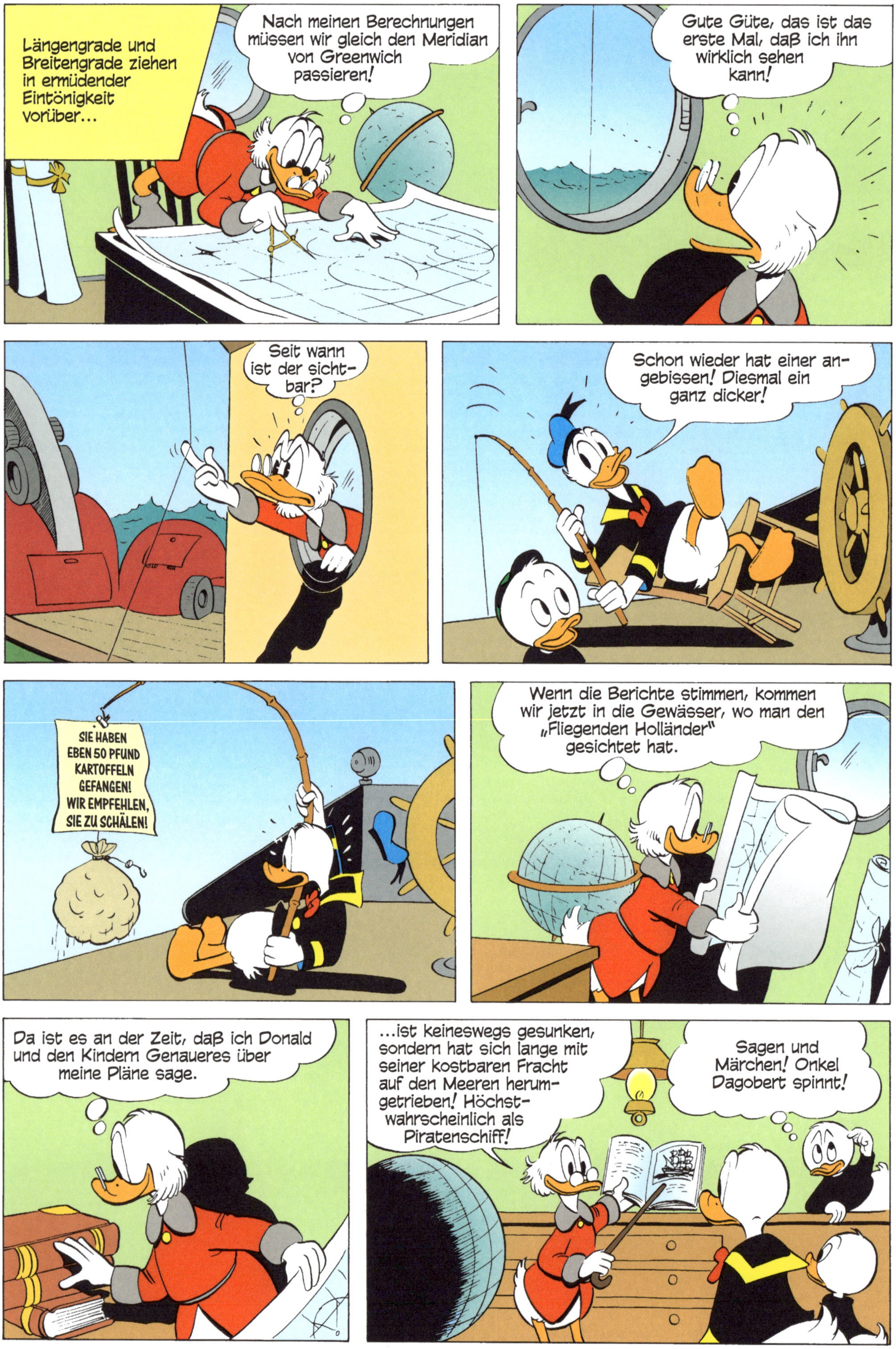
Längengrade und Breitengrade ziehen in ermüdender Eintönigkeit vorüber...
Nach meinen Berechnungen müssen wir gleich den Meridian von Greenwich passieren!
Gute Güte, das ist das erste Mal, daß ich ihn wirklich sehen kann!
Seit wann ist der sichtbar?
Schon wieder hat einer angebissen! Diesmal ein ganz dicker!
SIE HABEN EBEN 50 PFUND KARTOFFELN GEFANGEN! WIR EMPFEHLEN, SIE ZU SCHÄLEN!
Wenn die Berichte stimmen, kommen wir jetzt in die Gewässer, wo man den „Fliegenden Holländer" gesichtet hat.
Da ist es an der Zeit, daß ich Donald und den Kindern Genaueres über meine Pläne sage.
...ist keineswegs gesunken, sondern hat sich lange mit seiner kostbaren Fracht auf den Meeren herumgetrieben! Höchstwahrscheinlich als Piratenschiff!
Sagen und Märchen! Onkel Dagobert spinnt!

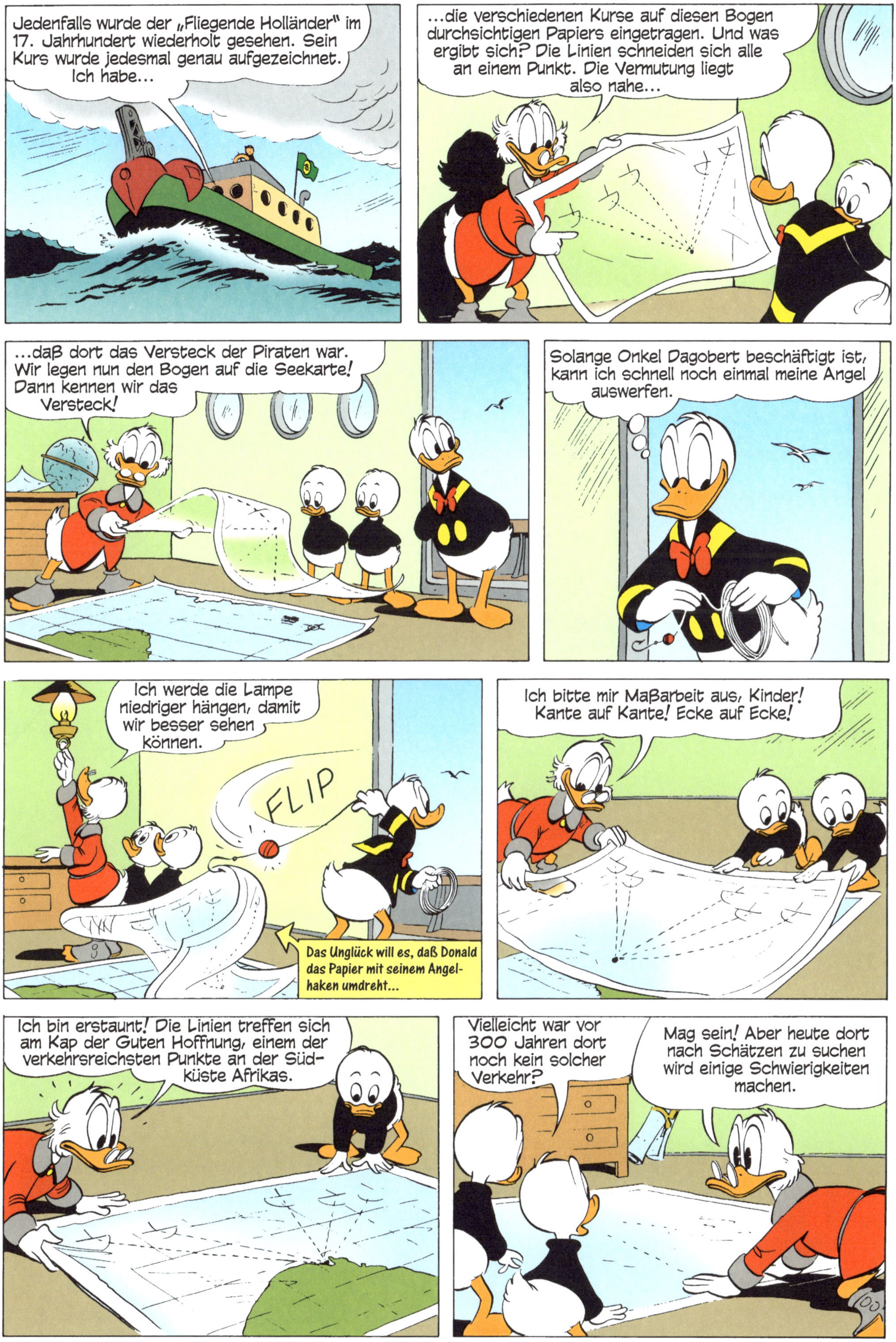
Jedenfalls wurde der „Fliegende Holländer" im 17. Jahrhundert wiederholt gesehen. Sein Kurs wurde jedesmal genau aufgezeichnet. Ich habe...
...die verschiedenen Kurse auf diesen Bogen durchsichtigen Papiers eingetragen. Und was ergibt sich? Die Linien schneiden sich alle an einem Punkt. Die Vermutung liegt also nahe...
...daß dort das Versteck der Piraten war. Wir legen nun den Bogen auf die Seekarte! Dann kennen wir das Versteck!
Solange Onkel Dagobert beschäftigt ist, kann ich schnell noch einmal meine Angel auswerfen.
Ich werde die Lampe niedriger hängen, damit wir besser sehen können.
FLIP
Das Unglück will es, daß Donald das Papier mit seinem Angelhaken umdreht...
Ich bitte mir Maßarbeit aus, Kinder! Kante auf Kante! Ecke auf Ecke!
Ich bin erstaunt! Die Linien treffen sich am Kap der Guten Hoffnung, einem der verkehrsreichsten Punkte an der Südküste Afrikas.
Vielleicht war vor 300 Jahren dort noch kein solcher Verkehr?
Mag sein! Aber heute dort nach Schätzen zu suchen wird einige Schwierigkeiten machen.

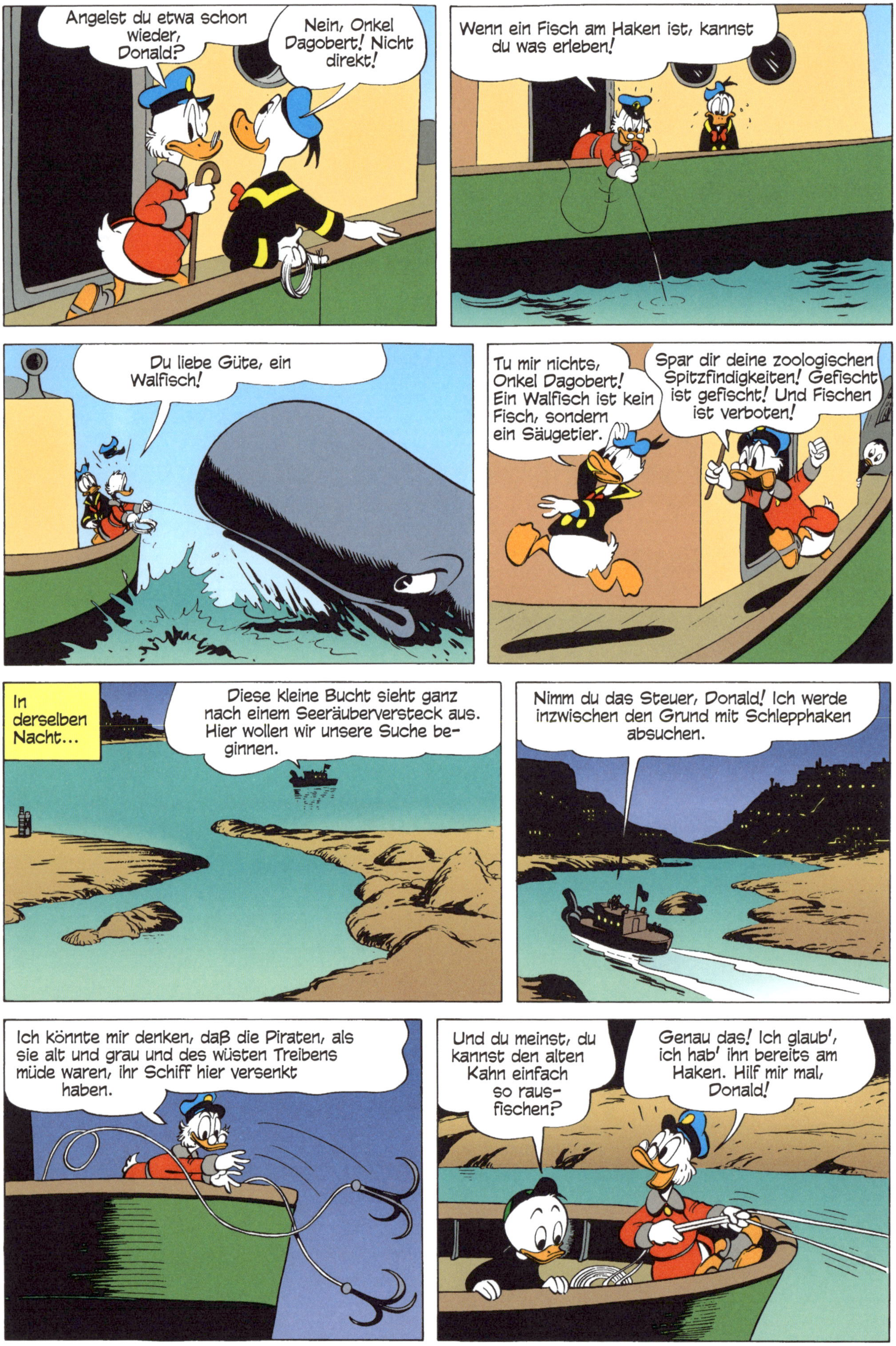
Angelst du etwa schon wieder, Donald?
Nein, Onkel Dagobert! Nicht direkt!
Wenn ein Fisch am Haken ist, kannst du was erleben!
Du liebe Güte, ein Walfisch!
Tu mir nichts, Onkel Dagobert! Ein Walfisch ist kein Fisch, sondern ein Säugetier.
Spar dir deine zoologischen Spitzfindigkeiten! Gefischt ist gefischt! Und Fischen ist verboten!
In derselben Nacht...
Diese kleine Bucht sieht ganz nach einem Seeräuberversteck aus. Hier wollen wir unsere Suche beginnen.
Nimm du das Steuer, Donald! Ich werde inzwischen den Grund mit Schlepphaken absuchen.
Ich könnte mir denken, daß die Piraten, als sie alt und grau und des wüsten Treibens müde waren, ihr Schiff hier versenkt haben.
Und du meinst, du kannst den alten Kahn einfach so rausfischen?
Genau das! Ich glaub', ich hab' ihn bereits am Haken. Hilf mir mal, Donald!

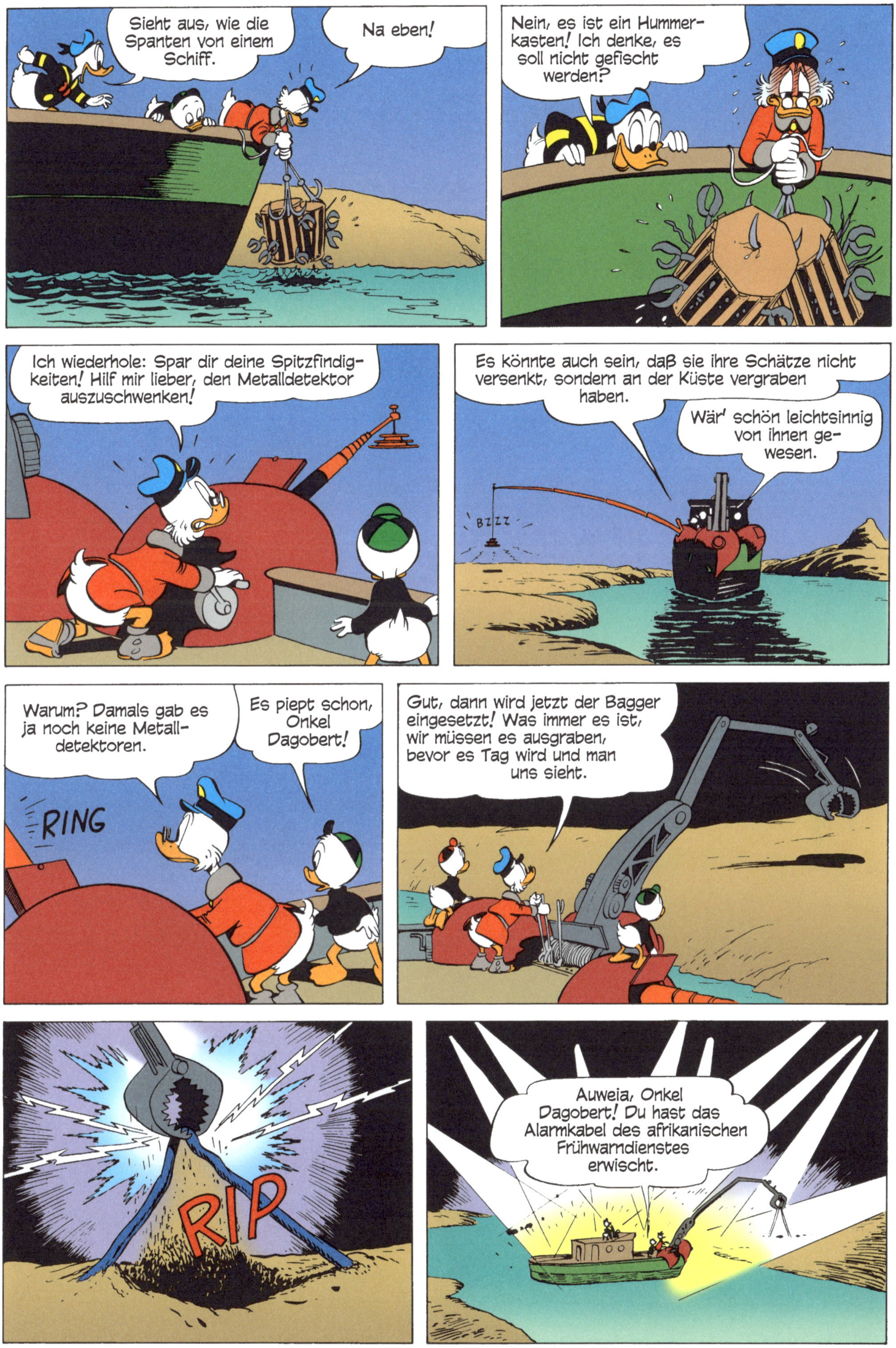
Sieht aus, wie die Spanten von einem Schiff.
Na eben!
Nein, es ist ein Hummerkasten! Ich denke, es soll nicht gefischt werden?
Ich wiederhole: Spar dir deine Spitzfindigkeiten! Hilf mir lieber, den Metalldetektor auszuschwenken!
Es könnte auch sein, daß sie ihre Schätze nicht versenkt, sondern an der Küste vergraben haben.
Wär' schön leichtsinnig von ihnen gewesen.
BZZZ
Warum? Damals gab es ja noch keine Metalldetektoren.
Es piept schon, Onkel Dagobert!
RING
Gut, dann wird jetzt der Bagger eingesetzt! Was immer es ist, wir müssen es ausgraben, bevor es Tag wird und man uns sieht.
RIP
Auweia, Onkel Dagobert! Du hast das Alarmkabel des afrikanischen Frühwarndienstes erwischt.

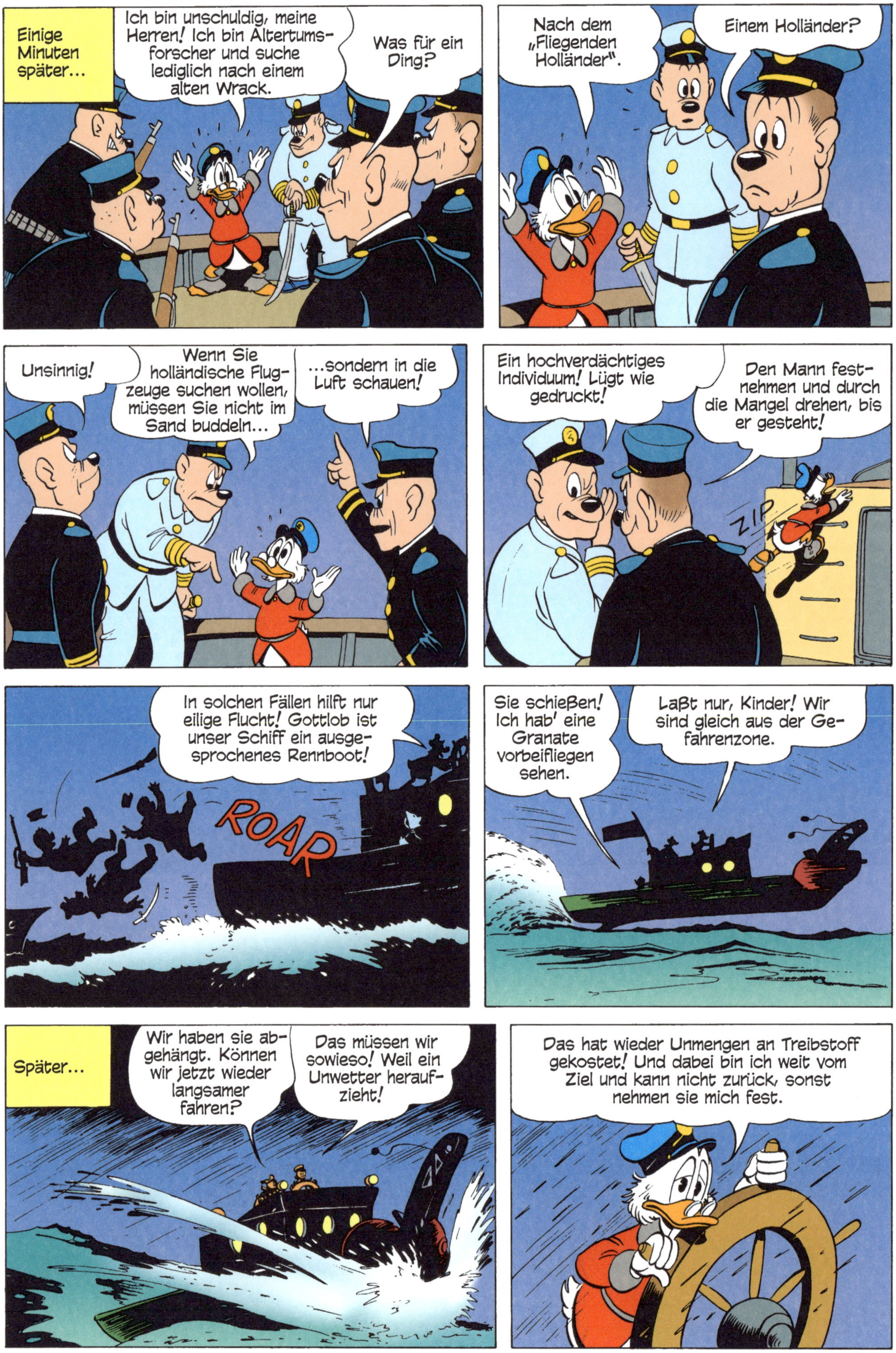
Einige Minuten später...
Ich bin unschuldig, meine Herren! Ich bin Altertumsforscher und suche lediglich nach einem alten Wrack.
Was für ein Ding?
Nach dem „Fliegenden Holländer".
Einem Holländer?
Unsinnig!
Wenn Sie holländische Flugzeuge suchen wollen, müssen Sie nicht im Sand buddeln...
...sondern in die Luft schauen!
Ein hochverdächtiges Individuum! Lügt wie gedruckt!
Den Mann festnehmen und durch die Mangel drehen, bis er gesteht!
ZIP
In solchen Fällen hilft nur eilige Flucht! Gottlob ist unser Schiff ein ausgesprochenes Rennboot!
ROAR
Sie schießen! Ich hab' eine Granate vorbeifliegen sehen.
Laßt nur, Kinder! Wir sind gleich aus der Gefahrenzone.
Später...
Wir haben sie abgehängt. Können wir jetzt wieder langsamer fahren?
Das müssen wir sowieso! Weil ein Unwetter heraufzieht!
Das hat wieder Unmengen an Treibstoff gekostet! Und dabei bin ich weit vom Ziel und kann nicht zurück, sonst nehmen sie mich fest.

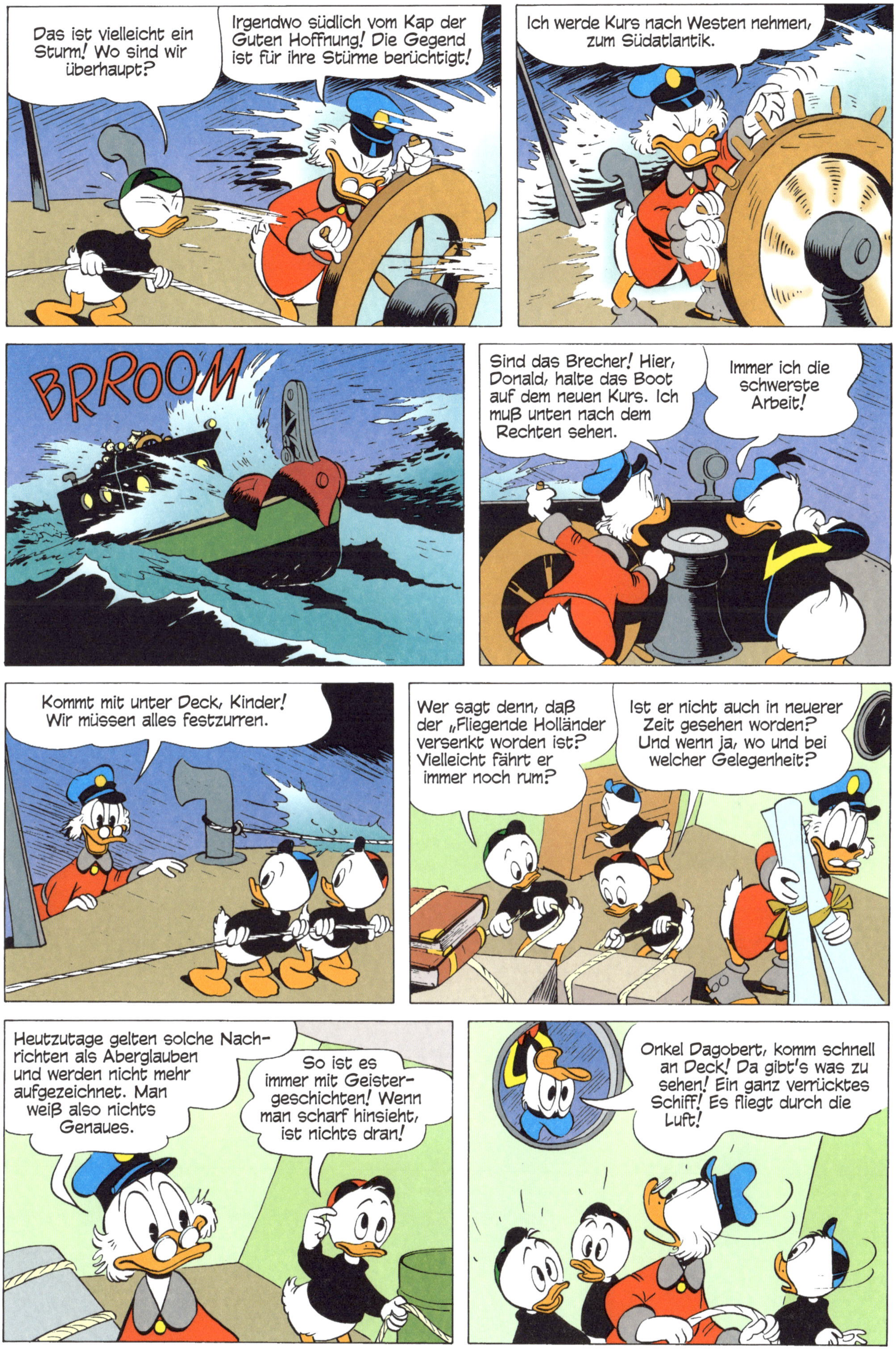
Das ist vielleicht ein Sturm! Wo sind wir überhaupt?
Irgendwo südlich vom Kap der Guten Hoffnung! Die Gegend ist für ihre Stürme berüchtigt!
Ich werde Kurs nach Westen nehmen, zum Südatlantik.
BRROOM
Sind das Brecher! Hier, Donald, halte das Boot auf dem neuen Kurs. Ich muß unten nach dem Rechten sehen.
Immer ich die schwerste Arbeit!
Kommt mit unter Deck, Kinder! Wir müssen alles festzurren.
Wer sagt denn, daß der „Fliegende Holländer versenkt worden ist? Vielleicht fährt er immer noch rum?
Ist er nicht auch in neuerer Zeit gesehen worden? Und wenn ja, wo und bei welcher Gelegenheit?
Heutzutage gelten solche Nachrichten als Aberglauben und werden nicht mehr aufgezeichnet. Man weiß also nichts Genaues.
So ist es immer mit Geistergeschichten! Wenn man scharf hinsieht, ist nichts dran!
Onkel Dagobert, komm schnell an Deck! Da gibt's was zu sehen! Ein ganz verrücktes Schiff! Es fliegt durch die Luft!

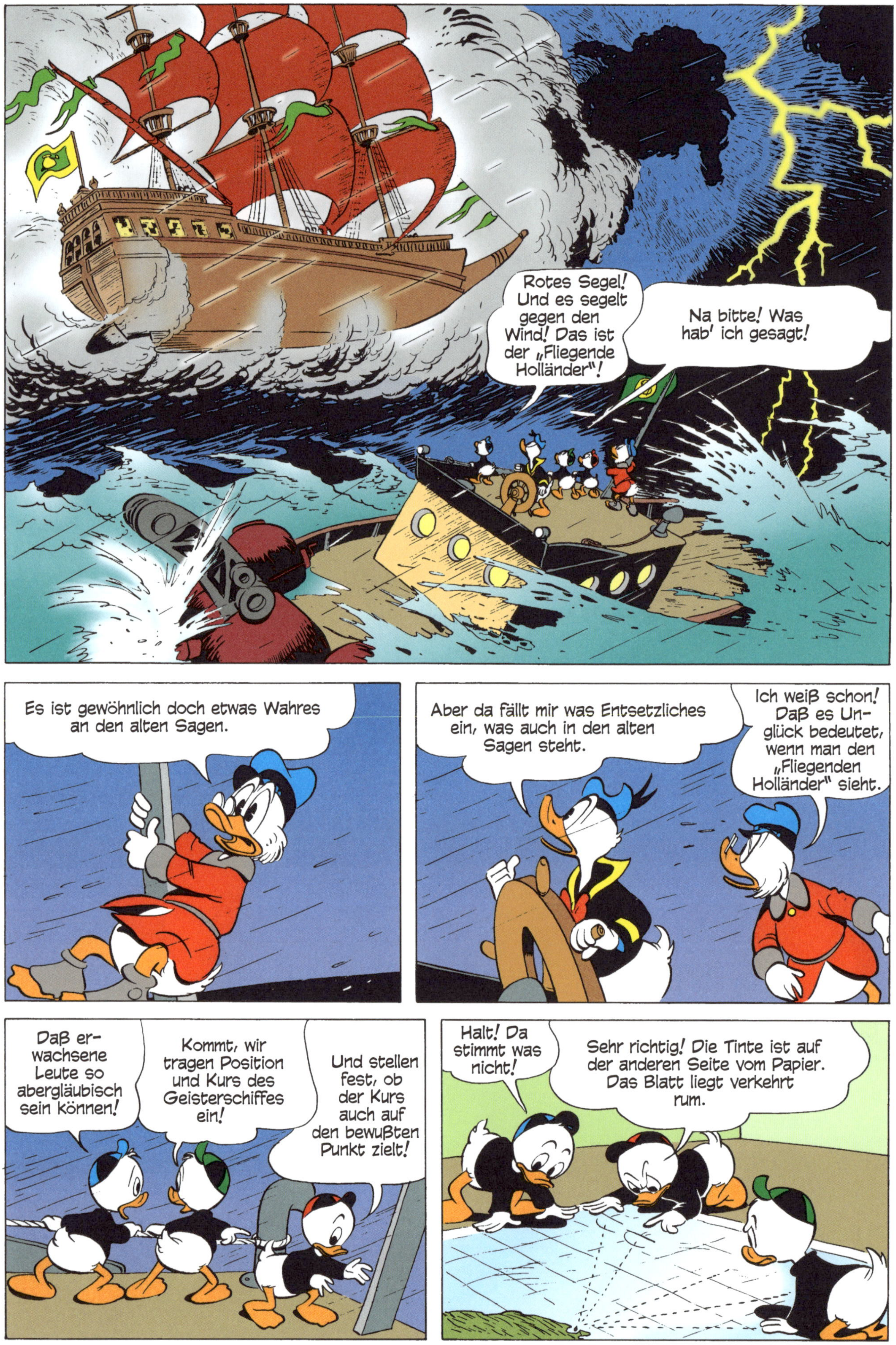

Rotes Segel! Und es segelt gegen den Wind! Das ist der „Fliegende Holländer"!
Na bitte! Was hab' ich gesagt!
Es ist gewöhnlich doch etwas Wahres an den alten Sagen.
Aber da fällt mir was Entsetzliches ein, was auch in den alten Sagen steht.
Ich weiß schon! Daß es Unglück bedeutet, wenn man den „Fliegenden Holländer" sieht.
Daß erwachsene Leute so abergläubisch sein können!
Kommt, wir tragen Position und Kurs des Geisterschiffes ein!
Und stellen fest, ob der Kurs auch auf den bewußten Punkt zielt!
Halt! Da stimmt was nicht!
Sehr richtig! Die Tinte ist auf der anderen Seite vom Papier. Das Blatt liegt verkehrt rum.

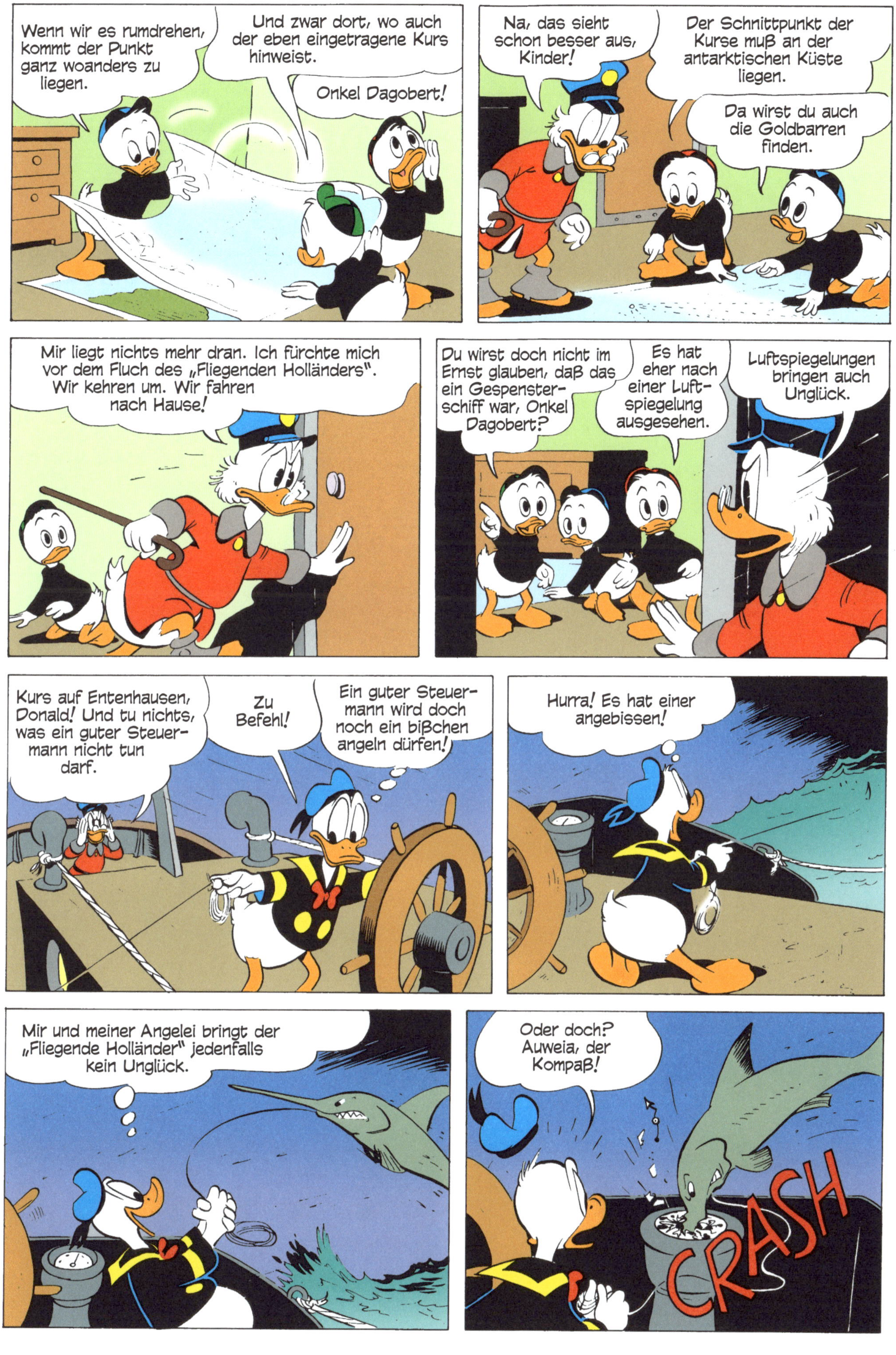
Wenn wir es rumdrehen, kommt der Punkt ganz woanders zu liegen.
Und zwar dort, wo auch der eben eingetragene Kurs hinweist.
Onkel Dagobert!
Na, das sieht schon besser aus, Kinder!
Der Schnittpunkt der Kurse muß an der antarktischen Küste liegen.
Da wirst du auch die Goldbarren finden.
Mir liegt nichts mehr dran. Ich fürchte mich vor dem Fluch des „Fliegenden Holländers". Wir kehren um. Wir fahren nach Hause!
Du wirst doch nicht im Ernst glauben, daß das ein Gespensterschiff war, Onkel Dagobert?
Es hat eher nach einer Luftspiegelung ausgesehen.
Luftspiegelungen bringen auch Unglück.
Kurs auf Entenhausen, Donald! Und tu nichts, was ein guter Steuermann nicht tun darf.
Zu Befehl!
Ein guter Steuermann wird doch noch ein bißchen angeln dürfen!
Hurra! Es hat einer angebissen!
Mir und meiner Angelei bringt der „Fliegende Holländer" jedenfalls kein Unglück.
Oder doch? Auweia, der Kompaß!
CRASH

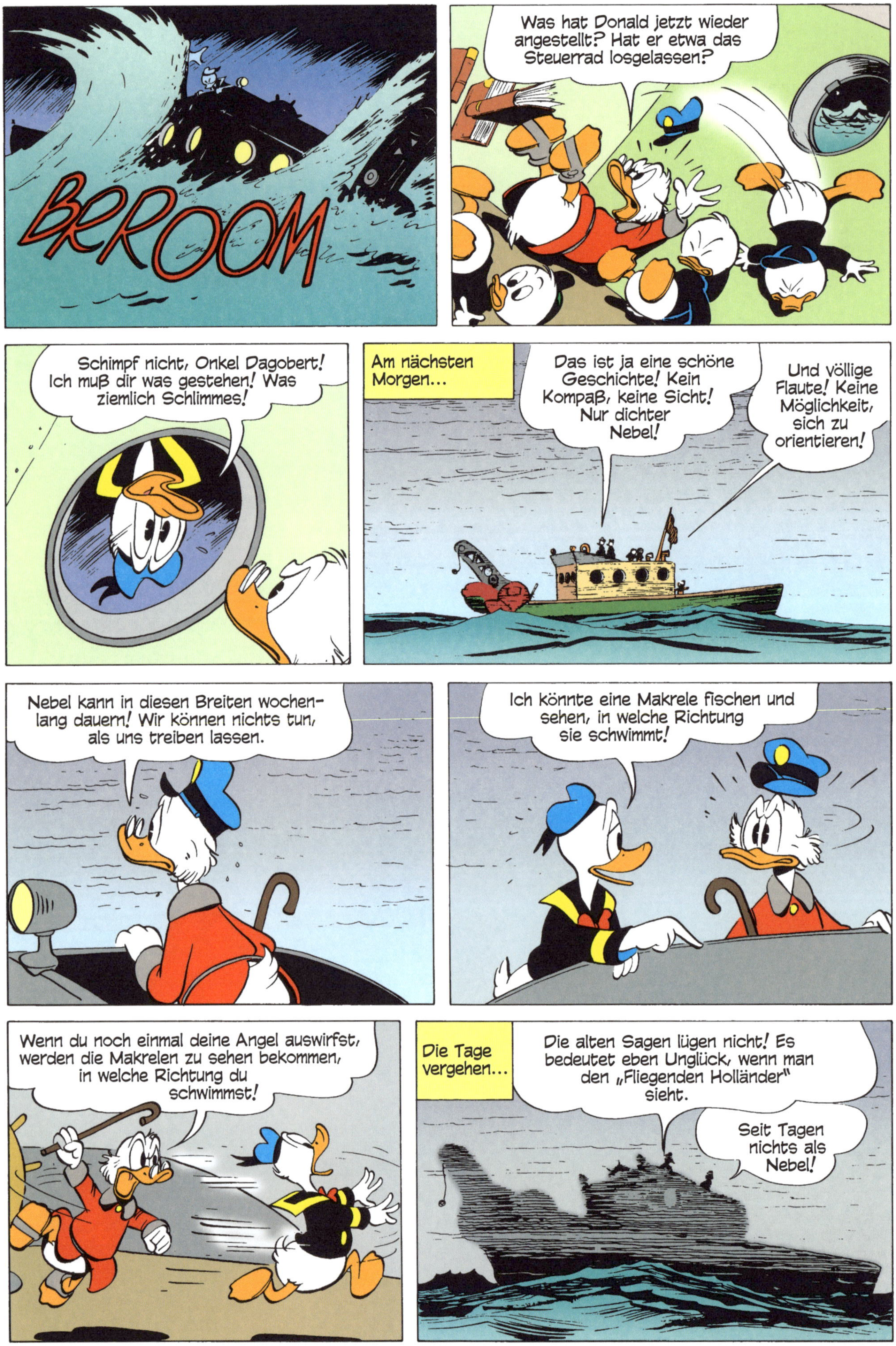
BRROOM
Was hat Donald jetzt wieder angestellt? Hat er etwa das Steuerrad losgelassen?
Schimpf nicht, Onkel Dagobert! Ich muß dir was gestehen! Was ziemlich Schlimmes!
Am nächsten Morgen...
Das ist ja eine schöne Geschichte! Kein Kompaß, keine Sicht! Nur dichter Nebel!
Und völlige Flaute! Keine Möglichkeit, sich zu orientieren!
Nebel kann in diesen Breiten wochenlang dauern! Wir können nichts tun, als uns treiben lassen.
Ich könnte eine Makrele fischen und sehen, in welche Richtung sie schwimmt!
Wenn du noch einmal deine Angel auswirfst, werden die Makrelen zu sehen bekommen, in welche Richtung du schwimmst!
Die Tage vergehen...
Die alten Sagen lügen nicht! Es bedeutet eben Unglück, wenn man den „Fliegenden Holländer" sieht.
Seit Tagen nichts als Nebel!

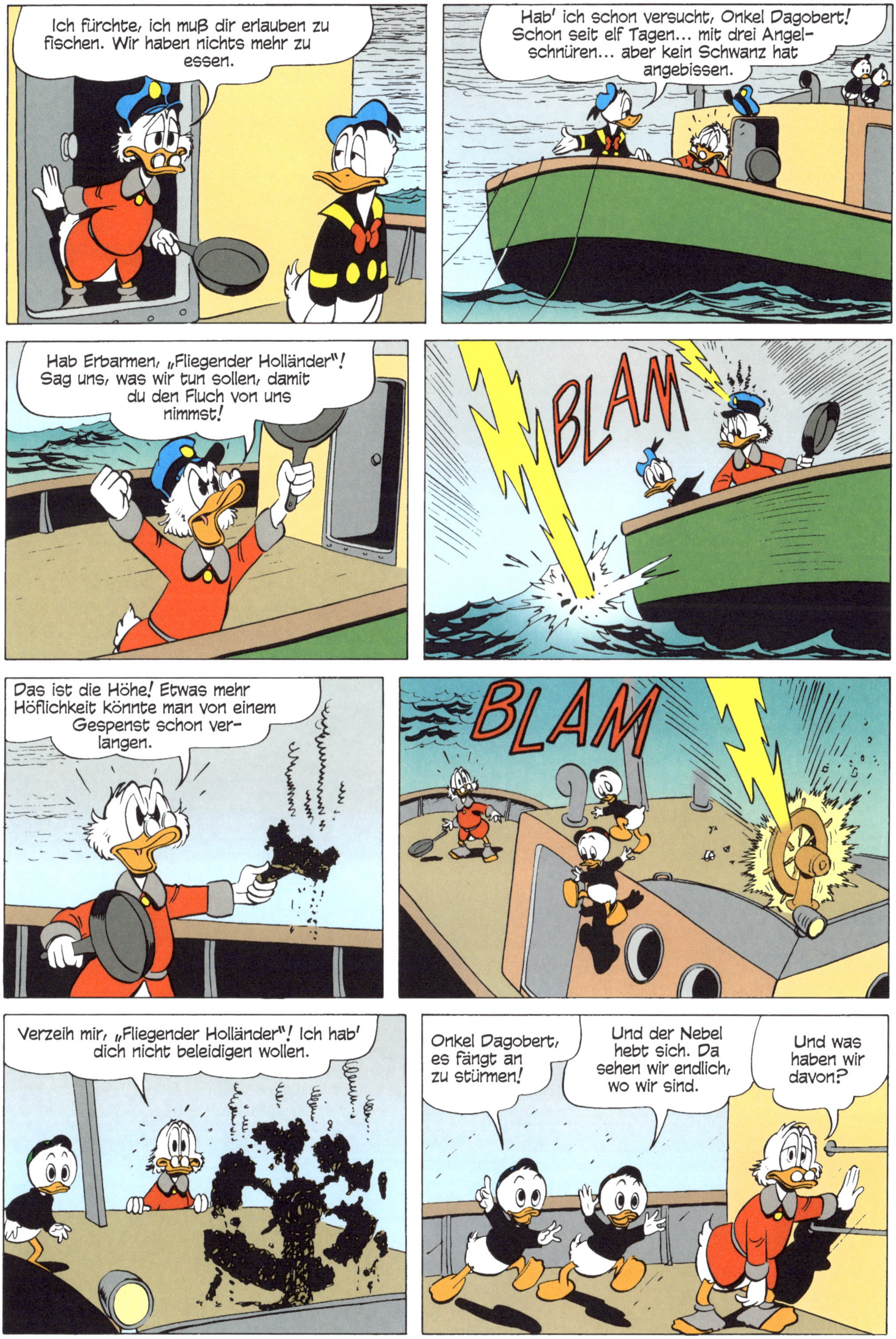
Ich fürchte, ich muß dir erlauben zu fischen. Wir haben nichts mehr zu essen.
Hab' ich schon versucht, Onkel Dagobert! Schon seit elf Tagen... mit drei Angelschnüren... aber kein Schwanz hat angebissen.
Hab Erbarmen, „Fliegender Holländer"! Sag uns, was wir tun sollen, damit du den Fluch von uns nimmst!
BLAM
Das ist die Höhe! Etwas mehr Höflichkeit könnte man von einem Gespenst schon verlangen.
BLAM
Verzeih mir, „Fliegender Holländer"! Ich hab' dich nicht beleidigen wollen.
Onkel Dagobert, es fängt an zu stürmen!
Und der Nebel hebt sich. Da sehen wir endlich, wo wir sind.
Und was haben wir davon?

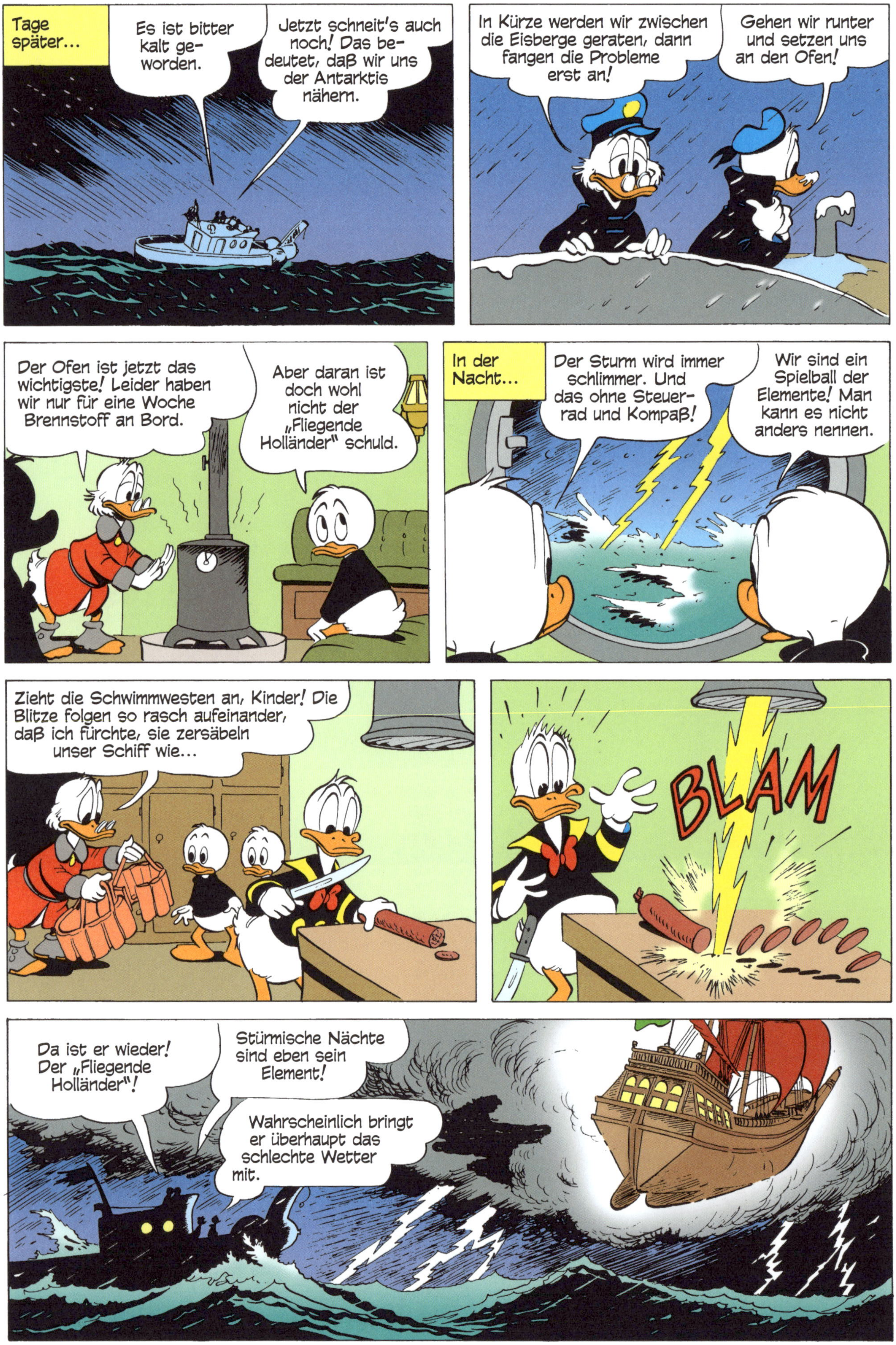
Tage später...
Es ist bitter kalt geworden.
Jetzt schneit's auch noch! Das bedeutet, daß wir uns der Antarktis nähern.
In Kürze werden wir zwischen die Eisberge geraten, dann fangen die Probleme erst an!
Gehen wir runter und setzen uns an den Ofen!
Der Ofen ist jetzt das wichtigste! Leider haben wir nur für eine Woche Brennstoff an Bord.
Aber daran ist doch wohl nicht der „Fliegende Holländer" schuld.
In der Nacht...
Der Sturm wird immer schlimmer. Und das ohne Steuerrad und Kompaß!
Wir sind ein Spielball der Elemente! Man kann es nicht anders nennen.
Zieht die Schwimmwesten an, Kinder! Die Blitze folgen so rasch aufeinander, daß ich fürchte, sie zersäbeln unser Schiff wie...
BLAM
Da ist er wieder! Der „Fliegende Holländer"!
Stürmische Nächte sind eben sein Element!
Wahrscheinlich bringt er überhaupt das schlechte Wetter mit.

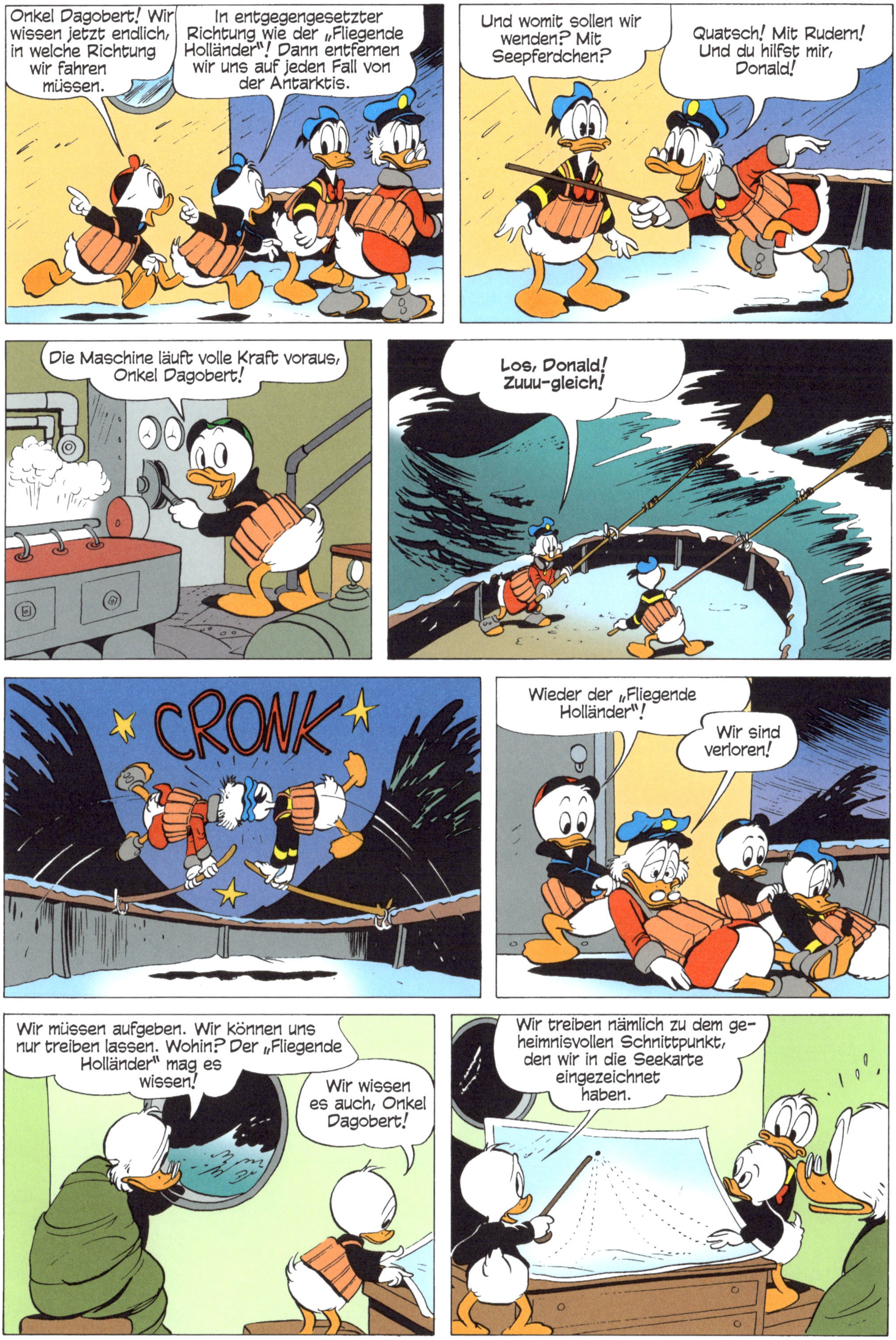

Onkel Dagobert! Wir wissen jetzt endlich, in welche Richtung wir fahren müssen.
In entgegengesetzter Richtung wie der „Fliegende Holländer"! Dann entfernen wir uns auf jeden Fall von der Antarktis.
Und womit sollen wir wenden? Mit Seepferdchen?
Quatsch! Mit Rudern! Und du hilfst mir, Donald!
Die Maschine läuft volle Kraft voraus, Onkel Dagobert!
Los, Donald! Zuuu-gleich!
CRONK
Wieder der „Fliegende Holländer"!
Wir sind verloren!
Wir müssen aufgeben. Wir können uns nur treiben lassen. Wohin? Der „Fliegende Holländer" mag es wissen!
Wir wissen es auch, Onkel Dagobert!
Wir treiben nämlich zu dem geheimnisvollen Schnittpunkt, den wir in die Seekarte eingezeichnet haben.

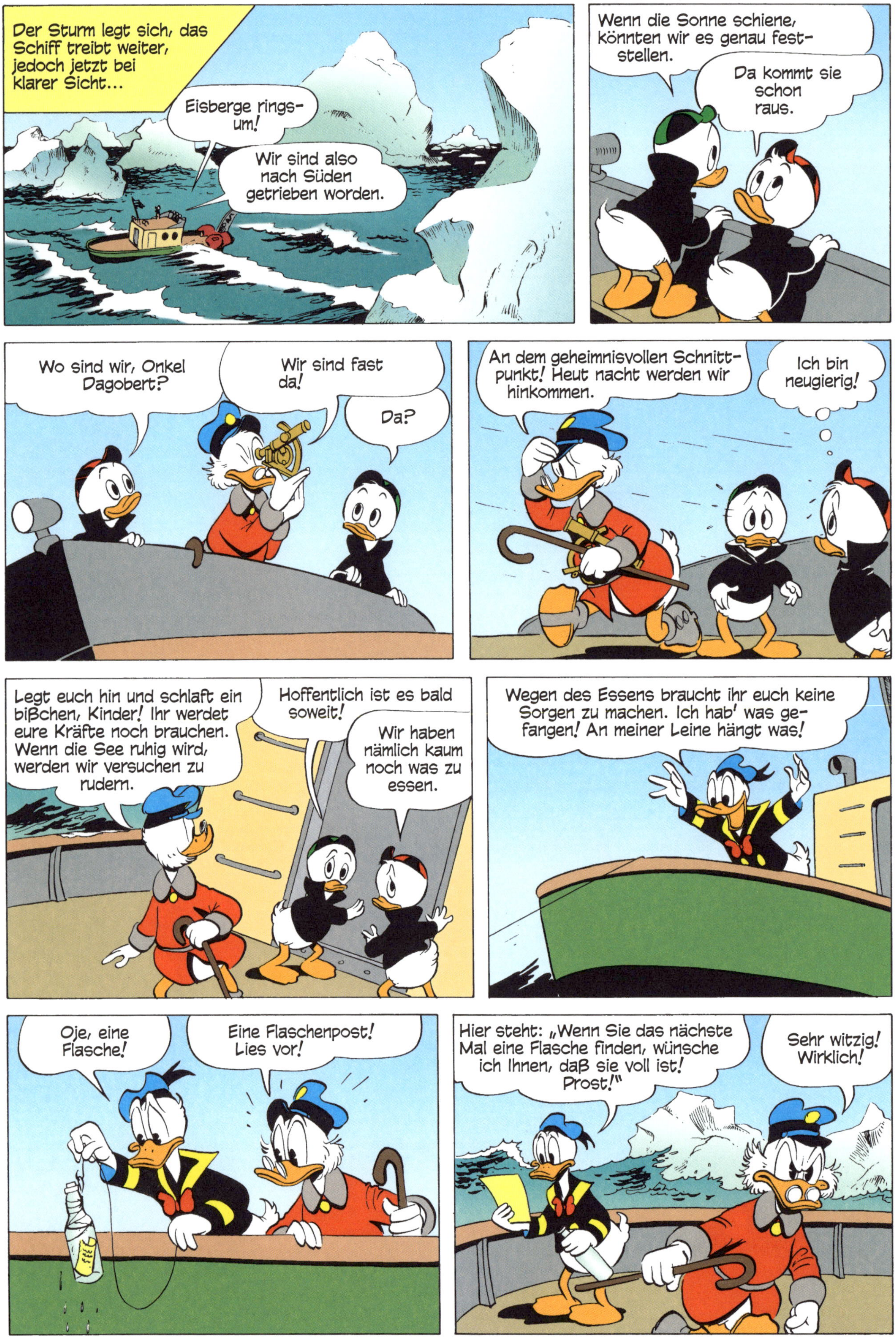
Der Sturm legt sich, das Schiff treibt weiter, jedoch jetzt bei klarer Sicht…
Eisberge ringsum!
Wir sind also nach Süden getrieben worden.
Wenn die Sonne schiene, könnten wir es genau feststellen.
Da kommt sie schon raus.
Wo sind wir, Onkel Dagobert?
Wir sind fast da!
Da?
An dem geheimnisvollen Schnittpunkt! Heut nacht werden wir hinkommen.
Ich bin neugierig!
Legt euch hin und schlaft ein bißchen, Kinder! Ihr werdet eure Kräfte noch brauchen. Wenn die See ruhig wird, werden wir versuchen zu rudern.
Hoffentlich ist es bald soweit!
Wir haben nämlich kaum noch was zu essen.
Wegen des Essens braucht ihr euch keine Sorgen zu machen. Ich hab' was gefangen! An meiner Leine hängt was!
Oje, eine Flasche!
Eine Flaschenpost! Lies vor!
Hier steht: „Wenn Sie das nächste Mal eine Flasche finden, wünsche ich Ihnen, daß sie voll ist! Prost!"
Sehr witzig! Wirklich!

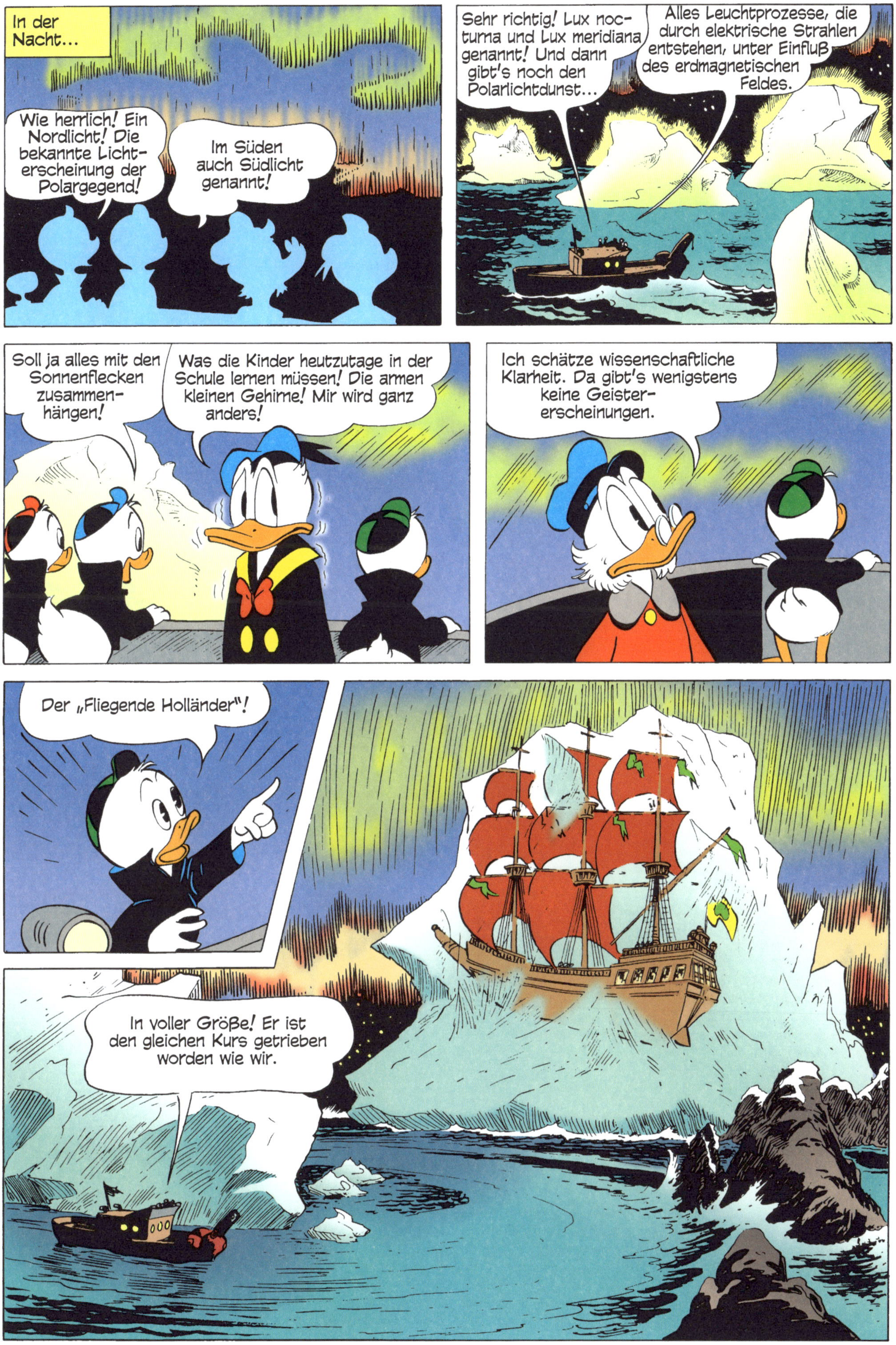
In der Nacht...
Wie herrlich! Ein Nordlicht! Die bekannte Lichterscheinung der Polargegend!
Im Süden auch Südlicht genannt!
Sehr richtig! Lux nocturna und Lux meridiana genannt! Und dann gibt's noch den Polarlichtdunst...
Alles Leuchtprozesse, die durch elektrische Strahlen entstehen, unter Einfluß des erdmagnetischen Feldes.
Soll ja alles mit den Sonnenflecken zusammenhängen!
Was die Kinder heutzutage in der Schule lernen müssen! Die armen kleinen Gehirne! Mir wird ganz anders!
Ich schätze wissenschaftliche Klarheit. Da gibt's wenigstens keine Geistererscheinungen.
Der „Fliegende Holländer"!
In voller Größe! Er ist den gleichen Kurs getrieben worden wie wir.

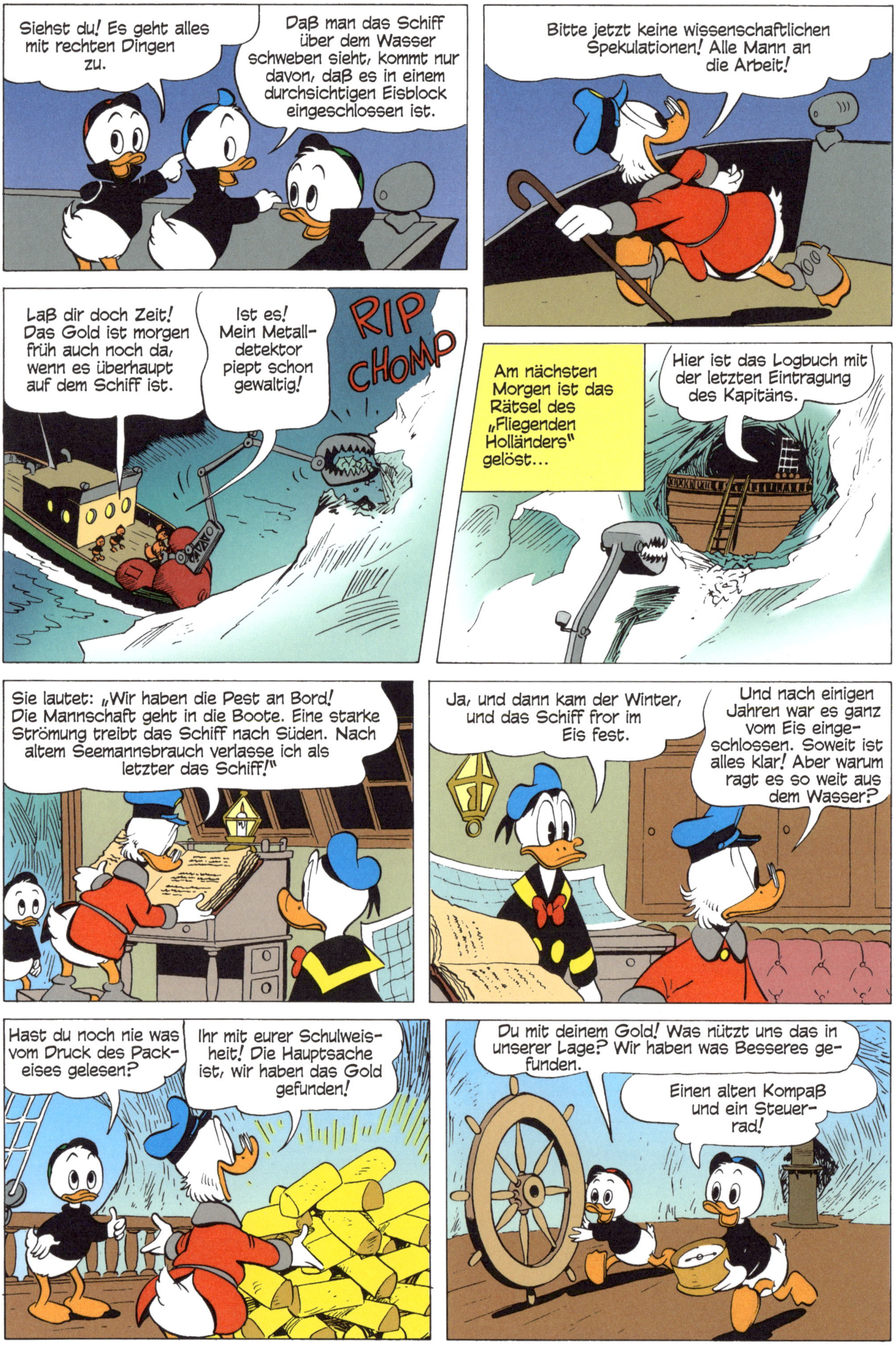
Siehst du! Es geht alles mit rechten Dingen zu.
Daß man das Schiff über dem Wasser schweben sieht, kommt nur davon, daß es in einem durchsichtigen Eisblock eingeschlossen ist.
Bitte jetzt keine wissenschaftlichen Spekulationen! Alle Mann an die Arbeit!
Laß dir doch Zeit! Das Gold ist morgen früh auch noch da, wenn es überhaupt auf dem Schiff ist.
Ist es! Mein Metalldetektor piept schon gewaltig!
RIP
CHOMP
Am nächsten Morgen ist das Rätsel des „Fliegenden Holländers" gelöst...
Hier ist das Logbuch mit der letzten Eintragung des Kapitäns.
Sie lautet: „Wir haben die Pest an Bord! Die Mannschaft geht in die Boote. Eine starke Strömung treibt das Schiff nach Süden. Nach altem Seemannsbrauch verlasse ich als letzter das Schiff!"
Ja, und dann kam der Winter, und das Schiff fror im Eis fest.
Und nach einigen Jahren war es ganz vom Eis eingeschlossen. Soweit ist alles klar! Aber warum ragt es so weit aus dem Wasser?
Hast du noch nie was vom Druck des Packeises gelesen?
Ihr mit eurer Schulweisheit! Die Hauptsache ist, wir haben das Gold gefunden!
Du mit deinem Gold! Was nützt uns das in unserer Lage? Wir haben was Besseres gefunden.
Einen alten Kompaß und ein Steuerrad!

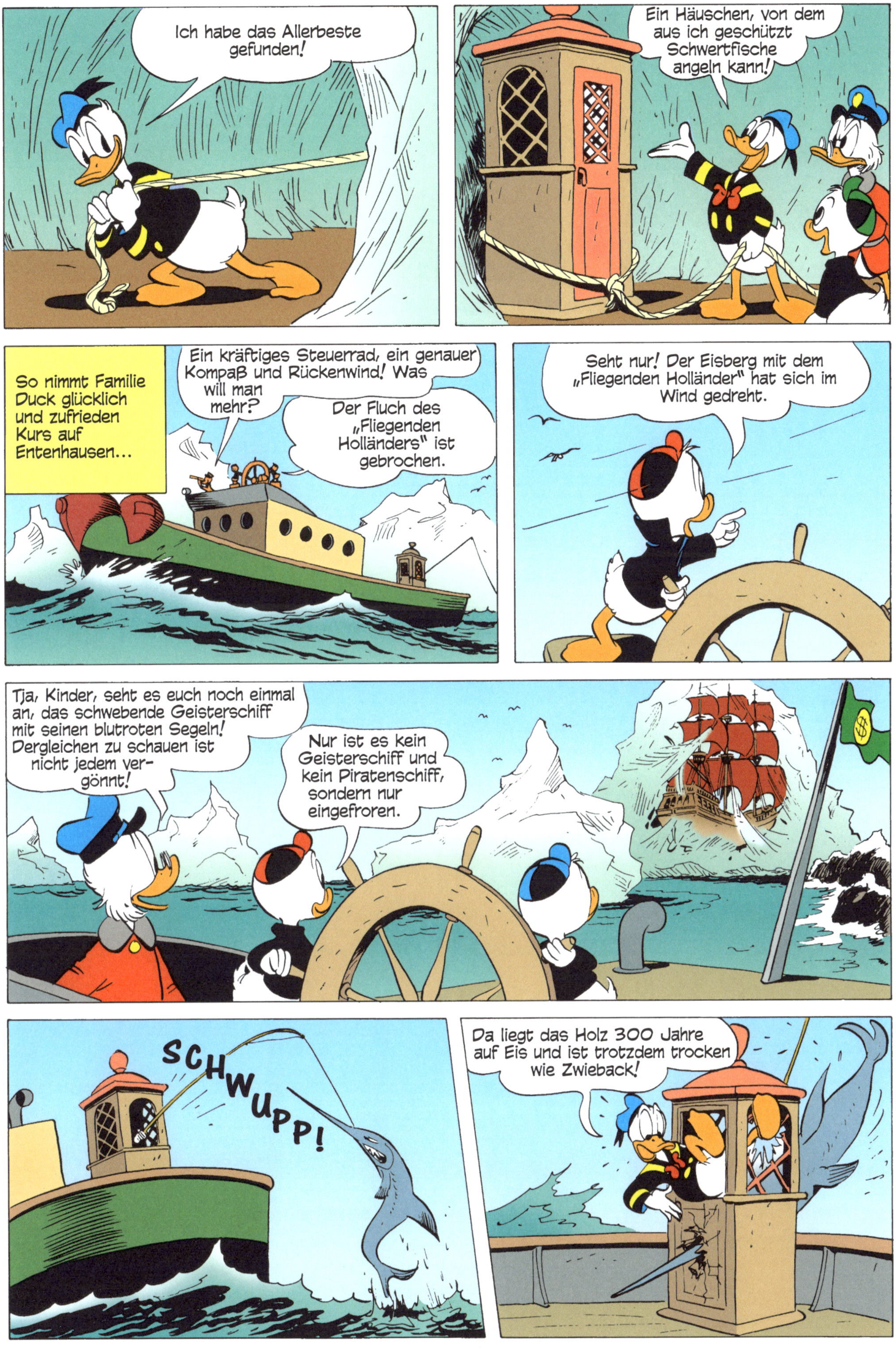
Ich habe das Allerbeste gefunden!
Ein Häuschen, von dem aus ich geschützt Schwertfische angeln kann!
So nimmt Familie Duck glücklich und zufrieden Kurs auf Entenhausen...
Ein kräftiges Steuerrad, ein genauer Kompaß und Rückenwind! Was will man mehr?
Der Fluch des „Fliegenden Holländers" ist gebrochen.
Seht nur! Der Eisberg mit dem „Fliegenden Holländer" hat sich im Wind gedreht.
Tja, Kinder, seht es euch noch einmal an, das schwebende Geisterschiff mit seinen blutroten Segeln! Dergleichen zu schauen ist nicht jedem vergönnt!
Nur ist es kein Geisterschiff und kein Piratenschiff, sondern nur eingefroren.
SCHWUPP!
Da liegt das Holz 300 Jahre auf Eis und ist trotzdem trocken wie Zwieback!

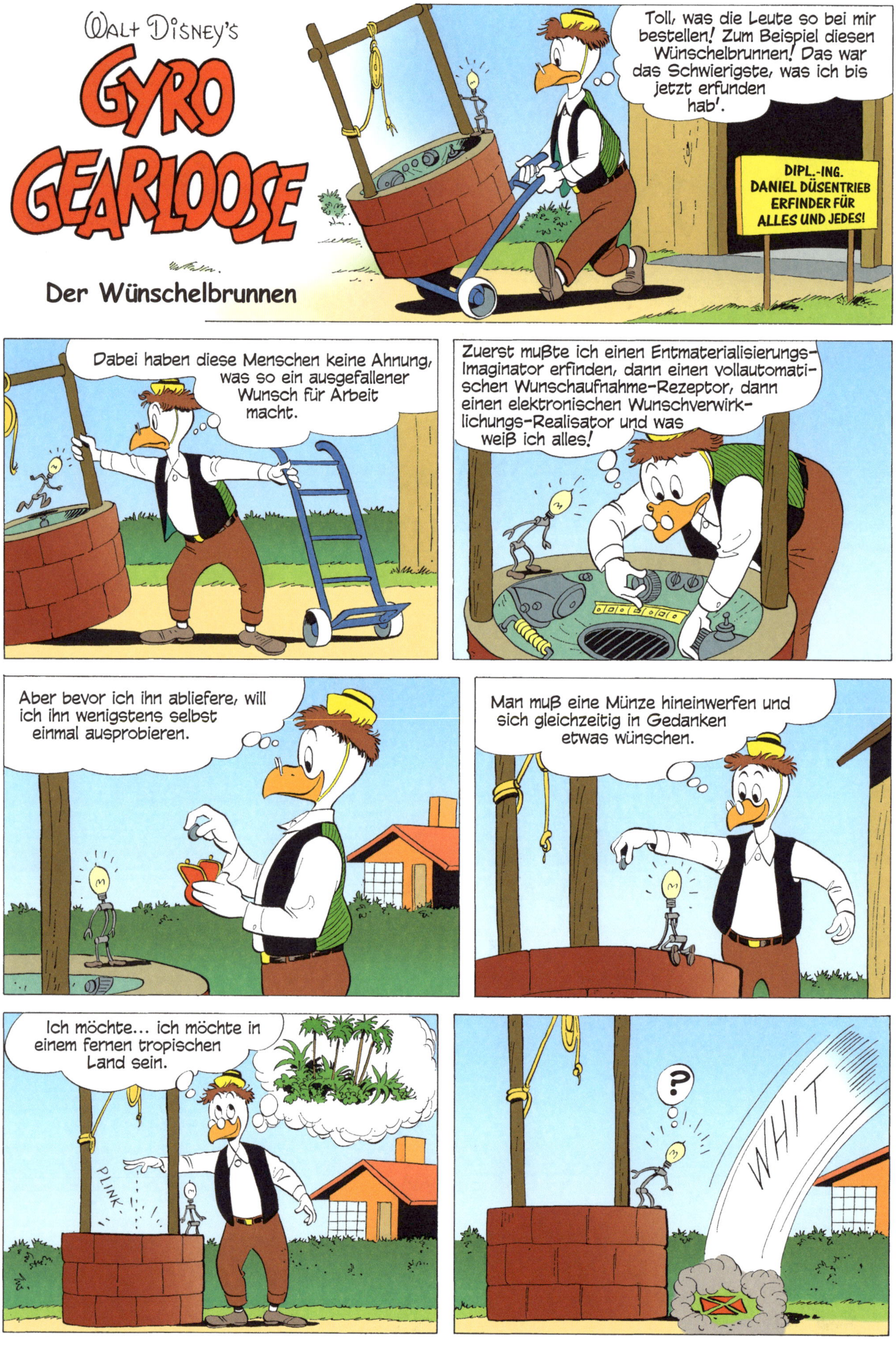
Walt Disney's
GYRO GEARLOOSE
Der Wünschelbrunnen
Toll, was die Leute so bei mir bestellen! Zum Beispiel diesen Wünschelbrunnen! Das war das Schwierigste, was ich bis jetzt erfunden hab'.
DIPL.-ING. DANIEL DÜSENTRIEB ERFINDER FÜR ALLES UND JEDES!
Dabei haben diese Menschen keine Ahnung, was so ein ausgefallener Wunsch für Arbeit macht.
Zuerst mußte ich einen Entmaterialisierungs-Imaginator erfinden, dann einen vollautomatischen Wunschaufnahme-Rezeptor, dann einen elektronischen Wunschverwirklichungs-Realisator und was weiß ich alles!
Aber bevor ich ihn abliefere, will ich ihn wenigstens selbst einmal ausprobieren.
Man muß eine Münze hineinwerfen und sich gleichzeitig in Gedanken etwas wünschen.
Ich möchte... ich möchte in einem fernen tropischen Land sein.
PLINK
?
WHIT

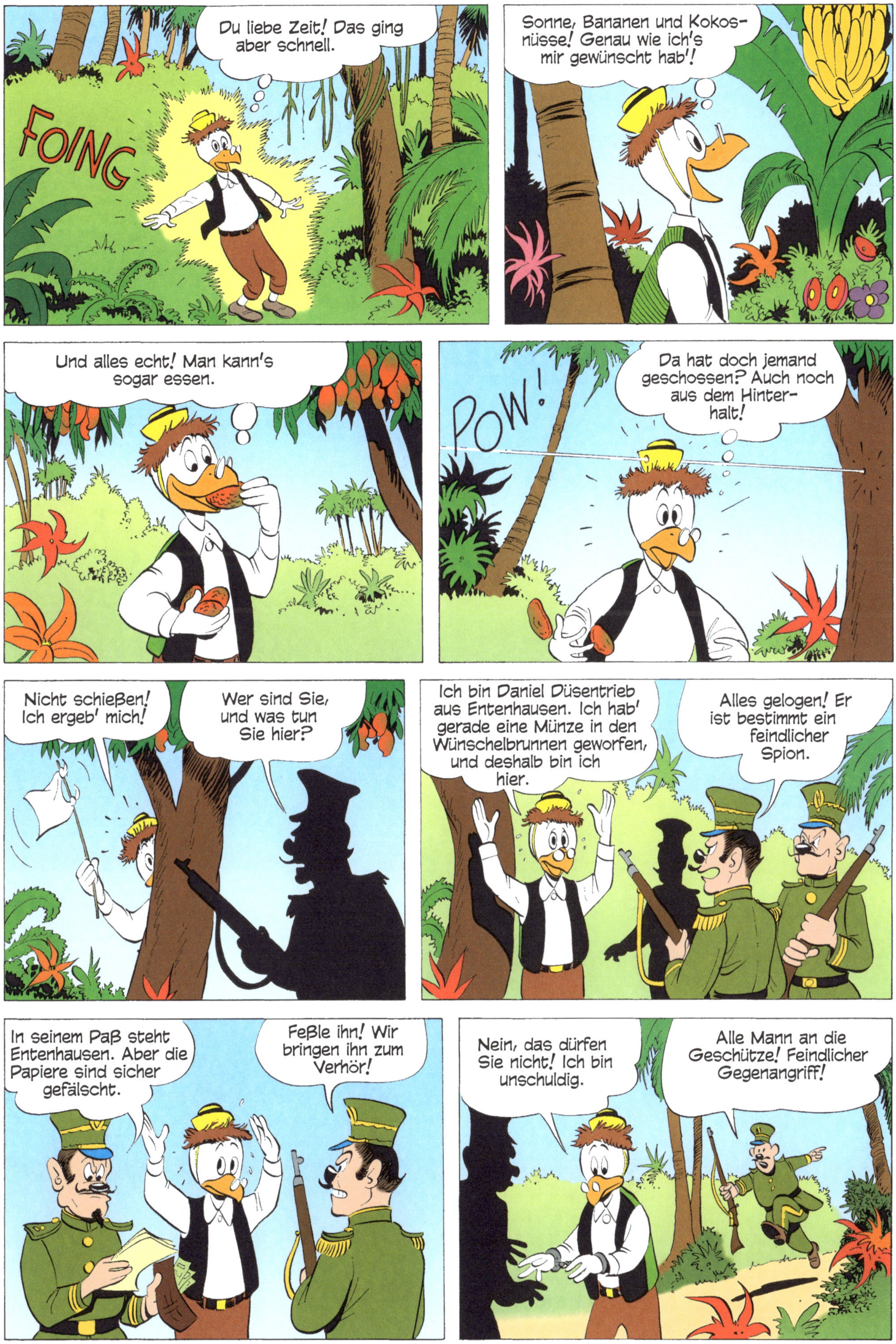

Du liebe Zeit! Das ging aber schnell.
FOING
Sonne, Bananen und Kokosnüsse! Genau wie ich's mir gewünscht hab'!
Und alles echt! Man kann's sogar essen.
POW!
Da hat doch jemand geschossen? Auch noch aus dem Hinterhalt!
Nicht schießen! Ich ergeb' mich!
Wer sind Sie, und was tun Sie hier?
Ich bin Daniel Düsentrieb aus Entenhausen. Ich hab' gerade eine Münze in den Wünschelbrunnen geworfen, und deshalb bin ich hier.
Alles gelogen! Er ist bestimmt ein feindlicher Spion.
In seinem Paß steht Entenhausen. Aber die Papiere sind sicher gefälscht.
Feßle ihn! Wir bringen ihn zum Verhör!
Nein, das dürfen Sie nicht! Ich bin unschuldig.
Alle Mann an die Geschütze! Feindlicher Gegenangriff!

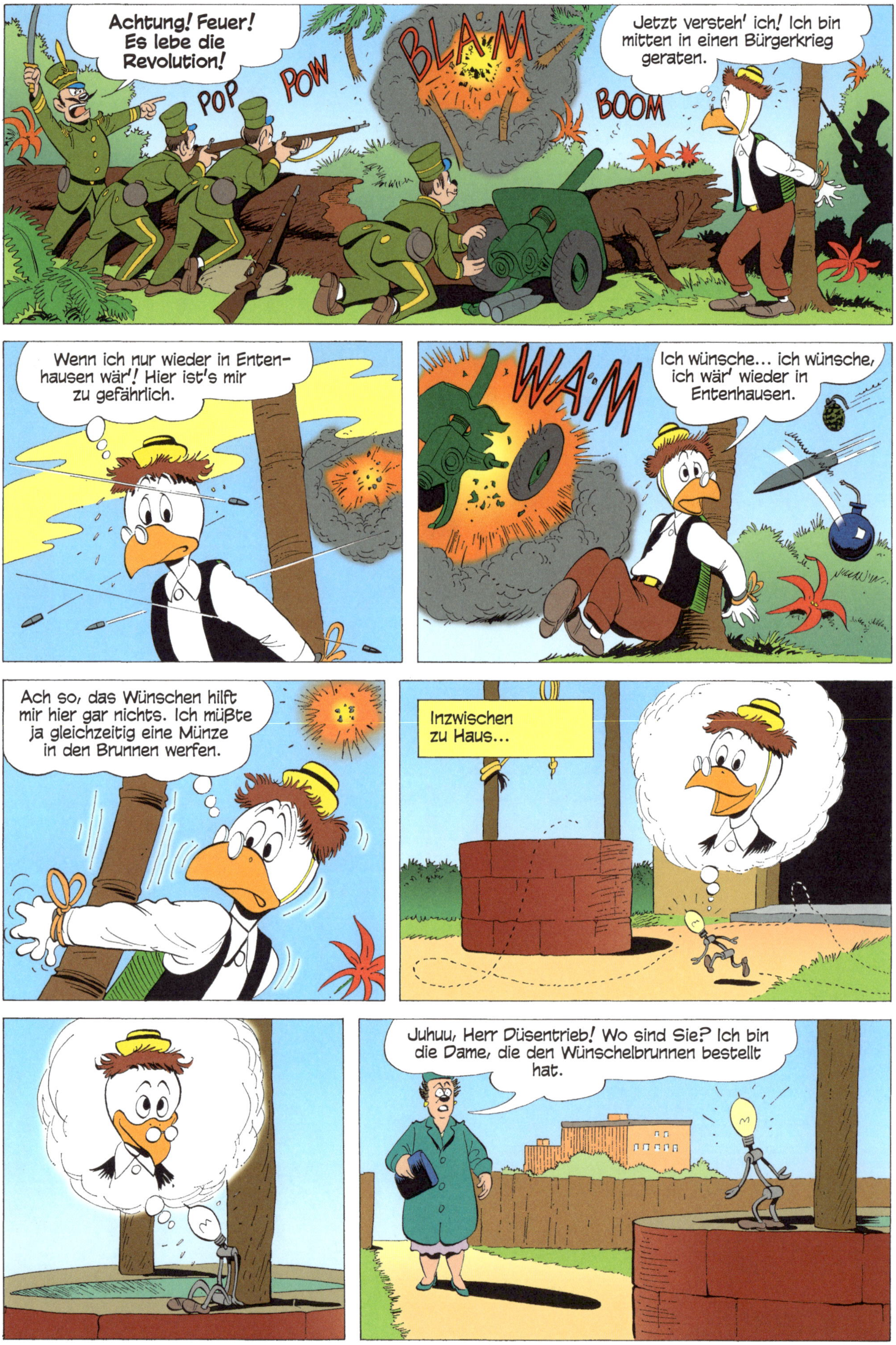
Achtung! Feuer! Es lebe die Revolution!
POP
POW
BLAM
BOOM
Jetzt versteh' ich! Ich bin mitten in einen Bürgerkrieg geraten.
Wenn ich nur wieder in Entenhausen wär'! Hier ist's mir zu gefährlich.
WAM
Ich wünsche... ich wünsche, ich wär' wieder in Entenhausen.
Ach so, das Wünschen hilft mir hier gar nichts. Ich müßte ja gleichzeitig eine Münze in den Brunnen werfen.
Inzwischen zu Haus...
Juhuu, Herr Düsentrieb! Wo sind Sie? Ich bin die Dame, die den Wünschelbrunnen bestellt hat.

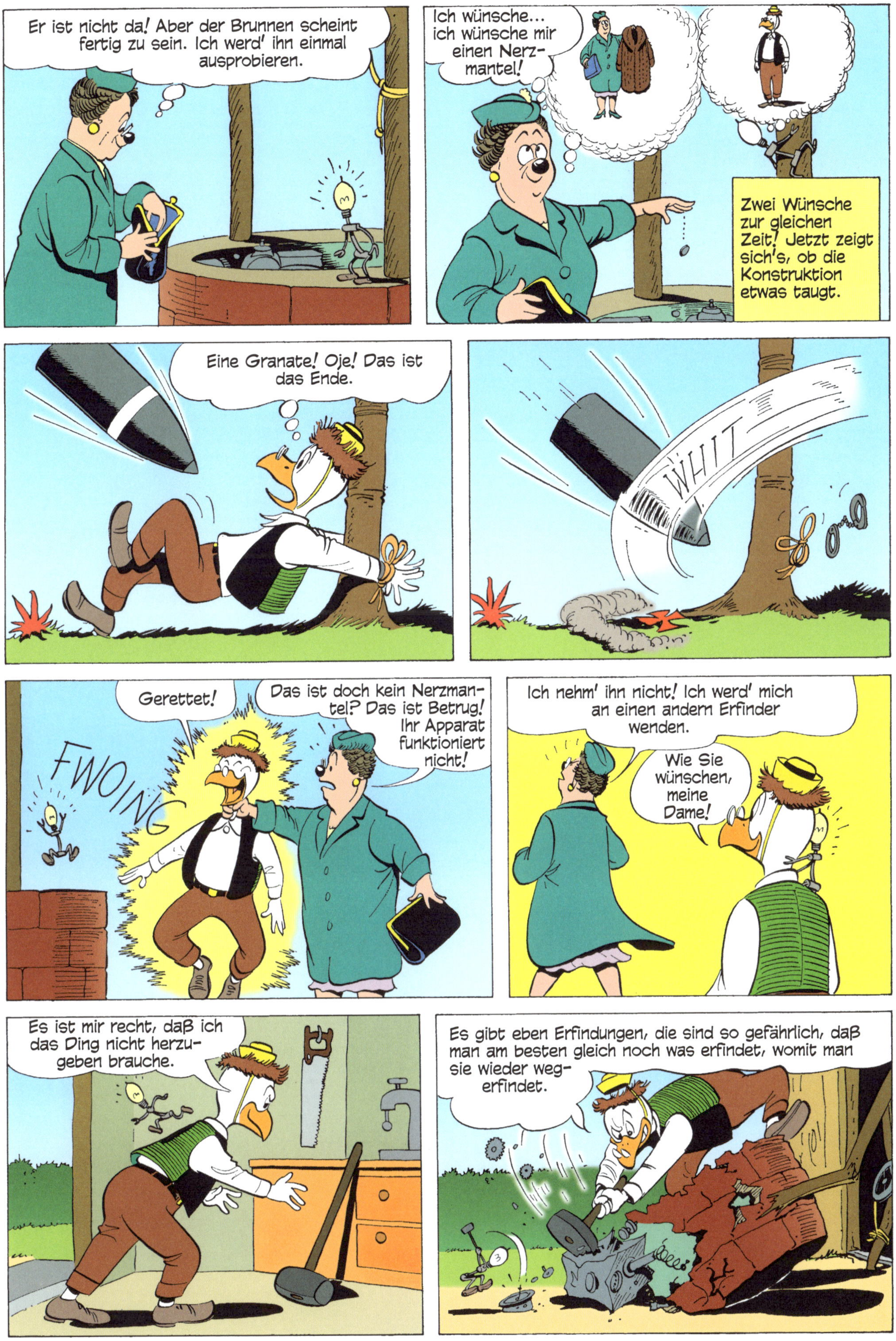
Er ist nicht da! Aber der Brunnen scheint fertig zu sein. Ich werd' ihn einmal ausprobieren.
Ich wünsche... ich wünsche mir einen Nerzmantel!
Zwei Wünsche zur gleichen Zeit! Jetzt zeigt sich's, ob die Konstruktion etwas taugt.
Eine Granate! Oje! Das ist das Ende.
WHIT
Gerettet!
Das ist doch kein Nerzmantel? Das ist Betrug! Ihr Apparat funktioniert nicht!
FWOING
Ich nehm' ihn nicht! Ich werd' mich an einen andern Erfinder wenden.
Wie Sie wünschen, meine Dame!
Es ist mir recht, daß ich das Ding nicht herzugeben brauche.
Es gibt eben Erfindungen, die sind so gefährlich, daß man am besten gleich noch was erfindet, womit man sie wieder wegerfindet.

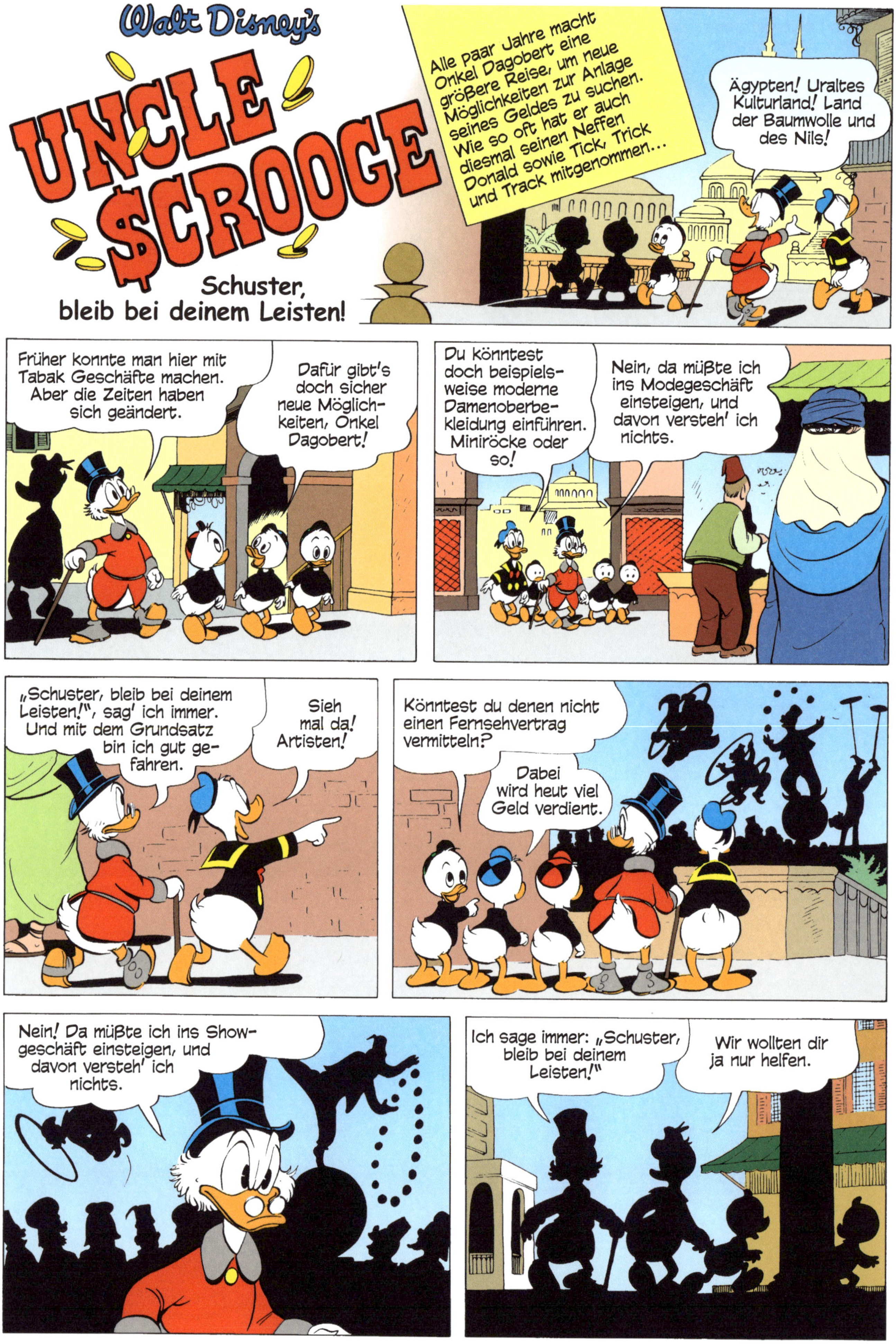
Walt Disney's
UNCLE $CROOGE
Schuster, bleib bei deinem Leisten!
Alle paar Jahre macht Onkel Dagobert eine größere Reise, um neue Möglichkeiten zur Anlage seines Geldes zu suchen. Wie so oft hat er auch diesmal seinen Neffen Donald sowie Tick, Trick und Track mitgenommen...
Ägypten! Uraltes Kulturland! Land der Baumwolle und des Nils!
Früher konnte man hier mit Tabak Geschäfte machen. Aber die Zeiten haben sich geändert.
Dafür gibt's doch sicher neue Möglichkeiten, Onkel Dagobert!
Du könntest doch beispielsweise moderne Damenoberbekleidung einführen. Miniröcke oder so!
Nein, da müßte ich ins Modegeschäft einsteigen, und davon versteh' ich nichts.
„Schuster, bleib bei deinem Leisten!", sag' ich immer. Und mit dem Grundsatz bin ich gut gefahren.
Sieh mal da! Artisten!
Könntest du denen nicht einen Fernsehvertrag vermitteln?
Dabei wird heut viel Geld verdient.
Nein! Da müßte ich ins Showgeschäft einsteigen, und davon versteh' ich nichts.
Ich sage immer: „Schuster, bleib bei deinem Leisten!"
Wir wollten dir ja nur helfen.

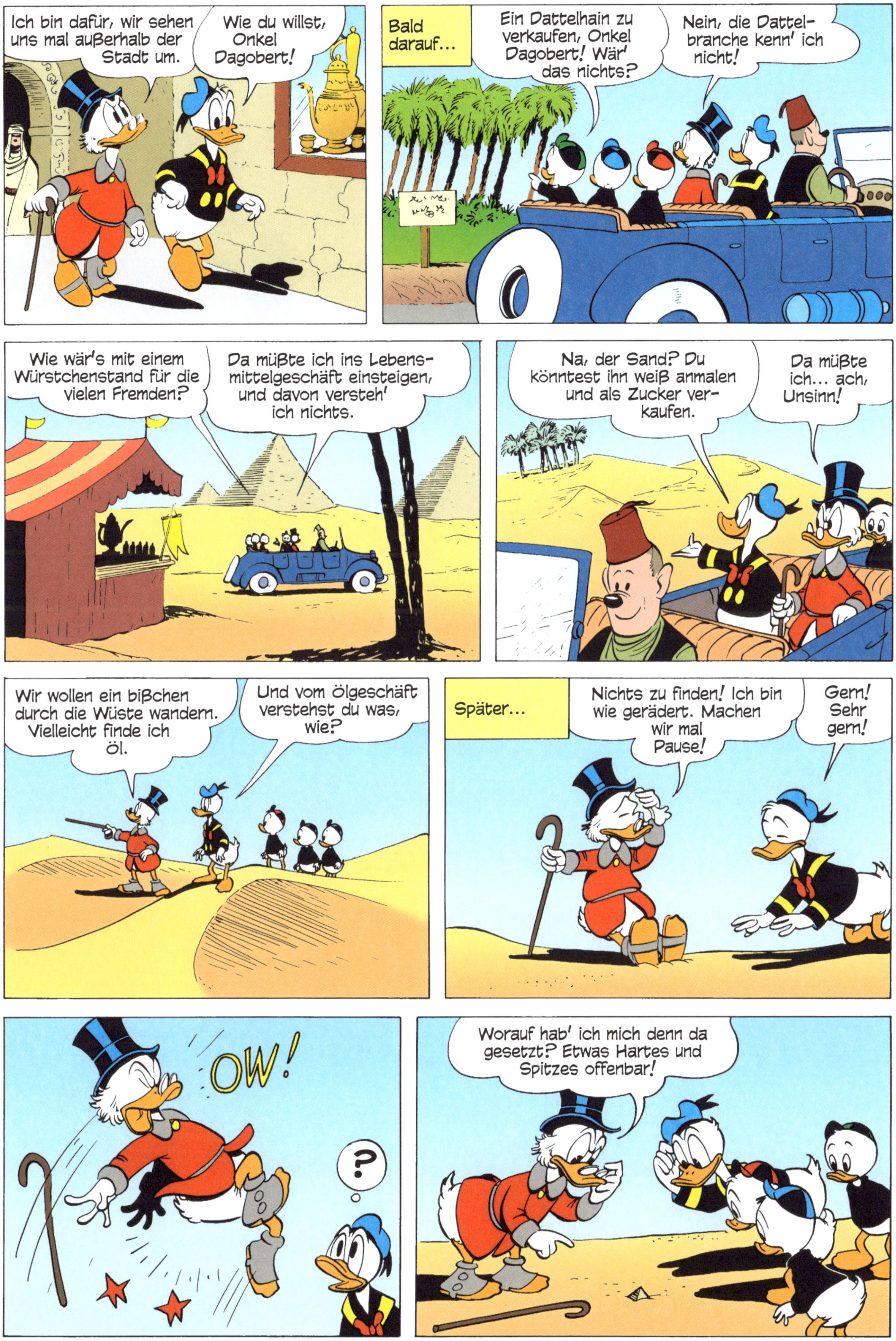
Ich bin dafür, wir sehen uns mal außerhalb der Stadt um.
Wie du willst, Onkel Dagobert!
Bald darauf...
Ein Dattelhain zu verkaufen, Onkel Dagobert! Wär' das nichts?
Nein, die Dattelbranche kenn' ich nicht!
Wie wär's mit einem Würstchenstand für die vielen Fremden?
Da müßte ich ins Lebensmittelgeschäft einsteigen, und davon versteh' ich nichts.
Na, der Sand? Du könntest ihn weiß anmalen und als Zucker verkaufen.
Da müßte ich... ach, Unsinn!
Wir wollen ein bißchen durch die Wüste wandern. Vielleicht finde ich Öl.
Und vom Ölgeschäft verstehst du was, wie?
Später...
Nichts zu finden! Ich bin wie gerädert. Machen wir mal Pause!
Gern! Sehr gern!
OW!
?
Worauf hab' ich mich denn da gesetzt? Etwas Hartes und Spitzes offenbar!

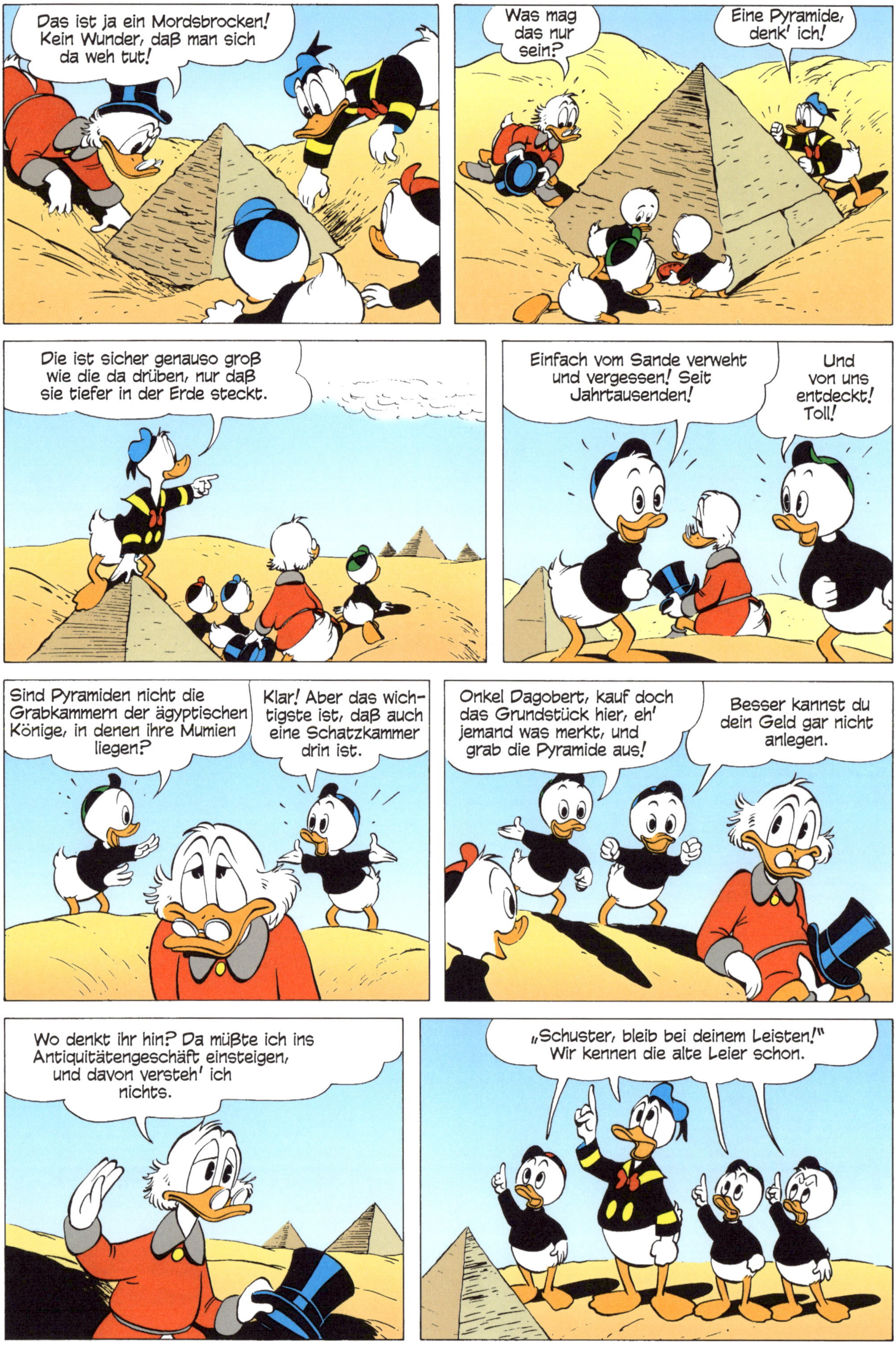
Das ist ja ein Mordsbrocken! Kein Wunder, daß man sich da weh tut!
Was mag das nur sein?
Eine Pyramide, denk' ich!
Die ist sicher genauso groß wie die da drüben, nur daß sie tiefer in der Erde steckt.
Einfach vom Sande verweht und vergessen! Seit Jahrtausenden!
Und von uns entdeckt! Toll!
Sind Pyramiden nicht die Grabkammern der ägyptischen Könige, in denen ihre Mumien liegen?
Klar! Aber das wichtigste ist, daß auch eine Schatzkammer drin ist.
Onkel Dagobert, kauf doch das Grundstück hier, eh' jemand was merkt, und grab die Pyramide aus!
Besser kannst du dein Geld gar nicht anlegen.
Wo denkt ihr hin? Da müßte ich ins Antiquitätengeschäft einsteigen, und davon versteh' ich nichts.
„Schuster, bleib bei deinem Leisten!" Wir kennen die alte Leier schon.

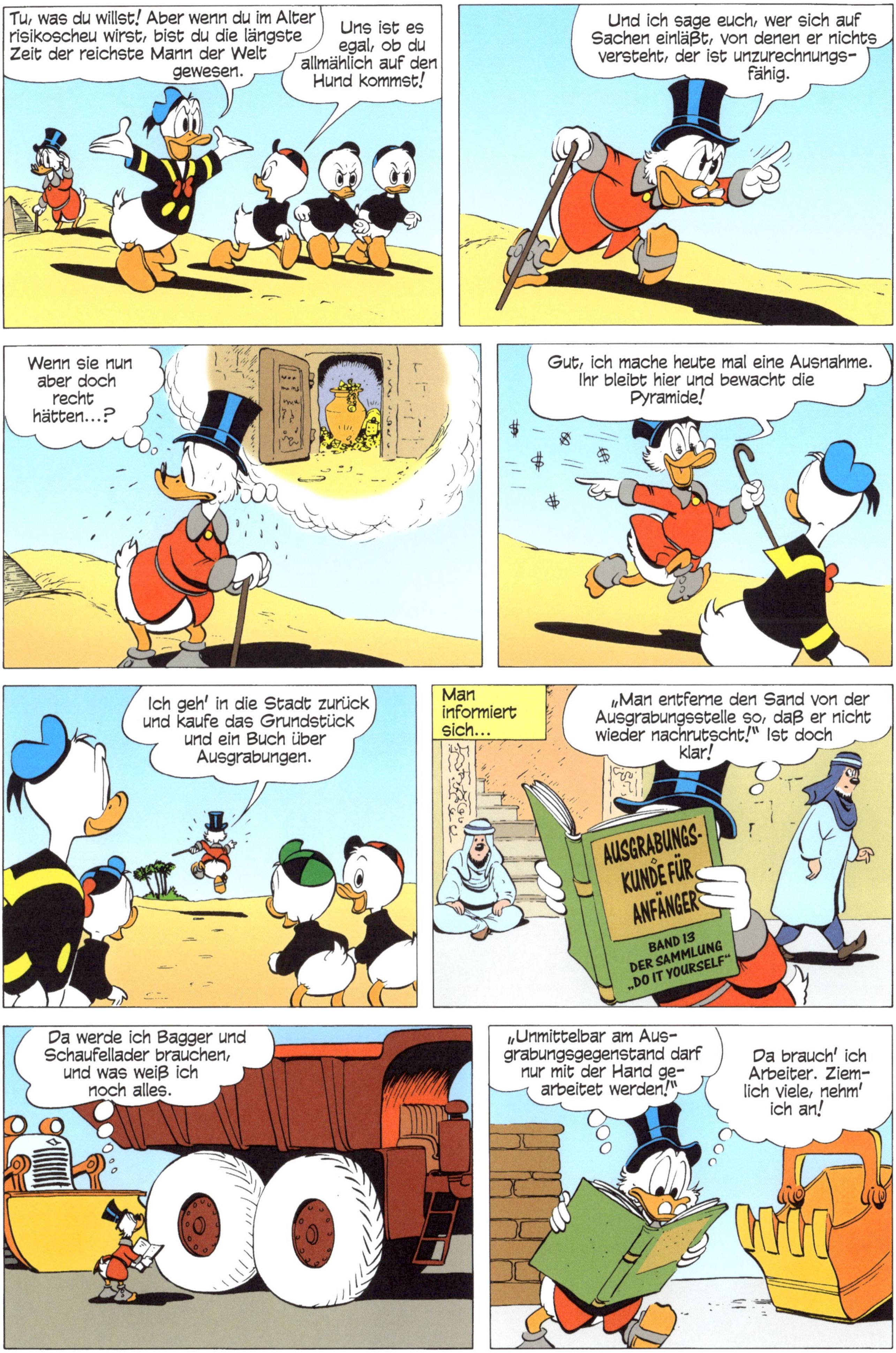
Tu, was du willst! Aber wenn du im Alter risikoscheu wirst, bist du die längste Zeit der reichste Mann der Welt gewesen.
Uns ist es egal, ob du allmählich auf den Hund kommst!
Und ich sage euch, wer sich auf Sachen einläßt, von denen er nichts versteht, der ist unzurechnungsfähig.
Wenn sie nun aber doch recht hätten...?
Gut, ich mache heute mal eine Ausnahme. Ihr bleibt hier und bewacht die Pyramide!
Ich geh' in die Stadt zurück und kaufe das Grundstück und ein Buch über Ausgrabungen.
Man informiert sich...
„Man entferne den Sand von der Ausgrabungsstelle so, daß er nicht wieder nachrutscht!" Ist doch klar!
AUSGRABUNGSKUNDE FÜR ANFÄNGER
BAND 13 DER SAMMLUNG „DO IT YOURSELF"
Da werde ich Bagger und Schaufellader brauchen, und was weiß ich noch alles.
„Unmittelbar am Ausgrabungsgegenstand darf nur mit der Hand gearbeitet werden!"
Da brauch' ich Arbeiter. Ziemlich viele, nehm' ich an!

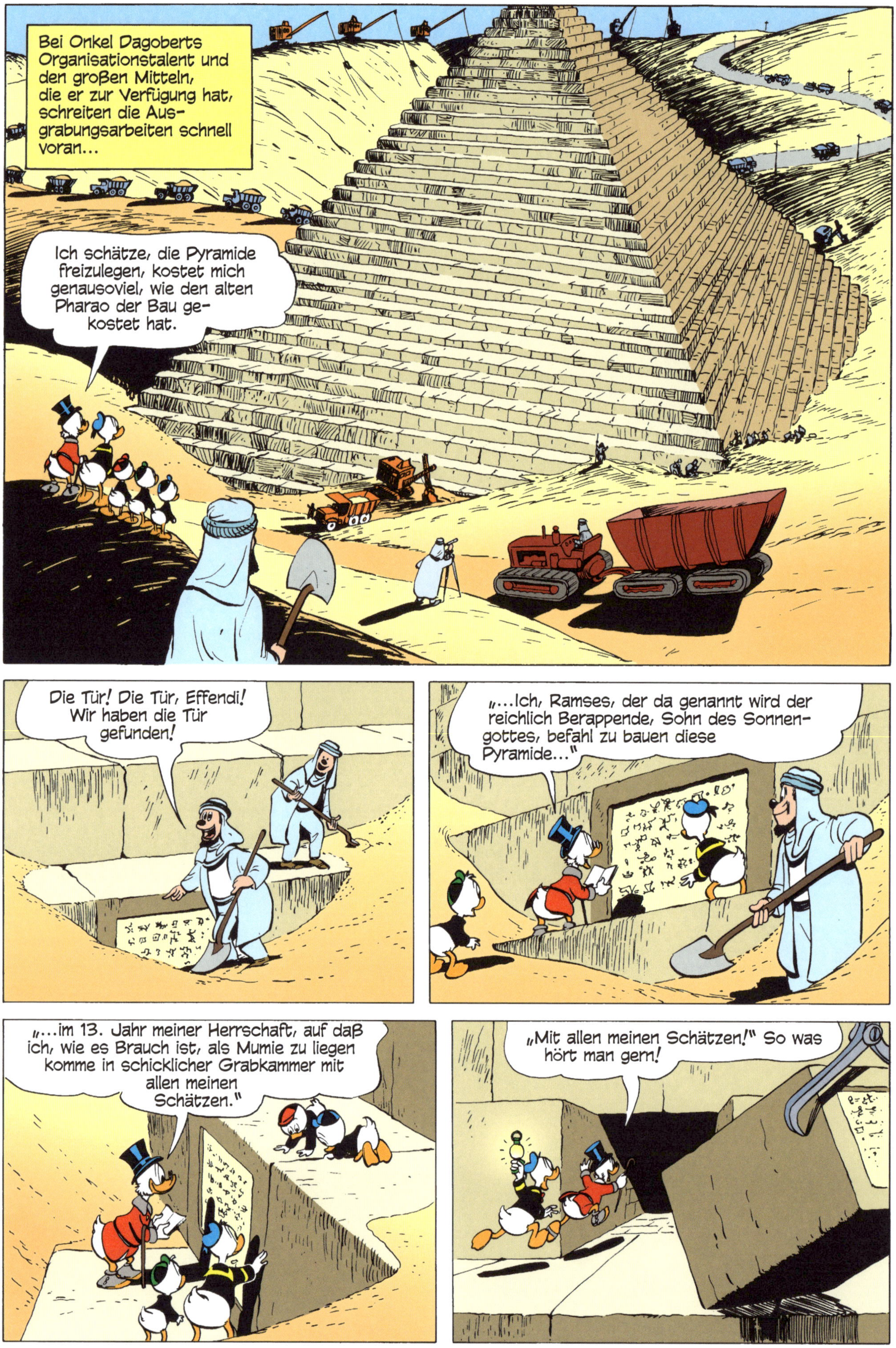

Bei Onkel Dagoberts Organisationstalent und den großen Mitteln, die er zur Verfügung hat, schreiten die Ausgrabungsarbeiten schnell voran...
Ich schätze, die Pyramide freizulegen, kostet mich genausoviel, wie den alten Pharao der Bau gekostet hat.
Die Tür! Die Tür, Effendi! Wir haben die Tür gefunden!
„...Ich, Ramses, der da genannt wird der reichlich Berappende, Sohn des Sonnengottes, befahl zu bauen diese Pyramide..."
„...im 13. Jahr meiner Herrschaft, auf daß ich, wie es Brauch ist, als Mumie zu liegen komme in schicklicher Grabkammer mit allen meinen Schätzen."
„Mit allen meinen Schätzen!" So was hört man gern!

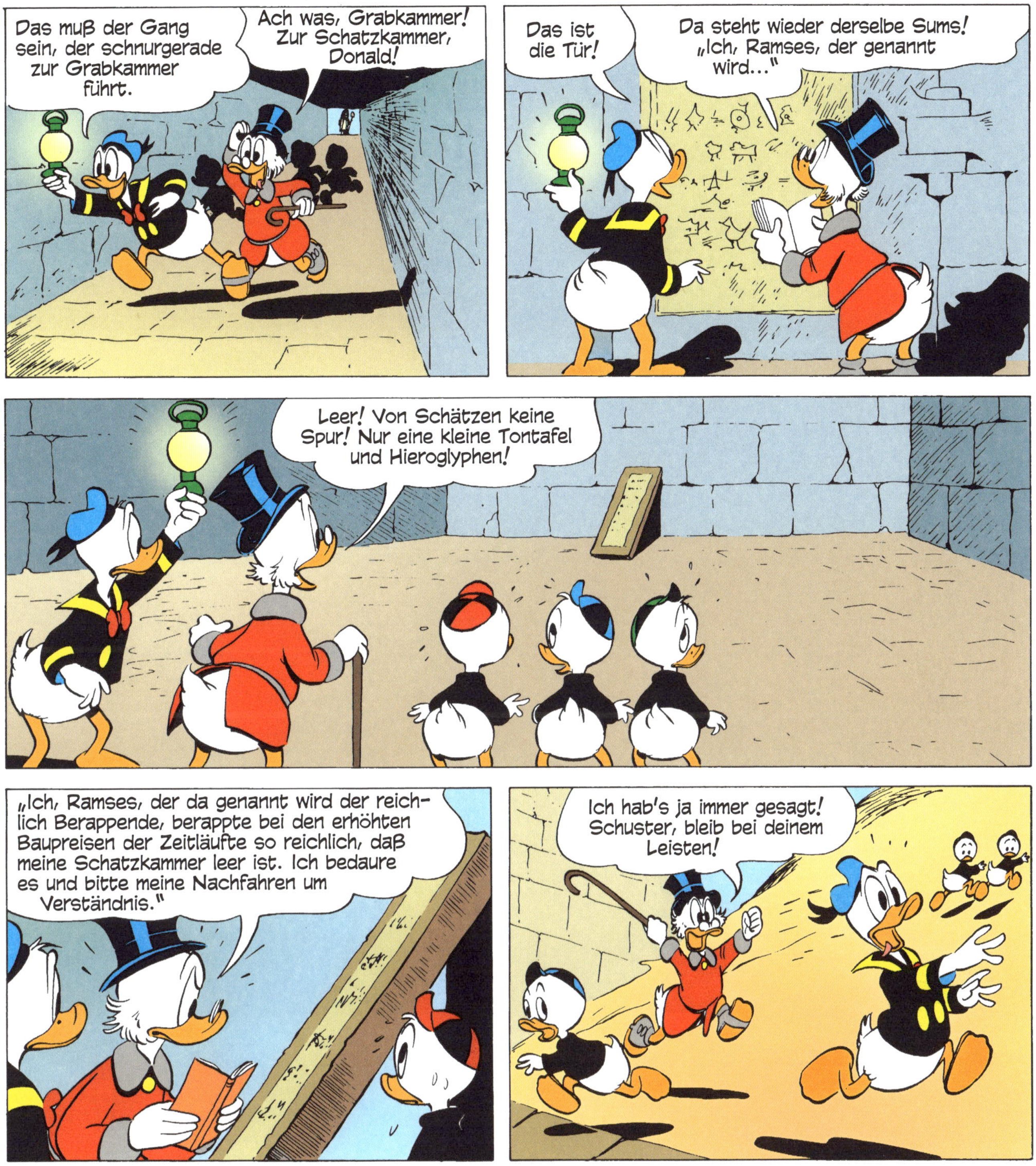

Das muß der Gang sein, der schnurgerade zur Grabkammer führt.
Ach was, Grabkammer! Zur Schatzkammer, Donald!
Das ist die Tür!
Da steht wieder derselbe Sums! „Ich, Ramses, der genannt wird..."
Leer! Von Schätzen keine Spur! Nur eine kleine Tontafel und Hieroglyphen!
„Ich, Ramses, der da genannt wird der reichlich Berappende, berappte bei den erhöhten Baupreisen der Zeitläufte so reichlich, daß meine Schatzkammer leer ist. Ich bedaure es und bitte meine Nachfahren um Verständnis."
Ich hab's ja immer gesagt! Schuster, bleib bei deinem Leisten!

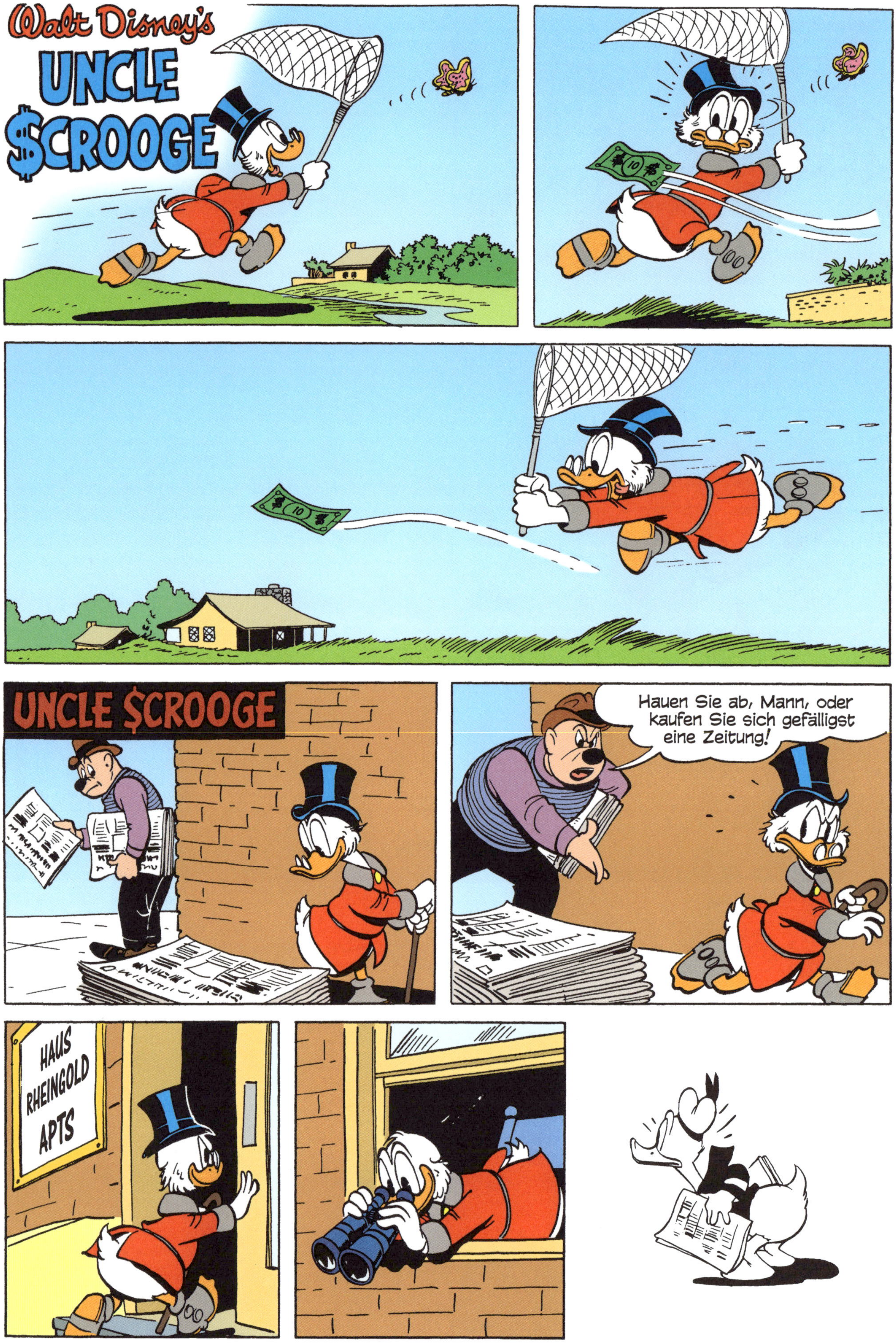
Walt Disney's
UNCLE $CROOGE
UNCLE $CROOGE
Hauen Sie ab, Mann, oder kaufen Sie sich gefälligst eine Zeitung!
HAUS RHEINGOLD APTS

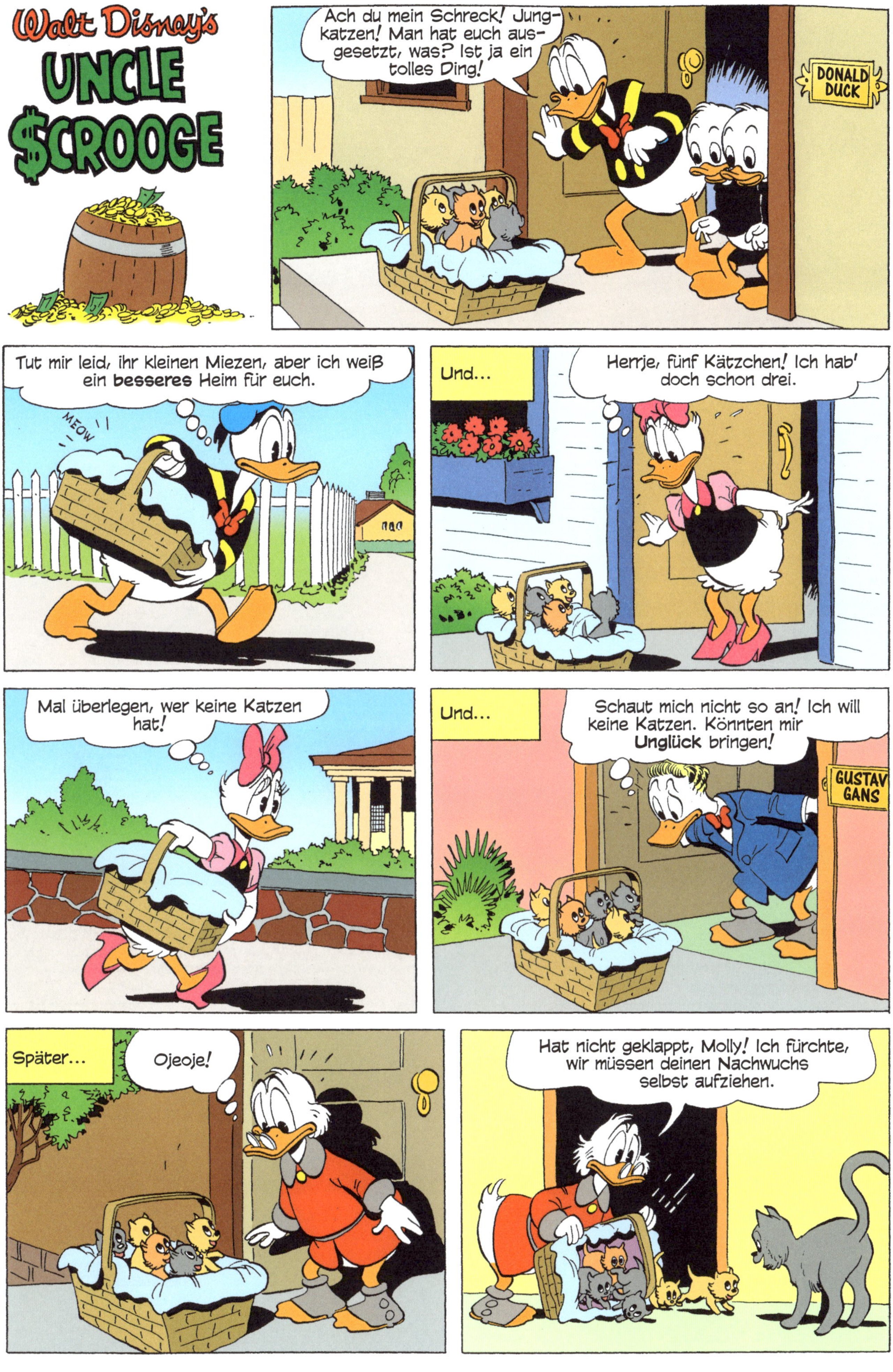

Walt Disney's
UNCLE $CROOGE
Ach du mein Schreck! Jungkatzen! Man hat euch ausgesetzt, was? Ist ja ein tolles Ding!
DONALD DUCK
Tut mir leid, ihr kleinen Miezen, aber ich weiß ein **besseres** Heim für euch.
MEOW
Und...
Herrje, fünf Kätzchen! Ich hab' doch schon drei.
Mal überlegen, wer keine Katzen hat!
Und...
Schaut mich nicht so an! Ich will keine Katzen. Könnten mir **Unglück** bringen!
GUSTAV GANS
Später...
Ojeoje!
Hat nicht geklappt, Molly! Ich fürchte, wir müssen deinen Nachwuchs selbst aufziehen.

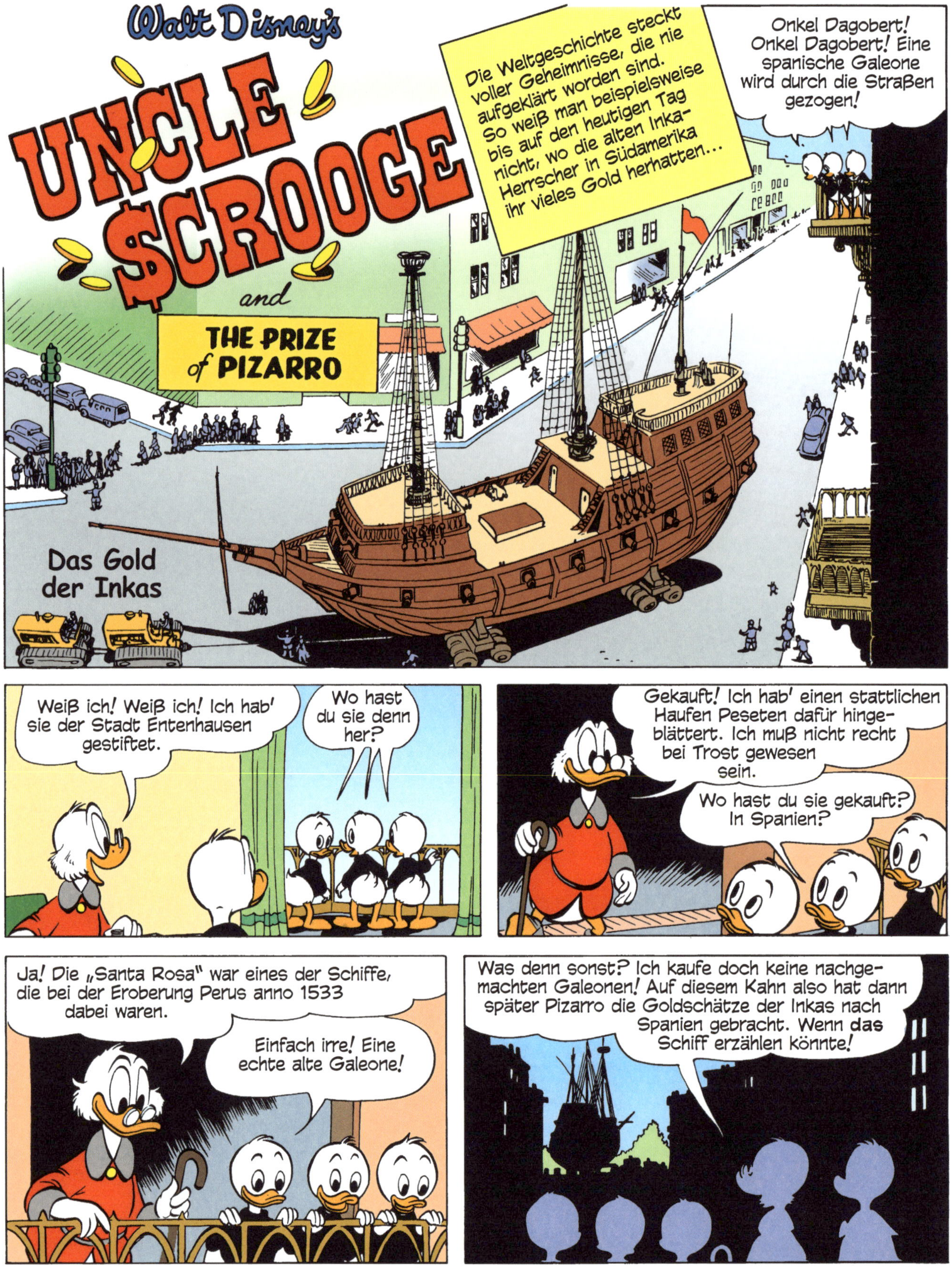
Walt Disney's
UNCLE $CROOGE
and
THE PRIZE of PIZARRO
Das Gold der Inkas
Die Weltgeschichte steckt voller Geheimnisse, die nie aufgeklärt worden sind. So weiß man beispielsweise bis auf den heutigen Tag nicht, wo die alten Inka-Herrscher in Südamerika ihr vieles Gold herhatten...
Onkel Dagobert! Onkel Dagobert! Eine spanische Galeone wird durch die Straßen gezogen!
Weiß ich! Weiß ich! Ich hab' sie der Stadt Entenhausen gestiftet.
Wo hast du sie denn her?
Gekauft! Ich hab' einen stattlichen Haufen Peseten dafür hingeblättert. Ich muß nicht recht bei Trost gewesen sein.
Wo hast du sie gekauft? In Spanien?
Ja! Die „Santa Rosa" war eines der Schiffe, die bei der Eroberung Perus anno 1533 dabei waren.
Einfach irre! Eine echte alte Galeone!
Was denn sonst? Ich kaufe doch keine nachgemachten Galeonen! Auf diesem Kahn also hat dann später Pizarro die Goldschätze der Inkas nach Spanien gebracht. Wenn das Schiff erzählen könnte!

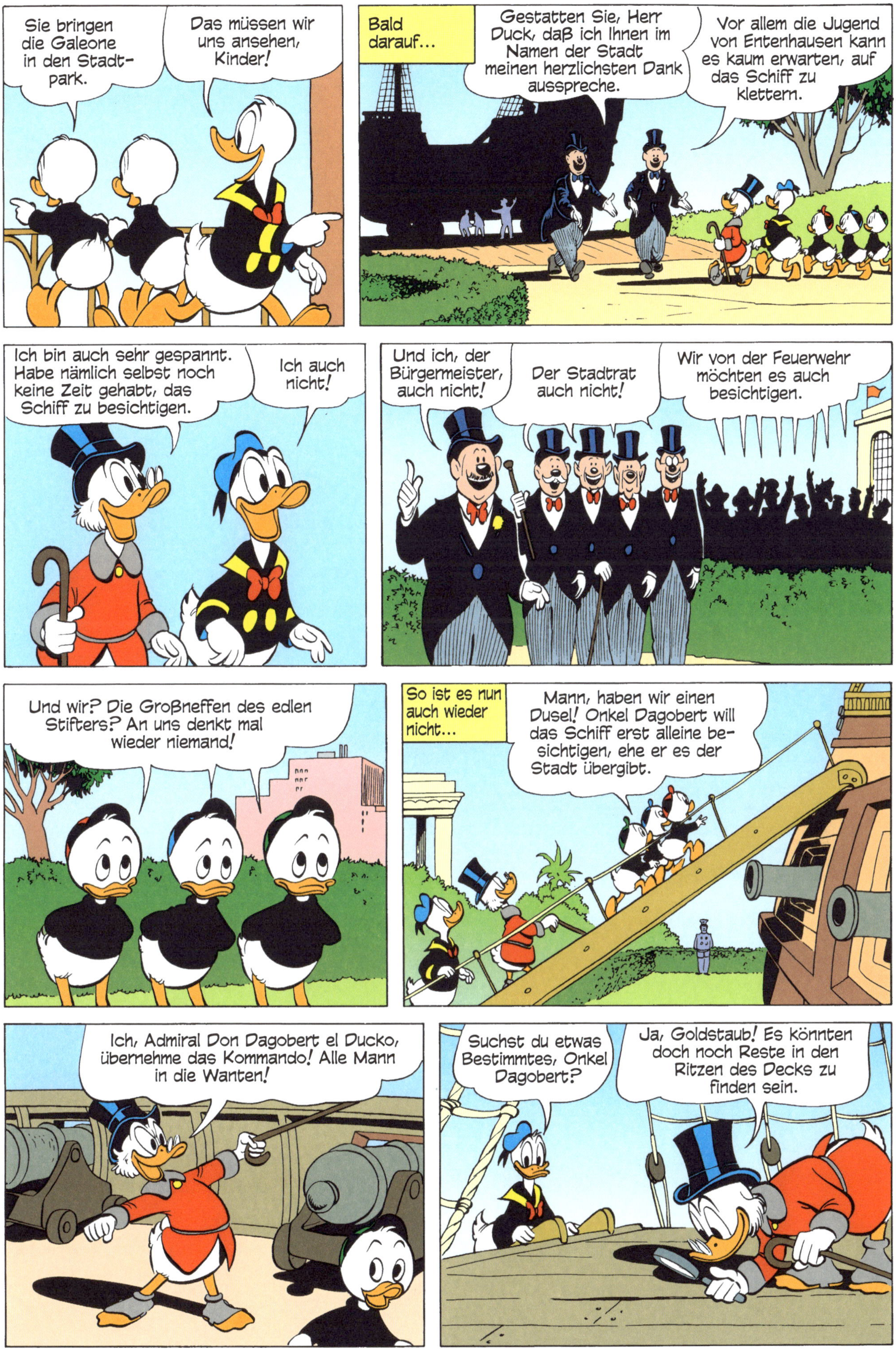
Sie bringen die Galeone in den Stadtpark.
Das müssen wir uns ansehen, Kinder!
Bald darauf...
Gestatten Sie, Herr Duck, daß ich Ihnen im Namen der Stadt meinen herzlichsten Dank ausspreche.
Vor allem die Jugend von Entenhausen kann es kaum erwarten, auf das Schiff zu klettern.
Ich bin auch sehr gespannt. Habe nämlich selbst noch keine Zeit gehabt, das Schiff zu besichtigen.
Ich auch nicht!
Und ich, der Bürgermeister, auch nicht!
Der Stadtrat auch nicht!
Wir von der Feuerwehr möchten es auch besichtigen.
Und wir? Die Großneffen des edlen Stifters? An uns denkt mal wieder niemand!
So ist es nun auch wieder nicht...
Mann, haben wir einen Dusel! Onkel Dagobert will das Schiff erst alleine besichtigen, ehe er es der Stadt übergibt.
Ich, Admiral Don Dagobert el Ducko, übernehme das Kommando! Alle Mann in die Wanten!
Suchst du etwas Bestimmtes, Onkel Dagobert?
Ja, Goldstaub! Es könnten doch noch Reste in den Ritzen des Decks zu finden sein.

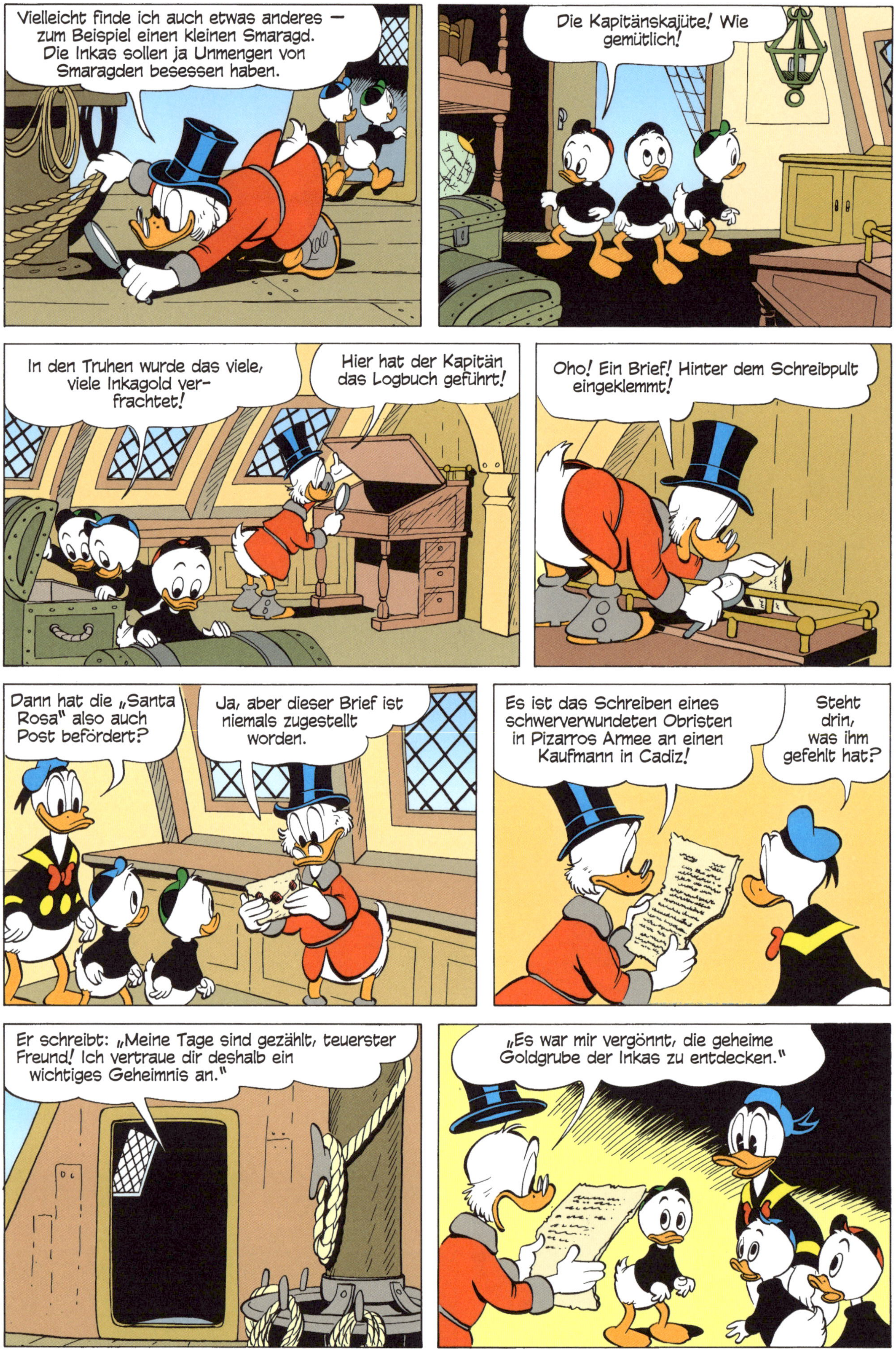
Vielleicht finde ich auch etwas anderes – zum Beispiel einen kleinen Smaragd. Die Inkas sollen ja Unmengen von Smaragden besessen haben.
Die Kapitänskajüte! Wie gemütlich!
In den Truhen wurde das viele, viele Inkagold verfrachtet!
Hier hat der Kapitän das Logbuch geführt!
Oho! Ein Brief! Hinter dem Schreibpult eingeklemmt!
Dann hat die „Santa Rosa" also auch Post befördert?
Ja, aber dieser Brief ist niemals zugestellt worden.
Es ist das Schreiben eines schwerverwundeten Obristen in Pizarros Armee an einen Kaufmann in Cadiz!
Steht drin, was ihm gefehlt hat?
Er schreibt: „Meine Tage sind gezählt, teuerster Freund! Ich vertraue dir deshalb ein wichtiges Geheimnis an."
„Es war mir vergönnt, die geheime Goldgrube der Inkas zu entdecken."

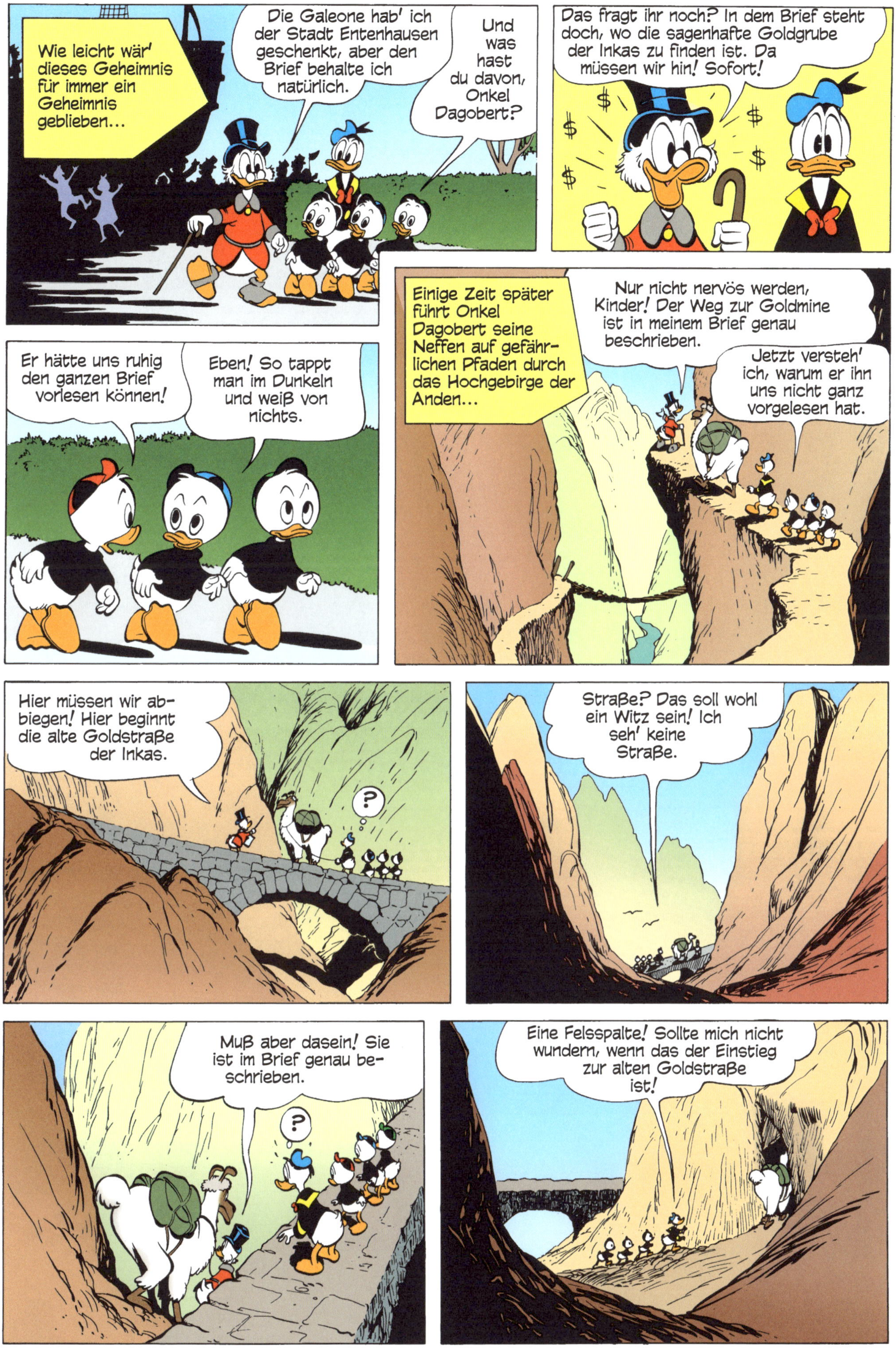
Wie leicht wär' dieses Geheimnis für immer ein Geheimnis geblieben...
Die Galeone hab' ich der Stadt Entenhausen geschenkt, aber den Brief behalte ich natürlich.
Und was hast du davon, Onkel Dagobert?
Das fragt ihr noch? In dem Brief steht doch, wo die sagenhafte Goldgrube der Inkas zu finden ist. Da müssen wir hin! Sofort!
$
$
$
$
$
Er hätte uns ruhig den ganzen Brief vorlesen können!
Eben! So tappt man im Dunkeln und weiß von nichts.
Einige Zeit später führt Onkel Dagobert seine Neffen auf gefährlichen Pfaden durch das Hochgebirge der Anden...
Nur nicht nervös werden, Kinder! Der Weg zur Goldmine ist in meinem Brief genau beschrieben.
Jetzt versteh' ich, warum er ihn uns nicht ganz vorgelesen hat.
Hier müssen wir abbiegen! Hier beginnt die alte Goldstraße der Inkas.
?
Straße? Das soll wohl ein Witz sein! Ich seh' keine Straße.
Muß aber dasein! Sie ist im Brief genau beschrieben.
?
Eine Felsspalte! Sollte mich nicht wundern, wenn das der Einstieg zur alten Goldstraße ist!

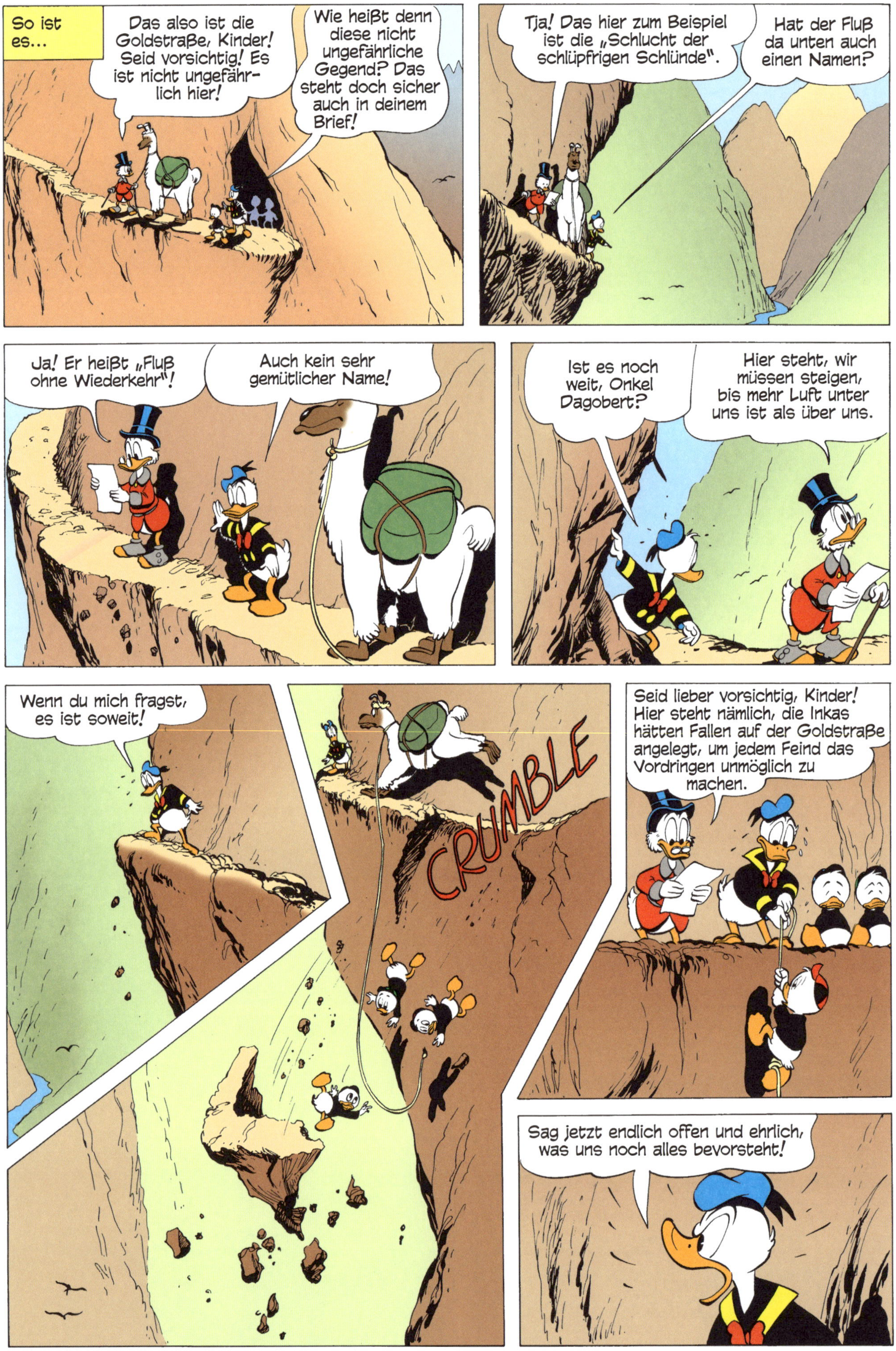

So ist es...
Das also ist die Goldstraße, Kinder! Seid vorsichtig! Es ist nicht ungefährlich hier!
Wie heißt denn diese nicht ungefährliche Gegend? Das steht doch sicher auch in deinem Brief!
Tja! Das hier zum Beispiel ist die „Schlucht der schlüpfrigen Schlünde".
Hat der Fluß da unten auch einen Namen?
Ja! Er heißt „Fluß ohne Wiederkehr"!
Auch kein sehr gemütlicher Name!
Ist es noch weit, Onkel Dagobert?
Hier steht, wir müssen steigen, bis mehr Luft unter uns ist als über uns.
Wenn du mich fragst, es ist soweit!
CRUMBLE
Seid lieber vorsichtig, Kinder! Hier steht nämlich, die Inkas hätten Fallen auf der Goldstraße angelegt, um jedem Feind das Vordringen unmöglich zu machen.
Sag jetzt endlich offen und ehrlich, was uns noch alles bevorsteht!

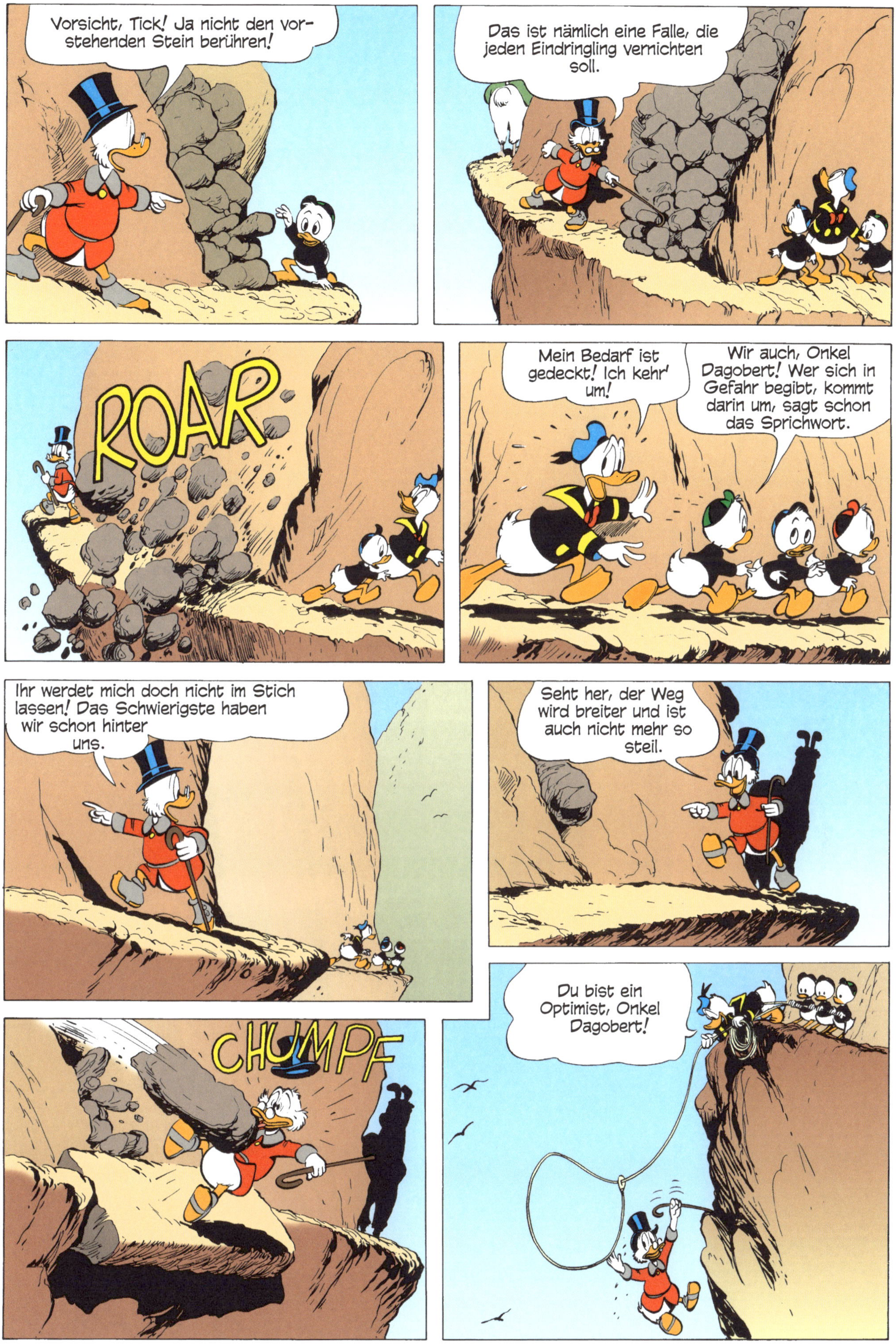
Vorsicht, Tick! Ja nicht den vorstehenden Stein berühren!
Das ist nämlich eine Falle, die jeden Eindringling vernichten soll.
ROAR
Mein Bedarf ist gedeckt! Ich kehr' um!
Wir auch, Onkel Dagobert! Wer sich in Gefahr begibt, kommt darin um, sagt schon das Sprichwort.
Ihr werdet mich doch nicht im Stich lassen! Das Schwierigste haben wir schon hinter uns.
Seht her, der Weg wird breiter und ist auch nicht mehr so steil.
CHUMPF
Du bist ein Optimist, Onkel Dagobert!

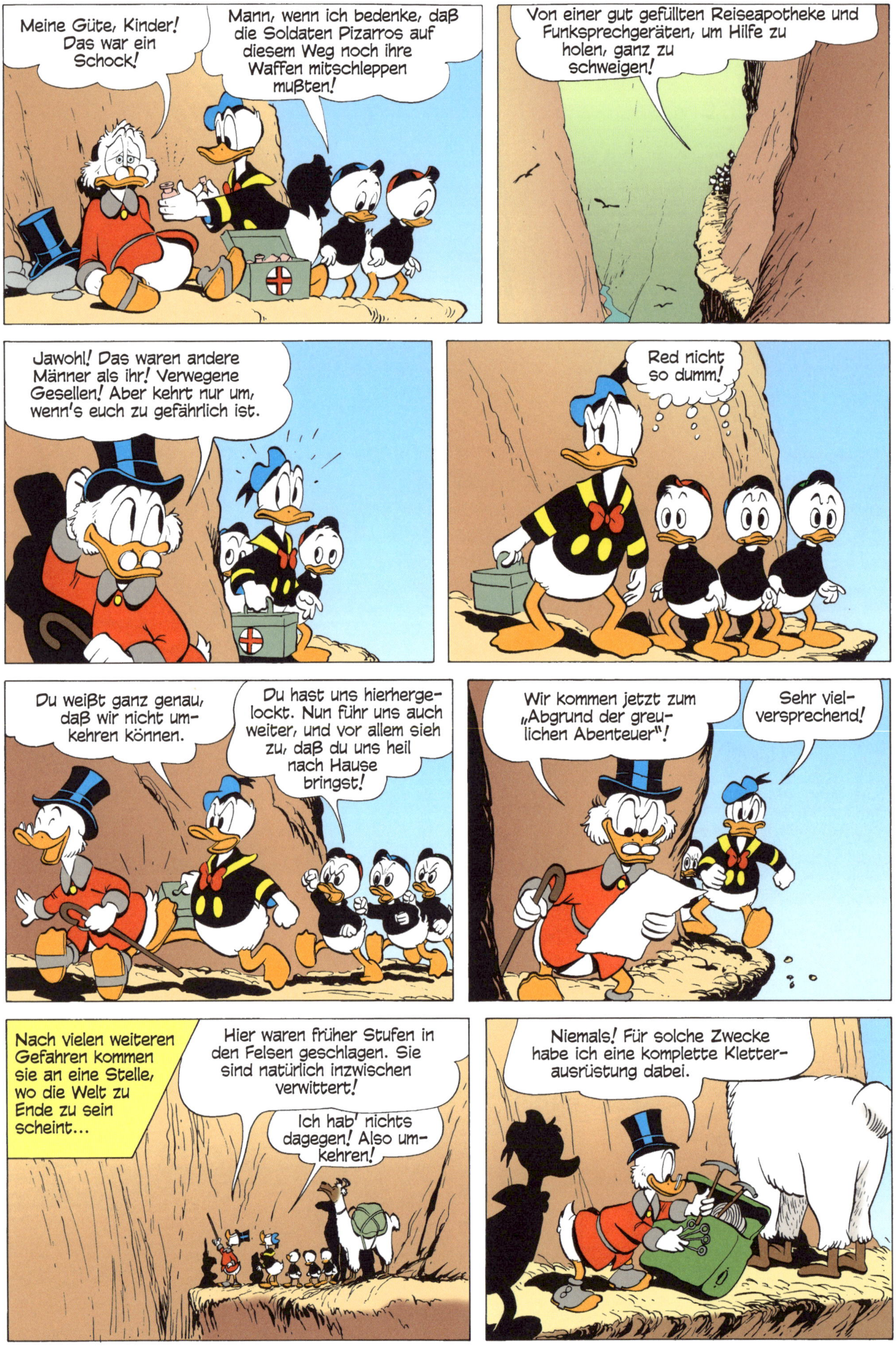

Meine Güte, Kinder! Das war ein Schock!
Mann, wenn ich bedenke, daß die Soldaten Pizarros auf diesem Weg noch ihre Waffen mitschleppen mußten!
Von einer gut gefüllten Reiseapotheke und Funksprechgeräten, um Hilfe zu holen, ganz zu schweigen!
Jawohl! Das waren andere Männer als ihr! Verwegene Gesellen! Aber kehrt nur um, wenn's euch zu gefährlich ist.
Red nicht so dumm!
Du weißt ganz genau, daß wir nicht umkehren können.
Du hast uns hierhergelockt. Nun führ uns auch weiter, und vor allem sieh zu, daß du uns heil nach Hause bringst!
Wir kommen jetzt zum „Abgrund der greulichen Abenteuer"!
Sehr vielversprechend!
Nach vielen weiteren Gefahren kommen sie an eine Stelle, wo die Welt zu Ende zu sein scheint...
Hier waren früher Stufen in den Felsen geschlagen. Sie sind natürlich inzwischen verwittert!
Ich hab' nichts dagegen! Also umkehren!
Niemals! Für solche Zwecke habe ich eine komplette Kletterausrüstung dabei.

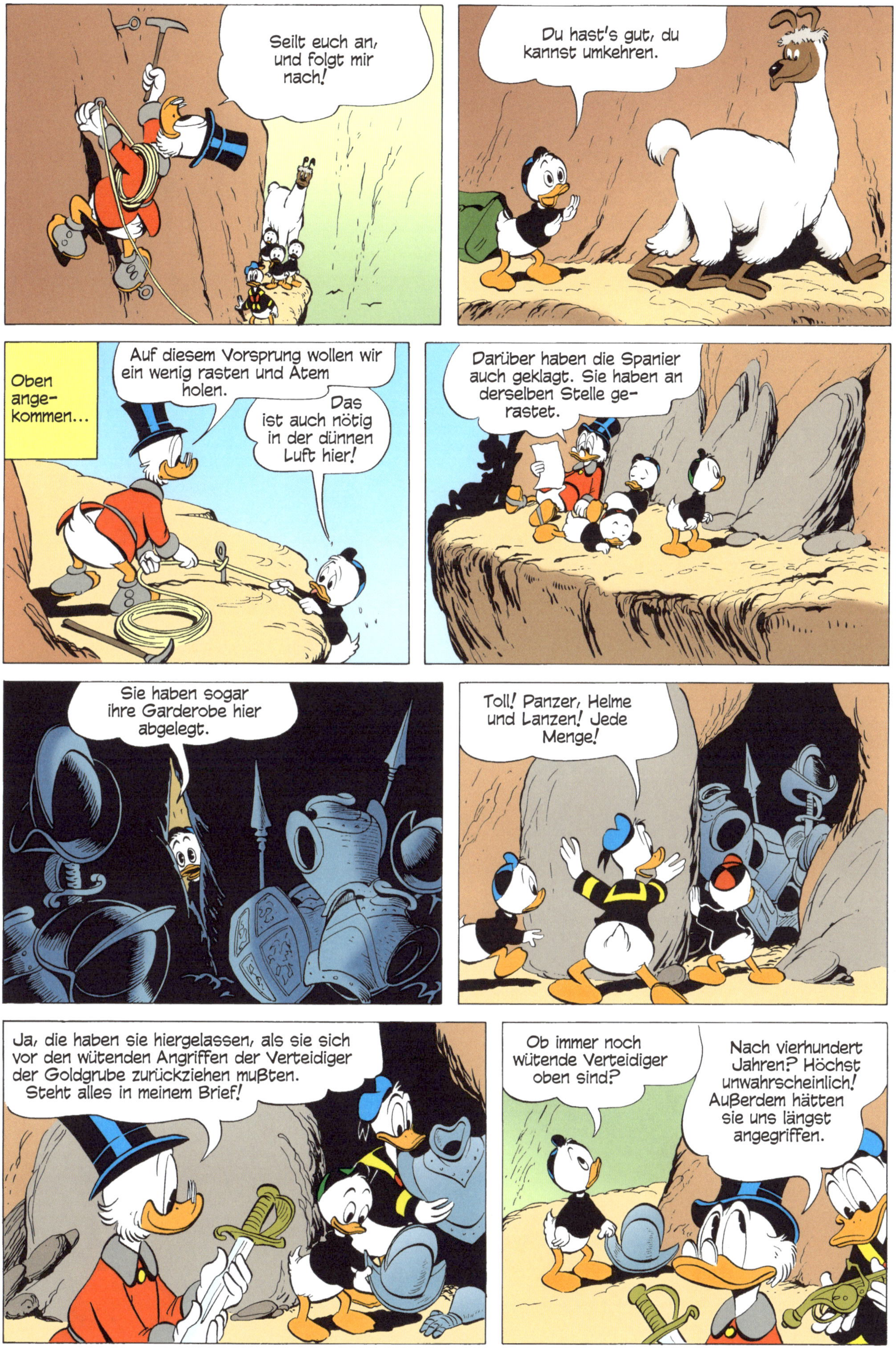
Seilt euch an, und folgt mir nach!
Du hast's gut, du kannst umkehren.
Oben ange-kommen...
Auf diesem Vorsprung wollen wir ein wenig rasten und Atem holen.
Das ist auch nötig in der dünnen Luft hier!
Darüber haben die Spanier auch geklagt. Sie haben an derselben Stelle ge-rastet.
Sie haben sogar ihre Garderobe hier abgelegt.
Toll! Panzer, Helme und Lanzen! Jede Menge!
Ja, die haben sie hiergelassen, als sie sich vor den wütenden Angriffen der Verteidiger der Goldgrube zurückziehen mußten. Steht alles in meinem Brief!
Ob immer noch wütende Verteidiger oben sind?
Nach vierhundert Jahren? Höchst unwahrscheinlich! Außerdem hätten sie uns längst angegriffen.

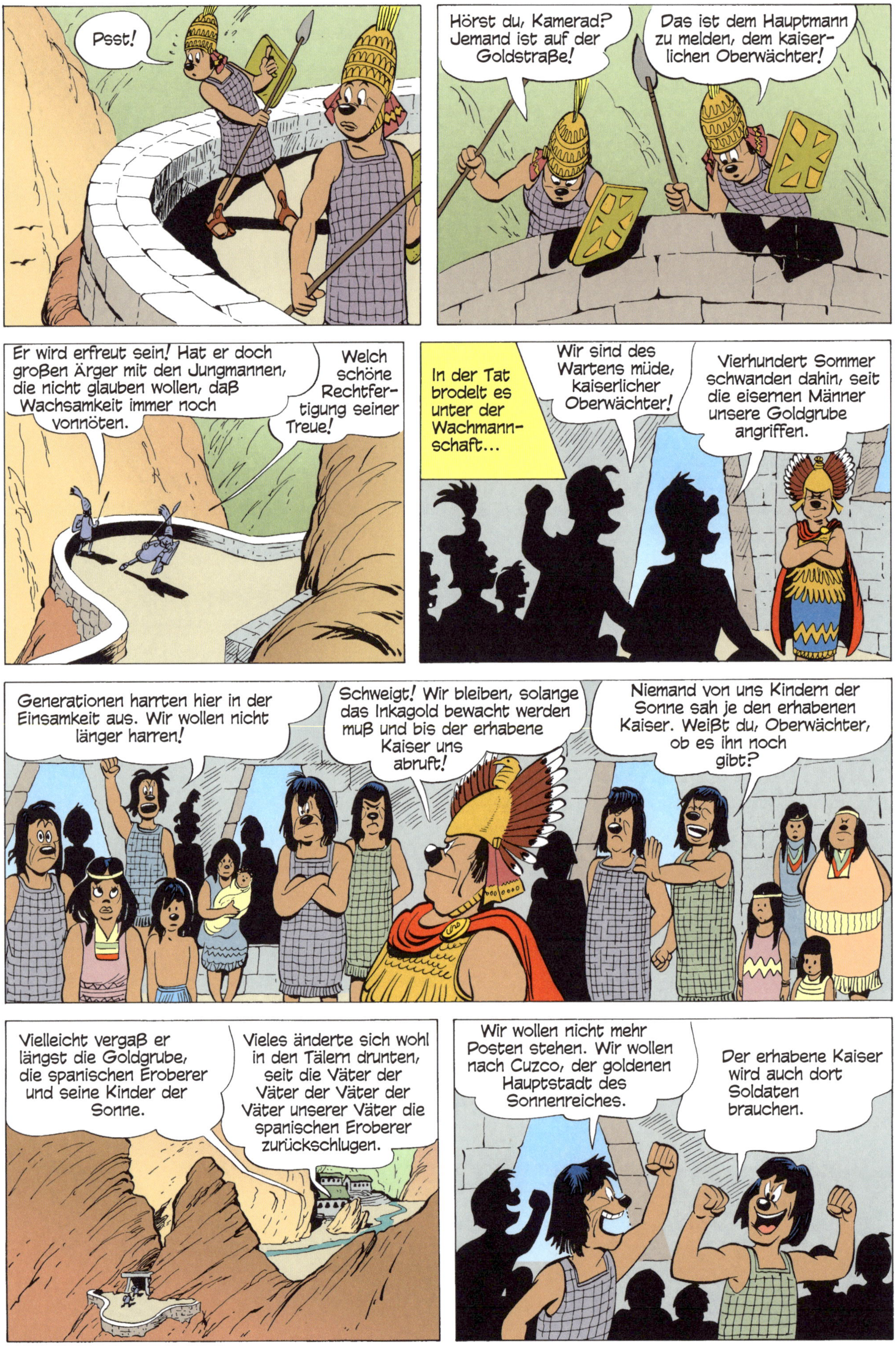
Psst!
Hörst du, Kamerad? Jemand ist auf der Goldstraße!
Das ist dem Hauptmann zu melden, dem kaiserlichen Oberwächter!
Er wird erfreut sein! Hat er doch großen Ärger mit den Jungmannen, die nicht glauben wollen, daß Wachsamkeit immer noch vonnöten.
Welch schöne Rechtfertigung seiner Treue!
In der Tat brodelt es unter der Wachmannschaft...
Wir sind des Wartens müde, kaiserlicher Oberwächter!
Vierhundert Sommer schwanden dahin, seit die eisernen Männer unsere Goldgrube angriffen.
Generationen harrten hier in der Einsamkeit aus. Wir wollen nicht länger harren!
Schweigt! Wir bleiben, solange das Inkagold bewacht werden muß und bis der erhabene Kaiser uns abruft!
Niemand von uns Kindern der Sonne sah je den erhabenen Kaiser. Weißt du, Oberwächter, ob es ihn noch gibt?
Vielleicht vergaß er längst die Goldgrube, die spanischen Eroberer und seine Kinder der Sonne.
Vieles änderte sich wohl in den Tälern drunten, seit die Väter der Väter der Väter unserer Väter die spanischen Eroberer zurückschlugen.
Wir wollen nicht mehr Posten stehen. Wir wollen nach Cuzco, der goldenen Hauptstadt des Sonnenreiches.
Der erhabene Kaiser wird auch dort Soldaten brauchen.

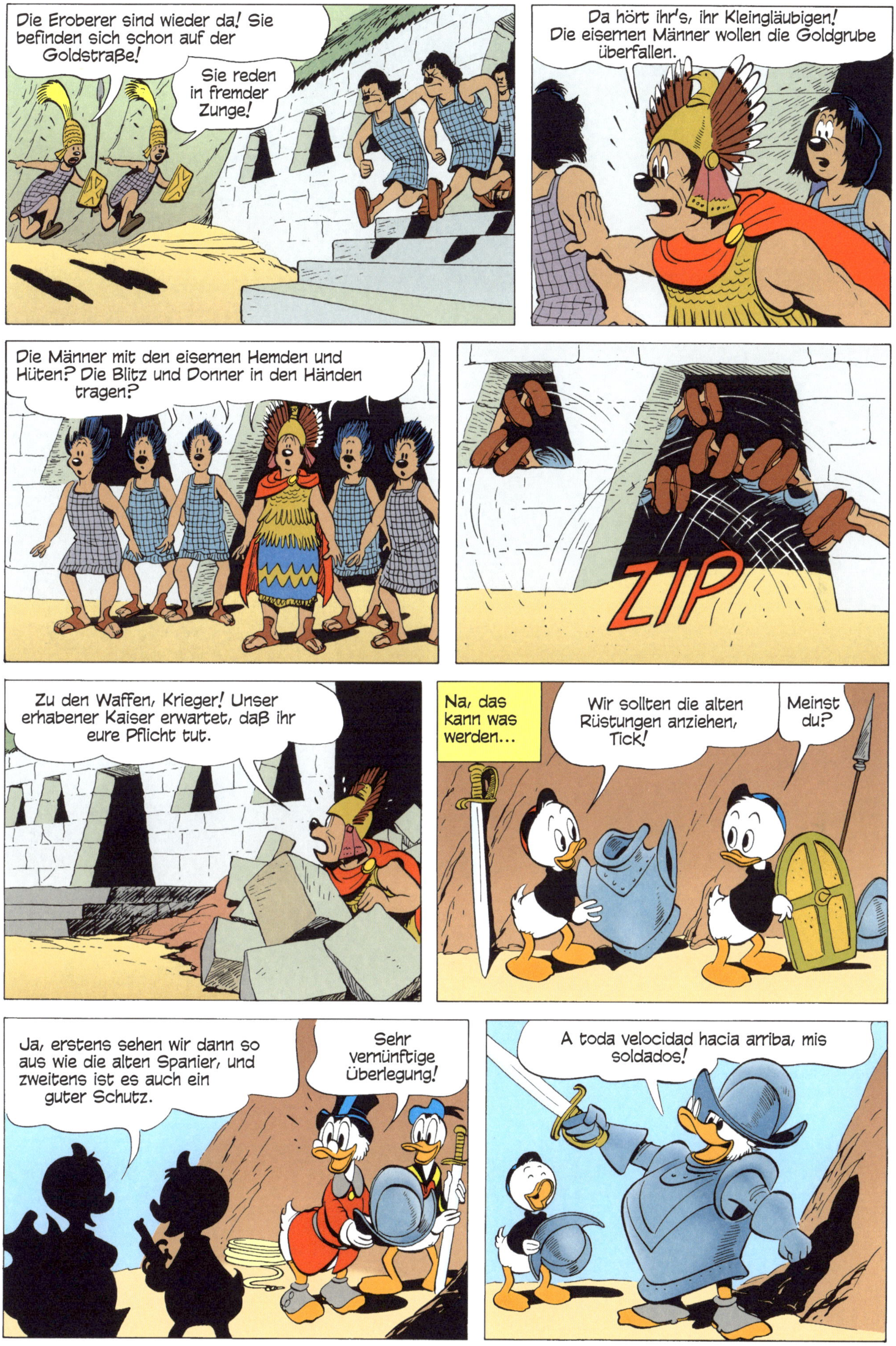
Die Eroberer sind wieder da! Sie befinden sich schon auf der Goldstraße!
Sie reden in fremder Zunge!
Da hört ihr's, ihr Kleingläubigen! Die eisernen Männer wollen die Goldgrube überfallen.
Die Männer mit den eisernen Hemden und Hüten? Die Blitz und Donner in den Händen tragen?
ZIP
Zu den Waffen, Krieger! Unser erhabener Kaiser erwartet, daß ihr eure Pflicht tut.
Na, das kann was werden...
Wir sollten die alten Rüstungen anziehen, Tick!
Meinst du?
Ja, erstens sehen wir dann so aus wie die alten Spanier, und zweitens ist es auch ein guter Schutz.
Sehr vernünftige Überlegung!
A toda velocidad hacia arriba, mis soldados!

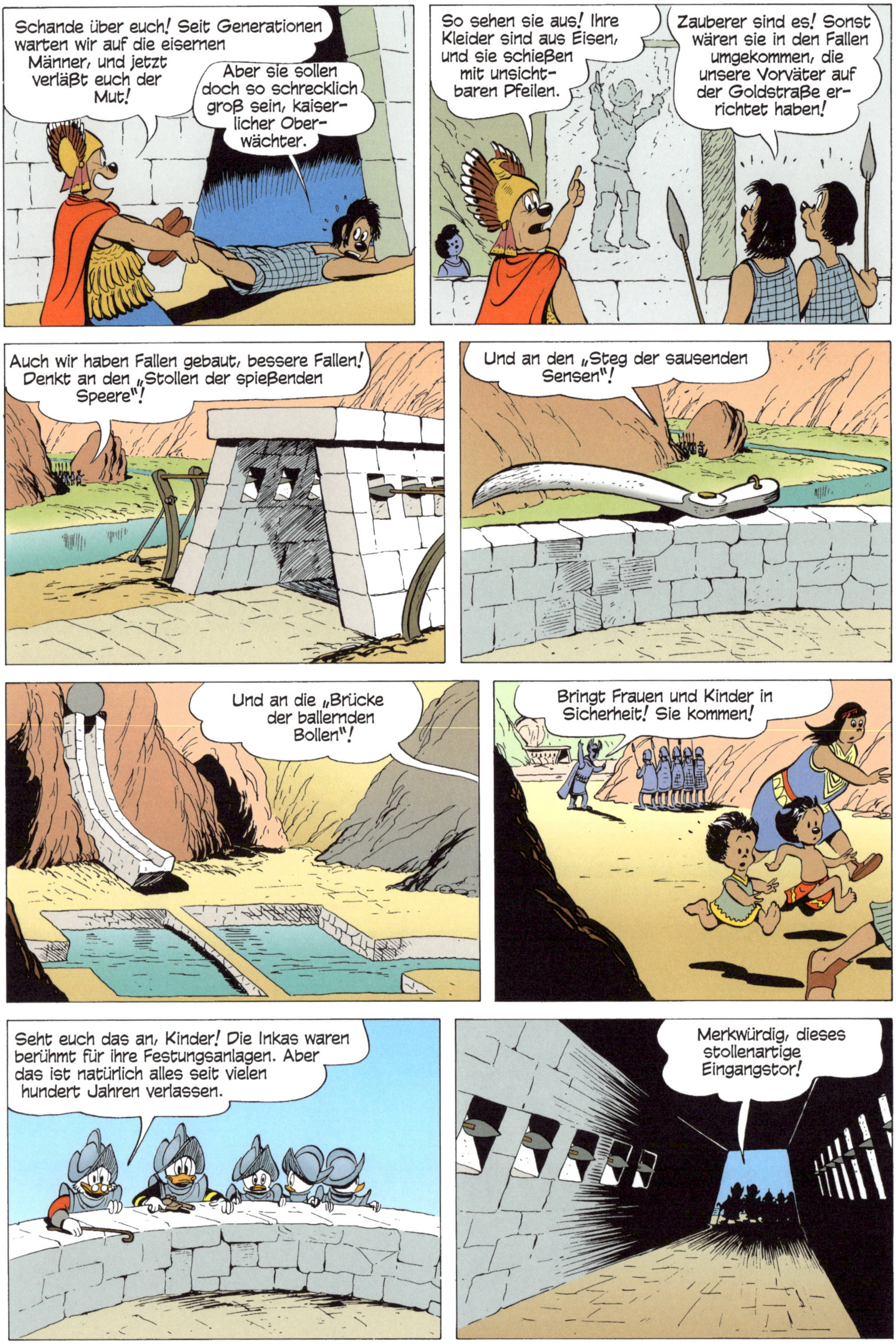

Schande über euch! Seit Generationen warten wir auf die eisernen Männer, und jetzt verläßt euch der Mut!
Aber sie sollen doch so schrecklich groß sein, kaiserlicher Oberwächter.
So sehen sie aus! Ihre Kleider sind aus Eisen, und sie schießen mit unsichtbaren Pfeilen.
Zauberer sind es! Sonst wären sie in den Fallen umgekommen, die unsere Vorväter auf der Goldstraße errichtet haben!
Auch wir haben Fallen gebaut, bessere Fallen! Denkt an den „Stollen der spießenden Speere"!
Und an den „Steg der sausenden Sensen"!
Und an die „Brücke der ballernden Bollen"!
Bringt Frauen und Kinder in Sicherheit! Sie kommen!
Seht euch das an, Kinder! Die Inkas waren berühmt für ihre Festungsanlagen. Aber das ist natürlich alles seit vielen hundert Jahren verlassen.
Merkwürdig, dieses stollenartige Eingangstor!

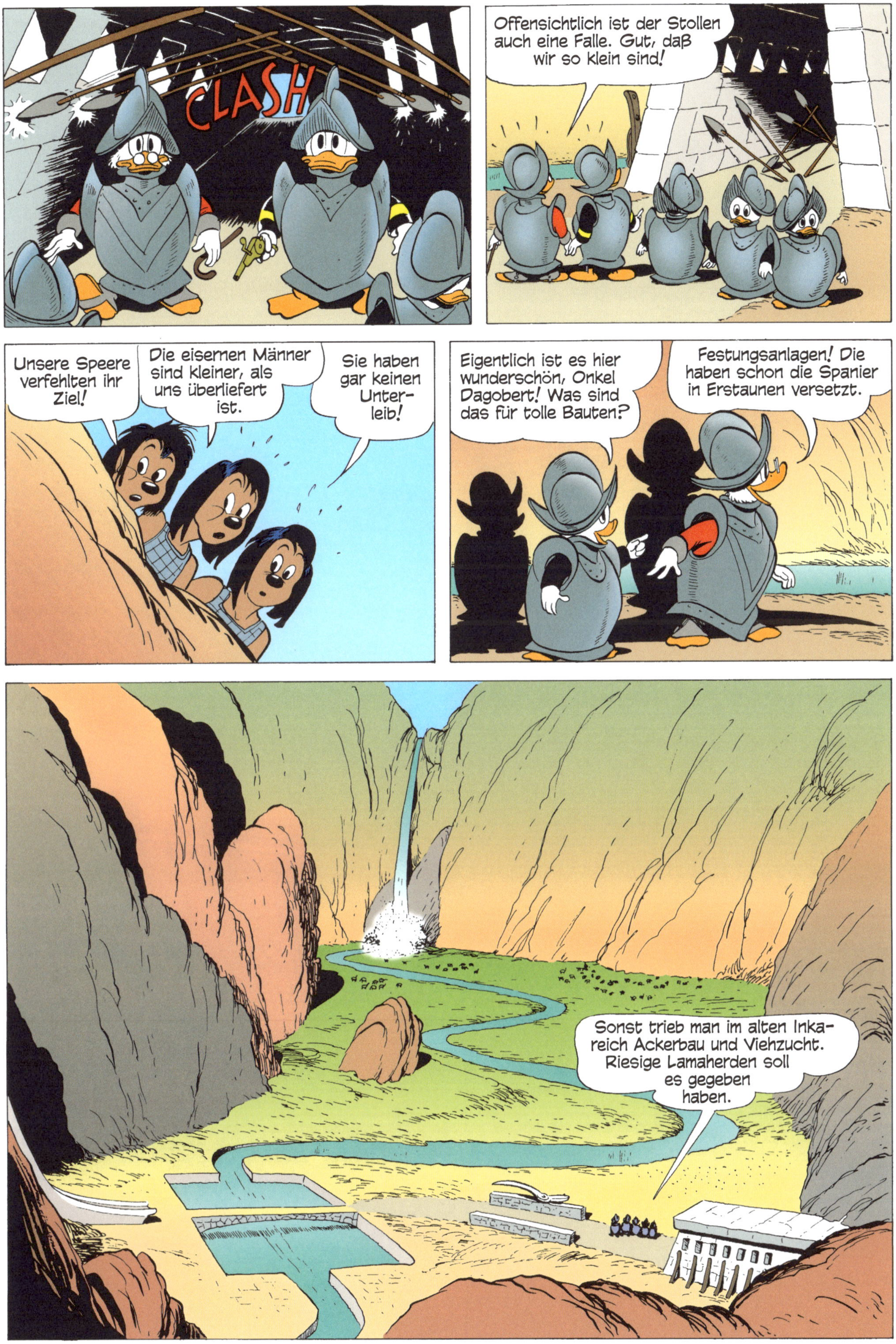
CLASH
Offensichtlich ist der Stollen auch eine Falle. Gut, daß wir so klein sind!
Unsere Speere verfehlten ihr Ziel!
Die eisernen Männer sind kleiner, als uns überliefert ist.
Sie haben gar keinen Unterleib!
Eigentlich ist es hier wunderschön, Onkel Dagobert! Was sind das für tolle Bauten?
Festungsanlagen! Die haben schon die Spanier in Erstaunen versetzt.
Sonst trieb man im alten Inkareich Ackerbau und Viehzucht. Riesige Lamaherden soll es gegeben haben.

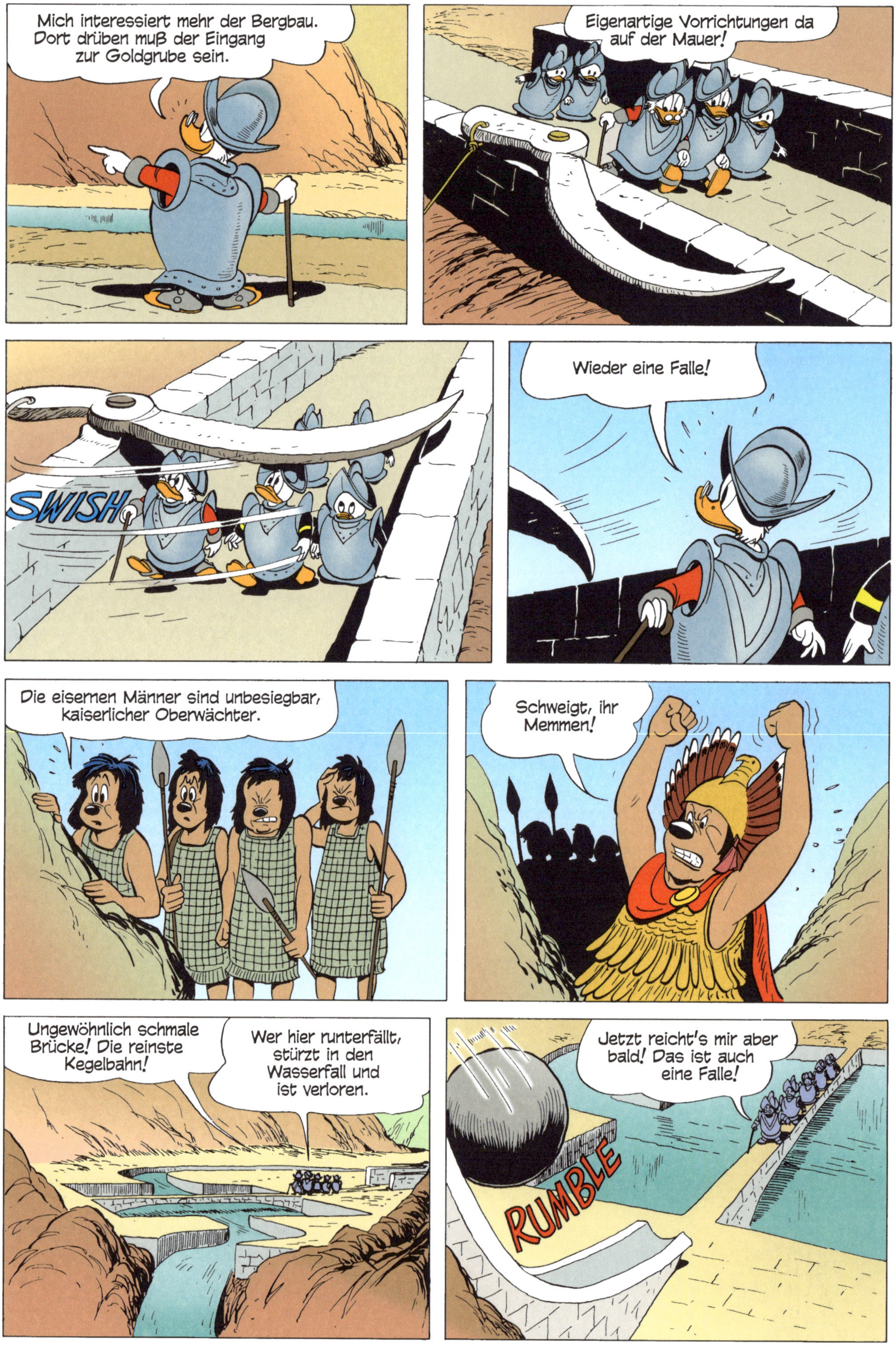
Mich interessiert mehr der Bergbau. Dort drüben muß der Eingang zur Goldgrube sein.
Eigenartige Vorrichtungen da auf der Mauer!
SWISH
Wieder eine Falle!
Die eisernen Männer sind unbesiegbar, kaiserlicher Oberwächter.
Schweigt, ihr Memmen!
Ungewöhnlich schmale Brücke! Die reinste Kegelbahn!
Wer hier runterfällt, stürzt in den Wasserfall und ist verloren.
Jetzt reicht's mir aber bald! Das ist auch eine Falle!
RUMBLE

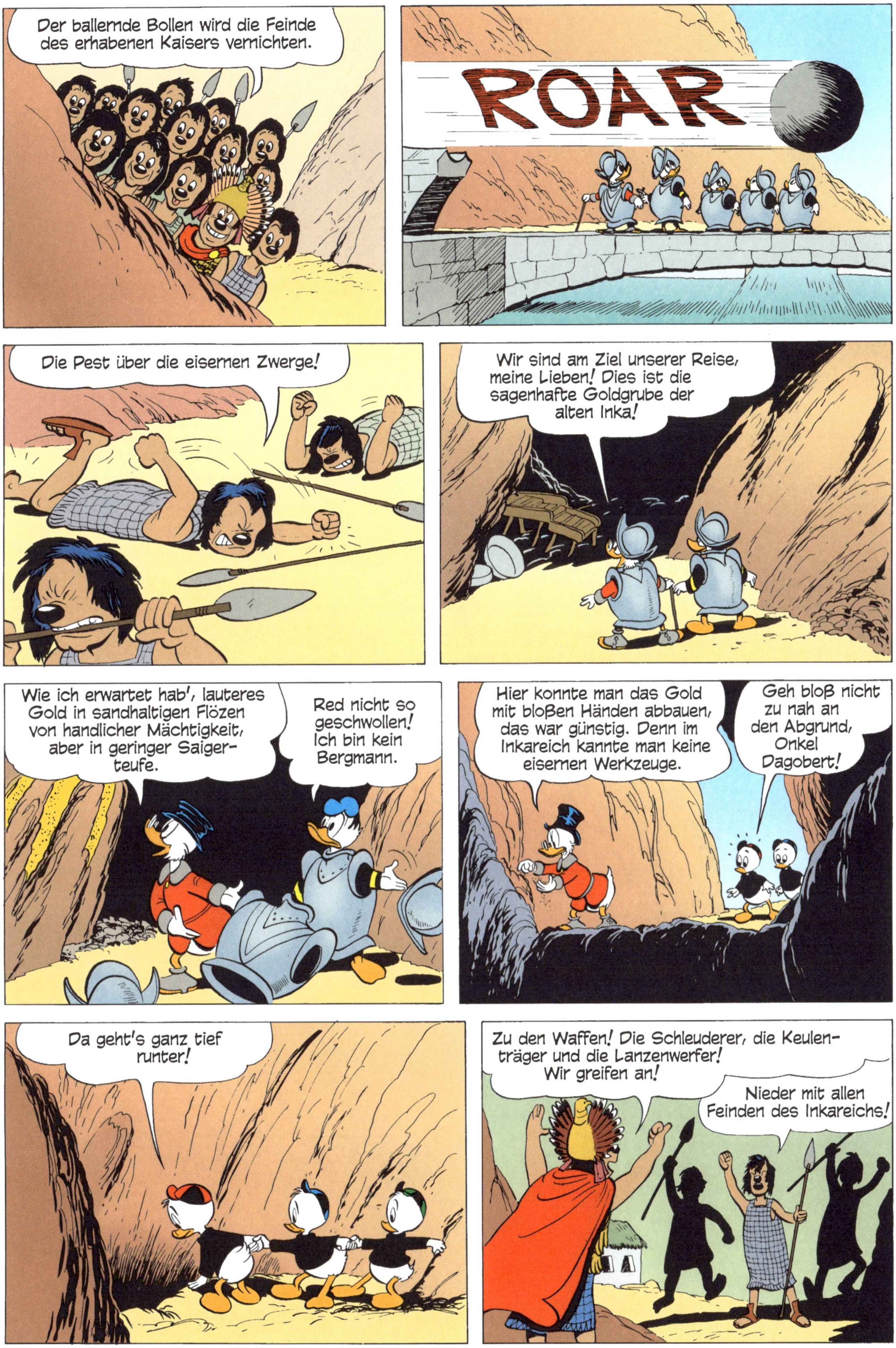
Der ballernde Bollen wird die Feinde des erhabenen Kaisers vernichten.
ROAR
Die Pest über die eisernen Zwerge!
Wir sind am Ziel unserer Reise, meine Lieben! Dies ist die sagenhafte Goldgrube der alten Inka!
Wie ich erwartet hab', lauteres Gold in sandhaltigen Flözen von handlicher Mächtigkeit, aber in geringer Saiger-teufe.
Red nicht so geschwollen! Ich bin kein Bergmann.
Hier konnte man das Gold mit bloßen Händen abbauen, das war günstig. Denn im Inkareich kannte man keine eisernen Werkzeuge.
Geh bloß nicht zu nah an den Abgrund, Onkel Dagobert!
Da geht's ganz tief runter!
Zu den Waffen! Die Schleuderer, die Keulen-träger und die Lanzenwerfer! Wir greifen an!
Nieder mit allen Feinden des Inkareichs!

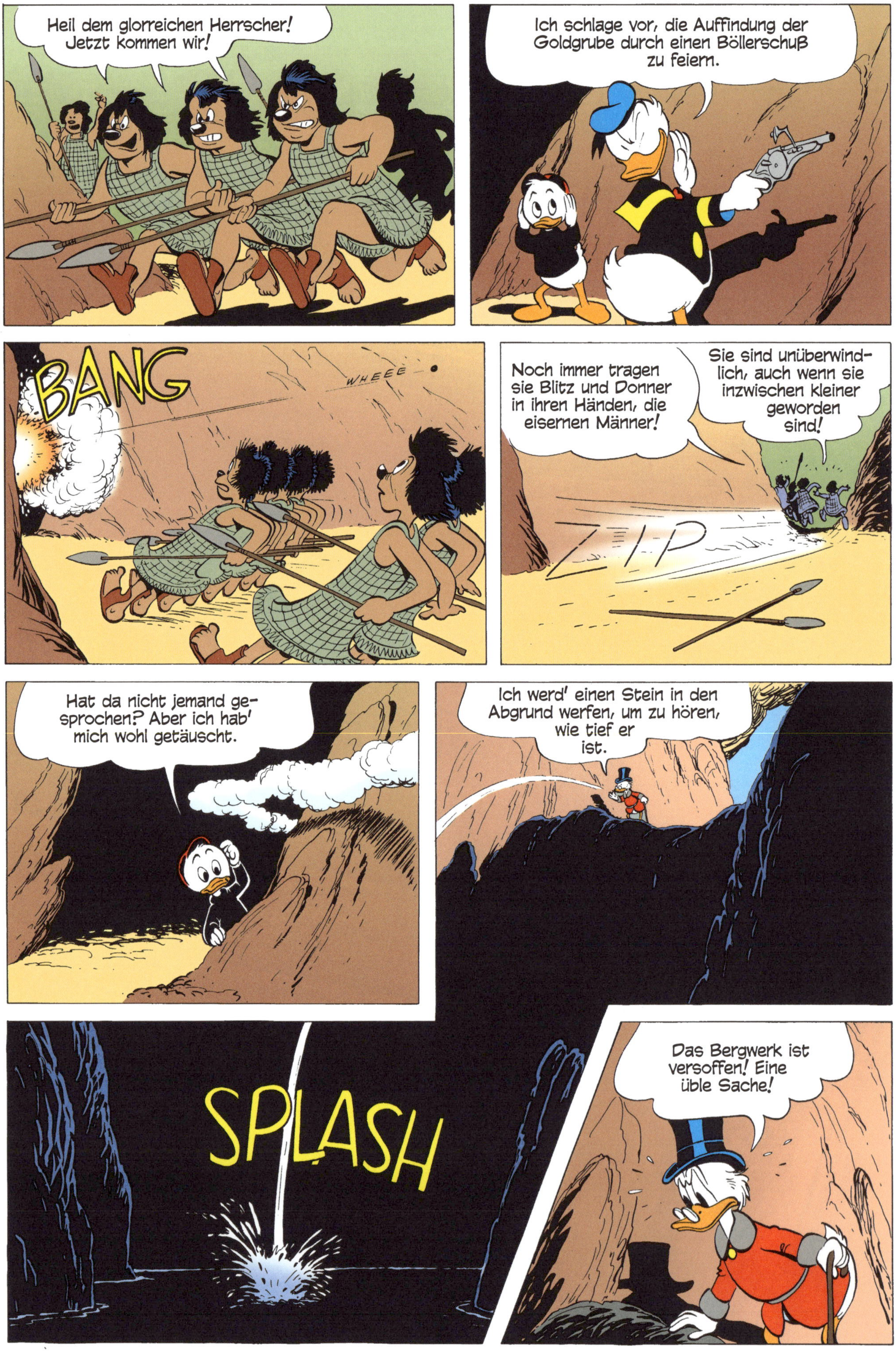
Heil dem glorreichen Herrscher! Jetzt kommen wir!
Ich schlage vor, die Auffindung der Goldgrube durch einen Böllerschuß zu feiern.
BANG
WHEEE
Noch immer tragen sie Blitz und Donner in ihren Händen, die eisernen Männer!
Sie sind unüberwindlich, auch wenn sie inzwischen kleiner geworden sind!
ZIP
Hat da nicht jemand gesprochen? Aber ich hab' mich wohl getäuscht.
Ich werd' einen Stein in den Abgrund werfen, um zu hören, wie tief er ist.
SPLASH
Das Bergwerk ist versoffen! Eine üble Sache!

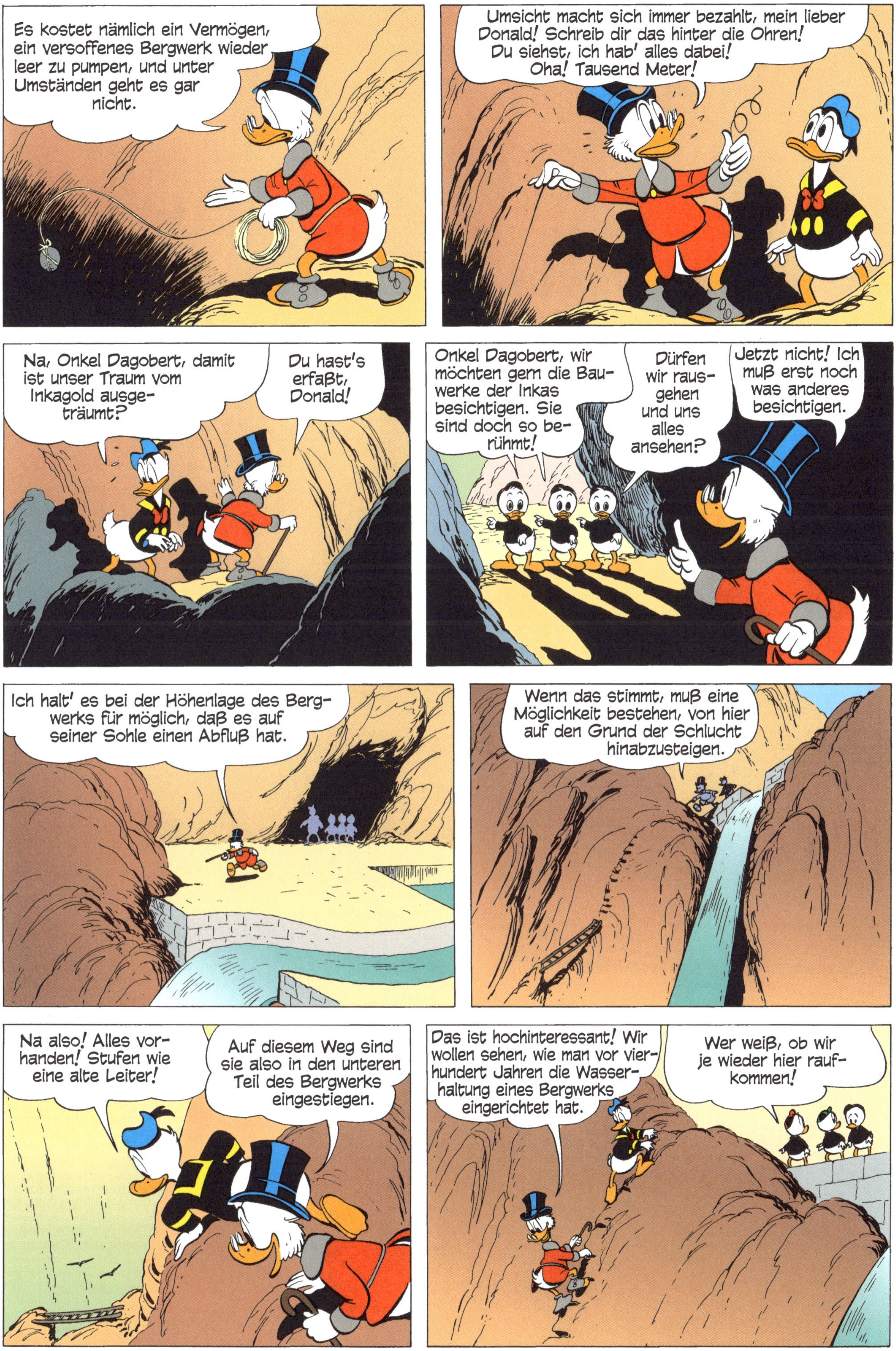
Es kostet nämlich ein Vermögen, ein versoffenes Bergwerk wieder leer zu pumpen, und unter Umständen geht es gar nicht.
Umsicht macht sich immer bezahlt, mein lieber Donald! Schreib dir das hinter die Ohren! Du siehst, ich hab' alles dabei! Oha! Tausend Meter!
Na, Onkel Dagobert, damit ist unser Traum vom Inkagold ausgeträumt?
Du hast's erfaßt, Donald!
Onkel Dagobert, wir möchten gern die Bauwerke der Inkas besichtigen. Sie sind doch so berühmt!
Dürfen wir rausgehen und uns alles ansehen?
Jetzt nicht! Ich muß erst noch was anderes besichtigen.
Ich halt' es bei der Höhenlage des Bergwerks für möglich, daß es auf seiner Sohle einen Abfluß hat.
Wenn das stimmt, muß eine Möglichkeit bestehen, von hier auf den Grund der Schlucht hinabzusteigen.
Na also! Alles vorhanden! Stufen wie eine alte Leiter!
Auf diesem Weg sind sie also in den unteren Teil des Bergwerks eingestiegen.
Das ist hochinteressant! Wir wollen sehen, wie man vor vierhundert Jahren die Wasserhaltung eines Bergwerks eingerichtet hat.
Wer weiß, ob wir je wieder hier raufkommen!

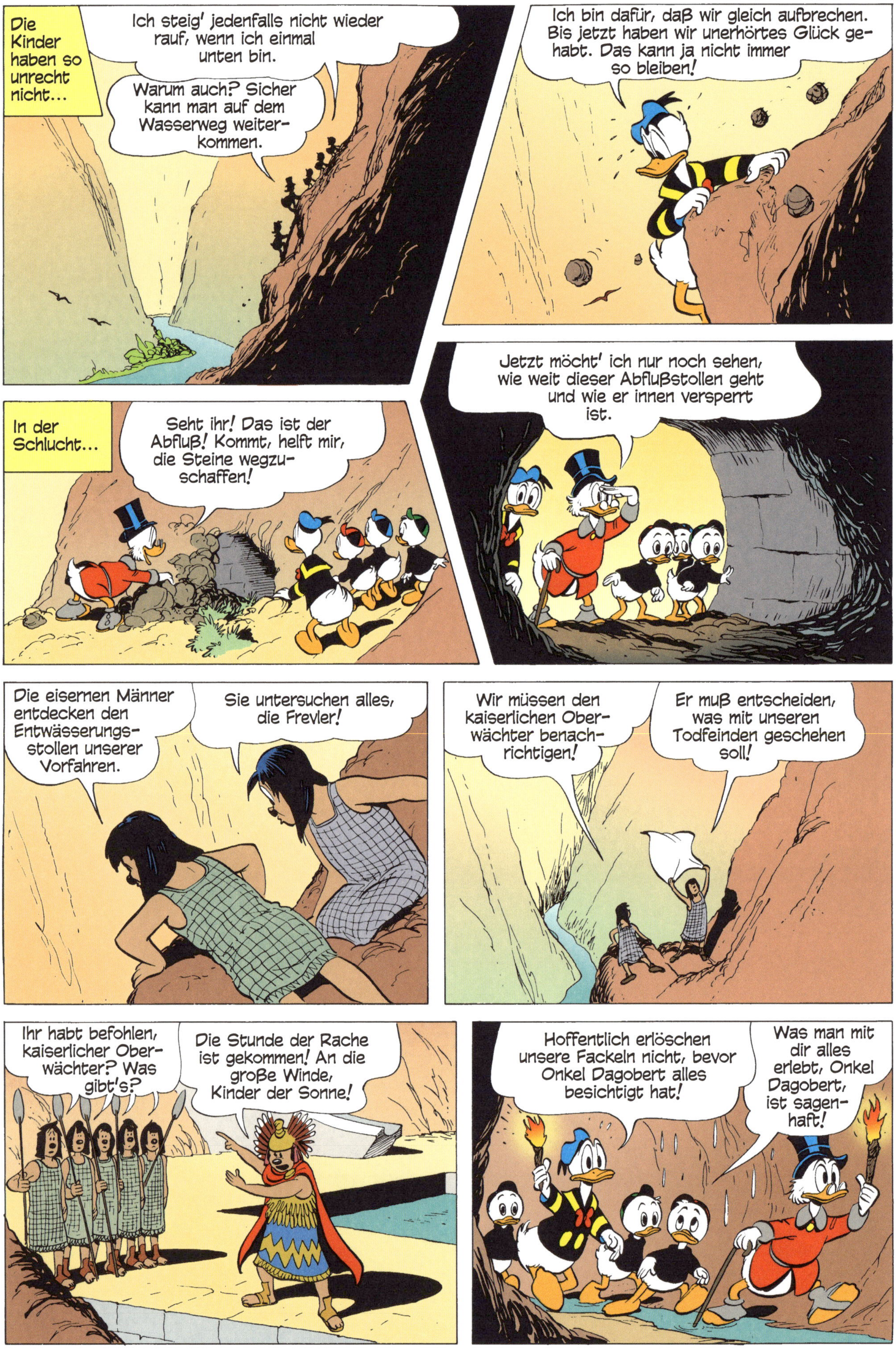
Die Kinder haben so unrecht nicht…
Ich steig' jedenfalls nicht wieder rauf, wenn ich einmal unten bin.
Warum auch? Sicher kann man auf dem Wasserweg weiterkommen.
Ich bin dafür, daß wir gleich aufbrechen. Bis jetzt haben wir unerhörtes Glück gehabt. Das kann ja nicht immer so bleiben!
In der Schlucht…
Seht ihr! Das ist der Abfluß! Kommt, helft mir, die Steine wegzuschaffen!
Jetzt möcht' ich nur noch sehen, wie weit dieser Abflußstollen geht und wie er innen versperrt ist.
Die eisernen Männer entdecken den Entwässerungsstollen unserer Vorfahren.
Sie untersuchen alles, die Frevler!
Wir müssen den kaiserlichen Oberwächter benachrichtigen!
Er muß entscheiden, was mit unseren Todfeinden geschehen soll!
Ihr habt befohlen, kaiserlicher Oberwächter? Was gibt's?
Die Stunde der Rache ist gekommen! An die große Winde, Kinder der Sonne!
Hoffentlich erlöschen unsere Fackeln nicht, bevor Onkel Dagobert alles besichtigt hat!
Was man mit dir alles erlebt, Onkel Dagobert, ist sagenhaft!

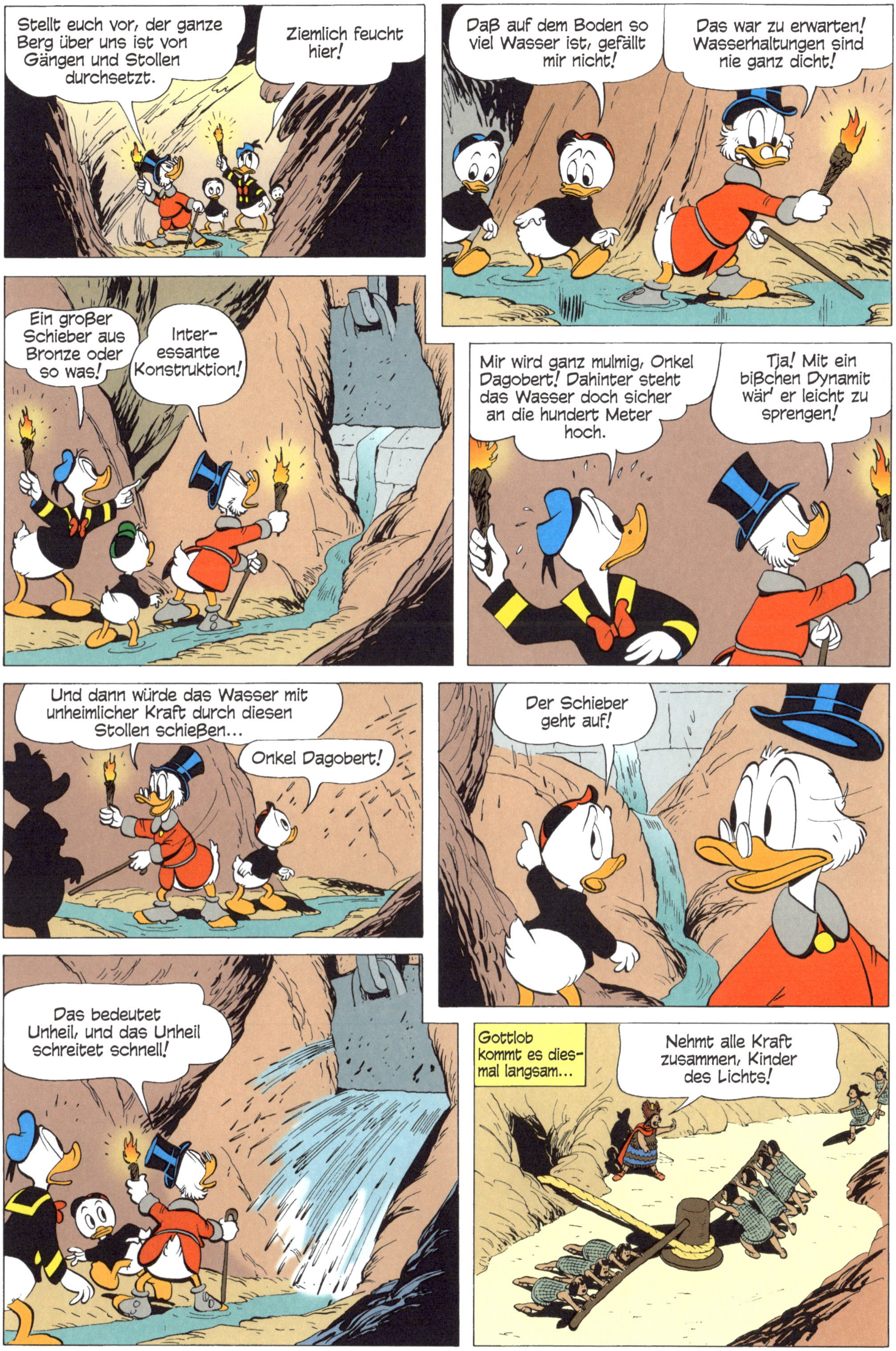

Stellt euch vor, der ganze Berg über uns ist von Gängen und Stollen durchsetzt.
Ziemlich feucht hier!
Daß auf dem Boden so viel Wasser ist, gefällt mir nicht!
Das war zu erwarten! Wasserhaltungen sind nie ganz dicht!
Ein großer Schieber aus Bronze oder so was!
Inter-essante Konstruktion!
Mir wird ganz mulmig, Onkel Dagobert! Dahinter steht das Wasser doch sicher an die hundert Meter hoch.
Tja! Mit ein bißchen Dynamit wär' er leicht zu sprengen!
Und dann würde das Wasser mit unheimlicher Kraft durch diesen Stollen schießen…
Onkel Dagobert!
Der Schieber geht auf!
Das bedeutet Unheil, und das Unheil schreitet schnell!
Gottlob kommt es dies-mal langsam…
Nehmt alle Kraft zusammen, Kinder des Lichts!

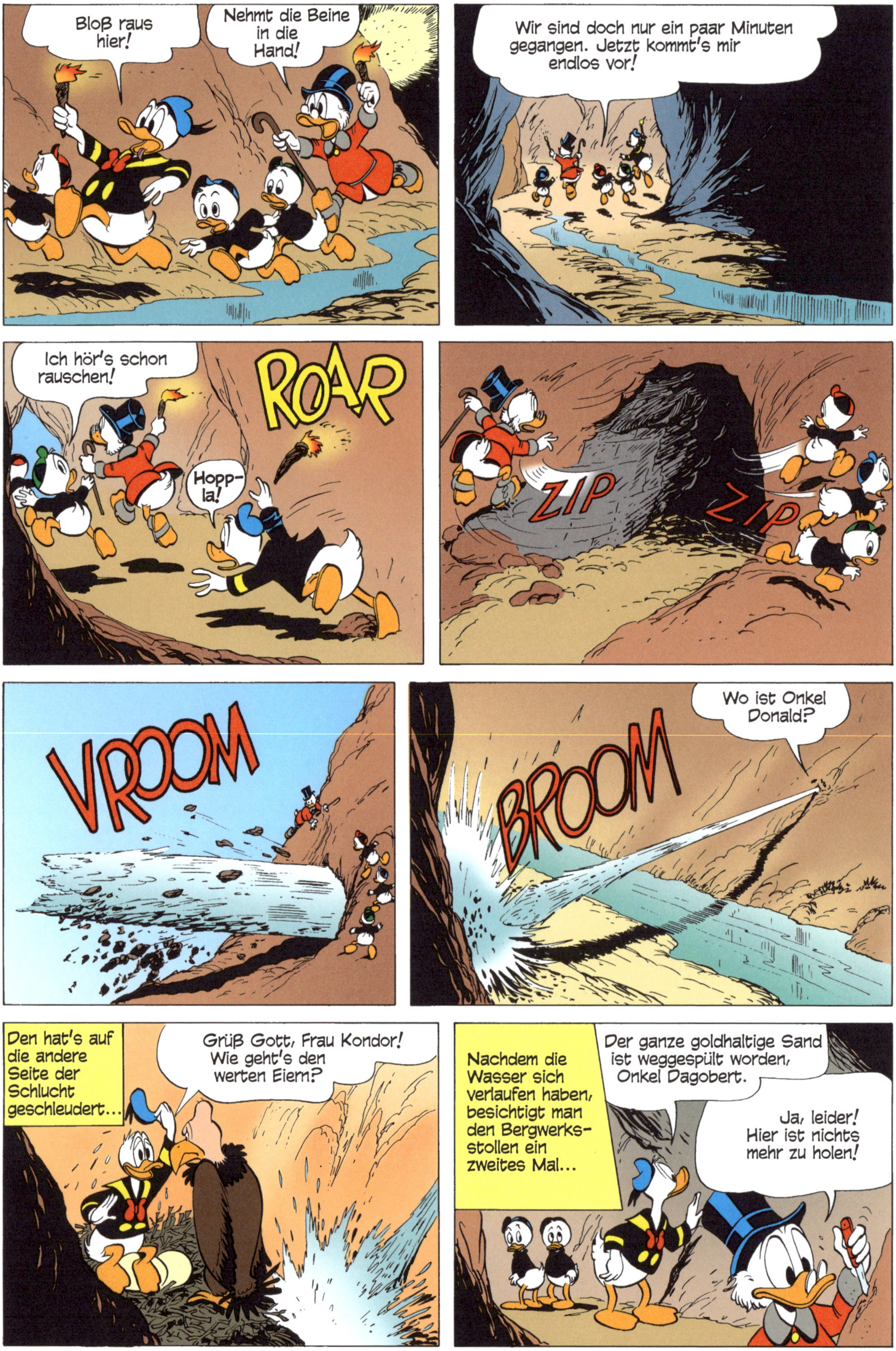

Bloß raus hier!
Nehmt die Beine in die Hand!
Wir sind doch nur ein paar Minuten gegangen. Jetzt kommt's mir endlos vor!
Ich hör's schon rauschen!
ROAR
Hopp-la!
ZIP
ZIP
VROOM
Wo ist Onkel Donald?
BROOM
Den hat's auf die andere Seite der Schlucht geschleudert...
Grüß Gott, Frau Kondor! Wie geht's den werten Eiern?
Nachdem die Wasser sich verlaufen haben, besichtigt man den Bergwerksstollen ein zweites Mal...
Der ganze goldhaltige Sand ist weggespült worden, Onkel Dagobert.
Ja, leider! Hier ist nichts mehr zu holen!

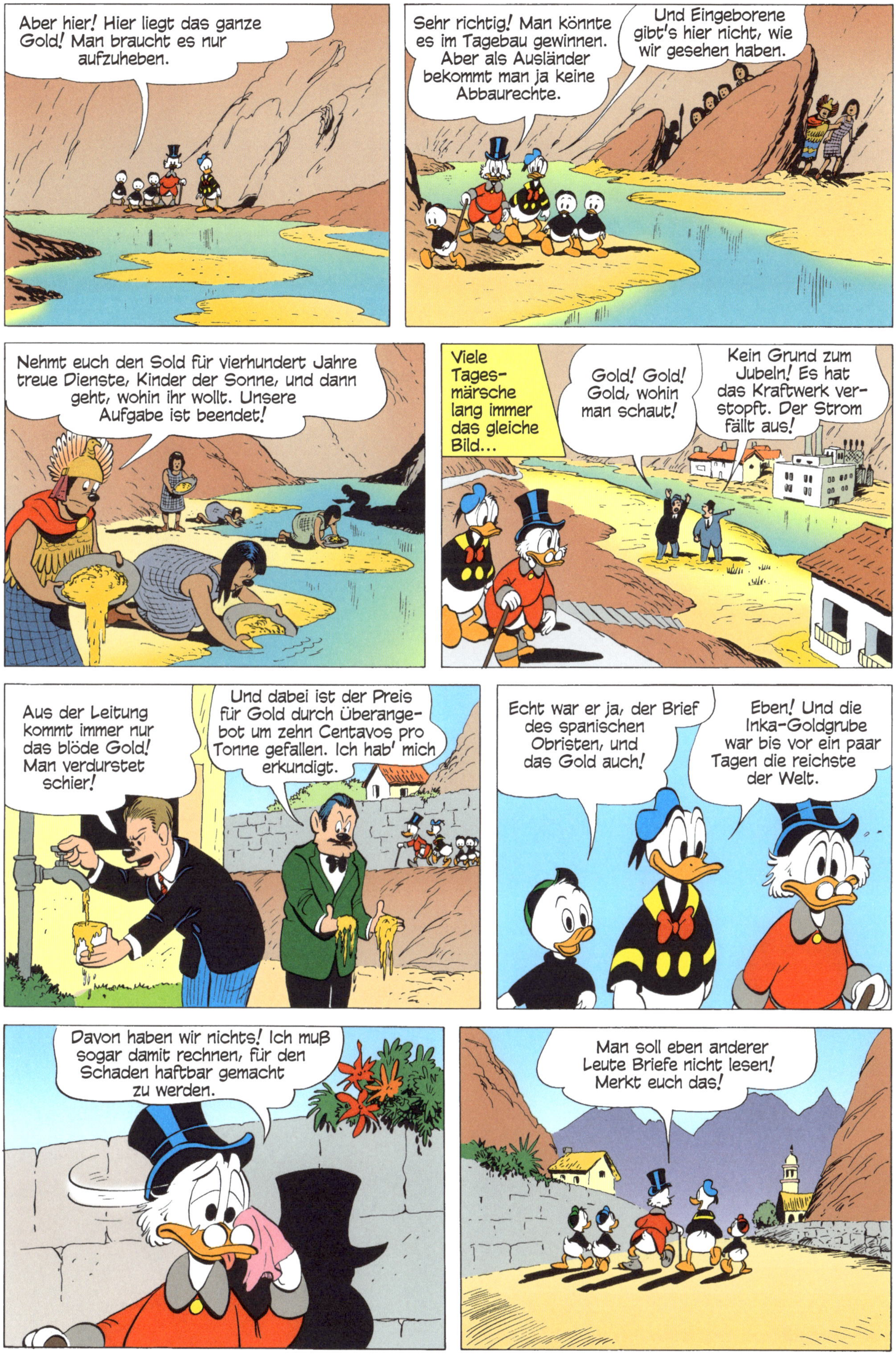
Aber hier! Hier liegt das ganze Gold! Man braucht es nur aufzuheben.
Sehr richtig! Man könnte es im Tagebau gewinnen. Aber als Ausländer bekommt man ja keine Abbaurechte.
Und Eingeborene gibt's hier nicht, wie wir gesehen haben.
Nehmt euch den Sold für vierhundert Jahre treue Dienste, Kinder der Sonne, und dann geht, wohin ihr wollt. Unsere Aufgabe ist beendet!
Viele Tagesmärsche lang immer das gleiche Bild...
Gold! Gold! Gold, wohin man schaut!
Kein Grund zum Jubeln! Es hat das Kraftwerk verstopft. Der Strom fällt aus!
Aus der Leitung kommt immer nur das blöde Gold! Man verdurstet schier!
Und dabei ist der Preis für Gold durch Überangebot um zehn Centavos pro Tonne gefallen. Ich hab' mich erkundigt.
Echt war er ja, der Brief des spanischen Obristen, und das Gold auch!
Eben! Und die Inka-Goldgrube war bis vor ein paar Tagen die reichste der Welt.
Davon haben wir nichts! Ich muß sogar damit rechnen, für den Schaden haftbar gemacht zu werden.
Man soll eben anderer Leute Briefe nicht lesen! Merkt euch das!

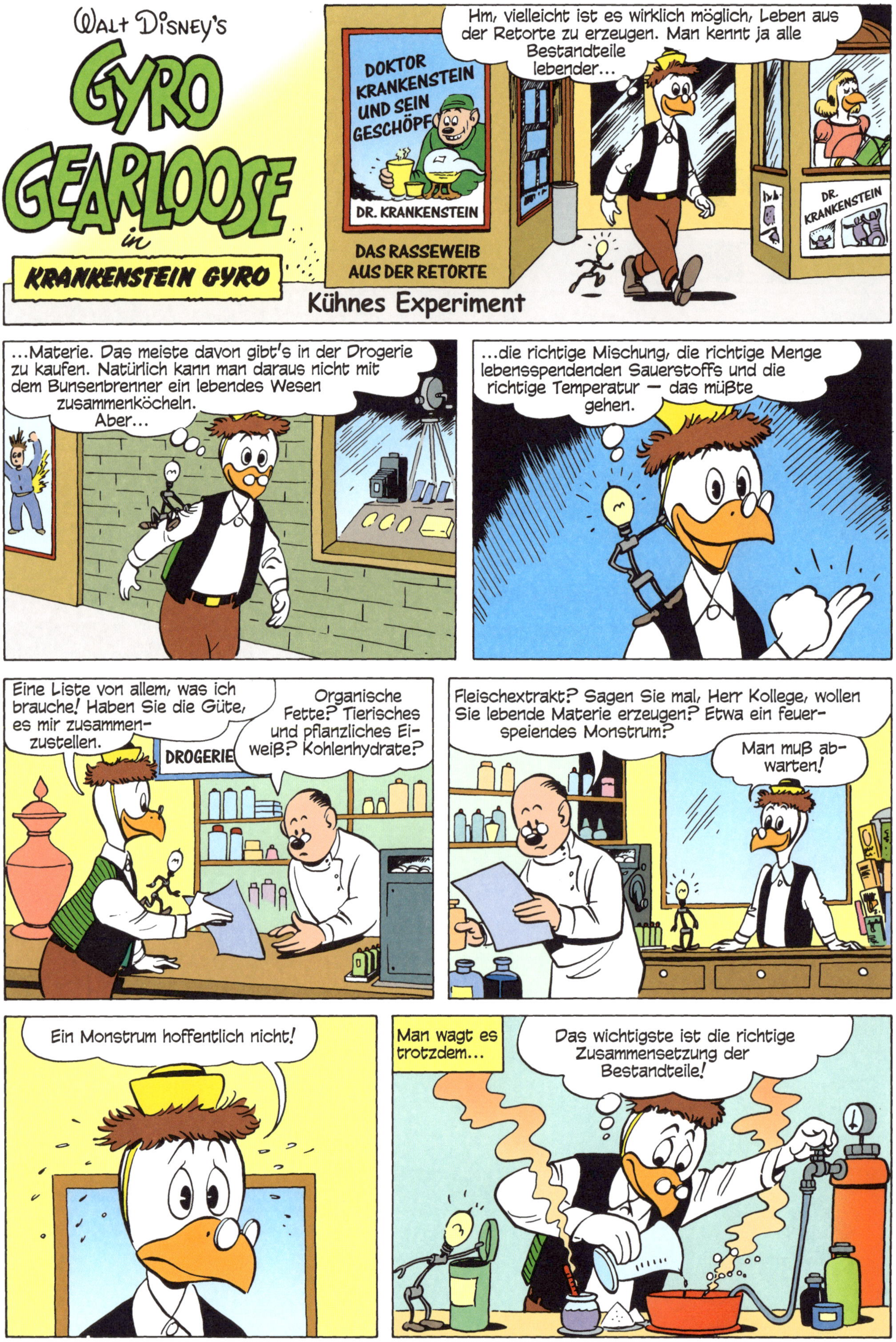
Walt Disney's
GYRO GEARLOOSE
in
KRANKENSTEIN GYRO
Hm, vielleicht ist es wirklich möglich, Leben aus der Retorte zu erzeugen. Man kennt ja alle Bestandteile lebender…
DOKTOR KRANKENSTEIN UND SEIN GESCHÖPF
DR. KRANKENSTEIN
DAS RASSEWEIB AUS DER RETORTE
DR. KRANKENSTEIN
Kühnes Experiment
…Materie. Das meiste davon gibt's in der Drogerie zu kaufen. Natürlich kann man daraus nicht mit dem Bunsenbrenner ein lebendes Wesen zusammenköcheln. Aber…
…die richtige Mischung, die richtige Menge lebensspendenden Sauerstoffs und die richtige Temperatur — das müßte gehen.
Eine Liste von allem, was ich brauche! Haben Sie die Güte, es mir zusammenzustellen.
DROGERIE
Organische Fette? Tierisches und pflanzliches Eiweiß? Kohlenhydrate?
Fleischextrakt? Sagen Sie mal, Herr Kollege, wollen Sie lebende Materie erzeugen? Etwa ein feuerspeiendes Monstrum?
Man muß abwarten!
Ein Monstrum hoffentlich nicht!
Man wagt es trotzdem…
Das wichtigste ist die richtige Zusammensetzung der Bestandteile!

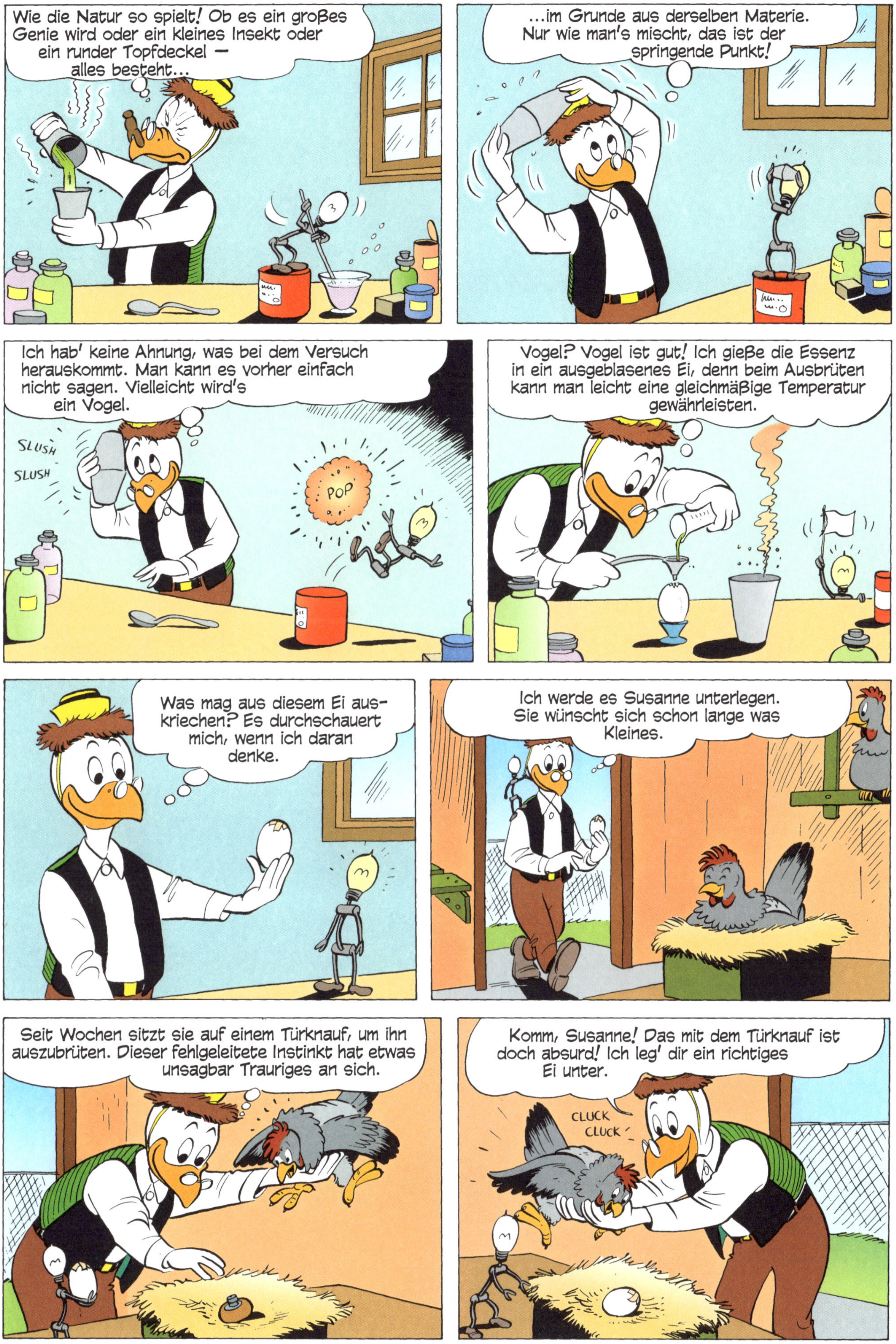
Wie die Natur so spielt! Ob es ein großes Genie wird oder ein kleines Insekt oder ein runder Topfdeckel – alles besteht...
...im Grunde aus derselben Materie. Nur wie man's mischt, das ist der springende Punkt!
Ich hab' keine Ahnung, was bei dem Versuch herauskommt. Man kann es vorher einfach nicht sagen. Vielleicht wird's ein Vogel.
SLUSH
SLUSH
POP
Vogel? Vogel ist gut! Ich gieße die Essenz in ein ausgeblasenes Ei, denn beim Ausbrüten kann man leicht eine gleichmäßige Temperatur gewährleisten.
Was mag aus diesem Ei auskriechen? Es durchschauert mich, wenn ich daran denke.
Ich werde es Susanne unterlegen. Sie wünscht sich schon lange was Kleines.
Seit Wochen sitzt sie auf einem Türknauf, um ihn auszubrüten. Dieser fehlgeleitete Instinkt hat etwas unsagbar Trauriges an sich.
Komm, Susanne! Das mit dem Türknauf ist doch absurd! Ich leg' dir ein richtiges Ei unter.
CLUCK
CLUCK

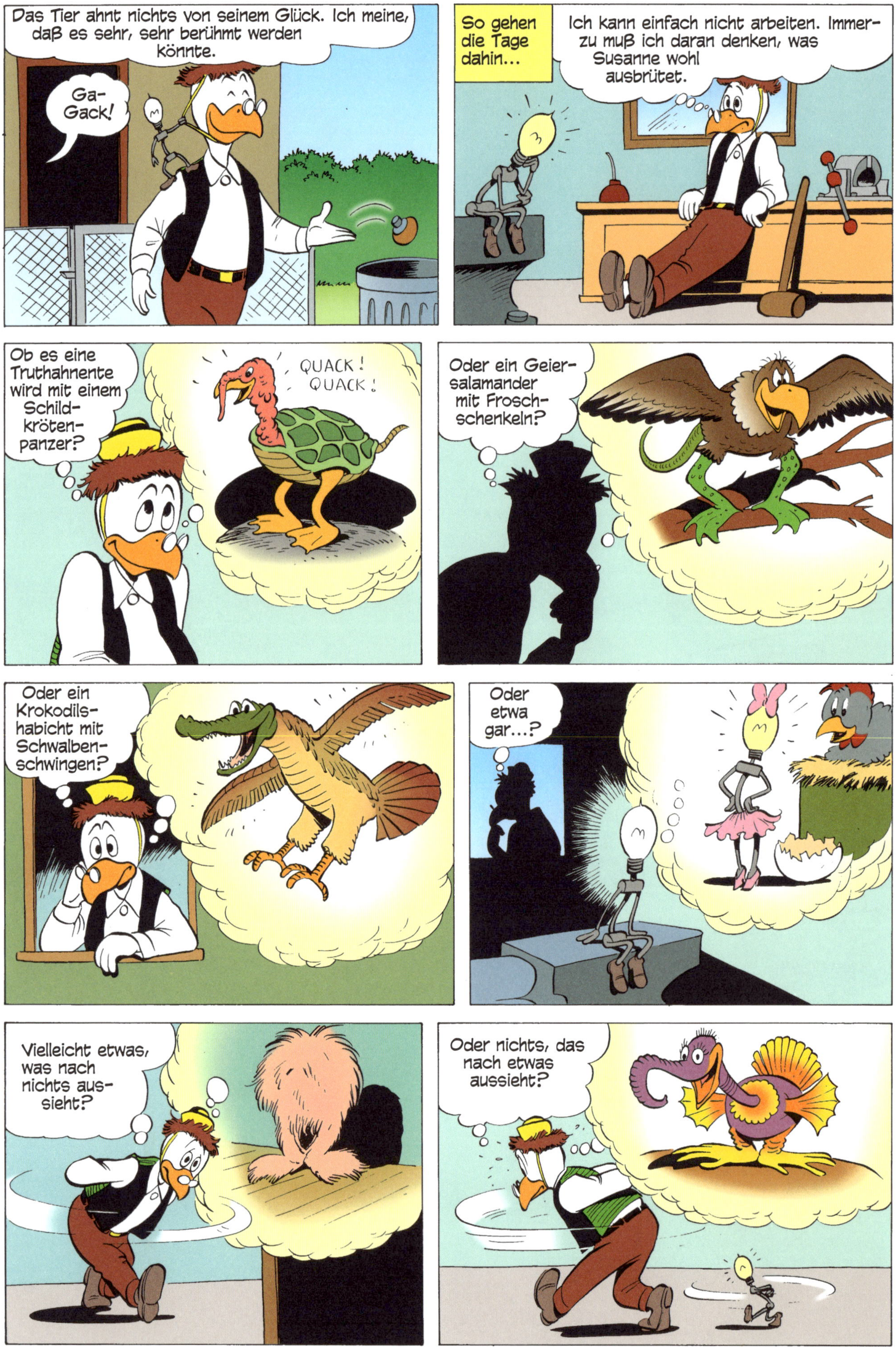

Das Tier ahnt nichts von seinem Glück. Ich meine, daß es sehr, sehr berühmt werden könnte.
Ga-Gack!
So gehen die Tage dahin...
Ich kann einfach nicht arbeiten. Immerzu muß ich daran denken, was Susanne wohl ausbrütet.
Ob es eine Truthahnente wird mit einem Schildkrötenpanzer?
QUACK! QUACK!
Oder ein Geiersalamander mit Froschschenkeln?
Oder ein Krokodilshabicht mit Schwalbenschwingen?
Oder etwa gar...?
Vielleicht etwas, was nach nichts aussieht?
Oder nichts, das nach etwas aussieht?

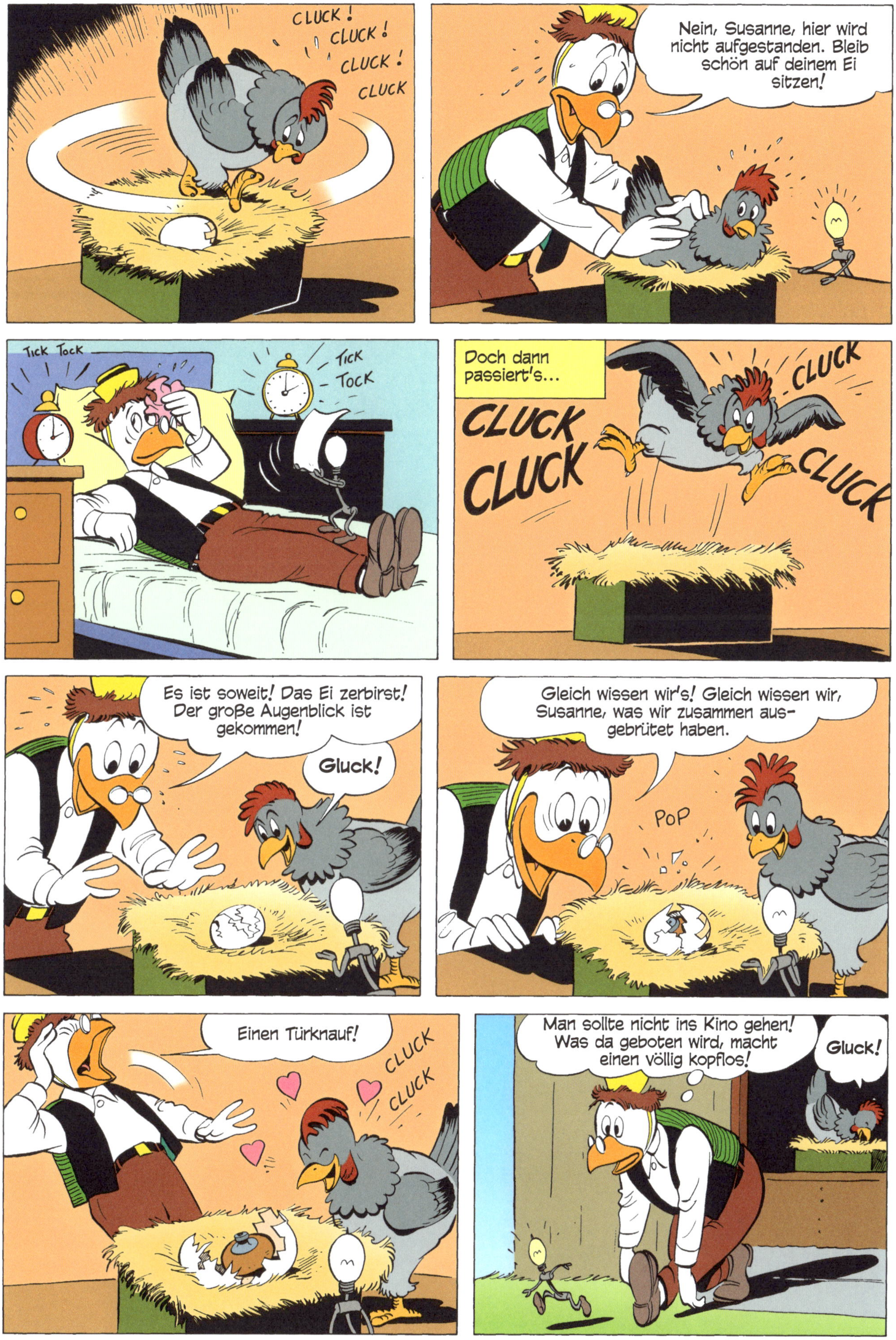
CLUCK! CLUCK! CLUCK! CLUCK
Nein, Susanne, hier wird nicht aufgestanden. Bleib schön auf deinem Ei sitzen!
TICK TOCK
TICK TOCK
Doch dann passiert's...
CLUCK CLUCK
CLUCK
CLUCK
Es ist soweit! Das Ei zerbirst! Der große Augenblick ist gekommen!
Gluck!
Gleich wissen wir's! Gleich wissen wir, Susanne, was wir zusammen ausgebrütet haben.
POP
Einen Türknauf!
CLUCK CLUCK
Man sollte nicht ins Kino gehen! Was da geboten wird, macht einen völlig kopflos!
Gluck!

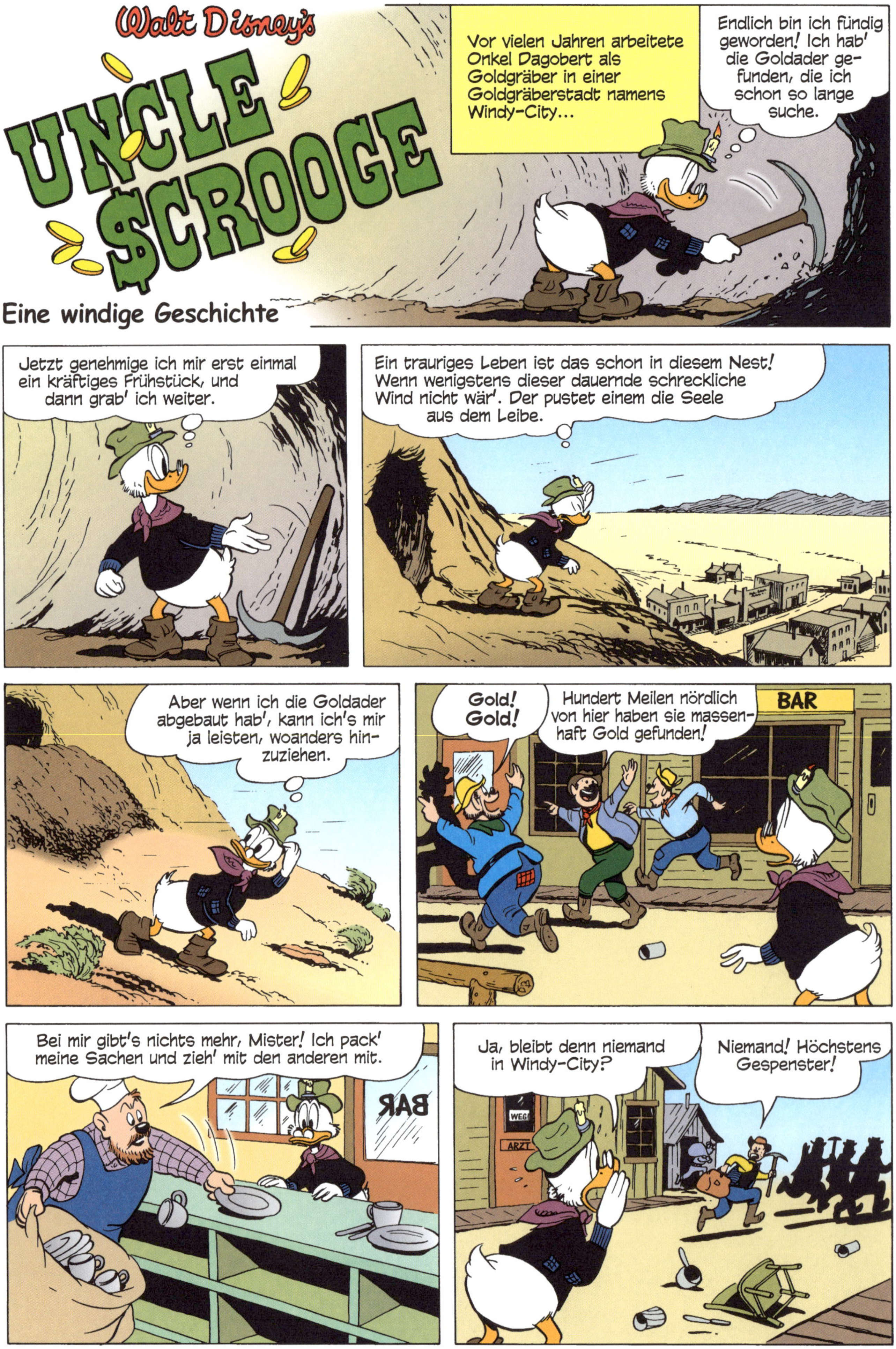
Walt Disney's
UNCLE $CROOGE
Eine windige Geschichte
Vor vielen Jahren arbeitete Onkel Dagobert als Goldgräber in einer Goldgräberstadt namens Windy-City...
Endlich bin ich fündig geworden! Ich hab' die Goldader gefunden, die ich schon so lange suche.
Jetzt genehmige ich mir erst einmal ein kräftiges Frühstück, und dann grab' ich weiter.
Ein trauriges Leben ist das schon in diesem Nest! Wenn wenigstens dieser dauernde schreckliche Wind nicht wär'. Der pustet einem die Seele aus dem Leibe.
Aber wenn ich die Goldader abgebaut hab', kann ich's mir ja leisten, woanders hinzuziehen.
Gold! Gold!
Hundert Meilen nördlich von hier haben sie massenhaft Gold gefunden!
BAR
Bei mir gibt's nichts mehr, Mister! Ich pack' meine Sachen und zieh' mit den anderen mit.
BAR
Ja, bleibt denn niemand in Windy-City?
Niemand! Höchstens Gespenster!
WEG!
ARZT

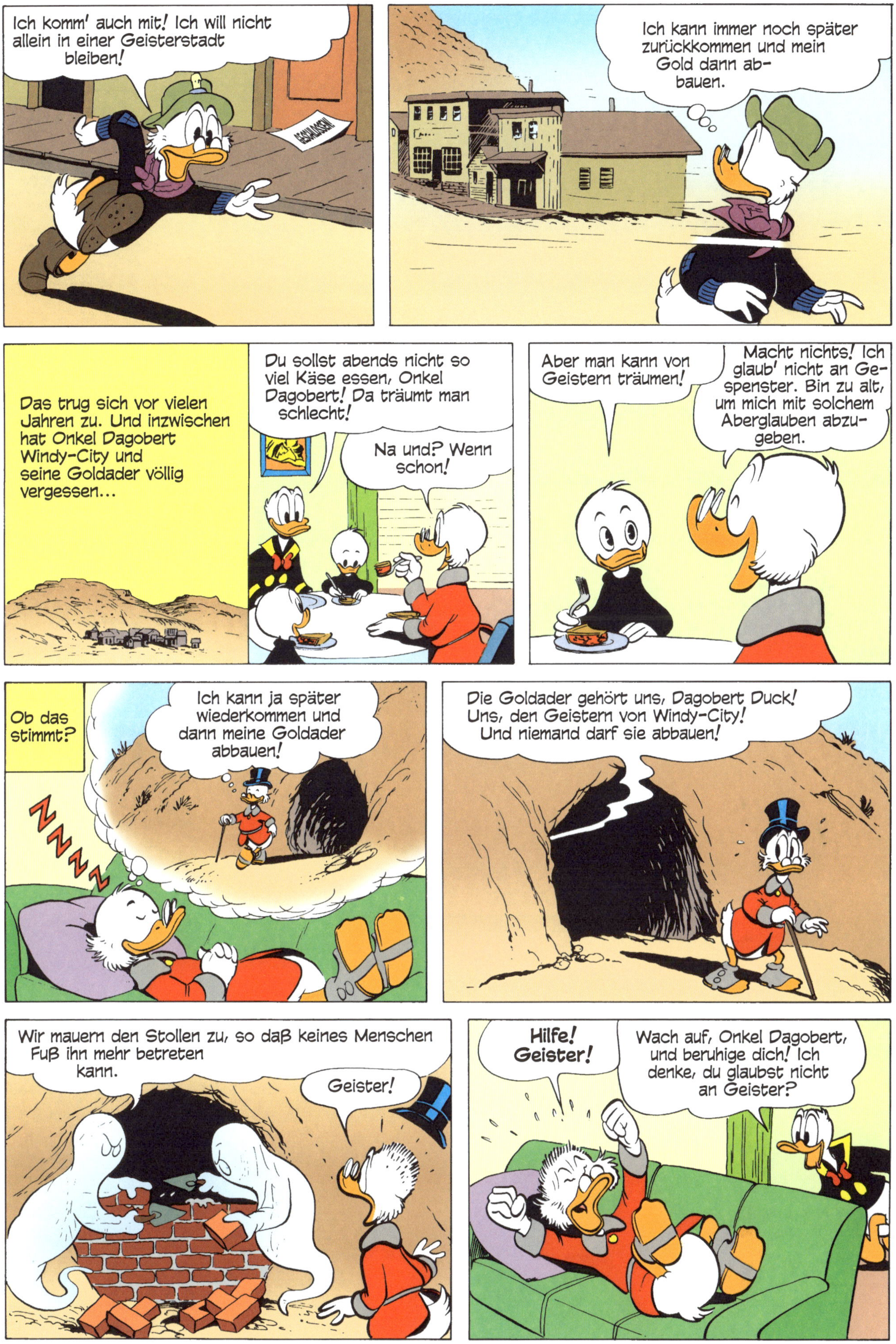
Ich komm' auch mit! Ich will nicht allein in einer Geisterstadt bleiben!
Ich kann immer noch später zurückkommen und mein Gold dann abbauen.
Das trug sich vor vielen Jahren zu. Und inzwischen hat Onkel Dagobert Windy-City und seine Goldader völlig vergessen...
Du sollst abends nicht so viel Käse essen, Onkel Dagobert! Da träumt man schlecht!
Na und? Wenn schon!
Aber man kann von Geistern träumen!
Macht nichts! Ich glaub' nicht an Gespenster. Bin zu alt, um mich mit solchem Aberglauben abzugeben.
Ob das stimmt?
Ich kann ja später wiederkommen und dann meine Goldader abbauen!
Die Goldader gehört uns, Dagobert Duck! Uns, den Geistern von Windy-City! Und niemand darf sie abbauen!
Wir mauern den Stollen zu, so daß keines Menschen Fuß ihn mehr betreten kann.
Geister!
Hilfe! Geister!
Wach auf, Onkel Dagobert, und beruhige dich! Ich denke, du glaubst nicht an Geister?

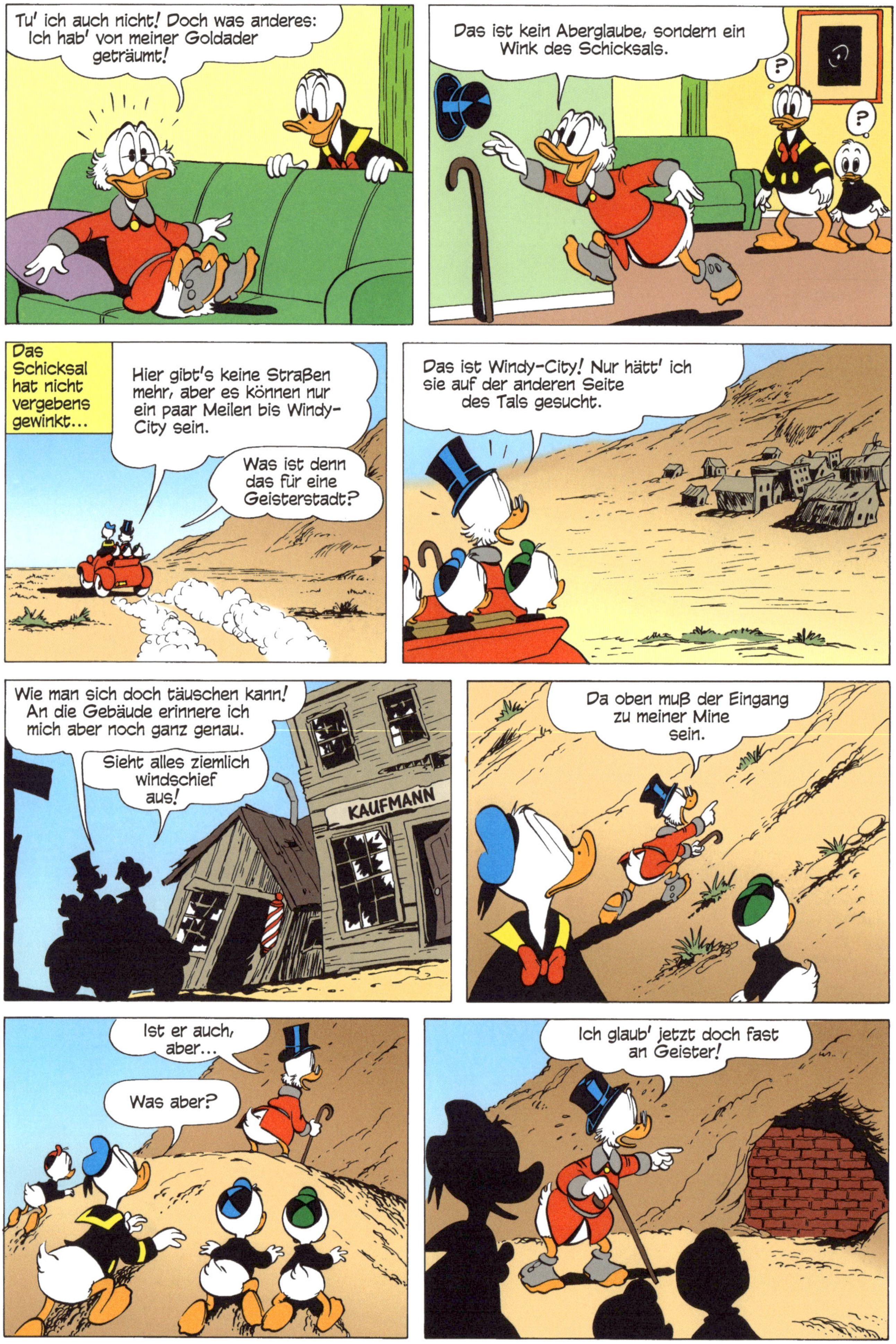
Tu' ich auch nicht! Doch was anderes: Ich hab' von meiner Goldader geträumt!
Das ist kein Aberglaube, sondern ein Wink des Schicksals.
?
?
Das Schicksal hat nicht vergebens gewinkt...
Hier gibt's keine Straßen mehr, aber es können nur ein paar Meilen bis Windy-City sein.
Was ist denn das für eine Geisterstadt?
Das ist Windy-City! Nur hätt' ich sie auf der anderen Seite des Tals gesucht.
Wie man sich doch täuschen kann! An die Gebäude erinnere ich mich aber noch ganz genau.
Sieht alles ziemlich windschief aus!
KAUFMANN
Da oben muß der Eingang zu meiner Mine sein.
Ist er auch, aber...
Was aber?
Ich glaub' jetzt doch fast an Geister!

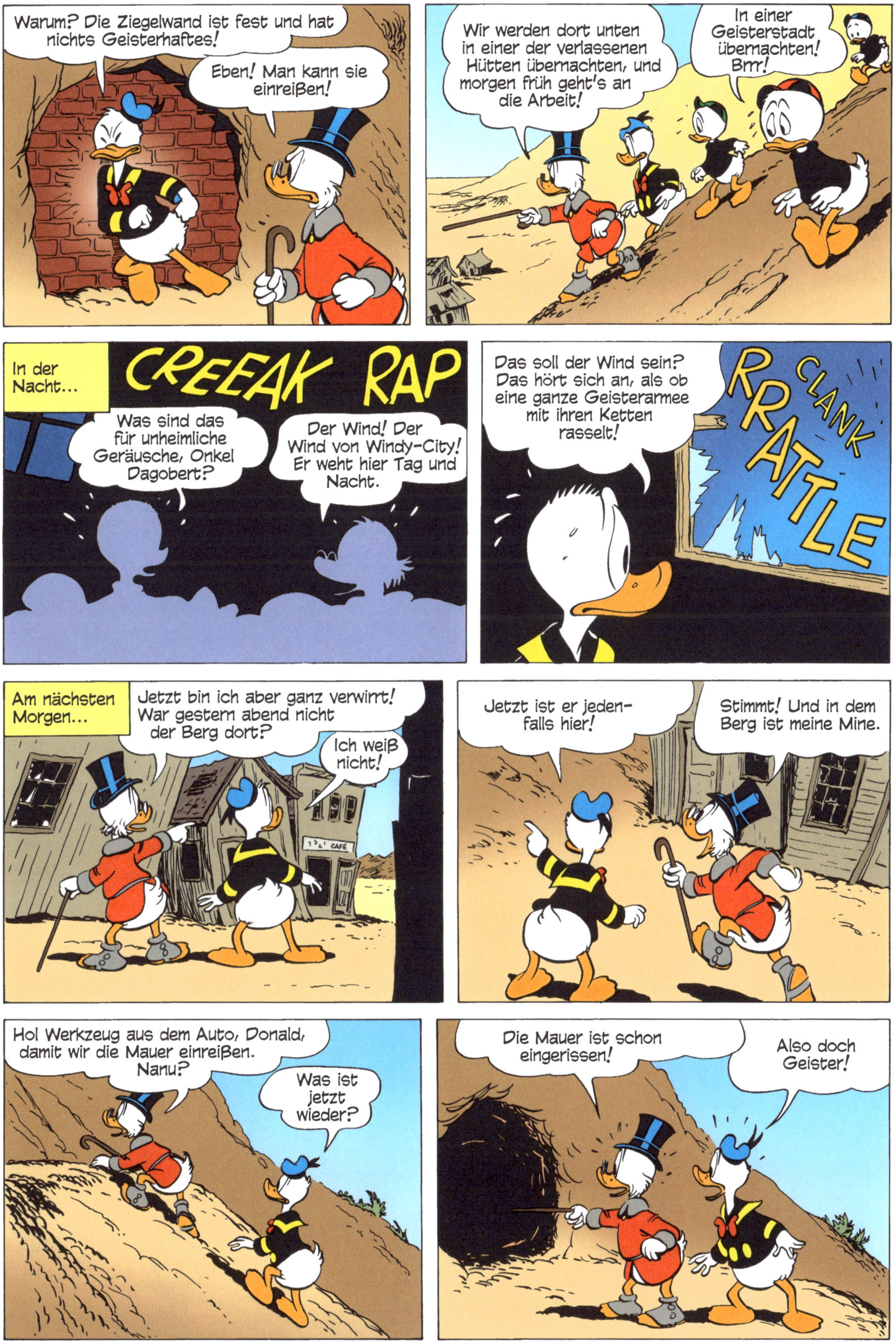
Warum? Die Ziegelwand ist fest und hat nichts Geisterhaftes!
Eben! Man kann sie einreißen!
Wir werden dort unten in einer der verlassenen Hütten übernachten, und morgen früh geht's an die Arbeit!
In einer Geisterstadt übernachten! Brrr!
In der Nacht...
CREEAK RAP
Was sind das für unheimliche Geräusche, Onkel Dagobert?
Der Wind! Der Wind von Windy-City! Er weht hier Tag und Nacht.
Das soll der Wind sein? Das hört sich an, als ob eine ganze Geisterarmee mit ihren Ketten rasselt!
CLANK
RRATTLE
Am nächsten Morgen...
Jetzt bin ich aber ganz verwirrt! War gestern abend nicht der Berg dort?
Ich weiß nicht!
CAFÉ
Jetzt ist er jedenfalls hier!
Stimmt! Und in dem Berg ist meine Mine.
Hol Werkzeug aus dem Auto, Donald, damit wir die Mauer einreißen. Nanu?
Was ist jetzt wieder?
Die Mauer ist schon eingerissen!
Also doch Geister!

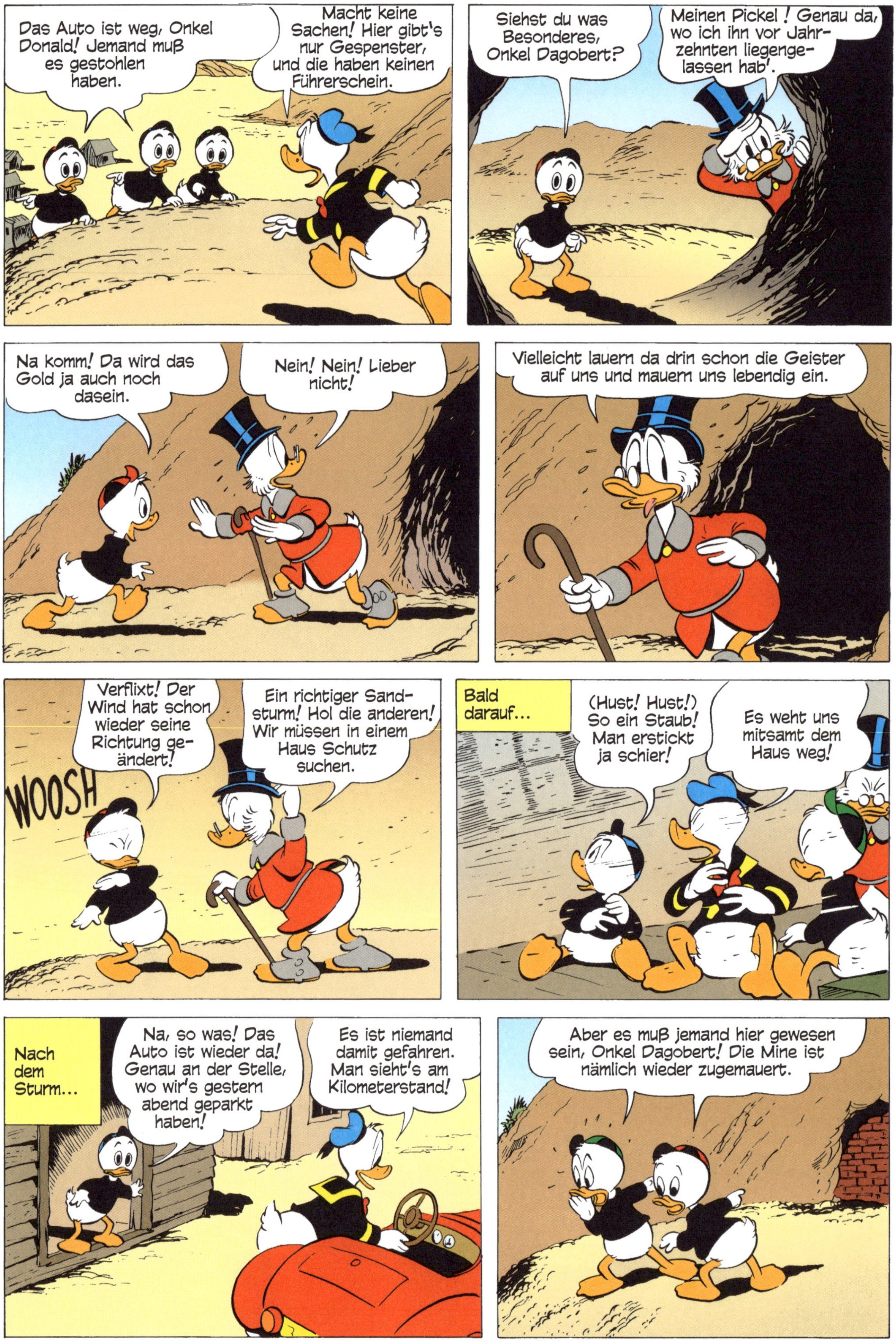
Das Auto ist weg, Onkel Donald! Jemand muß es gestohlen haben.
Macht keine Sachen! Hier gibt's nur Gespenster, und die haben keinen Führerschein.
Siehst du was Besonderes, Onkel Dagobert?
Meinen Pickel! Genau da, wo ich ihn vor Jahrzehnten liegengelassen hab'.
Na komm! Da wird das Gold ja auch noch dasein.
Nein! Nein! Lieber nicht!
Vielleicht lauern da drin schon die Geister auf uns und mauern uns lebendig ein.
WOOSH
Verflixt! Der Wind hat schon wieder seine Richtung geändert!
Ein richtiger Sandsturm! Hol die anderen! Wir müssen in einem Haus Schutz suchen.
Bald darauf...
(Hust! Hust!) So ein Staub! Man erstickt ja schier!
Es weht uns mitsamt dem Haus weg!
Nach dem Sturm...
Na, so was! Das Auto ist wieder da! Genau an der Stelle, wo wir's gestern abend geparkt haben!
Es ist niemand damit gefahren. Man sieht's am Kilometerstand!
Aber es muß jemand hier gewesen sein, Onkel Dagobert! Die Mine ist nämlich wieder zugemauert.

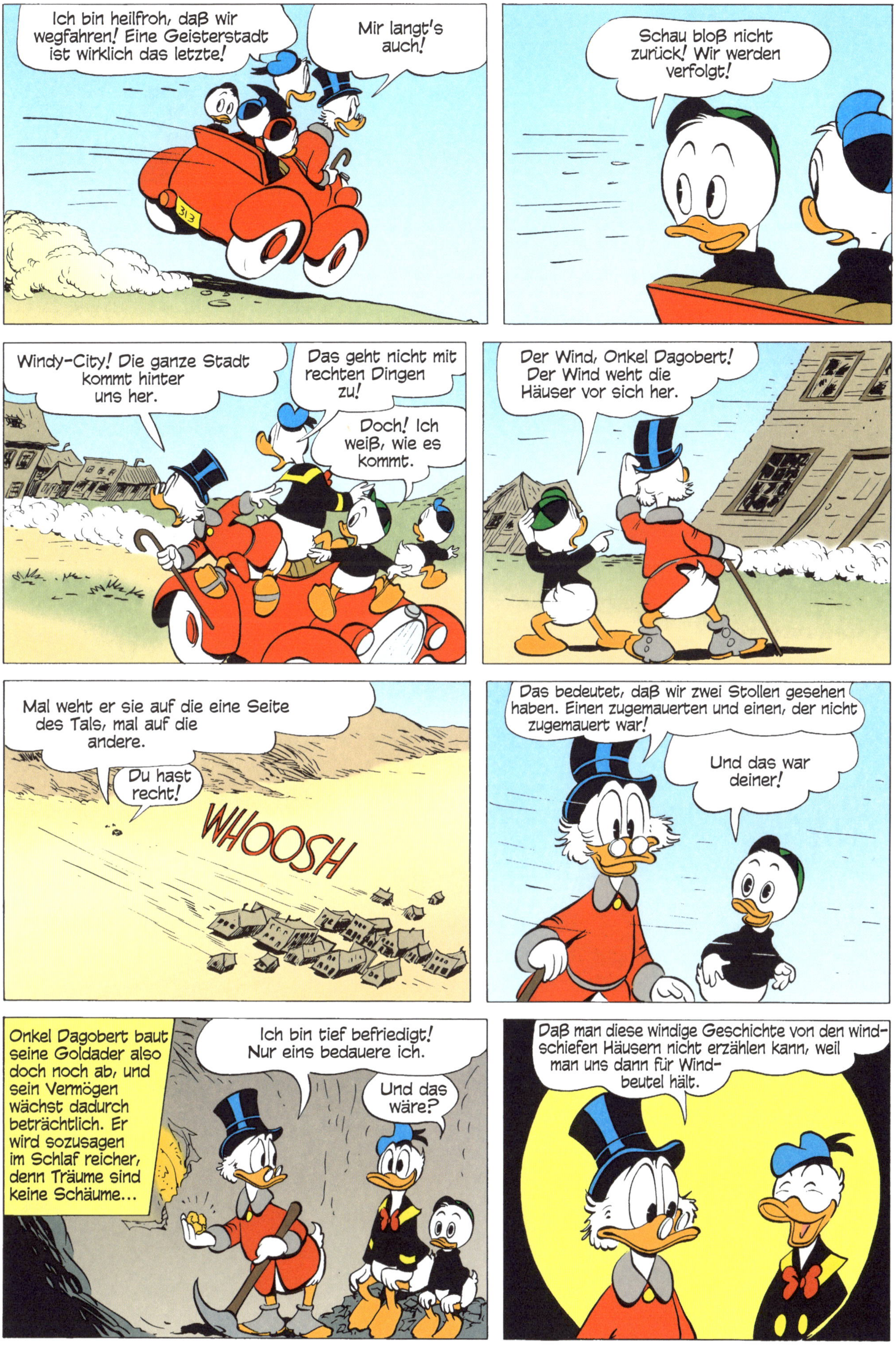
Ich bin heilfroh, daß wir wegfahren! Eine Geisterstadt ist wirklich das letzte!
Mir langt's auch!
Schau bloß nicht zurück! Wir werden verfolgt!
Windy-City! Die ganze Stadt kommt hinter uns her.
Das geht nicht mit rechten Dingen zu!
Doch! Ich weiß, wie es kommt.
Der Wind, Onkel Dagobert! Der Wind weht die Häuser vor sich her.
Mal weht er sie auf die eine Seite des Tals, mal auf die andere.
Du hast recht!
WHOOSH
Das bedeutet, daß wir zwei Stollen gesehen haben. Einen zugemauerten und einen, der nicht zugemauert war!
Und das war deiner!
Onkel Dagobert baut seine Goldader also doch noch ab, und sein Vermögen wächst dadurch beträchtlich. Er wird sozusagen im Schlaf reicher, denn Träume sind keine Schäume...
Ich bin tief befriedigt! Nur eins bedauere ich.
Und das wäre?
Daß man diese windige Geschichte von den windschiefen Häusern nicht erzählen kann, weil man uns dann für Windbeutel hält.

Quellenverzeichnis

Onkel Dagobert [Uncle $crooge, Uncle Scrooge 22/1, 31. Oktober 1957] MM 36/1958/2, MM 6/1994, BL-OD 2/2, CBC 17/176

Der güldene Wasserfall [Uncle $crooge and The Golden River, Uncle Scrooge 22/2, 21. November 1957] MV 6/1964/1, MM 40-42/1984, KA 35/1, BL-OD 14/2, WDM 1/2, CBC 17/177

Der Roboter Rudi [Gyro Gearloose, Uncle Scrooge 22/3, 12. Dezember 1957] MM 39/1968, KA 3/2, BL-DÜ 2/3, CBC 17/211

Onkel Dagobert [Uncle $crooge, Uncle Scrooge 22/4, 31. Oktober 1957] MM 30/1960, BL-OD 2/3, CBC 17/215

Onkel Dagobert [Uncle $crooge, Uncle Scrooge 22/5, 31. Oktober 1957] BL-OD 2/4, CBC 17/216

Onkel Dagobert [Uncle $crooge, Uncle Scrooge 23/1, 5. Dezember 1957] MM 12/1960, BL-OD 2/5, CBC 18/036

Der Spuk von Gumpensund [Uncle $crooge and The Strange Shipwrecks, Uncle Scrooge 23/2, 31. Dezember 1957] MM 4-6/1960, TGDD 47/1, MM28-30/1985, KA 40/2, DC 3/6, BL-OD 15/1, CBC 18/037

Späte Einsicht [Gyro Gearloose, Uncle Scrooge 23/3, 9. Januar 1958] MM 26/1959/2, BL-DÜ 2/4, KA 40/3, CBC 18/059

Das gibt es nur in Texas [Uncle $crooge and the Fabulous Tycoon, Uncle Scrooge 23/4, 9. Januar 1958] MM 37/1959/2, TGDD 45/1, KA 38/4, BL-OD 15/2, MM 15/2001, WDM 2/4, CBC 18/063

Onkel Dagobert [Uncle $crooge, Uncle Scrooge 23/5, 31. Oktober 1957] BL-OD 2/6, CBC 18/058

Onkel Dagobert [Uncle $crooge, Uncle Scrooge 23/6, 5. Dezember 1957] MMSB 9, BL-OD 2/7, CBC 18/068

Verlorenes Mondgold [Uncle $crooge and The Twenty-four Carat Moon, Uncle Scrooge 24/1, 20. Januar 1958] IOD 1/3, MM 15-16/1975, TGDD 114/4, DGK 3/3, BL-OD 15/3, CBC 18/139

Ein technisches Wunder [Gyro Gearloose, Uncle Scrooge 24/2, 20. Januar 1958] KA 26/4, BL-DÜ 2/5, CBC 18/159

Magische Mahntinte [Uncle $crooge and The Magic Ink, Uncle Scrooge 24/3, 17. Februar 1958] MM 45/1959/1, WDGB 1/4, KA 10/2, BL-OD 15/4, WDM 1/5, CBC 18/163

Onkel Dagobert [Uncle $crooge, Uncle Scrooge 25/1, 9. September 1958] MM 4/1964, BL-OD 2/8, CBC 18/225

Der Fliegende Holländer [Uncle $crooge and The Flying Dutchman, Uncle Scrooge 25/2, 20. April 1958] MM 8-10/1960, TGDD 39/2, KA 10/1, BL-OD 16/1, MB 25/8, CBC 18/205

Der Wünschelbrunnen [Gyro Gearloose, Uncle Scrooge 25/3, 9. Juni 1958] MM 10/1960, BL-DÜ 2/6, KA 40/4, CBC 18/233

Schuster, bleib bei deinem Leisten! [Uncle $crooge, Uncle Scrooge 25/4, 9. Juni 1958] MM 14/1967, TGDD 66/1, KA 17/3, BL-OD 16/2, CBC 18/237

Onkel Dagobert [Uncle $crooge, Uncle Scrooge 25/5, 10. Januar 1958] BL-OD 2/9, MM 29/1999, CBC 18/243

Onkel Dagobert [Uncle $crooge, Uncle Scrooge 25/6, keine Angaben] BL-OD 2/10, CBC 18/243

Onkel Dagobert [Uncle $crooge, Uncle Scrooge 25/7, 9. September 1958] KA 34/3, BL-OD 2/11, CBC 18/244

Das Gold der Inkas [Uncle $crooge and The Prize of Pizarro, Uncle Scrooge 26/1, 11. August 1958] MM 24-26/1960, TGDD 42/3, MM 4-6/1988, KA 47/3, DC 2/7, BL-OD 16/3, CBC 19/013

Kühnes Experiment [Gyro Gearloose in Krankenstein Gyro, Uncle Scrooge 26/2, 16. Juni 1958] MM 26/1960/1, MM 34/1977, KA 5/3, BL-DÜ 2/7, MM 9/2004, CBC 19/033

Eine windige Geschichte [Uncle $crooge, Uncle Scrooge 26/3, 16. Juni 1958] MM 33/1960/1, TGDD 40/1, KA 16/3, BL-OD 16/4, CBC 19/037

BL-DÜ = Barks Library Daniel Düsentrieb,
BL-OD = Barks Library Onkel Dagobert,
CBC = Carl Barks Collection, DC = Donald Classics,
DGK = Die großen Klassiker, IOD = Ich Onkel Dagobert,
KA = Die besten Geschichten mit Donald Duck - Klassik Album,
MB = Marebibliothek, MM = Micky Maus,
MMSB = Micky-Maus-Sammelband, MV = Mickyvision,
TGDD = Die tollsten Geschichten von Donald Duck Sonderheft,
WDGB = Walt Disney Großband, WDM = Walt Disney Mundart

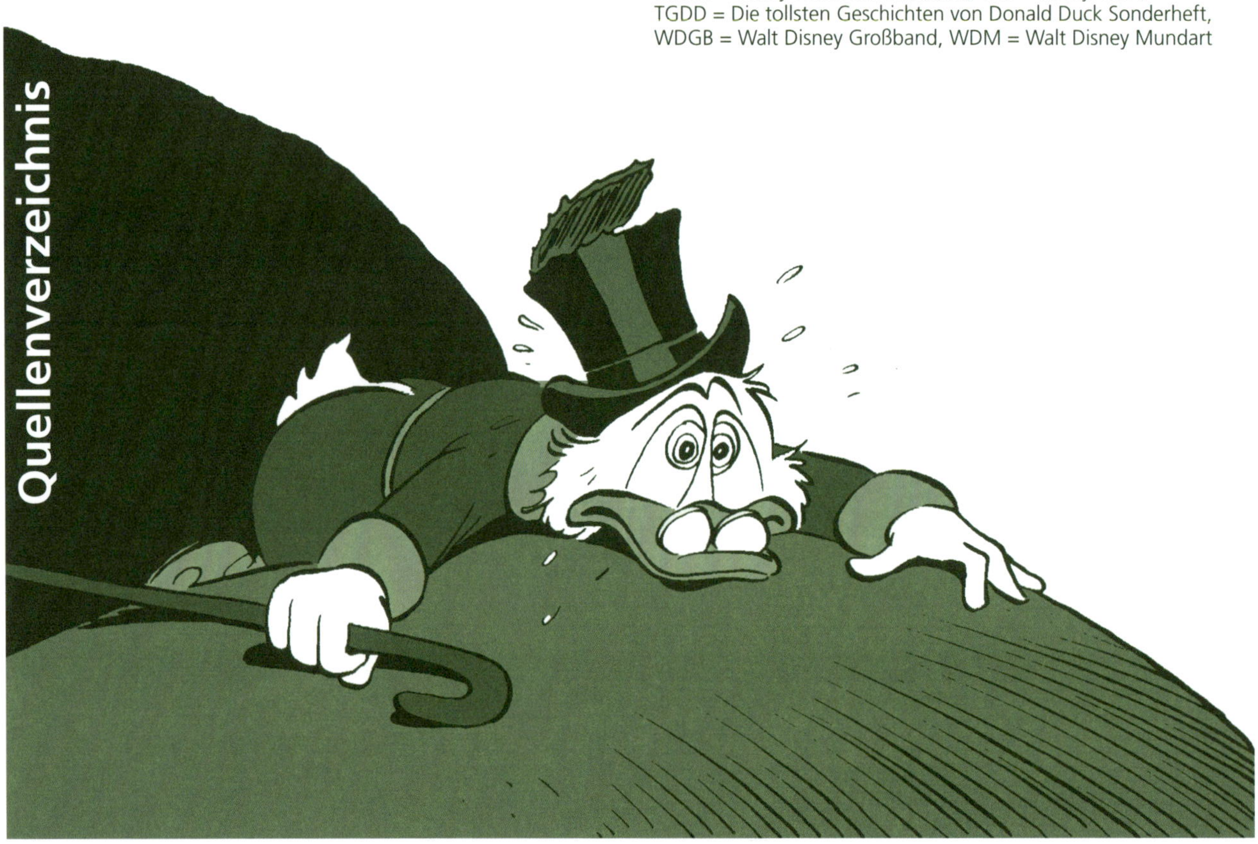

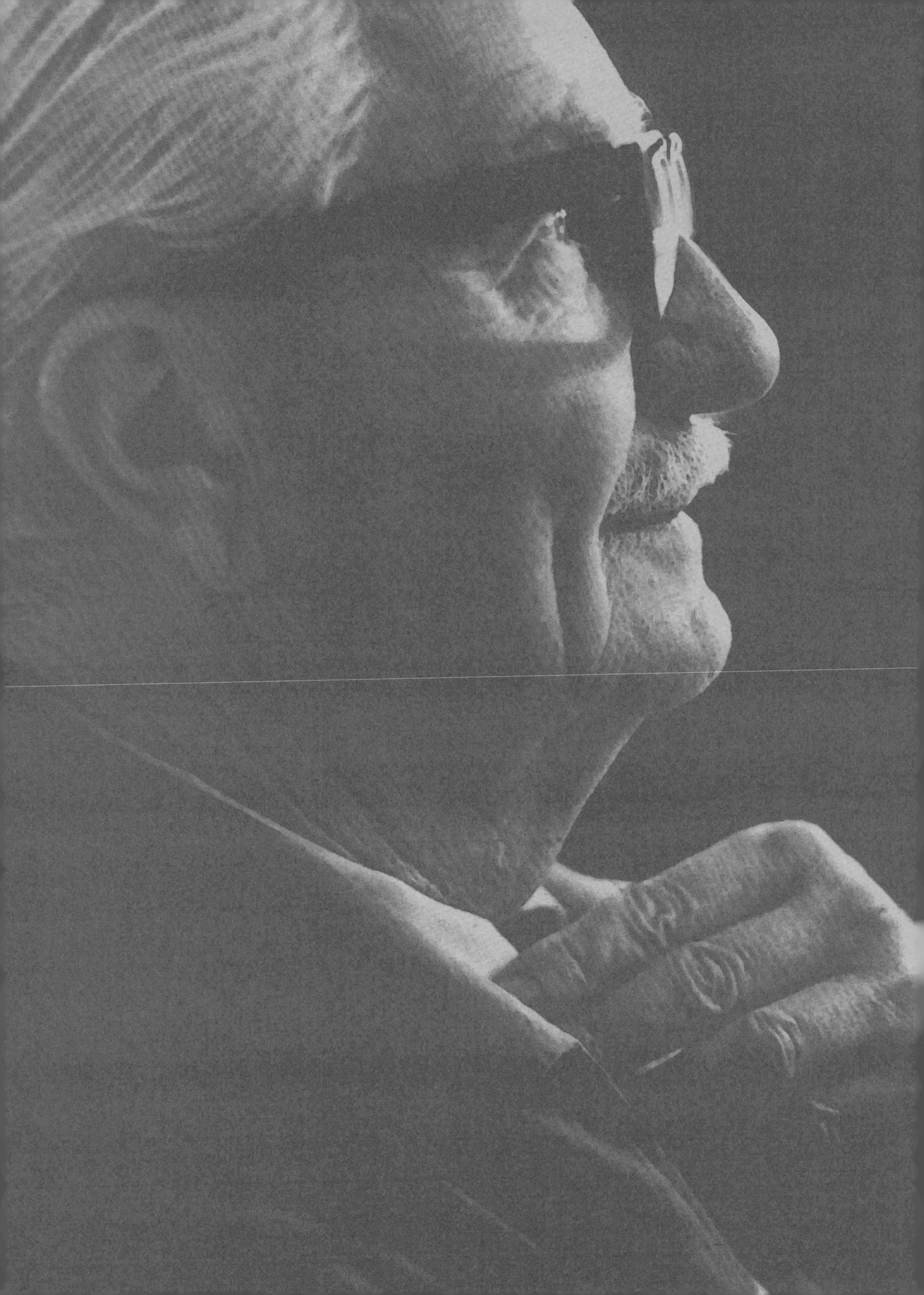